Werner Rupprecht

Orthogonalfilter und adaptive Datensignalentzerrung

CCG Texte 4

Datakontext-Verlag, Köln

Verfasser:
Prof. Dr. Werner Rupprecht
Universität Kaiserslautern

Die Carl-Cranz-Gesellschaft e.V. – Gesellschaft für technisch-wissenschaftliche Weiterbildung – Heidelberg, veranstaltet seit 1961 Intensivlehrgänge auf dem Gebiet der Technik und der Naturwissenschaften. Die CCG-Texte bauen auf diesen Lehrgängen auf.

Herausgegeben
im Auftrag der
Carl-Cranz-Gesellschaft e.V.
Heidelberg

Herausgeber
Rüdiger Dierstein, M.S.

Orthogonalfilter und adaptive Datensignalentzerrung

Werner Rupprecht

CCG Texte 4

Datakontext-Verlag, Köln

CIP-Kurztitelaufnahme der Deutschen Bibliothek

Rupprecht, Werner:
Orthogonalfilter und adaptive Datensignalentzerrung / von Werner Rupprecht. [Hrsg. im Auftr. d. Carl-Cranz-Ges. e.V., Heidelberg. Hrsg. Rüdiger Dierstein]. – Köln : Datakontext-Verl., 1987.
(CCG-Texte ; 4)
ISBN 3-921899-92-3

NE: Carl-Cranz-Gesellschaft: CCG-Texte

Druck: Huber KG, Dießen

DATAKONTEXT-VERLAG
GmbH, Aachener Str. 1052
D-5000 Köln 40
Reihe: CCG-Texte 4

1987
ISBN 3-921899-92-3

Inhaltsverzeichnis

Vorwort

In der klassischen Technik der Übertragung analoger Signale werden Filter vorwiegend zur Trennung von Signalspektren benötigt. Der Entwurf von selektiven Frequenzfiltern, insbesondere von LC-Filtern, ist wichtig für die Realisierung von Frequenz-Multiplex-Verfahren, die eine Mehrfachausnutzung von Übertragungswegen ermöglichen.

In der modernen Technik der Übertragung digitaler Signale werden Filter hauptsächlich zur Formung und Entzerrung des zeitlichen Verlaufs von Digitalsignalen gebraucht. Die Entzerrung verzerrter Digitalsignale erlaubt eine höhere Datenrate und somit durch Anwendung von Zeit-Multiplex-Verfahren eine höhere Anzahl von Kanälen vorgegebener Übertragungsrate.

Sowohl in der analogen als auch in der digitalen Übertragungstechnik ermöglichen Filter eine bessere Ausnutzung von Übertragungswegen. Dabei haben Entzerrerfilter für die digitale Übertragungstechnik eine ähnliche Bedeutung wie selektive Frequenzfilter für die analoge Übertragungstechnik.

Zur Berücksichtigung von zeitlichen Änderungen der Übertragungsweg-Eigenschaften und der dadurch entstehenden Änderungen der Signalverzerrungen sind einerseits Filter mit leicht einstellbarem Übertragungsverhalten erforderlich und andererseits Verfahren, mit deren Hilfe die Filtereinstellung adaptiv, d.h. selbsttätig, gemäß den sich ändernden Verzerrungen vorgenommen wird. Eine Hochgeschwindigkeitsdatenübertragung über Draht, Richtfunk oder Mobilfunk ist heute ohne adaptive Entzerrung kaum vorstellbar.

Seit Erscheinen der ersten Publikation über eine adaptive Datensignalentzerrung von E. Kettel im Jahr 1964 [KET 64], siehe Abschn. 1.8, hat sich eine umfangreiche Theorie zu diesem Themengebiet herausgebildet. Die verschiedenen Schaltungsvarianten für einstellbare Filter einerseits und die verschiedenen Adaptionsverfahren andererseits ergeben zusammen zahlreiche Kombinationsmöglichkeiten für adaptive Entzerrer. Dieses Buch kann davon nur eine Auswahl bringen. Die Vielzahl der Möglichkeiten läßt sich grob nach zwei verschiedenen Gesichtspunkten unterteilen. Der eine Gesichtspunkt betrifft die Filterart, wobei unterschieden wird, ob sich das Filter nur als Digitalfilter oder auch als Analogfilter realisieren läßt. Der andere Gesichtspunkt betrifft die Art des Adaptionsverfahrens. Hierbei kann man unterscheiden, ob eine neue Filtereinstellung nach jedem Symbol eines Datensignals vorgenommen wird, oder ob eine Filtereinstellung erst nach mehreren, z.B. nach mehr als 10 Symbolen, erfolgt.

Analoge Filter erlauben wesentlich höhere Datenraten als digitale Filter. Letztere erfordern zudem eine analog-digital-Umsetzung des verzerrt empfangenen Datensignals. Einstellalgorithmen, die eine neue Filtereinstellung nach jedem Meßzeitpunkt (Abtastzeitpunkt) vornehmen, sind in der Regel sehr rechenaufwendig und beinhalten nicht selten eine Matrizeninversion. Hingegen sind Einstellalgorithmen, die eine neue Filtereinstellung erst nach einer mehrere Abtastwerte umfassenden Signalauswertung vornehmen, vergleichsweise einfach. Sie bestehen typischerweise aus Mittelwertbildungen.

Die in diesem Buch getroffene Auswahl betrifft hinsichtlich der Filterart hauptsächlich analog realisierbare Filter und hinsichtlich der Adaption solche Verfahren, die eine Filterneueinstellung jeweils erst nach mehreren Symbolintervallen vornehmen. Die Akzentsetzung dieses Buches unterscheidet sich damit wesentlich von derjenigen anderer moderner Bücher wie von Honig/Messerschmidt [HOM 84], von Cowan/Grant [COG 85] oder von Haykin [HAY 86]. Die in diesem Buch favorisierten Systeme sind auch für hohe Datenraten geeignet. Dabei wird der Versuch gemacht, die theoretischen Grundlagen der soeben umrissenen Kategorie von adaptiven Datensignalentzerrern in systematischer Form darzustellen. Besonderer Wert wird auf eine ausführliche Herleitung von Zusammenhängen und damit auf eine leichte Lesbarkeit gelegt. Aus diesem Grund steht die Beschreibung einfacher und weniger aufwendiger Verfahren im Vordergrund. (Alle Literaturverweise dieses Absatzes beziehen sich auf Abschn. 5.11.)

Die ersten drei Kapitel sind dem Themenkreis „einstellbare Filter" gewidmet. Die Darstellung beschränkt sich dabei auf die Klasse der Orthogonalfilter. Das sind solche, deren Übertragungsverhalten durch einen Satz orthogonaler Funktionen beschreibbar ist. Ihre wichtigsten Vertreter, der Echoentzerrer (Transversalfilter) und verwandte Strukturen mit Laufzeitgliedern, werden in Kapitel 1 dargestellt. Sie können gleichermaßen als analoge wie auch als digitale Filter angesehen werden. In Kapitel 2 werden ausführlich die Theorie orthogonaler Filterfunktionen und allgemeine Methoden zur Erzeugung beliebiger Orthogonalfiltertypen mit Orthogonalfunktionen gleicher Norm eingeführt. Die gleiche Norm sorgt dafür, daß durch die wesentlichen Filterteile Signale gleicher Energie oder gleicher mittlerer Leistung fließen, was günstige Toleranz- und Empfindlichkeitseigenschaften bei den realisierten Filtern zur Folge hat. Mit den entwickelten Methoden wird dann in Kapitel 3 systematisch eine Sammlung verschiedener Orthogonalfiltertypen aufgestellt, die auch die klassischen Strukturen von Lee, Wiener und Kautz [LEE 32], [KAU 52] umfaßt. Bei dieser Sammlung von Orthogonalfiltertypen handelt es sich primär um analoge Filter. Sie besitzen eine regelmäßige Struktur mit Bauelementen gleicher Größe und eignen sich deshalb gut für eine Realisierung in Schichtschaltungstechnik und u.U. auch in integrierter Halbleitertechnik. (Alle Literaturverweise dieses Absatzes beziehen sich auf Abschn. 3.9.)

Die Kapitel 4 bis 6 behandeln den Themenkreis „Übertragung und adaptive Entzerrung" von Datensignalen. Kapitel 4 bringt eine Zusammenstellung der Theorie der Basibandübertragung mit besonderer Betonung der Formung, Verzerrung und Filterung von Digitalsignalen. In Kapitel 5 folgt dann eine ausführliche Beschreibung grundsätzlicher Verfahren zur adaptiven Entzerrung von Basisband-Datensignalen. Von einer Ausnahme abgesehen, benutzen alle beschriebenen Verfahren lineare Entzerrerfilter, was zur Folge hat, daß mit der Entzerrung binärer Signale auch mehrstufige Signale gleicher Schrittgeschwindigkeit entzerrt werden. In Kapitel 6 schließlich wird, nach einer kurzen Einführung in die Modulationstheorie für digitale Signale, die adaptive Entzerrung frequenzversetzter Datensignale beschrieben. Dabei werden die Prinzipien von Kapitel 5 auf modulierte Datensignale übertragen.

Kapitel 1 bis 3 einerseits und Kapitel 4 bis 6 andererseits können unabhängig voneinander gelesen werden. Die Theorie der Orthogonalfilter ist eigenständig und kann für viele weitere Zwecke verwendet werden. Die Zusammenhänge in den Kapiteln 4 bis 6 liefern zugleich auch Grundlagen für den allgemeinen Entwurf von digitalen Übertragungssystemen. Beide Teile werden zusammen wichtig, wenn es darum geht, ein spezielles Entzerrersystem in allen Details bis hin zur Schrittweite von Adaptionsalgorithmen zu optimieren.

Diese Monografie ist aus verschiedenen Aktivitäten heraus entstanden. Eine Quelle bilden meine Vorlesungen, die ich regelmäßig an der Universität Kaiserslautern und gelegentlich an anderen Orten halte. In den Vorlesungsstoff sind auch die Ergebnisse von Forschungsarbeiten meiner Mitarbeiter eingeflossen, die zum Teil mit Unterstützung der Deutschen Forschungsgemeinschaft durchgeführt wurden, der auch an dieser Stelle gedankt wird. Eine andere Quelle bilden Lehrgänge, die ich für die Carl-Cranz-Gesellschaft (CCG) ausgearbeitet habe. Besonderen Dank schulde ich hierbei dem Wissenschaftlichen Koordinator der CCG-Lehrgangsreihe Datenverarbeitung und Kommunikationstechnik, Herrn R. Dierstein, M.S., der es ermöglichte, daß dieser Text auf dem in der DFVLR weiterentwickelten Textverarbeitungssystem GML geschrieben und damit in dieser Form überhaupt erst entstehen konnte. Zu danken habe ich auch den mit den Schreibarbeiten befaßten Damen und Herren in Oberpfaffenhofen für ihre sorgfältige Arbeit und meinen Wissenschaftlichen Mitarbeitern in Kaiserslautern für ihre Hilfe beim Korrekturlesen. In erster Linie muß ich dabei Herrn Dipl.-Ing. Winfried Lang nennen, dessen zahlreiche Hinweise sehr zur Verbesserung des Textes beigetragen haben. Schließlich möchte ich auch dem Oldenbourg-Verlag und dem Datakontext-Verlag für die Herausgabe dieser Monografie danken.

Kaiserslautern, im Sommer 1987

W. Rupprecht

Zur Systematik der verwendeten Formelzeichen

Reellwertige Funktionen der Zeit t werden durch Kleinbuchstaben ausgedrückt, z.B. $s(t)$, $r(t)$, $d(t)$. Korrespondierende Fourier-Spektren werden mit entsprechenden Großbuchstaben bezeichnet, also durch $S(f)$, $R(f)$, $D(f)$. Diese Fourier-Spektren sind im allgemeinen komplexwertig, jedoch sind ihre Realteile gerade und ihre Imaginärteile ungerade Funktionen der reellen Frequenz f.

Komplexwertige Zeitfunktionen werden von reellwertigen Zeitfunktionen durch Unterstreichungen unterschieden, z.B. $\underline{s}(t)$, $\underline{r}(t)$, $\underline{d}(t)$. Dasselbe geschieht bei den korrespondierenden Fourier-Spektren, $\underline{S}(f)$, $\underline{R}(f)$, $\underline{D}(f)$. Der Realteil einer komplexwertigen Zeitfunktion wird oft durch den hochgestellten Index (r) und der Imaginärteil durch den hochgestellten Index (i) gekennzeichnet, z.B. $\underline{s}(t) = s^{(r)}(t) + \mathrm{j}\, s^{(i)}(t)$. Zu $s^{(r)}(t)$ (bzw. $s^{(i)}(t)$) gehört der gerade (bzw. ungerade) Anteil des Realteils von $\underline{S}(f)$ und der ungerade (bzw. gerade) Anteil des Imaginärteils von $\underline{S}(f)$.

Spektren, die sich durch Anwendung der Laplace-Transformation bzw. z-Transformation auf Zeitfunktionen bzw. Folgen ergeben, werden wie die Fourier-Spektren durch entsprechende Großbuchstaben bezeichnet.

Bei Konstanten wird nach der (nicht strengen) Regel verfahren, daß variable Parameter eines gegebenen Systems genauso wie Zeitfunktionen durch Kleinbuchstaben gekennzeichnet werden, z.B. Filterkoeffizienten c_k , während feste Parameter eines gegebenen Systems durch Großbuchstaben ausgedrückt werden, z.B. Stufenzahl N. Komplexe Konstanten werden von reellen Konstanten oft durch Unterstreichungen unterschieden, z.B. $\underline{c}_k = c_k^{(r)} + \mathrm{j}\, c_k^{(i)}$.

Tiefgestellte Indizes werden einerseits zur Identifizierung von verschiedenen Größen gleicher Art verwendet und andererseits zur Kennzeichnung von Zeitpunkten. Zur leichteren Unterscheidung werden als Indizes nach Möglichkeit griechische Buchstaben zur Kennzeichnung von Zeitpunkten und lateinische Buchstaben zur Bezeichnung verschiedener Größen oder Orte benutzt. So bedeutet z.B. r_μ den Funktionswert der Zeitfunktion $r(t)$ zum festen Zeitpunkt $t = \mu T$, wobei μ ganzzahlig und T ein fester Systemparameter sind. c_k hingegen bedeutet den k-ten Koeffizienten mit z.B. $k = 0, 1, \ldots, N$.

Vektoren werden durch Überstreichung mit einem Pfeil, z.B. $\vec{r}(t)$, oder, wenn die Komponenten aufgeführt werden, durch eine einzelne eckige Klammer gekennzeichnet. Matrizen werden durch zwei eckige Klammern ausgedrückt, z.B. $[[U]]$. Fettbuchstaben werden ausschließlich zur Darstellung von Operationen verwendet, z.B. **H** und **Mod** für Hilbert-Transformation und Modulation.

Die Anzahl der verschiedenen Größen, die im Text vorkommen, ist so groß, daß das lateinische und griechische Alphabet nicht ausreichen, um jede Größe mit einem anderen Buchstaben zu bezeichnen. Aus diesem Grund wird hier auf eine Liste der verwendeten Formelzeichen verzichtet. Es wurde aber darauf geachtet, daß in diesem Text möglichst die Bezeichnungen beibehalten werden, die auch in der Literatur vorwiegend oder in wichtigen Quellentexten verwendet werden. Wo sich Freiheiten ergaben, wurden Bezeichnungen nach mnemotechnischen Gesichtspunkten gewählt, z.B. $v(t)$ für ein verzerrtes Signal.

1. Echoentzerrer und verwandte Strukturen mit Laufzeitgliedern

Variable Filter mit leicht veränderbaren Eigenschaften benötigt man für viele Anwendungen der adaptiven Signalverarbeitung. Beispiele hierfür sind die adaptive Entzerrung digitaler Datensignale, die adaptive Echolöschung und die adaptive Geräuschkompensation [CLA 85]. Die für die Entzerrung am häufigsten benutzte Schaltung ist der Echoentzerrer, auch Transversalfilter genannt (siehe Bild 1.1).

Das Eingangssignal $x(t)$ gelangt bei Bild 1.1a auf eine Kette von Verzögerungs- oder Laufzeitgliedern der Laufzeit τ. Zwischen den Laufzeitgliedern werden Teilsignale $x(t - i\tau)$, $i = 0, 1, 2, \dots, N$ abgegriffen, die dann mit reellen Koeffizientenwerten c_i multipliziert werden. Die Summe der so gewichteten Teilsignale bildet das Ausgangssignal $y(t)$. Äquivalent ist die Schaltung in Bild 1.1b mit vertauschter Reihenfolge von Verzögerung und Multiplikation.

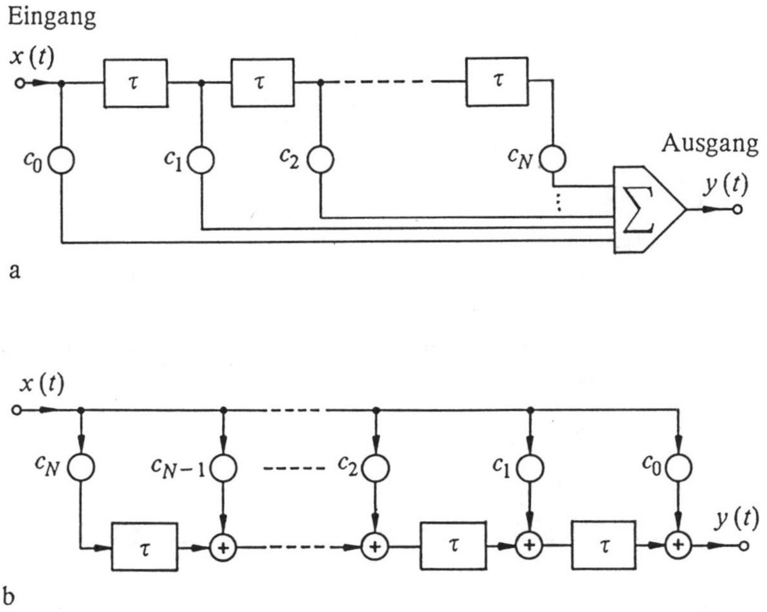

Bild 1.1 Schaltung des Echoentzerrers
(a) übliche Grundschaltung,
(b) äquivalente Schaltung mit verteilter Signaladdition

Die Übertragungseigenschaften des Echoentzerrers lassen sich in weiten Grenzen durch Verändern der Koeffizientenwerte c_i (Koeffizientenpotentiometer) variieren, während die Laufzeit τ konstant bleibt. Es sollen sich positive und negative Koeffizientenwerte einstellen lassen, wobei es genügt, wenn deren Beträge den Wert 1 nicht übersteigen.

Der Echoentzerrer ist der wichtigste Sonderfall des allgemeineren Orthogonalfilters, dessen Grundidee auf Y.W. Lee und N. Wiener [LEE 32], [LEE 35], [LEE 67] zurückgeht. Die Klasse der Orthogonalfilter, die an Stelle der Laufzeitglieder des Echoentzerrers allgemeinere Netzwerke verwenden, wird in Kapitel 2 ausführlich beschrieben. Die erste Arbeit über Echoentzerrer stammt von H.E. Kallmann [KAL 40].

Laufzeitglieder können auch als Speicher angesehen werden. Deshalb können alle Filterschaltungen, die nur Laufzeitglieder als speichernde Elemente enthalten, sowohl als Analogfilter wie auch als Digitalfilter aufgefaßt werden, solange man sich nicht für die technische Realisierung interessiert. Der Echoentzerrer läßt sich unter Verwendung eines Schieberegisters besonders gut als digitales Filter herstellen. Es existieren Realisierungen in der Version von Bild 1.1b als integrierte Halbleiterschaltung in MOS-Technik mit 32 digitalen 16-Bit-Multiplizierern [OHV 86]. Bekannt geworden sind ferner Realisierungen des Echoentzerrers als sogenannte Eimerkettenschaltung und als SAW-Filter (SAW = surface acoustic wave) [MEG 86], [TAN 77].

Eng verwandt mit dem Echoentzerrer ist das Fabry-Perot-Interferometer der Optik [SCH 80]. Bei diesem lassen sich die Werte der Laufzeit τ verändern, während die Koeffizientenwerte unveränderbar konstant bleiben.

1.1 Eigenschaften des Echoentzerrers im Zeitbereich

Bezeichnet $x(t)$ das Eingangssignal des Echoentzerrers, dann ergibt sich mit Bild 1.1 das Ausgangssignal $y(t)$ zu

$$y(t) = \sum_{i=0}^{N} c_i\, x(t - i\tau)\ ; \qquad -1 \le c_i \le +1 \ . \tag{1.1}$$

Es ergeben sich besonders einfache Zusammenhänge, wenn man sich auf solche Signale beschränkt, die nur zu diskreten Zeitpunkten betrachtet werden, was bei digitalen Datensignalen stets der Fall ist.

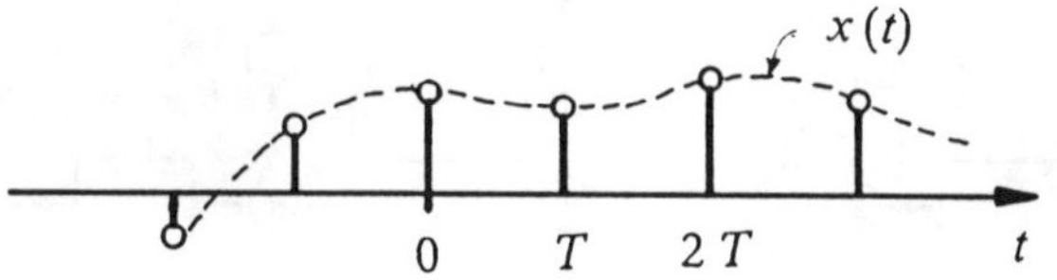

Bild 1.2 Zeitdiskretes Signal

Bei zeitdiskreten (genauer: bei zeitdiskret betrachteten) analogen Signalen interessiert man sich nur für die Funktionswerte $x(\nu T)$; $\nu = 0, \pm 1, \pm 2, \ldots$ im zeitlichen Abstand T (siehe Bild 1.2). Üblich ist hierbei auch die Schreibweise

$$x(\nu T) = x_\nu \ . \tag{1.2}$$

Wählt man die Laufzeit zu

$$\tau = T \ , \tag{1.3}$$

dann erhält man aus (1.1)

$$y(\nu T) = \sum_{i=0}^{N} c_i \, x\,[(\nu - i)\,T\,] \tag{1.4}$$

oder unter Verwendung der Schreibweise von (1.2)

$$y_\nu = \sum_{i=0}^{N} c_i \, x_{\nu-i} \quad . \tag{1.5}$$

Die Summe (1.5) bezeichnet man auch als *diskrete Faltungssumme.*

Eine bisweilen nützlichere Beziehung erhält man durch die Substitution $\nu - i = \mu$:

$$y_\nu = \sum_{\mu=\nu}^{\nu-N} c_{\nu-\mu} x_\mu \quad . \tag{1.6}$$

Für ein Eingangssignal mit den Funktionswerten

$$x_\mu = \begin{cases} 1 & \text{für } \mu = 0 \\ 0 & \text{sonst} \end{cases} \tag{1.7}$$

ergibt sich mit (1.6)

$$y_\nu = \begin{cases} c_\nu & \text{für } \nu = 0, 1, \ldots, N \\ 0 & \text{sonst}\,, \end{cases} \tag{1.8}$$

weil $c_\nu = 0$ für $\nu < 0$ und $\nu > N$. Die Funktionswerte y_ν des Ausgangssignals sind in diesem Fall gleich den Koeffizientenwerten c_ν.

Im Unterschied zum einzelnen Funktionswert x_μ wird die *Folge* der Funktionswerte hier durch $\{x_\mu\}$ gekennzeichnet. Die Folge beschreibt eine Funktion der ganzzahligen Variablen μ.

Die Folge, deren Glieder die Funktionswerte (1.7) besitzen, wird auch Einheitsimpuls genannt und durch $\delta(\mu)$ abgekürzt. Die Antwort des Echoentzerrers auf diesen Einheitsimpuls ist gleich der Folge der Koeffizientenwerte

$$\{y_\nu\} = \{c_\nu\} = (c_0, c_1, \ldots, c_N) \quad . \tag{1.9}$$

Während die geschweiften Klammern zum Ausdruck bringen, daß der Index ν alle ganzen Zahlen durchlaufen soll, bedeuten die runden Klammern lediglich eine Eingrenzung derjenigen Glieder, die von Null verschiedene Werte annehmen können und deshalb von besonderem Interesse sind.

Der Echoentzerrer liefert als zeitdiskretes Ausgangssignal $\{y_\nu\}$ stets dann die Folge der Koeffizientenwerte $\{c_\nu\}$, wenn auf den Eingang ein Impuls der Dauer kürzer als T gegeben wird, der zum Zeitpunkt $\nu = 0$ die Höhe 1 hat, siehe (1.7).

Es seien nun zwei Echoentzerrer (1) und (2) in Kette geschaltet, so daß der Ausgang des ersten Entzerrers an den Eingang des zweiten Entzerrers gelegt wird (siehe Bild 1.3).

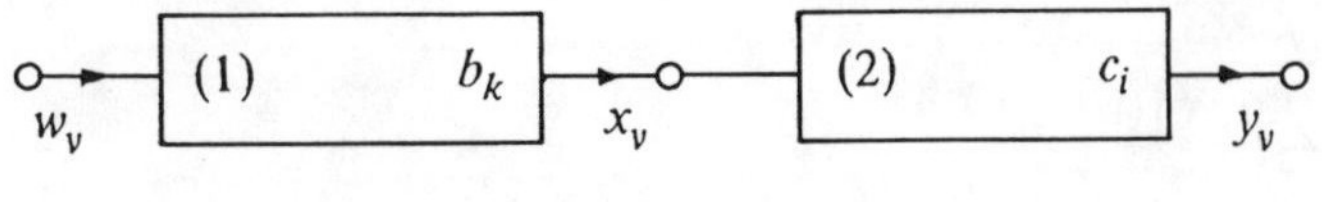

Bild 1.3 Kettenschaltung zweier Echoentzerrer

Der Echoentzerrer (1) habe die Koeffizienten b_k. Damit gilt in Analogie zu (1.5)

$$x_\nu = \sum_{k=0}^{M} b_k w_{\nu-k} \quad . \tag{1.10}$$

Der Echoentzerrer (2) habe die Koeffizienten c_i und sei entsprechend durch (1.5) beschrieben. Für die Kettenschaltung beider Echoentzerrer gilt nun

$$y_\nu = \sum_{i=0}^{N} c_i \sum_{k=0}^{M} b_k w_{\nu-k-i} = \sum_{m=0}^{M+N} d_m w_{\nu-m} \quad . \tag{1.11}$$

Die rechte Seite folgt mit der Substitution $k + i = m$. Da die Indizes i bzw. k von 0 bis N bzw. M laufen, läuft der Index m von 0 bis $M + N$. Die Substitution liefert für den Koeffizienten d_m der rechten Seite

$$d_m = \sum_{k=0}^{m} b_k c_{m-k} \quad , \tag{1.12}$$

da $m - k \geq 0$. Die Beziehung (1.11) besagt, daß sich die Kettenschaltung zweier Echoentzerrer mit den Koeffizienten b_k und c_i wieder als Echoentzerrer darstellen läßt. Die Koeffizienten d_m des letzten errechnen sich gemäß (1.12) als diskrete Faltung der Koeffizienten b_k und c_i .

In Bild 1.3 kann Echoentzerrer (1) als zeitdiskretes Modell eines verzerrenden Übertragungskanals angesehen werden, der durch den nachgeschalteten Echoentzerrer (2) entzerrt werden soll.

1.2 Anwendung der z-Transformation

Die diskrete Faltung zur Berechnung der Koeffizienten oder Impulsantwort - siehe (1.12) - einer Kettenschaltung zweier Systeme entsprechend Bild 1.3 kann man vermeiden, indem man von der (einseitigen) z-Transformation Gebrauch macht. Diese z-Transformation läßt sich für solche zeitdiskreten Signale oder Folgen bilden, die für negative Zeitpunkte $\nu < 0$ identisch null sind. Dazu gehören insbesondere auch die Impulsantworten von Echoentzerrern. Ist also $x_\nu \equiv 0$ für $\nu < 0$, dann ist die z-Transformierte der Folge $\{x_\nu\}$ definiert durch

$$Z\{x_\nu\} := \sum_{\nu=0}^{\infty} x_\nu z^{-\nu} = X(z) \quad \bullet\!\!-\!\!\circ \quad \{x_\nu\} \quad . \tag{1.13}$$

z ist eine komplexe Variable. Der Faktor $z^{-\nu}$ steht für eine zeitliche Verzögerung um ν Zeitintervalle der Dauer T. Das Symbol •–o kennzeichnet die Zuordnung der z-Transformierten zur zugehörigen Folge. Für die weiteren Überlegungen ist es wichtig, daß die z-Transformation eine *lineare* Transformation ist, weil das Superpositionsprinzip und das Proportionalitätsprinzip gelten:

$$Z\{x_\nu^{(1)} + x_\nu^{(2)}\} = Z\{x_\nu^{(1)}\} + Z\{x_\nu^{(2)}\} \quad \text{(Superpositionsprinzip)}, \tag{1.14}$$

$$Z\{ax_\nu\} = aZ\{x_\nu\} \quad \text{(Proportionalitätsprinzip)}. \tag{1.15}$$

$\{x_\nu^{(1)}\}$ und $\{x_\nu^{(2)}\}$ sind zwei im allgemeinen verschiedene z-transformierbare Folgen, $\{x_\nu^{(1)} + x_\nu^{(2)}\}$ ist diejenige Folge, welche entsteht, wenn jeweils die Glieder $x_\nu^{(1)}$ und $x_\nu^{(2)}$ addiert werden, a ist ein beliebiger reeller Faktor.

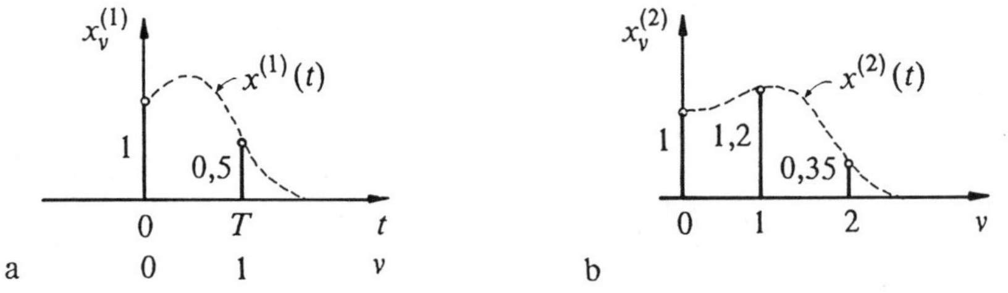

Bild 1.4 **Beispiele zur z-Transformation**

Für das Beispiel in Bild 1.4a lautet die z-Transformierte

$$X^{(1)}(z) = 1 + 0.5z^{-1} = \frac{2z+1}{2z} . \tag{1.16}$$

Entsprechend gilt für das Beispiel in Bild 1.4b

$$X^{(2)}(z) = 1 + 1.2z^{-1} + 0.35z^{-2} = \frac{(z+0.7)(z+0.5)}{z^2} . \tag{1.17}$$

Wird eine Folge $\{x_\nu\}$ um K Zeitintervalle der Dauer T nach rechts verschoben (verzögert), dann bedeutet das eine Multiplikation der zugehörigen z-Transformierten $X(z)$ mit z^{-K}, d.h.:

$$\begin{aligned} &\text{Wenn } \{x_\nu\} \quad \circ\!\!-\!\!\bullet \quad X(z) , \\ &\text{dann } \{x_{\nu-K}\} \quad \circ\!\!-\!\!\bullet \quad X(z)\,z^{-K} , \qquad K \geq 0 . \end{aligned} \tag{1.18}$$

Die Anwendung der z-Transformation auf zeitdiskrete Signale an Echoentzerrern ist deshalb so außerordentlich praktisch, weil die Teilsignale an den Abgriffen zeitverzögerte Versionen des Eingangssignals sind. Die z-Transformierte des Eingangssignals $X(z)$ erscheint daher am K-ten Abgriff mit z^{-K} multipliziert. Wegen der Linearität, (1.14) und (1.15), errechnet sich daher die z-Transformierte des Echoentzerrer-Ausgangssignals zu

$$Y(z) = X(z) \cdot [c_o + c_1 z^{-1} + c_2 z^{-2} + \dots + c_N z^{-N}] = X(z)\,H(z) . \tag{1.19}$$

Die Funktion

$$H(z) = \sum_{i=0}^{N} c_i z^{-i} \tag{1.20}$$

heißt *Wirkungsfunktion des Echoentzerrers im z-Bereich.*

Die z-Transformierte $Y(z)$ des zeitdiskreten Ausgangssignals ergibt sich also als Produkt der z-Transformierten $X(z)$ des Eingangssignals mit der Wirkungsfunktion $H(z)$. Diese Produktbildung ist viel einfacher durchzuführen als die diskrete Faltung. Der Vorteil wird besonders deutlich, wenn das Eingangssignal als bekanntes verzerrtes Signal und das Ausgangssignal als gewünschtes entzerrtes Signal vorgegeben sind, und die Eigenschaften des Echoentzerrers, der die Entzerrung bewirken soll, gesucht sind. Die Wirkungsfunktion des Echoentzerrers folgt in diesem Fall unmittelbar aus (1.19) zu

$$H(z) = \frac{Y(z)}{X(z)} \quad . \tag{1.21}$$

Im Zeitbereich entspräche diesem Problem die Bestimmung der Filterkoeffizienten c_i des Entzerrers anhand der diskreten Faltungssumme (1.5), was vergleichsweise sehr kompliziert ist und als Entfaltung bezeichnet wird. Beispiele für die Anwendung von (1.21) zur Datenleitungsentzerrung werden in Abschnitt 4.3 gebracht.

Als Summe von unendlich vielen Gliedern muß die z-Transformierte nicht immer existieren. Es läßt sich zeigen [OPP 75], daß sie für $|z| > R$ dann existiert, wenn

$$|x_\nu| \leq KR^\nu \quad , \tag{1.22}$$

wobei K eine Konstante ist. Konvergenz ist aber kein Problem, wenn die Folge nur endlich viele Glieder endlichen Betrags hat.

Die z-Transformation hat für die Beschreibung von Digitalfiltern dieselbe dominierende Bedeutung, welche die Laplace-Transformation für die Beschreibung von Analogfiltern aus konzentrierten Elementen und die Fourier-Transformation für die Beschreibung von Übertragungssystemen der Nachrichtentechnik haben. Digitalfilter verarbeiten nur zeitdiskrete Signale (die zudem auch wertdiskret sind). Die Dynamik, d.h. das Gedächtnis, wird bei allen Digitalfiltern durch einzelne Schreib-Lese-Speicher gebildet. Beim digitalen Echoentzerrer treten diese einzelnen Speicher an die Stelle der Laufzeitglieder des analog realisierten Echoentzerrers. Im übrigen enthalten Digitalfilter nur noch Multiplizierer und Addierer [SCH 73], [LUE 85]. Der Echoentzerrer und alle verwandten Strukturen mit Laufzeitgliedern wie z.B. die in Abschn. 1.7. folgende Brückenstruktur können deshalb wie gesagt sowohl als Analogfilter als auch als Digitalfilter angesehen werden. Digitalfilter, die keine Rückkopplung und endlich viele Speicher besitzen, haben wie der Echoentzerrer eine endlich lange Impulsantwort, siehe (1.8), und werden als FIR-Filter (finite impulse response) bezeichnet. Digitalfilter mit Rückkopplungen können bei endlich vielen Speichern hingegen eine unendlich lange Impulsantwort haben. Dann werden sie IIR-Filter (infinite impulse response) genannt. Ist die Wirkungsfunktion $H(z)$ eines Digitalfilters ein Polynom in z^{-1}, dann handelt es sich um ein FIR-Filter. Ist die Wirkungsfunktion $H(z)$ eine gebrochen rationale Funktion in z^{-1} mit einem nichtkürzbaren Nennerpolynom, dann handelt es sich um ein IIR-Filter, siehe auch Abschn. 1.7 und Abschn. 5.9.

1.3 Eigenschaften des analogen Echoentzerrers im Frequenzbereich

Wenn die Werte von Zeitfunktionen nicht nur an diskreten Zeitpunkten $t = \nu T$, sondern längs der kontinuierlichen Zeitachse interessieren, werden die Betrachtungen komplizierter. Gewisse Vereinfachungen werden nun möglich durch Anwendung der Fourier-Transformation.

Die Fourier-Transformierte des zeitkontinuierlichen Signals $x(t)$ ist definiert durch

$$\mathbf{F}\{x(t)\} := \int_{-\infty}^{\infty} x(t)\,\mathrm{e}^{-\mathrm{j}2\pi f t} dt = X(f) \quad \bullet\!\!-\!\!\circ \quad x(t)\,; \quad \mathrm{j} = \sqrt{-1} \; . \tag{1.23}$$

Das uneigentliche Fourier-Integral läßt sich nicht für beliebige Zeitfunktionen bilden. Es existiert aber garantiert dann, wenn $x(t)$ ein reellwertiges Energiesignal ist, d.h. der folgenden Bedingung genügt

$$0 < E = \int_{-\infty}^{\infty} x^2(t)\,dt < \infty \; .$$

In der Praxis hat man es fast ausschließlich mit reellwertigen Energiesignalen zu tun. Das Fourier-Spektrum $X(f)$, welches eine Funktion des reellen Frequenzparameters f ist, ist im allgemeinen komplexwertig.

Auch die Fourier-Transformation ist eine lineare Transformation

$$\begin{aligned} \mathbf{F}\{x_\nu^{(1)}(t) + x_\nu^{(2)}(t)\} &= \mathbf{F}\{x_\nu^{(1)}(t)\} + \mathbf{F}\{x_\nu^{(2)}(t)\} \; , \\ \mathbf{F}\{a x_\nu(t)\} &= a\mathbf{F}\{x_\nu(t)\} \; . \end{aligned} \tag{1.24}$$

Da beim Echoentzerrer verzögerte Teilsignale zu überlagern sind, wird nun der Verschiebungssatz der Fourier-Transformation benötigt. Dieser lautet:

$$\begin{aligned} &\text{Wenn} \quad x(t) \quad \circ\!\!-\!\!\bullet \quad X(f) \; , \\ &\text{dann} \quad x(t - t_0) \quad \circ\!\!-\!\!\bullet \quad X(f)\,\mathrm{e}^{-\mathrm{j}2\pi f t_0} \; . \end{aligned} \tag{1.25}$$

Hierin bezeichnet t_0 eine feste zeitliche Verschiebung. Der Beweis für die Aussage des Verschiebungssatzes läßt sich leicht führen durch Einsetzen von $x(t - t_0)$ in (1.23) und anschließende Substitution $t - t_0 = \vartheta$.

Beim Echoentzerrer sind die Teilsignale an den Abgriffen zeitverzögerte Versionen des Eingangssignals. Die Fourier-Transformierte des Eingangssignals erscheint daher am k-ten Abgriff mit $\mathrm{e}^{-\mathrm{j}\pi f k \tau}$ multipliziert, weil die Verzögerung bis dort $t_0 = k\tau$ beträgt. Wegen der Linearität ergibt sich nun für die Fourier-Transformierte des Echoentzerrer-Ausgangssignals zu

$$\begin{aligned} Y(f) &= X(f)\,[c_0 + c_1\,\mathrm{e}^{-\mathrm{j}2\pi f \tau} + c_2\,\mathrm{e}^{-\mathrm{j}2\pi f 2\tau} + \dots + c_N\,\mathrm{e}^{-\mathrm{j}2\pi f N\tau}] \\ &= X(f)\,H(f) \; . \end{aligned} \tag{1.26}$$

Die Funktion

$$H(f) = \sum_{k=0}^{N} c_k \, e^{-j2\pi fk\tau} \tag{1.27}$$

heißt *Wirkungsfunktion des Echoentzerrers im Frequenzbereich.*

Die Berechnung des Fourier-Spektrums $Y(f)$ des Entzerrer-Ausgangssignals kann also durch Multiplikation des Fourier-Spektrums $X(f)$ des Eingangssignals mit der Wirkungsfunktion $H(f)$ geschehen. Sie ist im Frequenzbereich genauso einfach wie im z-Bereich der zeitdiskreten Signale, vgl. (1.19).

Aus dem Fourier-Spektrum $Y(f)$ ergibt sich die zugehörige kontinuierliche Zeitfunktion $y(t)$ durch Fourier-Rücktransformation [ACH 85]

$$y(t) = \int_{-\infty}^{+\infty} Y(f)\, e^{+j2\pi ft} df \quad . \tag{1.28}$$

Im Unterschied zur z-Transformierten, bei welcher das zugehörige zeitdiskrete Signal unmittelbar abgelesen werden kann, wenn man die z-Transformierte in der Form eines Polynoms in z^{-1} hinschreibt, muß bei der Fourier-Transformierten ein Integral ausgerechnet werden.

Es folgt nun eine Diskussion der Eigenschaften der Wirkungsfunktion $H(f)$ von (1.27).

Zunächst ist festzustellen, daß $H(f)$ im allgemeinen komplexwertig ist für reellwertige f. Für reellwertige Koeffizienten c_k ist der Realteil gerade und der Imaginärteil ungerade

$$\mathrm{Re}\, H(f) = \sum_{k=0}^{N} c_k \cos 2\pi fk\tau = \mathrm{Re}\, H(-f),$$

$$\mathrm{Im}\, H(f) = -\sum_{k=0}^{N} c_k \sin 2\pi fk\tau = -\mathrm{Im}\, H(-f) \quad . \tag{1.29}$$

Vorab sei bereits hier vermerkt, daß Realteil und Imaginärteil über die sogenannte Hilbert-Transformation miteinander verknüpft sind, siehe Abschnitt 2.5.

Eine weitere Eigenschaft von $H(f)$ besteht darin, daß $H(f)$ periodisch ist. Es gilt nämlich

$$H(f) = H(f + \frac{1}{\tau}) \quad \text{für alle } f \ , \tag{1.30}$$

weil, siehe (1.27), wegen des ganzzahligen k

$$e^{-j2\pi(f+\frac{1}{\tau})k\tau} = e^{-j2\pi fk\tau} \cdot e^{-j2\pi k} = e^{-j2\pi fk\tau} \quad . \tag{1.31}$$

Die Eigenschaft der Periodizität wird durch Bild 1.5 verdeutlicht. Es zeigt zwei periodische Funktionsverläufe, einen geraden Funktionsverlauf für den Realteil und einen ungeraden Funktionsverlauf für den Imaginärteil von $H(f)$. Ansonsten sind die

Verläufe aber willkürlich gezeichnet ohne Berücksichtigung des Zusammenhangs über die Hilbert-Transformation. Mit einem geraden Realteil und einem ungeraden Imaginärteil resultiert eine gerade Funktion für den Betrag $|H(f)|$ und eine ungerade Funktion für die Phase $b(f)$:

$$|H(f)| = \sqrt{\mathrm{Re}^2 H(f) + \mathrm{Im}^2 H(f)} = |H(-f)|,$$

$$b(f) = -\arctan \frac{\mathrm{Im}H(f)}{\mathrm{Re}H(f)} = -b(-f)\,. \tag{1.32}$$

Der Verlauf des Realteils (oder des Imaginärteils oder des Betrags oder der Phase) kann nur im Bereich $0 \leq f \leq 1/(2\tau)$ weitgehend beliebig gestaltet werden. Im übrigen Bereich ist der Verlauf durch die Eigenschaften periodisch und gerade bzw. ungerade festgelegt.

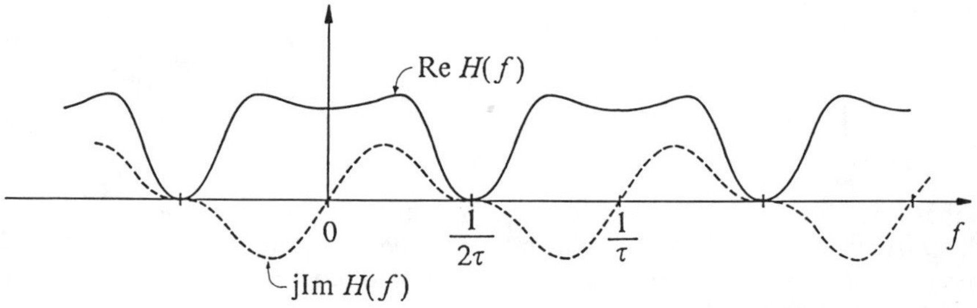

Bild 1.5 **Periodischer Frequenzgang des Echoentzerrers**

Angemerkt sei noch, daß jedes Digitalfilter einen periodischen Frequenzgang besitzt.

1.4 Approximation vorgeschriebener Frequenzgänge

Es sei z.B. zur Lösung einer Entzerrungsaufgabe eine Wirkungsfunktion

$$V(f) = \frac{Y(f)}{X(f)}$$

vorgeschrieben, die durch die Wirkungsfunktion $H(f)$ eines analogen Echoentzerrers verwirklicht werden soll, oder, wenn das nicht exakt möglich ist, möglichst gut approximiert werden soll.

Als Gütemaß für die Approximation werde der quadratische Fehler

$$F = \int_{-1/(2\tau)}^{1/(2\tau)} |V(f) - H(f)|^2 \, df \tag{1.33}$$

zugrundegelegt. Als Approximationsintervall wird eine Periode des Echoentzerrer-Frequenzgangs gewählt. Nur innerhalb einer Periode kann $H(f)$ frei gestaltet werden und damit $V(f)$ approximiert werden. Der Echoentzerrer ist deshalb streng genommen nur zur Entzerrung bandbegrenzter Signale, bei welchen $V(f)$ nur innerhalb eines begrenzten Frequenzbandes vorgeschrieben werden muß, oder zur Entzerrung von Signalen mit periodischem Spektrum geeignet.

Der quadratische Fehler F gemäß (1.33) wird null, wenn $V(f)$ und $H(f)$ im Approximationsintervall übereinstimmen. Bemerkt sei, daß der Fehler gemäß Definition nicht negativ werden kann.

Wird der konjugiert komplexe Wert durch einen Stern (*) ausgedrückt, dann folgt aus (1.33) zunächst

$$F = \int_{-1/(2\tau)}^{1/(2\tau)} [V(f) - H(f)][V^*(f) - H^*(f)]\, df \tag{1.34}$$

und daraus durch Einsetzen von (1.27)

$$F = \int_{-1/(2\tau)}^{1/(2\tau)} \left[V(f) - \sum_{k=0}^{N} c_k\, e^{-j2\pi f k\tau} \right]\left[V^*(f) - \sum_{k=0}^{N} c_k\, e^{+j2\pi f k\tau} \right] df\,. \tag{1.35}$$

Variabel sind die reellen Koeffizienten c_k, die nun so zu wählen sind, daß F minimal wird. Dazu wird F nach einem allgemeinen Koeffizienten c_n differenziert und der Differentialquotient gleich null gesetzt. Das wird dann für $n = 0, 1, 2, \ldots, N$ getan. Durch Anwendung der Produktregel folgt

$$\frac{\partial F}{\partial c_n} = \int_{-1/(2\tau)}^{1/(2\tau)} \left[V(f) - \sum_{k=0}^{N} c_k\, e^{-j2\pi f k\tau} \right] \left(-e^{+j2\pi f n\tau}\right) df \, +$$

$$+ \int_{-1/(2\tau)}^{1/(2\tau)} \left(-e^{-j2\pi f n\tau}\right) \left[V^*(f) - \sum_{k=0}^{N} c_k\, e^{+j2\pi f k\tau} \right] df$$

$$= \sum_{k=0}^{N} c_k \int_{-1/(2\tau)}^{1/(2\tau)} e^{j2\pi f(n-k)\tau}\, df - \int_{-1/(2\tau)}^{1/(2\tau)} V(f)\, e^{j2\pi f n\tau}\, df \, +$$

$$+ \sum_{k=0}^{N} c_k \int_{-1/(2\tau)}^{1/(2\tau)} e^{-j2\pi f(n-k)\tau}\, df - \int_{-1/(2\tau)}^{1/(2\tau)} V^*(f)\, e^{-j2\pi f n\tau}\, df = 0\,. \tag{1.36}$$

Für $k \neq n$ ist

$$\int_{-1/(2\tau)}^{1/(2\tau)} \mathrm{e}^{\pm \mathrm{j}2\pi f(n-k)\tau} df = \frac{1}{\pm \mathrm{j}2\pi(n-k)\tau} \mathrm{e}^{\pm \mathrm{j}2\pi f(n-k)\tau} \Bigg|_{-1/(2\tau)}^{1/(2\tau)} = 0 \;, \tag{1.37}$$

während für $k = n$

$$\int_{-1/(2\tau)}^{1/(2\tau)} \mathrm{e}^{\pm \mathrm{j}2\pi f(n-k)\tau} df = \frac{1}{\tau} \tag{1.38}$$

ist. Die durch (1.37) und (1.38) ausgedrückte Eigenschaft bezeichnet man als *orthogonal.* Das Integral (1.37) wird auch als inneres Produkt und das Integral (1.38) als Normquadrat der komplexen Exponentialfunktionen bezeichnet. Näheres hierzu folgt in den Abschnitten 2.4 und 2.7.

Mit (1.37) und (1.38) reduziert sich (1.36) zu

$$\frac{2c_n}{\tau} = \int_{-1/(2\tau)}^{1/(2\tau)} V(f)\,\mathrm{e}^{+\mathrm{j}2\pi f n\tau} df + \int_{-1/(2\tau)}^{1/(2\tau)} V^*(f)\,\mathrm{e}^{-\mathrm{j}2\pi f n\tau} df \tag{1.39}$$

oder mit $A + A^* = 2\mathrm{Re}A$ zu

$$c_n = \tau\,\mathrm{Re} \int_{-1/(2\tau)}^{1/(2\tau)} V(f)\,\mathrm{e}^{+\mathrm{j}2\pi f n\tau} df \;. \tag{1.40}$$

Hat die vorgeschriebene Wirkungsfunktion $V(f)$ einen geraden Realteil und einen ungeraden Imaginärteil, was stets der Fall ist, wenn zu $V(f)$ eine reellwertige Zeitfunktion $v(t)$ gehört, dann wird das Integral in (1.40) reell, sodaß das Realteilzeichen weggelassen werden kann. In diesem Fall ergeben sich die optimalen Koeffizientenwerte, welche den Fehler F minimal machen, zu

$$c_n = \tau \int_{-1/(2\tau)}^{1/(2\tau)} V(f)\,\mathrm{e}^{+\mathrm{j}2\pi f n\tau} df, \quad n = 0, 1, \ldots, N \;. \tag{1.41}$$

Die so bestimmten Koeffizienten c_n liefern tatsächlich den minimalen, nicht den maximalen Fehler, weil die nochmalige Differentiation von (1.36) nach c_n den Wert $2/\tau > 0$ ergibt.

Zur Bestimmung der Höhe des Approximationsfehlers wird nun (1.34) weiter ausgerechnet.

$$F = \int_{-1/(2\tau)}^{1/(2\tau)} |V(f)|^2 df + \int_{-1/(2\tau)}^{1/(2\tau)} |H(f)|^2 df -$$

$$- \int_{-1/(2\tau)}^{1/(2\tau)} [V(f)H^*(f) + V^*(f)H(f)]df \,. \tag{1.42}$$

Hierin ist mit (1.27), (1.37) und (1.38)

$$\int_{-1/(2\tau)}^{1/(2\tau)} |H(f)|^2 df = \int_{-1/(2\tau)}^{1/(2\tau)} \sum_{k=0}^{N} c_k \, e^{-j2\pi fk\tau} \sum_{m=0}^{N} c_m \, e^{+j2\pi fm\tau} \, df = \sum_{k=0}^{N} \frac{c_k^2}{\tau} \,. \tag{1.43}$$

Mit (1.27) und (1.40) folgt ferner

$$\int_{-1/(2\tau)}^{1/(2\tau)} [V(f)H^*(f) + V^*(f)H(f)]df = 2\mathrm{Re} \int_{-1/(2\tau)}^{1/(2\tau)} V(f)H^*(f)\,df =$$

$$= \sum_{k=0}^{N} c_k \, 2\mathrm{Re} \int_{-1/(2\tau)}^{1/(2\tau)} V(f)\, e^{+j2\pi fk\tau} \, df = 2\sum_{k=0}^{N} \frac{c_k^2}{\tau} \,. \tag{1.44}$$

Da mit (1.40) die Koeffizienten für den minimalen Fehler benutzt wurden, ergibt sich dieser aus (1.42) zu

$$F_{\min} = \int_{-1/(2\tau)}^{1/(2\tau)} |V(f)|^2 df - \sum_{k=0}^{N} \frac{c_k^2}{\tau} = F_{\min}(N) \geq 0. \tag{1.45}$$

Da der quadratische Fehler F einerseits laut Definition (1.33) nicht negativ werden kann, er andererseits gemäß (1.45) mit jedem zusätzlichen Koeffizienten verkleinert wird, ist die Approximation um so besser, je höher die Anzahl N der verwendeten Laufzeitglieder ist, d.h. je mehr Aufwand beim Echoentzerrer getrieben wird. Bei dieser Diskussion wurde vorausgesetzt, daß der Integralausdruck in (1.45) endlich ist. (1.45) wird als Besselsche Ungleichung bezeichnet.

Nach (1.40) ergeben sich stets reelle Filterkoeffizienten, gleichgültig welche Vorschrift $V(f)$ für die Wirkungsfunktion auch gemacht wird. Ferner ist aus (1.29) zu ersehen, daß der Realteil und der Imaginärteil der approximierenden Funktion $H(f)$ mit den gleichen Filterkoeffizienten verwirklicht werden.

Um einen geringen Approximationsfehler zu erhalten, dürfen also der Realteil und der Imaginärteil der Vorschrift $V(f)$ nicht unabhängig voneinander gewählt werden. Sie müssen zueinander passen, so wie auch beim Echoentzerrer zu einem gegebenen Realteil Re $H(f)$ ein ganz bestimmter durch die Koeffizienten c_k festgelegter Imaginärteil Im $H(f)$ gehört. Dabei reicht es keineswegs aus, daß man Re $V(f)$ als gerade und Im $V(f)$ als ungerade vorschreibt. Es müssen darüber hinaus Re $V(f)$ und Im $V(f)$ auch noch über die Hilbert-Transformation miteinander verknüpft sein. Das ist automatisch dann der Fall, wenn zur vorgeschriebenen Wirkungsfunktion $V(f)$ eine reelle Impulsantwort $v(t)$ gehört, für die $v(t) = 0$ für $t < 0$ gilt [SPA 73].

1.5 Modifizierter Echoentzerrer

Die Beschränkungen bei dem, was man mit einem Echoentzerrer der in Bild 1.1 gezeigten Struktur realisieren und damit an Vorschriften im Frequenzbereich approximieren kann, rühren zum großen Teil daher, daß es keine Laufzeitglieder mit negativer Laufzeit gibt. Anders ausgedrückt heißt das, daß man keinen Echoentzerrer oder sonstiges Filter realisieren kann, bei dem die Reaktion am Ausgang zeitlich vor der Ursache am Eingang erscheint.

Einen gewissen Ausweg findet man dann, wenn man negative Laufzeiten scheinbar dadurch verwirklicht, daß man die Betrachtungen auf ein um eine positive Grundlaufzeit von ausreichender Dauer verzögertes Bezugssignal bezieht. Gegenüber diesem verzögerten Bezugssignal sind natürlich negative Laufzeiten möglich, was die Konsequenz hat, daß dadurch vermehrte Möglichkeiten bei den zulässigen Vorschriften im Frequenzbereich gegeben sind.

Bild 1.6 zeigt die Schaltung des modifizierten Echoentzerrers, die sich von derjenigen des gewöhnlichen Echoentzerrers in Bild 1.1 nur durch eine andere Indizierung der Koeffizientensteller unterscheidet. Mit dieser neuen Indizierung läßt sich die Fourier-Transformierte des Ausgangssignals nun wie folgt schreiben:

$$\begin{aligned} Y(f) &= X(f)\,\mathrm{e}^{-\mathrm{j}2\pi fN\tau}\left[c_{-N}\,\mathrm{e}^{+\mathrm{j}2\pi fN\tau} + \dots + c_{-1}\mathrm{e}^{+\mathrm{j}2\pi f\tau} + c_0 + \right. \\ &\qquad \left. + c_1\mathrm{e}^{-\mathrm{j}2\pi f\tau} + \dots + c_N\,\mathrm{e}^{-\mathrm{j}2\pi fN\tau}\right] \\ &= X(f)\,H(f) \ . \end{aligned} \tag{1.46}$$

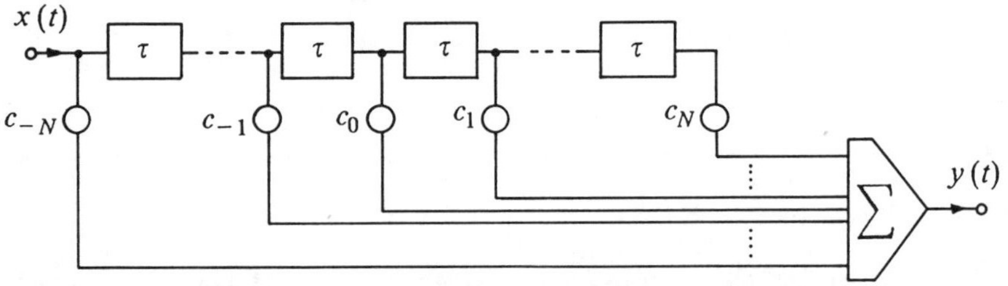

Bild 1.6 **Modifizierter Echoentzerrer**

Die Wirkungsfunktion lautet jetzt

$$H(f) = \frac{Y(f)}{X(f)} = \mathrm{e}^{-\mathrm{j}2\pi fN\tau} \sum_{k=-N}^{+N} c_k\,\mathrm{e}^{-\mathrm{j}2\pi fk\tau} \ . \tag{1.47}$$

Der Faktor vor der Summe repräsentiert die Grundlaufzeit der Dauer $N\tau$. Die Summe selbst enthält Glieder mit negativen und positiven Laufzeiten. Sie ist identisch mit einer endlichen Fourier-Reihe, bestehend aus $2N + 1$ Gliedern. Das verzögerte Bezugssignal liegt in Bild 1.6 am Koeffizientensteller c_0 und ist $x(t - N\tau)$.

Da eine konstante Grundlaufzeit bei vielen technischen Anwendungen keine Rolle spielt, kann nun statt mit $H(f)$ mit der auf das verzögerte Bezugssignal bezogenen modifizierten Wirkungsfunktion

$$H_m(f) = \sum_{k=-N}^{+N} c_k \, \mathrm{e}^{-\mathrm{j}2\pi f k\tau} \tag{1.48}$$

gearbeitet werden, welche vermehrte Möglichkeiten hinsichtlich realisierbarer Frequenzgänge besitzt.

Der Formalismus zur Berechnung der Koeffizienten c_k zur Approximation von Vorschriften $V(f)$, beginnend mit (1.33) und endend mit (1.45), ändert sich nicht. Ersetzt man in (1.33) $H(f)$ durch $H_m(f)$, dann folgt für die Koeffizienten

$$c_n = \tau \int_{-1/(2\tau)}^{1/(2\tau)} V(f)\,\mathrm{e}^{+\mathrm{j}2\pi f n\tau} df, \quad n = -N, \dots, -1, 0, +1, \dots, +N. \tag{1.49}$$

Wegen der reellen Koeffizienten c_k lassen sich mit dem modifizierten Echoentzerrer nur solche Wirkungsfunktionen $H_m(f)$ realisieren, die einen geraden Realteil und einen ungeraden Imaginärteil besitzen. In dieser Hinsicht unterscheiden sich die Möglichkeiten nicht von den Möglichkeiten des gewöhnlichen Echoentzerrers mit der Wirkungsfunktion $H(f)$ von (1.27). Während jedoch beim gewöhnlichen Echoentzerrer darüberhinaus Real- und Imaginärteil über die Hilbert-Transformation miteinander verknüpft sind, müssen beim modifizierten Echoentzerrer der Real- und Imaginärteil von $H_m(f)$ nicht mehr über die Hilbert-Transformation verknüpft sein.

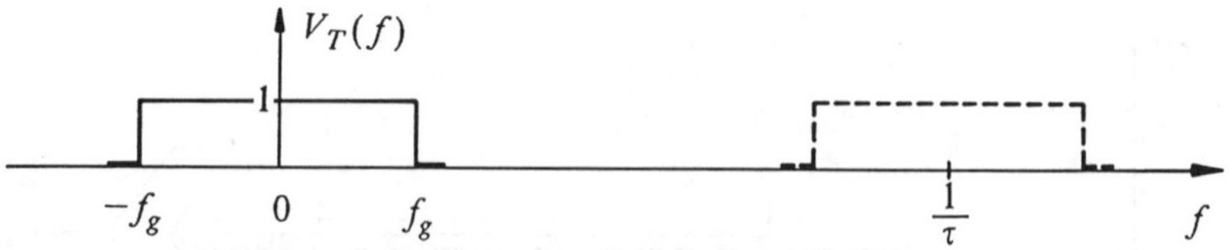

Bild 1.7 Idealer Rechteck-Tiefpaß-Frequenzgang mit sich im Abstand $1/\tau$ wiederholenden Durchlaßbereichen

Die vermehrten Möglichkeiten beim modifizierten Echoentzerrer werden deutlich, wenn man in (1.48)

$$c_k = c_{-k} \tag{1.50}$$

setzt. Das ergibt für die Teilsummen

$$c_k \, \mathrm{e}^{-\mathrm{j}2\pi f k\tau} + c_{-k} \, \mathrm{e}^{+\mathrm{j}2\pi f k\tau} = 2c_k \cos 2\pi f k\tau \tag{1.51}$$

und folglich

$$H_m(f) = c_0 + 2 \sum_{k=1}^{N} c_k \cos 2\pi f k\tau \ . \tag{1.52}$$

Damit ist es also möglich, (abgesehen von der Grundlaufzeit) rein reelle gerade Funktionen $V(f)$ bei entsprechendem Aufwand beliebig genau zu approximieren. So kann z.B. der ideale Rechteck-Tiefpaß-Frequenzgang in Bild 1.7 (abgesehen von einer u.U. sehr hohen Grundlaufzeit und einer bei sehr hohen Frequenzen sich erstmals wiederholenden Periode) beliebig genau nachgebildet werden.

Eine andere Möglichkeit wird deutlich, wenn man

$$c_k = -c_{-k}\,; \quad k \neq 0 \tag{1.53}$$

setzt. Das ergibt

$$c_k \, e^{-j2\pi f k\tau} + c_{-k} \, e^{+j2\pi f k\tau} = -j\,2c_k \sin 2\pi f k\tau \tag{1.54}$$

und folglich für $c_0 = 0$

$$H_m(f) = -j\,2 \sum_{k=1}^{N} c_k \sin 2\pi f k\tau \ . \tag{1.55}$$

Auf diese Weise ist es möglich, (wieder abgesehen von der Grundlaufzeit) rein imaginäre ungerade Funktionen $V(f)$ bei entsprechendem Aufwand beliebig genau zu approximieren. Ein repräsentatives Beispiel hierzu ist der ideale Hilbert-Transformator, dessen Frequenzgang in Bild 1.8 dargestellt ist.

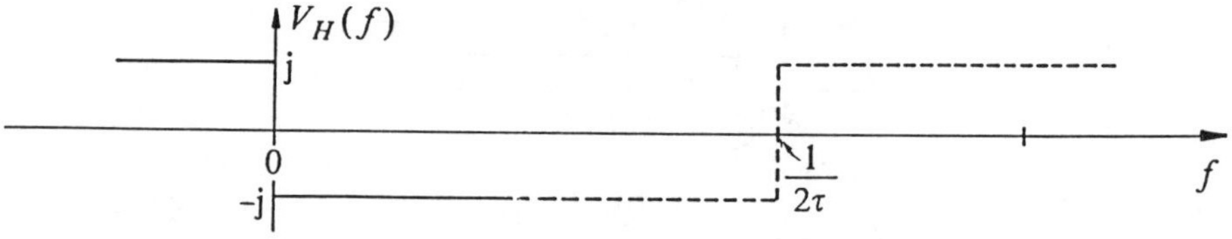

Bild 1.8 Idealer Hilbert-Transformator-Frequenzgang mit Nutzbereich $|f| < 1/(2\tau)$

Der ideale Hilbert-Transformator der Wirkungsfunktion $V_H(f)$ überführt die cosinusförmige Zeitfunktion

$$s(t) = S \cos 2\pi f_0 t \quad \text{in} \quad \begin{cases} \hat{s}(t) = S \sin 2\pi f_0 t & \text{für } f_0 > 0 \\ \hat{s}(t) = -S \sin 2\pi f_0 t & \text{für } f_0 < 0 \end{cases} \tag{1.56}$$

und die sinusförmige Zeitfunktion

$$s(t) = S \sin 2\pi f_0 t \quad \text{in} \quad \begin{cases} \hat{s}(t) = -S \cos 2\pi f_0 t & \text{für } f_0 > 0 \\ \hat{s}(t) = S \cos 2\pi f_0 t & \text{für } f_0 < 0 \ . \end{cases} \tag{1.57}$$

Da der modifizierte Echoentzerrer durch eine Fourier-Reihe (1.48) beschrieben wird, können für die Approximation von Vorschriften häufig fertige Ergebnisse aus der Literatur über Fourier-Reihen direkt übernommen werden. Es muß nur sichergestellt sein, daß die publizierten Fourier-Koeffizienten reell sind.

Mit dem modifizierten Echoentzerrer lassen sich also (abgesehen von einer genügend hoch zu wählenden Grundlaufzeit) in einem endlich breiten Frequenzband beliebige reelle gerade Vorschriften $V(f)$ und beliebige imaginäre ungerade Vorschriften $V(f)$ in (1.45) beliebig genau approximieren, sofern die Vorschriften so gewählt sind, daß das Integral in (1.45) konvergiert. Da der Echoentzerrer auf der Superposition gewichteter Teilsignale beruht, gilt dasselbe auch für komplexwertige Vorschriften $V(f)$ mit einem beliebigen geraden Realteil und einem beliebigen ungeraden Imaginärteil. Durch eine genügend hohe Zahl N läßt sich der Approximationsfehler F gemäß (1.33) unter jede beliebig klein vorgegebene Schranke drücken. Das gilt deshalb, weil die Exponentialfunktionen in (1.48) ein sogenanntes *vollständiges* System orthogonaler Funktionen bilden, siehe auch Abschnitt 2.4.

Eine detaillierte Beschreibung des modifizierten Echoentzerrers mit weiteren Beispielen findet sich bei W. Schüßler [SCH 63].

1.6 Echoentzerrer mit komplexen Koeffizienten

Die bisher betrachteten Strukturen des Echoentzerrers in Bild 1.1 und Bild 1.6 arbeiten technisch und mathematisch mit reellwertigen Koeffizienten. Für manche Anwendungen (siehe Abschn. 6.9) ist es nützlich, mathematisch komplexe Koeffizientenwerte zuzulassen. Das ist mit der in Bild 1.9 gezeigten Struktur möglich, die im wesentlichen zwei Laufzeitketten enthält.

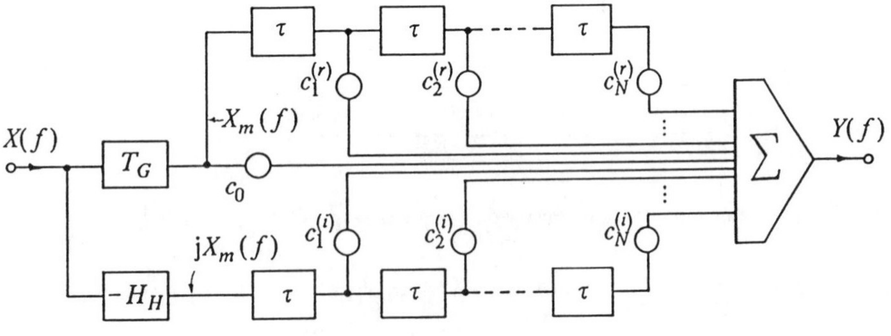

Bild 1.9 **Echoentzerrer mit mathematisch komplexwertigen Koeffizienten** $\underline{c} = c^{(r)} + jc^{(i)}$

Das Eingangssignal $x(t)$ ○—● $X(f)$ wird im unteren Zweig über einen mit einem negativen Vorzeichen versehenen Hilbert-Transformator geführt. Der ideale negative Hilbert-Transformator hat die Wirkungsfunktion, vergl. Bild 1.8,

$$-H_H(f) = \begin{cases} j & \text{für } f > 0 \\ 0 & \text{für } f = 0 \\ -j & \text{für } f < 0 \end{cases} \quad . \qquad (1.58)$$

Das Eingangsspektrum $X(f)$ hat damit am Ausgang des Hilbert-Transformators das Spektrum $\mathrm{j}X(f)$ für $f > 0$ zur Folge. Da die praktische Realisierung des Hilbert-Transformators nach Abschnitt 1.5 mit einer zusätzlichen Grundlaufzeit T_G verbunden ist, muß diese Grundlaufzeit auch im oberen Zweig von Bild 1.9 eingefügt werden. Bei Bandpaß-Signalen kann der negative Hilbert-Transformator mit guter Näherung durch ein Differenzierglied ersetzt werden, vergl. Abschnitte 6.1 und 6.9.

Wird nun alles auf das Bezugsspektrum $X_m(f)$ des verzögerten Eingangssignals bezogen, dann ergibt sich für das Spektrum am Ausgang

$$\begin{aligned} Y(f) &= X_m(f)\big[c_0 + c_1^{(r)}\mathrm{e}^{-\mathrm{j}2\pi f\tau} + c_2^{(r)}\mathrm{e}^{-\mathrm{j}2\pi f2\tau} + \dots + c_N^{(r)}\mathrm{e}^{-\mathrm{j}2\pi fN\tau} + \\ &\qquad + \mathrm{j}c_1^{(i)}\mathrm{e}^{-\mathrm{j}2\pi f\tau} + \mathrm{j}c_2^{(i)}\mathrm{e}^{-\mathrm{j}2\pi f2\tau} + \dots + \mathrm{j}c_N^{(i)}\mathrm{e}^{-\mathrm{j}2\pi fN\tau}\big] \\ &= X_m(f)\,H_m(f)\,; \quad f > 0\,, \end{aligned} \tag{1.59}$$

oder

$$H_m(f) = \frac{Y(f)}{X_m(f)} = \sum_{k=0}^{N} \underline{c}_k\,\mathrm{e}^{-\mathrm{j}2\pi fk\tau} \tag{1.60}$$

mit den jetzt komplexen Koeffizienten

$$\underline{c}_k = c_k^{(r)} + \mathrm{j}c_k^{(i)}\,; \quad c_0 \text{ reell}\,. \tag{1.61}$$

Auch in diesem Fall errechnen sich die Koeffizientenwerte zu

$$\underline{c}_k = \tau \int_{-1/(2\tau)}^{1/(2\tau)} V(f)\,\mathrm{e}^{+\mathrm{j}2\pi fk\tau}\,df\,; \quad k = 0, 1, 2, \dots, N\,, \tag{1.62}$$

wobei aber jetzt, im Unterschied zu (1.41), der Realteil $\mathrm{Re}V(f)$ keine gerade Funktion und der Imaginärteil $\mathrm{Im}V(f)$ keine ungerade Funktion sein müssen. Zerlegt man den Real- und Imaginärteil in ihre geraden (Index g) und ungeraden (Index u) Anteile

$$\mathrm{Re}V(f) = V_g^{(r)}(f) + V_u^{(r)}(f) \tag{1.63}$$

$$\mathrm{Im}V(f) = V_g^{(i)}(f) + V_u^{(i)}(f)\,, \tag{1.64}$$

dann müssen aber sowohl das Funktionenpaar $V_g^{(r)}(f)$ und $V_u^{(i)}(f)$ als auch das Funktionenpaar $V_g^{(i)}(f)$ und $V_u^{(r)}(f)$ jeweils über die Hilbert-Transformation miteinander verknüpft sein. Jedes dieser Paare wird nämlich durch eine Teilschaltung approximiert, welche mit dem gewöhnlichen Echoentzerrer in Bild 1.1 identisch ist.

Gegenüber dem Echoentzerrer mit reellen Koeffizienten c_k hat der Echoentzerrer mit komplexen Koeffizienten $\underline{c}_k$ den großen Vorteil, daß man damit auch Bandpaß-Signale allgemein entzerren kann. Während man mit reellen Koeffizienten gemäß Bild 1.5 in der Umgebung der Frequenz $f = 1/\tau$ nur solche Realteilverläufe $\mathrm{Re}H(f)$ bzw. Imaginärteilverläufe $\mathrm{jIm}H(f)$ herstellen kann, die bezüglich $f = 1/\tau$ gerade bzw. ungerade sind, kann man mit komplexen Koeffizienten $\underline{c}_k$ bezüglich $f = 1/\tau$ nahezu beliebige Realteilverläufe und Imaginärteilverläufe realisieren. Dasselbe gilt für die Umgebung der Frequenz $f = k/\tau$ mit $k \neq 0$ und ganzzahlig. Diese Möglichkeiten sind für Abschnitt 6.9 wichtig.

Für die Herleitung von (1.62) ist in (1.35) in der linken Klammer c_k durch $\underline{c}_k = c_k^{(r)} + \mathrm{j}c_k^{(i)}$ und in der rechten Klammer c_k durch $\underline{c}_k^* = c_k^{(r)} - \mathrm{j}c_k^{(i)}$ zu ersetzen. Statt des Differentialquotienten $\partial F/\partial c_n$ von (1.36) sind nun die Differentialquotienten $\partial F/\partial c_n^{(r)}$ und $\partial F/\partial \mathrm{j}c_n^{(i)}$ gleich null zu setzen.

Die Schaltung in Bild 1.9 läßt sich durch Einbau einer weiteren Grundlaufzeit so ergänzen, daß komplexe Filterkoeffizienten auch mit negativen Indizes möglich sind. In diesem Fall ist es, wie beim modifizierten Echoentzerrer von Bild 1.6, nicht mehr nötig, daß die oben genannten Funktionenpaare über die Hilbert-Transformation verknüpft sein müssen.

Eine Anwendung des Echoentzerrers mit komplexen Koeffizienten zur Entzerrung frequenzversetzter Datensignale wird in Abschn. 6.9 beschrieben. Die erste Anwendung geht auf E. Kettel [KET 64] zurück.

1.7 Filter mit Brückenstruktur

Die in den vorangegangenen Abschnitten beschriebenen Versionen des Echoentzerrers führen nur auf solche Wirkungsfunktionen, die sich als Polynome einer Variablen z^{-1} oder $\mathrm{e}^{-\mathrm{j}2\pi f t}$ darstellen lassen, siehe (1.20), (1.27), (1.47), (1.60). Alle diese Filter sind FIR-Filter, siehe Abschn. 1.2. Für die Entzerrung eines verzerrten digitalen Datensignals ist in manchen Fällen eine gebrochen rationale Wirkungsfunktion, nämlich

$$H(z) = \frac{P(z)}{Q(z)} \quad , \tag{1.65}$$

mit einem Zählerpolynom $P(z)$ und einem Nennerpolynom $Q(z)$ wünschenswert. Die zugehörigen Filter sind im allgemeinen IIR-Filter. Derartige gebrochen rationale Funktionen lassen sich mit einem rückgekoppelten Echoentzerrer erzeugen. Wie in Abschn. 5.9 anhand eines praktischen Beispiels gezeigt wird, führen Rückkopplungen aber leicht zur Instabilität. Zur Vermeidung der Instabilität wird in Abschn. 5.9 eine quantisierte Rückkopplung benutzt, die jedoch auf ein nichtlineares Filter führt.

Ein lineares Filter, mit dem sich bei gesicherter Stabilität gebrochen rationale Wirkungsfunktionen gemäß (1.65) verwirklichen lassen, ist das Filter mit Brückenstruktur (engl. Lattice Filter) [GRM 75]. Dieses Filter entsteht dadurch, daß anstelle der Laufzeitglieder des Echoentzerrers kompliziertere Teilnetzwerke gleicher Struktur verwendet werden. Jedes dieser Teilnetzwerke besitzt im Gegensatz zum Laufzeitglied äußerlich jeweils zwei Eingänge und zwei Ausgänge. Im Inneren enthält jedes Teilnetzwerk ein Laufzeitglied und Rückkopplungen in Form einer Brückenschaltung. Bild 1.10a zeigt die Schaltungsstruktur des Gesamtfilters. Eine spezielle Version eines Teilnetzwerkes ist in Bild 1.10b angegeben. Sie enthält zwei Multiplizierer für gleiche reelle Koeffizientenwerte k_i. Andere Versionen enthalten einen oder drei Multiplizierer. Hier wird nur die zwei-Multiplizierer-Version betrachtet, die eine bequeme Beschreibung erlaubt.

Über Filter mit Brückenstruktur gemäß Bild 1.10 existieren eine umfangreiche Literatur und eine weitentwickelte Theorie. Hier können nur elementare Zusammenhänge dargestellt werden.

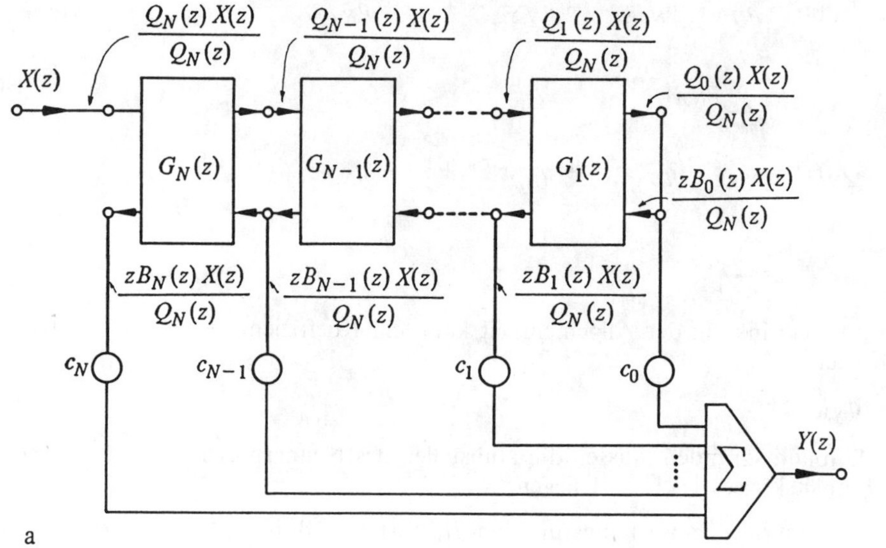

a

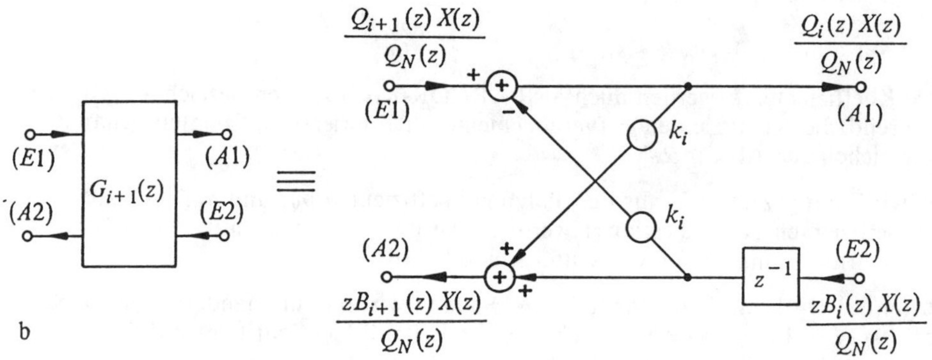

b

Bild 1.10 **Filter mit Brückenstruktur**
(a) Gesamtschaltung
(b) Spezielle Version eines Teilnetzwerks $G_{i+1}(z)$

Vorgeschrieben sei eine gebrochen rationale Wirkungsfunktion $H(z)$ der Ordnung N

$$H(z) = \frac{Y(z)}{X(z)} = \frac{P_N(z)}{Q_N(z)} \; . \qquad (1.66)$$

Hierin sind $P_N(z)$ und $Q_N(z)$ Polynome in z^{-1} vom Grad N mit den Koeffizienten $p_{N,n}$ bzw. $q_{N,n}$.

$$P_N(z) = p_{N,0} + p_{N,1}z^{-1} + p_{N,2}z^{-2} + \dots + p_{N,N}z^{-N}$$

$$= \sum_{n=0}^{N} p_{N,n}z^{-n} \ , \qquad (1.67)$$

$$Q_N(z) = q_{N,0} + q_{N,1}z^{-1} + q_{N,2}z^{-2} + \dots + q_{N,N}z^{-N}$$

$$= \sum_{n=0}^{N} q_{N,n}z^{-n} \ . \qquad (1.68)$$

Ohne Beschränkung der Allgemeinheit kann ein Koeffizient gleich eins gesetzt werden. Hier sei

$$q_{N,0} = 1 \ . \qquad (1.69)$$

Aus Stabilitätsgründen müssen die Nullstellen des Nennerpolynoms $Q_N(z)$ innerhalb des Einheitskreises $|z^{-1}| < 1$ liegen.

Die vorgeschriebene Wirkungsfunktion $H(z)$ ist also durch $2N + 1$ Parameter, das sind die Polynomkoeffizienten $p_{N,n}$ und $q_{N,n}$, festgelegt. Das Übertragungsverhalten der Filtergesamtschaltung ist ebenfalls durch $2N + 1$ Parameter festgelegt, nämlich durch die Koeffizienten

$$k_0, k_1, \dots, k_i, \dots, k_{N-1}$$

$$c_0, c_1, \dots, c_i, \dots, c_N \ . \qquad (1.70)$$

Die Koeffizienten k_i werden auch als PARCOR-Koeffizienten bezeichnet [COG 85], während die Koeffizienten c_i (verallgemeinerte) Fourier-Koeffizienten genannt werden, siehe auch Abschn.2.4.

Es wird nun gezeigt, wie aus den Polynomkoeffizienten $p_{N,n}$ und $q_{N,n}$ rekursiv die Filterkoeffizienten (1.70) bestimmt werden. Die im Folgenden dafür angegebenen Rechenschritte stammen von Gray und Markel [GRM 73].

Begonnen wird mit dem Schritt $i = N$. Sodann wird in aufeinanderfolgenden Schritten $i = N - 1$, $i = N - 2, \dots,$ $i = 1$ gesetzt. Bei jedem Schritt i werden nacheinander folgende Größen neu berechnet:

$$zB_i(z) = Q_i\left(\frac{1}{z}\right)z^{-i} \qquad (1.71)$$

$$k_{i-1} = q_{i,i} \qquad (1.72)$$

$$Q_{i-1}(z) = \frac{Q_i(z) - k_{i-1}zB_i(z)}{1 - k_{i-1}^2} \qquad (1.73)$$

$$c_i = p_{i,i} \qquad (1.74)$$

$$P_{i-1}(z) = P_i(z) - zB_i(z)\,c_i \qquad (1.75)$$

$$c_0 = p_{0,0} \ . \qquad (1.76)$$

$B_i(z)$, $Q_i(z)$ und $P_i(z)$ sind Polynome in z^{-1} vom Grad i der Bauform (1.67) und (1.68). $Q_i(1/z)$ ist entsprechend ein Polynom in z. Im ersten Schritt $i = N$ sind die Polynome $P_N(z)$ und $Q_N(z)$ durch die Vorschrift (1.67) und (1.68) gegeben und somit auch die Koeffizienten $q_{N,N}$ und $p_{N,N}$. Mit jedem neuen Schritt werden alle Polynome im Grad um eins reduziert, wobei sich auch die Werte der Polynomkoeffizienten ändern, was durch die Doppelindizierung bei $q_{i,i}$ und $p_{i,i}$ zum Ausdruck gebracht wird. Dies sei nun für $i = N$ verdeutlicht. Es ergibt sich aus (1.71) bis (1.73)

$$zB_N(z) = Q_N(\tfrac{1}{z})\, z^{-N} = (1 + q_{N,1}z + q_{N,2}z^2 + \cdots + q_{N,N}z^N)\, z^{-N} \ , \tag{1.77}$$

$$k_{N-1} = q_{N,N} \ , \tag{1.78}$$

$$Q_{N-1}(z) = \frac{Q_N(z) - q_{N,N}\, zB_N(z)}{1 - q_{N,N}^2} \ . \tag{1.79}$$

Im Zähler des letzten Ausdrucks heben sich zwei Terme $q_{N,N}z^{-N}$ heraus, weswegen der Grad von $Q_{N-1}(z)$ um eins niedriger ist.

Mit (1.74) und (1.75) folgt weiter für $i = N$

$$c_N = p_{N,N} \ , \tag{1.80}$$

$$P_{N-1}(z) = P_N(z) - zB_N(z)\, p_{N,N} \ . \tag{1.81}$$

In der Differenz heben sich jetzt zwei Terme $p_{N,N}z^{-N}$ heraus, weshalb auch $P_{N-1}(z)$ einen um eins niedrigeren Grad hat.

Auf diese Weise lassen sich schrittweise alle Filterkoeffizienten $k_{N-1}, k_{N-2}, \ldots , k_0$ und $c_N, c_{N-1}, \ldots , c_0$ bestimmen. Bei einem stabilen Vierpol müssen alle Koeffizienten

$$|k_\nu| < 1 \tag{1.82}$$

sein. In [MAG 75] ist ein Rechenprogramm für diese Koeffizientenumrechnung angegeben.

Aus (1.75) folgt

$$P_i(z) - P_{i-1}(z) = c_i\, z\, B_i(z) \ . \tag{1.83}$$

Durch Summation von $i = 0$ bis $i = N$ resultiert

$$\sum_{i=0}^{N} [P_i(z) - P_{i-1}(z)] = P_N(z) - P_{-1}(z) = \sum_{i=0}^{N} c_i\, z\, B_i(z) \, . \tag{1.84}$$

Mit (1.84) und $P_{-1}(z) = 0$ folgt für $H(z)$ in (1.66)

$$H(z) = \sum_{i=0}^{N} c_i \frac{zB_i(z)}{Q_N(z)} \ . \tag{1.85}$$

Mit dem Nennerpolynom $Q_N(z)$ der durch (1.66) vorgeschriebenen Wirkungsfunktion $H(z)$ liegen die PARCOR-Koeffizienten k_i bereits fest. Die Fourier-Koeffizienten c_i hängen dagegen sowohl vom Nennerpolynom $Q_N(z)$ als auch vom Zählerpolynom $P_N(z)$ der vorgeschriebenen Wirkungsfunktion ab.

(1.85) stellt die Wirkungsfunktion des Filters in Bild 1.10a dar, sofern dort die eingetragenen z-Transformierten tatsächlich an den betreffenden Stellen auftreten. Um das zu kontrollieren, wird das einzelne Teilnetzwerk in Bild 1.10b betrachtet. Die an seinen Eingängen und Ausgängen eingetragenen Funktionen von z müssen aufgrund der Schaltung wie folgt miteinander verknüpft sein

$$Q_{i+1}(z) - k_i B_i(z) = Q_i(z) \;, \tag{1.86}$$

$$B_i(z) + k_i Q_i(z) = zB_{i+1}(z) \;. \tag{1.87}$$

Durch Elimination von $B_i(z)$ folgt daraus

$$Q_{i+1}(z) + k_i^2 Q_i(z) = Q_i(z) + k_i zB_{i+1}(z) \tag{1.88}$$

oder

$$Q_i(z) = \frac{Q_{i+1}(z) - k_i zB_{i+1}(z)}{1 - k_i^2} \;. \tag{1.89}$$

Ersetzt man i durch $i - 1$, dann stimmt (1.89) mit (1.73) überein. Nach (1.68) und (1.71) gilt

$$Q_0(z) = Q_0(\tfrac{1}{z})\, z^0 = zB_0(z) \,. \tag{1.90}$$

Die Gleichheit (1.89) wird durch die Verbindung der rechtsseitigen Anschlußpunkte des Teilnetzwerks $G_1(z)$ schaltungsmäßig hergestellt. Aus (1.77) folgt überdies $zB_0(z) = 1$. Die rekursiv berechenbaren Größen an den Anschlußpunkten der Teilnetzwerke führt am Filtereingang auf

$$\frac{Q_N(z)\, X(z)}{Q_N(z)} = X(z) \;. \tag{1.91}$$

Damit ist gezeigt, daß die Wirkungsfunktion (1.85) durch das Filter in Bild 1.10a verwirklicht wird.

Abschließend sei noch ein interessanter Zusammenhang erwähnt:

Wie Gray und Markel [GRM 73], [MAG 73] nachgewiesen haben, bilden die Zählerpolynome $zB_i(z)$ von (1.85) ein orthogonales Funktionensystem bezüglich des folgenden „inneren Produkts“

$$\langle zB_i(z), zB_k(z)\rangle = \frac{1}{2\pi \mathrm{j}} \oint_C G(z)[zB_i(z)][zB_k(z)]^+ z^{-1} dz = 0 \quad \text{für} \quad k \neq i \,. \tag{1.92}$$

Hierin bedeuten C ein geschlossener Integrationsweg, der den Ursprung der komplexen z-Ebene im Gegenuhrzeigersinn umschließt, und

$$G(z) = \frac{1}{Q_N(z)\, Q_N(\frac{1}{z})} \;, \tag{1.93}$$

$$[zB_k(z)]^+ = \frac{1}{z}\, B(\tfrac{1}{z}) \;, \tag{1.94}$$

sofern die zu den z-Transformierten gehörigen Folgen im Zeitbereich nur reelle Glieder haben, was meistens der Fall ist.

Wird als Integrationsweg der Einheitskreis gewählt, d.h.

$$z = e^{j\Theta} \; ; dz = je^{j\Theta} d\Theta \;, \tag{1.95}$$

dann folgen zunächst

$$G(e^{j\Theta}) = \frac{1}{Q_N(e^{j\Theta})\, Q_N(e^{-j\Theta})} = \frac{1}{Q_N(e^{j\Theta})\, Q_N^*(e^{j\Theta})} \;, \tag{1.96}$$

$$\left[e^{j\Theta} B_k(e^{j\Theta})\right]^+ = \left[e^{j\Theta} B_k(e^{j\Theta})\right]^* \;, \tag{1.97}$$

wobei der Stern (*) den konjugiert komplexen Wert bezeichnet. Das innere Produkt mit dem Ringintegral geht dann über in

$$\frac{1}{2\pi} \int\limits_{\Theta=-\pi}^{\pi} \left[\frac{e^{j\Theta} B_i(e^{j\Theta})}{Q_N(e^{j\Theta})}\right] \left[\frac{e^{j\Theta} B_k(e^{j\Theta})}{Q_N(e^{j\Theta})}\right]^* d\Theta =$$

$$= \langle \underset{\sim}{\Phi}_i(e^{j\Theta}), \underset{\sim}{\Phi}_k(e^{j\Theta})\rangle = \begin{cases} 0 & \text{für } k \neq i \\ A_i & \text{für } k = i \end{cases} \;. \tag{1.98}$$

Schreibt man die Wirkungsfunktion (1.85) in der Form

$$H(z) = \sum_{i=0}^{N} c_i \frac{z B_i(z)}{Q_N(z)} = \sum_{i=0}^{M} c_i \underset{\sim}{\Phi}_i(z) \,, \tag{1.99}$$

dann bilden also auch die Teilfunktionen $\underset{\sim}{\Phi}_i(z)$ nach (1.93) ein orthogonales Funktionensystem, wenn z längs des Einheitskreises (1.95) geändert wird.

Nähere Ausführungen zur Theorie orthogonaler Funktionen bringt das nächste Kapitel 2 (insbesondere Abschn. 2.4 und Abschn. 2.7). Aus den dortigen Ausführungen wird hervorgehen, daß man für eine auf dem Einheitskreis vorgeschriebene Funktion $V(z)$ die Koeffizienten c_k auch mit der Beziehung

$$c_k = \frac{1}{A_k} \int_{-\pi}^{\pi} V(e^{j\Theta})\, \underset{\sim}{\Phi}_k^*(e^{j\Theta})\, d\Theta \tag{1.100}$$

gewinnen kann, siehe (2.44), sofern die PARCOR-Koeffizienten k_i und damit die Funktionen $\underset{\sim}{\Phi}_k(z)$ bereits festliegen.

1.8 Literatur

[ACH 85] Achilles, D.: Die Fourier-Transformation in der Signalverarbeitung, 2. Auflage, Berlin, Heidelberg, New York, Tokyo: Springer, 1985

[CLA 85] Claasen, T.A.C.M.; Mecklenbräuker, W.F.G.: Adaptive Techniques for Signal Processing in Communications; IEEE Communications Magazine, Vol. 23, No. 11, p. 8 - 19

[COG 85] Cowan, C.F.N.; Grant, P.M.: Adaptive Filters; Prentice-Hall Inc., Englewood Cliffs, New Jersey, 1985

[GRM 73] Gray, A.H.; Markel, J.D.: Digital Lattice and Ladder Filter Synthesis; IEEE Trans. Audio Electroacoust. Vol . 21 (1973), p. 491 - 500

[GRM 75] Gray, A.H.; Markel, J.D.: A Normalized Digital Filter Structure; IEEE Trans. Acoust. Speech, and Signal Processing ASSP-23 (1975), p. 268 - 277

[KAL 40] Kallmann, H.E.: Transversal Filters; IRE Proc.28, 1940, p. 302 - 310

[KET 64] Kettel, E.: Ein automatischer Optimisator für den Abgleich des Impulsentzerrers in einer Datenübertragung; Archiv der elektr. Übertr. Bd. 18 (1964); S. 271 - 278

[LEE 32] Lee, Y.W.: Synthesis of Electric Networks by Means of the Fourier Transforms of Laguerre's Functions: Journ. Math. and Physics, M.I.T., 11, 83 - 113 (1932)

[LEE 35] Lee, Y.W.; Wiener, N.: USA-Patente 2 024 900 (1935), 2 124 599 (1938), 2 128 257 (1938)

[LEE 67] Lee, Y.W.: Statistical Theory of Communication; 6. Auflage; New York, London, Sidney: J. Wiley & Sons; 1967

[LUE 85] Lücker, R.: Grundlagen digitaler Filter; 2. Aufl. Springer-Verlag Berlin Heidelberg New York Tokyo, 1985

[MAG 73] Markel, J.D.; Gray, A.H.: On Autocorrelation Equations as Applied to Speech Analysis; IEEE Trans. Audio Electroacoust. AU-21 (1973), p. 69 - 79

[MAG 75] Markel, J.D.; Gray, A.H.: Fixed-Point Implementation Algorithms of Orthogonal Polynomial Filter-Structures; IEEE Trans. ASSP-23 (1975), p. 486 - 494

[MEG 86] Meinke-Grundlach: Taschenbuch der Hochfrequenztechnik, 4. Aufl. Bd. 2, Abschn. L., Berlin, Heidelberg, New York, Tokyo, 1986

[OHV 86] Ohne Verfasser: Datenblatt "Cascadable signal processor", July 1986 der Fa. Inmos

[OPP 75] Oppenheim, A.V.; Schafer, R.W.: Digital Signal Processing; Englewood Cliffs, New Jersey: Prentice Hall, 1975

[SCH 63] Schüßler, W.: Der Echoentzerrer als Modell eines Übertragungskanals; Nachrichtentechn. Z. 16, 1963, S. 155 - 163

[SCH 73] Schüßler, H.W.: Digitale Systeme zur Signalverarbeitung; Springer-Verlag, Berlin Heidelberg New York, 1973

[SCH 80] Enzyklopädie Naturwissenschaft und Technik; Band 2 E - J; Gesamtredaktion F. Schuh; Weinheim: Zweiburgen Verlag, 1980

[SPA 73] Spataru, A.: Theorie der Informationsübertragung; Berlin: Akademie-Verlag, 1973

[TAN 77] Tancrell, R.H.: Principles of surface wave filter design, in: Surface Wave Filters-Design, Construction and Use; New York: Wiley, 1977

2. Theorie allgemeiner Verzweigungsfilter und Orthogonalfilter

Die verschiedenen Versionen des Echoentzerrers, die in Kapitel 1 beschrieben wurden, gehören alle zur Klasse der allgemeinen Verzweigungsfilter. Ein allgemeines Verzweigungsfilter ist dadurch gekennzeichnet, daß seine Wirkungsfunktion $H(f)$ sich als Linearkombination - d.h. als gewichtete Summe - von Teilwirkungsfunktionen $\Psi_k(f)$ schreiben läßt. Sind diese Teilwirkungsfunktionen zueinander orthogonal, dann wird das Verzweigungsfilter als *Orthogonalfilter* bezeichnet. Im Fall der Echoentzerrer mit den Wirkungsfunktionen (1.27), (1.48) und (1.60) sind die Teilwirkungsfunktionen orthogonale Exponentialfunktionen $e^{j2\pi fk\tau}$ bezüglich (1.37) und (1.38). Alle Echoentzerrer von Kapitel 1 sind also auch Orthogonalfilter. Neben dem orthogonalen System der Exponentialfunktionen des Echoentzerrers gibt es noch zahlreiche andere orthogonale Funktionensysteme, deren einzelne Funktionen als Teilwirkungsfunktionen eines Orthogonalfilters dienen können.

Bei vielen Anwendungen variabler Filter ist es zweckmäßig, neben dem Echoentzerrer auch andere Orthogonalfilter oder andere Verzweigungsfilter zu betrachten. Das kann manchmal schon deswegen notwendig werden, weil alle Echoentzerrer mit reellen Koeffizienten einen periodischen Frequenzgang haben, siehe Bild 1.5, und damit für nicht bandbegrenzte Signale im allgemeinen ungeeignet sind.

Ein weiterer Gesichtspunkt, der die Verwendung eines anderen Verzweigungsfilters nahelegen kann, ist der resultierende Aufwand. Wenn man für die Approximation einer Vorschrift $V(f)$ unter Verwendung des Echoentzerrers z.B. mehr als $N = 100$ Koeffizienten c_k benötigt, um einen vorgegebenen Fehler zu unterschreiten, siehe (1.45), dann ist es in der Regel angeraten, die Approximation mit einem Funktionensystem durchzuführen, welches der Vorschrift besser angepaßt ist. Das führt dann auf ein anderes Verzweigungsfilter, welches an Stelle der Laufzeitglieder irgendwelche anderen Teilnetzwerke verwendet. Natürlich gibt es auch solche Probleme, für welche der Echoentzerrer das geeignetste Filter ist.

Spezielle Kriterien für die günstigste Wahl des Filters bei adaptiven Datensignalentzerrern werden in Abschn. 5.10 beschrieben.

2.1 Allgemeine Verzweigungsstruktur

Die Linearkombination von Teilwirkungsfunktionen $\Psi_k(f)$ erfordert, daß das Eingangssignal des Filters sich auf Teilsysteme mit verschiedenen Teilwirkungsfunktionen verzweigt. Bild 2.1 zeigt die allgemeine Verzweigungsstruktur, welche alle bekannten Orthogonalfilter als Spezialfälle enthält. Vom Echoentzerrer in Bild 1.1 unterscheidet sich die Schaltung in Bild 2.1 dadurch, daß die einzelnen Laufzeitglieder des Echoentzerrers nun durch im allgemeinen unterschiedliche lineare zeitinvariante Längsnetzwerke ersetzt sind. An die Stelle der Koeffizientensteller c_k des Echoentzerrers sind nun jeweils Serienschaltungen von ebenfalls linearen zeitinvarianten Quernetzwerken und Koeffizientenstellern für veränderbare und im allgemeinen reellwertige Gewichtsfaktoren g_k getreten.

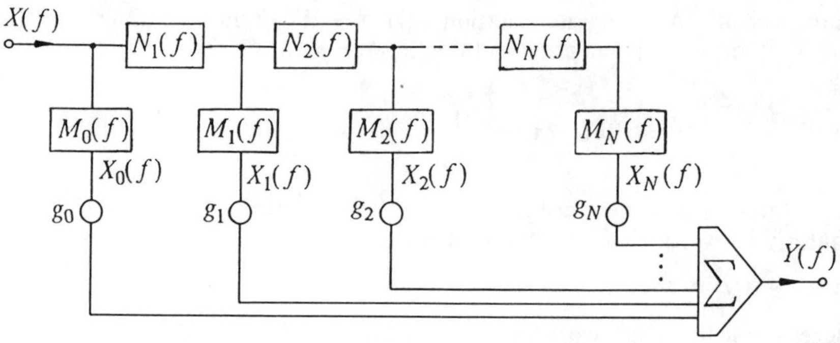

Bild 2.1 **Allgemeine Verzweigungsstruktur**

Ziele dieses Abschnitts 2.1 und der folgenden Abschnitte 2.2 und 2.3 sind die allgemeine Analyse der Schaltungsstruktur in Bild 2.1 und die Berechnung der Werte der Gewichtsfaktoren g_k bei vorgeschriebenen Filtereigenschaften. Dabei wird nicht vorausgesetzt, daß die Teilwirkungsfunktionen $\Psi_k(f)$ zueinander orthogonal sind.

Am einfachsten lassen sich die Eigenschaften der Schaltung von Bild 2.1 im Frequenzbereich bestimmen. Dazu wird das Verhalten eines jeden Längs- und Quernetzwerkes durch seine Einzelwirkungsfunktion $N_i(f)$; $i = 1, 2, \dots, N$ bzw. $M_k(f)$; $k = 0, 1, 2, \dots, N$ ausgedrückt. Es wird vorausgesetzt, daß alle Teilnetzwerke rückwirkungsfrei zusammengeschaltet sind. Damit folgt für die resultierenden Teilwirkungsfunktionen zwischen dem Eingang und den einzelnen Gewichtsfaktor-Gliedern

$$\Psi_k(f) = \frac{X_k(f)}{X(f)} = M_k(f)\prod_{i=0}^{k} N_i(f); \quad k = 0, 1, 2, \dots, N;$$

$$N_0(f) \equiv 1\,. \tag{2.1}$$

Hiermit ist dann auch die Gesamtwirkungsfunktion des kompletten Verzweigungsfilters, nämlich

$$H(f) = \frac{Y(f)}{X(f)} = \sum_{k=0}^{N} g_k \Psi_k(f) \tag{2.2}$$

gegeben.

Die Fourier-Rücktransformation von (2.2) liefert die als Impulsantwort bezeichnete Zeitfunktion

$$h(t) = \sum_{k=0}^{N} g_k\,\psi_k(t)\,, \tag{2.3}$$

wobei $h(t)$ ○—● $H(f)$ und $\psi_k(t)$ ○—● $\Psi_k(f)$.

Während das Fourier-Spektrum am Ausgang $Y(f)$ sich durch Multiplikation der Wirkungsfunktion $H(f)$ mit dem Fourier-Spektrum am Eingang $X(f)$ ergibt

$$Y(f) = H(f)\,X(f)\,, \tag{2.4}$$

bestimmt sich die Ausgangszeitfunktion $y(t)$ ○—● $Y(f)$ durch Faltung der Impulsantwort $h(t)$ mit der Eingangszeitfunktion $x(t)$ ○—● $X(f)$ zu

$$y(t) = \int_{-\infty}^{+\infty} h(t-\tau)\,x(\tau)\,d\tau = \int_{-\infty}^{+\infty} h(\tau)\,x(t-\tau)\,d\tau. \tag{2.5}$$

In diesen Integralen ist t ein festgehaltener Zeitparameter. Die Faltungsoperation, die kommutativ ist, wird häufig auch durch einen Stern ($*$) ausgedrückt, d.h.

$$y(t) = h(t) * x(t). \tag{2.6}$$

Die Bezeichung Impulsantwort für $h(t)$ rührt daher, daß sich das Ausgangssignal zu $h(t)$ ergibt, wenn als Eingangssignal der Dirac-Impuls zum Zeitpunkt $t = 0$, d.h. $\delta(t)$ gewählt wird.

$$y(t) = \int_{-\infty}^{+\infty} h(t-\tau)\,\delta(\tau)\,d\tau = \int_{-\infty}^{+\infty} h(\tau)\,\delta(t-\tau)\,d\tau = h(t)\,. \tag{2.7}$$

Der zum Zeitpunkt $\tau = t$ auftretende Dirac-Impuls $\delta(t-\tau)$ blendet den Funktionswert $h(\tau)$ an der Stelle $\tau = t$ aus.

Viele allgemeine Eigenschaften des Verzweigungsfilters lassen sich anhand (2.2) und (2.3) diskutieren.

Das Verzweigungsfilter wird als *reell* oder *physikalisch* bezeichnet, wenn es auf ein reellwertiges Eingangssignal $x(t)$ mit einem reellwertigen Ausgangssignal $y(t)$ antwortet. Aus (2.5) folgt, daß dann auch die Impulsantwort $h(t)$ reellwertig sein muß. Ihre Fourier-Transformierte

$$H(f) = \int_{-\infty}^{+\infty} h(t)\,e^{-j2\pi ft}\,dt \tag{2.8}$$

hat damit notwendigerweise einen geraden Realteil

$$\mathrm{Re}H(f) = \int_{-\infty}^{+\infty} h(t)\,\cos 2\pi ft\,dt = \mathrm{Re}H(-f) \tag{2.9}$$

und einen ungeraden Imaginärteil

$$\mathrm{Im}H(f) = -\int_{-\infty}^{+\infty} h(t)\,\sin 2\pi ft\,dt = -\mathrm{Im}\,H(-f)\,. \tag{2.10}$$

Wenn die Einzelnetzwerke des Verzweigungsfilters physikalisch sind, dann müssen entsprechende Eigenschaften auch für die Teilwirkungsfunktionen $\Psi_k(f)$ von (2.1) und (2.2) gelten.

Soll das Verzweigungsfilter nicht nur physikalisch, sondern darüberhinaus auch *kausal* sein, d.h. keine Wirkung vor der Ursache zeigen, dann muß der zum Zeitpunkt $t = 0$ anliegende Dirac-Impuls $\delta(t)$ eine Antwort

$$h(t) \equiv 0 \text{ für } t < 0 \tag{2.11}$$

hervorrufen, die erst für $t \geq 0$ von null verschiedene Werte annehmen darf. Notwendig und hinreichend dafür, daß die Bedingung (2.11) eingehalten wird, ist, daß der Realteil Re $H(f)$ nach Hilbert-Transformation (ausgedrückt durch das fette Operationssymbol **H**) mit dem Imaginärteil Im $H(f)$ identisch übereinstimmt, also

$$\mathbf{H}\{\operatorname{Re} H(f)\} = -\frac{1}{\pi}\mathrm{VP}\int_{-\infty}^{+\infty}\frac{\operatorname{Re} H(u)}{f-u}\,du = \operatorname{Im} H(f)\,. \qquad (2.12)$$

Die gleiche Aussage in anderer Form läßt sich durch Hilbert-Rücktransformation von (2.12) gewinnen. Da die Hilbert-Transformation die bemerkenswerte Eigenschaft besitzt, daß Rücktransformation und negative Hintransformation identische Operationen darstellen, gilt

$$\operatorname{Re} H(f) = \mathbf{H}^{-1}\{\operatorname{Im} H(f)\} = -\mathbf{H}\{\operatorname{Im} H(f)\} = \frac{1}{\pi}\mathrm{VP}\int_{-\infty}^{+\infty}\frac{\operatorname{Im} H(u)}{f-u}\,du\,. \qquad (2.13)$$

In den Integralen ist f festgehalten. Wenn die Integrationsvariable u den Wert f annimmt, wird der Nenner null. Deshalb wird der Cauchy-Hauptwert des Integrals gebildet, was durch die Buchstaben VP (valor principalis) ausgedrückt wird. Das bedeutet eine Integration von $-\infty$ bis $f - \varepsilon$ und von $f + \varepsilon$ bis $+\infty$ mit anschließender Grenzwertbildung für $\varepsilon \to 0$. Wichtig für die Konvergenz ist die gleichmäßige Annäherung an $u = f$ von beiden Seiten.

Auf eine Herleitung der Hilbert-Transformation [1]) wird später im Abschnitt 2.5 noch näher eingegangen. Hier sei nur auf ihre enge Verwandtschaft mit der berühmten Cauchy-Integralformel der Funktionentheorie [KNO 57] hingewiesen.

Auch bei den Teilwirkungsfunktionen $\Psi_k(f)$ des Verzweigungsfilters müssen Real- und Imaginärteil über die Hilbert-Transformation miteinander verknüpft sein, wenn alle Teilnetzwerke kausal sind.

Wie eingangs gesagt wurde, enthält die Struktur in Bild 2.1 alle bekannten Beispiele spezieller Orthogonalfilter als Sonderfälle. Das gilt auch für den Echoentzerrer in Bild 1.9. Letzterer ergibt sich für

$$\begin{aligned} N_2(f) &= N_4(f) = N_6(f) = \dots = 1 \\ N_1(f) &= N_3(f) = N_5(f) = \dots = e^{-j2\pi f t} \\ M_0(f) &= M_2(f) = M_4(f) = \dots = e^{-j2\pi f T_G} \\ M_1(f) &= M_3(f) = M_5(f) = \dots = -H_H(f)\,. \end{aligned} \qquad (2.14)$$

Das spezielle Filter mit $N_i(f) \equiv 1$ für $i = 1, 2, \dots, N$ wird gelegentlich auch als N-Pfad-Filter bezeichnet.

1) Zu einem "kausalen" Spektrum $\underline{H}(f) = 0$ für $f < 0$ gehört eine komplexwertige Zeitfunktion $\underline{h}(t)$, deren Real- und Imaginärteil über die negative Hilbert-Transformation miteinander verknüpft sind, d.h. $\operatorname{Im}\underline{h}(t) = -\mathbf{H}\{\operatorname{Re}\underline{h}(t)\}$ und $\operatorname{Re}\underline{h}(t) = +\mathbf{H}\{\operatorname{Im}\underline{h}(t)\}$. Im übrigen ist bezüglich des Vorzeichens die Definition der Hilbert-Transformation in der Literatur nicht einheitlich.

2.2 Verzweigungsfilter mit gleichen Längs- und gleichen Quernetzwerken

Eine gewisse Sonderstellung haben solche Verzweigungsfilter, bei denen alle Längsnetzwerke identisch sind, $N_i(f) \equiv N(f)$; $i = 1, 2, \dots, N$, und alle Quernetzwerke identisch sind, $M_k(f) \equiv M(f)$; $k = 0, 1, 2, \dots, N$, siehe Bild 2.2. Alle Quernetzwerke mit $M(f)$ können nun durch ein einziges am Filtereingang ersetzt werden. Die Gesamtwirkungsfunktion lautet nun mit (2.1) und (2.2)

$$H(f) = M(f) \sum_{k=0}^{N} g_k N^k(f) \,. \tag{2.15}$$

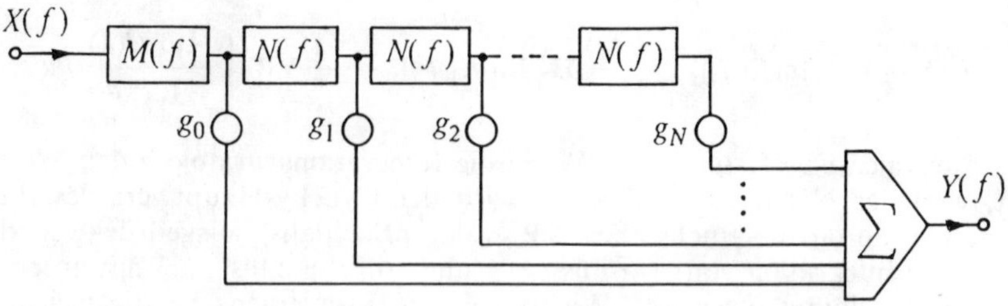

Bild 2.2 Verzweigungsfilter mit gleichen Längs- und gleichen Quernetzwerken

Die Echoentzerrer von Bild 1.1 und Bild 1.6 sind Beispiele für Verzweigungsfilter mit jeweils gleichen Längs- und gleichen Quernetzwerken. Für das Beispiel von Bild 1.1 gilt

$$M(f) \equiv 1 \tag{2.16}$$

$$N_i(f) = N(f) = e^{-j2\pi f\tau} \,; \qquad i = 1, 2, 3, \dots, N \tag{2.17}$$

$$N^k(f) = e^{-j2\pi f k\tau} = \Psi_k(f) ; \quad k = 0, 1, 2, \dots, N \,. \tag{2.18}$$

Die Verzögerungsglieder sind für $\tau \geq 0$ kausal. Real- und Imaginärteil der zugehörigen Teilwirkungsfunktion $\Psi_k(f)$ müssen infolgedessen über die Hilbert-Transformation miteinander verknüpft sein. Die Anwendung von (2.12) und (2.13) liefert für $\tau > 0$ nach einer längeren Rechnung in der Tat [2])

$$\mathrm{Im}\{N(f)\} = \mathbf{H}\{\cos 2\pi f\tau\} = -\sin 2\pi f\tau \tag{2.19}$$

$$\mathrm{Re}\{N(f)\} = -\mathbf{H}\{-\sin 2\pi f\tau\} = \cos 2\pi f\tau \,. \tag{2.20}$$

Alle Verzweigungsfilter mit gleichen Längs- und gleichen Quernetzwerken haben die angenehme Eigenschaft, daß die Kettenschaltung zweier solcher Filter wieder ein Verzweigungsfilter mit gleichen Längs- und gleichen Quernetzwerken ergibt, sofern nur die Längsnetzwerke beider Filter gleich sind. Dies zeigt die folgende Betrachtung.

---

[2]) Der Unterschied zu (1.56) und (1.57) hängt mit der Fußnote 1 zusammen.

Die Gesamtwirkungsfunktionen beider Filter seien

$$H_a(f) = M_a(f)\sum_{i=0}^{I} a_i N^i(f) \tag{2.21}$$

und

$$H_b(f) = M_b(f)\sum_{j=0}^{J} b_j N^j(f) \tag{2.22}$$

mit verschieden zulässigen Vorfiltern $M_a(f)$ und $M_b(f)$ und unterschiedlichen Koeffizientenwerten a_i und b_j.

Für die Kettenschaltung gilt zunächst

$$H(f) = H_a(f)H_b(f) = M_a(f)M_b(f)\sum_{i=0}^{I}\sum_{j=0}^{J} a_i b_j N^{i+j}(f) . \tag{2.23}$$

Mit der Substitution

$$i + j = k = 0, 1, 2, \ldots, \quad I + J = N, \text{ d.h. } j = k - i \geq 0 \tag{2.24}$$

folgt aus (2.23) unter Beachtung von $a_i = 0$ für $i > I$ und $b_{k-i} = 0$ für $k - i > J$

$$H(f) = M_a(f)M_b(f)\sum_{k=0}^{N}\sum_{i=0}^{k} a_i b_{k-i} N^k(f) =$$

$$= M(f)\sum_{k=0}^{N} g_k N^k(f) , \tag{2.25}$$

mit

$$g_k = \sum_{i=0}^{k} a_i b_{k-i} \; ; \quad k = 0, 1, 2, \ldots, N \tag{2.26}$$

und

$$M(f) = M_a(f)M_b(f) . \tag{2.27}$$

Die resultierende Wirkungsfunktion (2.25) führt also wieder auf die Schaltung in Bild 2.2. Die resultierende Vorfilterfunktion $M(f)$ ergibt sich dabei als Produkt der Vorfilterfunktionen, (2.27), und die resultierenden Gewichtsfaktoren ergeben sich dabei als diskrete Faltungssumme (2.26), gebildet aus den Gewichtsfaktoren der hintereinandergeschalteten Verzweigungsfilter.

Die diskrete Faltungssumme der (2.26) ist wie das Faltungsintegral in (2.5) kommutativ. Es gilt also auch

$$g_k = \sum_{i=0}^{k} a_{k-i} b_i , \tag{2.28}$$

was sich durch eine entsprechende Modifikation der Substitution von (2.24) nachweisen läßt.

2.3 Allgemeine Approximation vorgeschriebener Eigenschaften

In diesem Abschnitt wird, wie in Abschnitt 1.4, die Approximation einer Vorschrift $V(f)$ durch die Wirkungsfunktion $H(f)$ eines Verzweigungsfilters durchgeführt. Dabei wird der allgemeine Fall mit unterschiedlich zugelassenen Längs- und Quernetzwerken von Bild 2.1 zugrundegelegt, für den die Wirkungsfunktion durch (2.2) beschrieben wird.

Als Gütemaß für die im Frequenzbereich durchgeführte Approximation wird nun der gewichtete quadratische Fehler

$$F = \int_{-a}^{+a} G(f)\,|V(f) - H(f)|^2 df \tag{2.29}$$

verwendet.

Das Intervall $-a \leq f \leq a$ ist das Approximationsintervall. $G(f)$ ist eine reellwertige nichtnegative gerade Gewichtsfunktion, mit welcher der Differenzbetrag $|V(f) - H(f)|$ für jede Frequenz f des Approximationsintervalls besonders gewichtet wird. Das Fehlermaß von (2.29) ist wie (1.33) nichtnegativ.

Die Ausrechnung von (2.29) und das Einsetzen der allgemeinen Beziehung (2.2) liefert, wenn der Stern (*) wieder den konjugiert komplexen Wert bezeichnet,

$$F = \int_{-a}^{+a} G(f)[V(f) - H(f)][V^*(f) - H^*(f)]\,df =$$

$$= \int_{-a}^{+a} G(f)\left[V(f) - \sum_{k=0}^{N} g_k \Psi_k(f)\right]\left[V^*(f) - \sum_{k=0}^{N} g_k \Psi_k^*(f)\right] df. \tag{2.30}$$

Zur Bestimmung der optimalen Werte der Gewichtsfaktoren g_k wird (2.30) nacheinander nach sämtlichen Gewichtsfaktoren g_k; $k = 0, 1, 2, \ldots, N$ differenziert und zu null gesetzt Das liefert $N + 1$ Gleichungen zur Bestimmung der $N + 1$ Gewichtsfaktoren g_k.

Die Differentiation nach dem allgemeinen Gewichtsfaktor g_n ergibt

$$\frac{\partial F}{\partial g_n} = \int_{-a}^{+a} G(f)\left[V(f) - \sum_{k=0}^{N} g_k \Psi_k(f)\right]\left[-\Psi_n^*(f)\right] df +$$

$$+ \int_{-a}^{+a} G(f)\left[-\Psi_n(f)\right]\left[V^*(f) - \sum_{k=0}^{N} g_k \Psi_k^*(f)\right] df =$$

$$= \sum_{k=0}^{N} g_k \int_{-a}^{+a} G(f)\Psi_k(f)\Psi_n^*(f)\,df - \int_{-a}^{+a} G(f)V(f)\Psi_n^*(f)\,df +$$

$$+ \sum_{k=0}^{N} g_k \int_{-a}^{+a} G(f)\Psi_k^*(f)\Psi_n(f)\,df - \int_{-a}^{+a} G(f)V^*(f)\Psi_n(f)\,df = 0\;;$$

$$n = 0, 1, 2, \dots, N\;. \tag{2.31}$$

Unter Berücksichtigung von $A + A^* = 2\,\mathrm{Re}A$ erhält man für

$$n = 0: \quad \mathrm{Re}\int_{-a}^{+a} G(f)V(f)\Psi_0^*(f)\,df = \sum_{k=0}^{N} g_k \mathrm{Re}\int_{-a}^{+a} G(f)\Psi_k(f)\Psi_0^*(f)\,df$$

$$n = 1: \quad \mathrm{Re}\int_{-a}^{+a} G(f)V(f)\Psi_1^*(f)\,df = \sum_{k=0}^{N} g_k \mathrm{Re}\int_{-a}^{+a} G(f)\Psi_k(f)\Psi_1^*(f)\,df$$

$$\vdots \qquad\qquad \vdots \qquad\qquad \vdots$$

$$n = N: \quad \mathrm{Re}\int_{-a}^{+a} G(f)V(f)\Psi_N^*(f)\,df = \sum_{k=0}^{N} g_k \mathrm{Re}\int_{-a}^{+a} G(f)\Psi_k(f)\Psi_N^*(f)\,df\;. \tag{2.32}$$

Das ist ein inhomogenes lineares Gleichungssystem mit $N + 1$ Gleichungen und $N + 1$ Unbekannten g_k ; $k = 0, 1, 2, \dots, N$. Das mag deutlicher werden, wenn man die Integrale, die ja konstante Größen sind und mit dem Verzweigungsfilter vorgegeben sind, wie folgt abkürzt:

Für die linken Seiten von (2.32) werde geschrieben

$$b_n := \mathrm{Re}\int_{-a}^{+a} G(f)V(f)\Psi_n^*(f)\,df\;; \qquad n = 0, 1, 2, \dots, N \tag{2.33}$$

und für die Faktoren von g_k auf der rechten Seite

$$a_{nk} := \operatorname{Re} \int_{-a}^{+a} G(f)\Psi_k(f)\Psi_n^*(f)\,df \ ; \qquad k = 0, 1, 2, \ldots, N \ . \tag{2.34}$$

Das ergibt dann übersichtlicher

$$\begin{aligned} b_0 &= a_{00}g_0 + a_{01}g_1 + a_{02}g_2 + \ldots + a_{0N}g_N \\ b_1 &= a_{10}g_0 + a_{11}g_1 + a_{12}g_2 + \ldots + a_{1N}g_N \\ &\vdots \\ b_N &= a_{N0}g_0 + a_{N1}g_1 + a_{N2}g_2 + \ldots + a_{NN}g_N \end{aligned} \tag{2.35}$$

oder in Matrizenschreibweise

$$\begin{bmatrix} b_0 \\ b_1 \\ \vdots \\ b_N \end{bmatrix} = \begin{bmatrix} a_{00} & + a_{01} & + a_{02} & + \ldots & + a_{0N} \\ a_{10} & + a_{11} & + a_{12} & + \ldots & + a_{1N} \\ \vdots & \vdots & \vdots & & \vdots \\ a_{N0} & + a_{N1} & + a_{N2} & + \ldots & + a_{NN} \end{bmatrix} \cdot \begin{bmatrix} g_0 \\ g_1 \\ \vdots \\ g_N \end{bmatrix} \tag{2.36}$$

Das Gleichungssystem hat genau einen Lösungsvektor

$$\vec{g} = \begin{bmatrix} g_0 \\ g_1 \\ \vdots \\ g_N \end{bmatrix}, \tag{2.37}$$

wenn die Determinante der Matrix mit den Elementen a_{nk} von Null verschieden ist. Das ist der Fall, wenn das System der Teilwirkungsfunktionen $\Psi_k(f)$ linear unabhängig ist.

Der durch die Lösung des Gleichungssystems (2.32) bzw. (2.36) gefundene Gewichtsfaktoren-Vektor $\vec{g}$ gemäß (2.37) minimiert den Fehler F von (2.29), weil aus (2.31) die zweite Ableitung zu

$$\frac{\partial^2 F}{\partial g_n^2} = 2 \int_{-a}^{+a} G(f)\Psi_n^*(f)\Psi_n(f)\,df \ > \ 0 \tag{2.38}$$

folgt, da $G(f)$ und $\Psi_n^*(f)\Psi_n(f) = |\Psi_n(f)|^2$ nicht negativ sind.

Nachteilig an dieser Berechnungsmethode für die Gewichtsfaktoren g_k ist der Umstand, daß die Methode keine expliziten Formeln für die Faktoren g_k liefert. Es muß für jedes Problem ein komplettes lineares Gleichungssystem gelöst werden. Das kann sehr aufwendig sein. Wenn man nämlich z.B. für $N = 9$ die 10 optimalen Gewichtsfaktoren durch Lösen des Gleichungssystems gefunden hat, dann aber feststellt, daß damit der Fehler F in (2.29) viel kleiner als nötig ist, und man infolgedessen mit weniger Gewichtsfaktoren auskommen könnte, darf man nicht einfach irgendwelche ausgerechneten Gewichtsfaktoren unberücksichtigt lassen. Man muß vielmehr, wenn man mit weniger Gewichtsfaktoren auskommen möchte, das ganze Gleichungssystem für weniger Gewichtsfaktoren erneut lösen.

Dieser Nachteil wird vermieden, wenn man an Stelle des Systems von linear unabhängigen Teilwirkungsfunktionen $\Psi_k(f)$ ein System von orthogonalen Teilwirkungsfunktionen $\Phi_k(f)$ verwendet.

2.4 Approximation mittels orthogonaler Funktionen

Ein Funktionensystem $\Phi_k(f)$; $k = 0, 1, 2, \ldots$ oder $k = 0, \pm 1, \pm 2, \ldots$ heißt *orthogonal* bezüglich der Gewichtsfunktion $G(f)$, wenn es der folgenden Bedingung genügt:

$$\int_{-a}^{+a} G(f)\,\Phi_k(f)\,\Phi_n^*(f)\,df = \begin{cases} 0 & \text{für } n \neq k \\ A_k & \text{für } n = k\,. \end{cases} \tag{2.39}$$

A_k ist eine reelle, von Null verschiedene Konstante, vergl. [ABS 72]. Das Intervall $-a \leq f \leq +a$ heißt jetzt Orthogonalitätsintervall. Das Integral auf der linken Seite von (2.39) heißt auch *inneres Produkt* und speziell für $n = k$ *Normquadrat*. Weil sich innere Produkte in verschiedener Weise definieren lassen, vergl. (1.37), spricht man auch von Orthogonalität bezüglich eines vorgegebenen inneren Produkts oder einer vorgegebenen Norm. Oft hat ein orthogonales Funktionensystem die Eigenschaft, daß alle Funktionen die gleiche Norm haben, d.h. $A_k = A$. Falls $A = 1$ ist, dann bezeichnet man das Funktionensystem auch als *orthonormal*.

Wenn jetzt in (2.30) bis (2.34) das linear unabhängige System $\Psi_k(f)$ durch ein orthogonales System $\Phi_k(f)$ ersetzt wird, dann werden im Gleichungssystem (2.35) für $n \neq k$ alle $a_{nk} = 0$. In (2.36) ist dann die Matrix mit den Elementen a_{nk} nur noch in der Hauptdiagonalen besetzt, und zwar mit A_k. Man hat damit einen Satz von $N + 1$ expliziten Bestimmungsgleichungen für die unbekannten Gewichtsfaktoren g_k erhalten. Das gilt unabhängig von der Anzahl N.

Aus (2.35) liest man jetzt direkt ab

$$g_k = \frac{b_k}{A_k} = \frac{1}{A_k}\,\mathrm{Re}\int_{-a}^{+a} G(f)V(f)\,\Phi_k^*(f)\,df \;\; ; \; k = 0, 1, \ldots, N\,. \tag{2.40}$$

In (2.40) kann die Realteilbildung entfallen, wenn die orthogonalen Teilwirkungsfunktionen $\Phi_k(f)$, welche die Teilwirkungsfunktion $\Psi_k(f)$ zwischen Filtereingang und dem k-ten Gewichtsfaktorglied ersetzen, durch ein physikalisches System verwirklicht werden, und wenn $V(f)$ ebenfalls als physikalisches System vorgeschrieben wird. Bei einem physikalischen System muß nach (2.9) und (2.10) der Realteil einer Frequenzfunktion eine gerade Funktion und der Imaginärteil eine ungerade Funktion sein.

Mit diesen Eigenschaften, die direkt aus dem Fourier-Integral folgen, wird das Integral in (2.40) von Haus aus reell.

Die Gewichtsfaktoren g_k, mit denen orthogonale Funktionen gewichtet werden, um damit eine Vorschrift zu approximieren, werden auch (verallgemeinerte) Fourier-Koeffizienten genannt. Fortan werden die Gewichtsfaktoren g_k in c_k umbenannt, wenn orthogonale Funktionen gewichtet werden, um den Unterschied zur Gewichtung von nichtorthogonalen Funktionen hervorzuheben.

Zusammenfassend gilt:

1. Es sei im Intervall $-a \leq f \leq +a$ eine Wirkungsfunktion $V(f)$ vorgeschriebenen mit einem geraden Realteil $\mathrm{Re}V(f) = \mathrm{Re}V(-f)$ und einem ungeraden Imaginärteil $\mathrm{Im}V(f) = -\mathrm{Im}V(-f)$.

2. Die Vorschrift $V(f)$ soll approximiert werden mit einem Orthogonalfilter der Wirkungsfunktion

$$H(f) = \sum_{k=0}^{N} c_k \Phi_k(f), \tag{2.41}$$

wobei die Teilwirkungsfunktionen $\Phi_k(f)$ ein orthogonales Funktionensystem bilden, d.h.

$$\int_{-a}^{+a} G(f)\,\Phi_k(f)\,\Phi_n^*(f)\,df = \begin{cases} 0 & \text{für } n \neq k \\ A_k & \text{für } n = k \end{cases}, \tag{2.42}$$

und einen geraden Realteil $\mathrm{Re}\Phi_k(f) = \mathrm{Re}\Phi_k(-f)$ und einen ungeraden Imaginärteil $\mathrm{Im}\Phi_k(f) = -\mathrm{Im}\Phi_k(-f)$ haben.

3. Der Fehler

$$F = \int_{-a}^{+a} G(f)\,|V(f) - H(f)|^2\,df \tag{2.43}$$

wird dann minimiert durch die (verallgemeinerten) Fourier-Koeffizienten

$$c_k = \frac{1}{A_k}\int_{-a}^{+a} G(f)V(f)\,\Phi_k^*(f)\,df\,. \tag{2.44}$$

Ende der Zusammenfassung.

Wie Eingangs dieses Kapitels 2 bereits gesagt wurde, wird ein Verzweigungsfilter mit orthogonalen Teilwirkungsfunktionen $\Phi_k(f)$ gemäß (2.42) als *Orthogonalfilter* bezeichnet. Bemerkenswert ist noch folgender Tatbestand: Wenn auf den Eingang eines Orthogonalfilters mit Teilwirkungsfunktionen gleicher Norm, das bedeutet $A_k = A$, ein Dirac-Impuls $\delta(t)$ gegeben wird, dann haben die an allen Koeffizientenstellern auftretenden Impulsantworten im Orthogonalitätsintervall die gleiche Energie.

Der in Bild 1.1 und in Bild 1.6 gezeigte Echoentzerrer bildet ein spezielles Beispiel der hier dargestellten allgemeinen Theorie. Die Teilwirkungsfunktionen des Echoentzerrers lauten nach (1.26) bzw. (1.47)

$$\Phi_k(f) = e^{-j2\pi f k\tau}\,. \tag{2.45}$$

Sie sind orthogonal im Intervall $-a = 1/(2\tau) < f < 1/(2\tau) = a$, und zwar mit $G(f) \equiv 1$, denn nach (1.37) und (1.38) gilt

$$\int_{-a}^{+a} G(f)\,\Phi_k(f)\,\Phi_n^*\,df = \int_{-1/(2\tau)}^{1/(2\tau)} e^{-j2\pi fk\tau}\,e^{+j2\pi fk\tau}\,df$$

$$= \begin{cases} 0 & \text{für } n \neq k \\ A = 1/\tau & \text{für } n = k\,. \end{cases} \tag{2.46}$$

Der Fehler, vgl. (1.33) und (2.29),

$$F = \int_{-a}^{+a} G(f)\,|\,V(f) - H(f)|^2\,df = \int_{-1/(2\tau)}^{1/(2\tau)} |\,V(f) - H(f)|^2\,df \tag{2.47}$$

wird minimiert durch die Koeffizienten gemäß (1.41) bzw (2.44)

$$c_k = \frac{1}{A}\int_{-a}^{+a} G(f)V(f)\,\Phi_k^*(f)\,df = \tau \int_{-1/(2\tau)}^{1/(2\tau)} V(f)\,e^{+j2\pi fk\tau}\,d\tau\,. \tag{2.48}$$

Die in Abschnitt 1.4 ab (1.42)ff durchgeführte Berechnung des minimalen Approximationsfehlers $F(N)$ läßt sich ebenfalls auf beliebige orthogonale Funktionensysteme verallgemeinern.

Die Ausrechnung des Fehlers gemäß (2.43) liefert

$$F = \int_{-a}^{+a} G(f)[V(f) - H(f)][V^*(f) - H^*(f)]\,df =$$

$$= \int_{-a}^{+a} G(f)\,|\,V(f)|^2\,df + \int_{-a}^{+a} G(f)\,|\,H(f)|^2\,df -$$

$$- \int_{-a}^{+a} G(f)[V(f)H^*(f) + V^*(f)H(f)]\,df\,. \tag{2.49}$$

Hierin ergibt mit (2.41) und (2.42) für $A_k = A$

$$\int_{-a}^{+a} G(f)\,|\,H(f)|^2 df = \int_{-a}^{+a} G(f)\sum_{k=0}^{N} c_k\,\Phi_k(f)\sum_{n=0}^{N} c_n\,\Phi_n^*(f)\,df = A\sum_{k=0}^{N} c_k^2 \tag{2.50}$$

und mit (2.41) und (2.44)

$$\int_{-a}^{+a} G(f)[V(f)H^*(f) + V^*(f)H(f)]\,df = 2\,\mathrm{Re}\int_{-a}^{+a} G(f)V(f)H^*(f)\,df =$$

$$= 2\,\mathrm{Re}\sum_{k=0}^{N} c_k \int_{-a}^{+a} G(f)\,V(f)\,\Phi_k^*(f)\,df = 2\,\mathrm{Re}\,A\sum_{k=0}^{N} c_k^2 = 2A\sum_{k=0}^{N} c_k^2\,. \tag{2.51}$$

Durch Einsetzen von (2.50) und (2.51) in (2.49) folgt die Besselsche Ungleichung

$$F = \int_{-a}^{+a} G(f)\,|\,V(f)\,|^2\,df - A\sum_{k=0}^{N} c_k^2 = F_{\min}(N) \geq 0. \tag{2.52}$$

Die Besselsche Ungleichung sagt aus, daß jede Erhöhung der Koeffizientenzahl N den Fehler verkleinert. Daraus folgt aber noch nicht, daß der Fehler in jedem Fall unter eine beliebig niedrig gelegene Schranke gedrückt werden kann, indem man N nur genügend hoch wählt. Dies zeigt ein einfaches Beispiel: Es sei angenommen, daß das Integral in (2.52) den Wert 3 hat. Wenn weiter $A = 1$ und die Folge der Koeffizientenquadrate dem Gesetz $c_k^2 = 1/2^k$ für $k = 0, 1, 2, \ldots$ folgt, dann strebt der Summenausdruck gegen 2 und damit F gegen 1 für $N \to \infty$. Es verbleibt also ein beträchtlicher Restfehler, egal wie hoch man den Aufwand auch treibt.

Aus (2.40) ging hervor, daß bei Zugrundelegung des Fehlermaßes von (2.29) die Filterkoeffizienten in jedem Fall reell zu wählen sind. Bei physikalischen Systemen werden sie bereits automatisch reell. Das bedingt wiederum mit (2.41), daß Real- und Imaginärteil von $H(f)$ mit den gleichen Koeffizienten gebildet werden, und daß damit Real- und Imaginärteil der Vorschrift $V(f)$ nicht unabhängig voneinander durch $H(f)$ approximiert werden. Will man einen beliebig kleinen Approximationsfehler erreichen, dann ist es notwendig, daß sowohl bei $V(f)$ als auch bei $H(f)$ bzw. $\Phi_k(f)$ Real- und Imaginärteil über die gleiche Gesetzmäßigkeit miteinander verknüpft sind. Im nachfolgenden Abschnitt 2.5 wird nachgewiesen, daß es sich bei dieser Gesetzmäßigkeit um die Hilbert-Transformation handelt, wenn das Orthogonalitätsintervall sich von $-a = -\infty$ bis $a = \infty$ erstreckt.

Unter der Voraussetzung, daß Real- und Imaginärteil sowohl von $V(f)$ als auch von $\Phi_k(f)$ über die Hilbert-Transformation miteinander verknüpft sind, daß ferner das Integral in (2.52) endlich ist, ist die Kleinheit des erreichbaren Restfehlers noch von der Art des verwendeten orthogonalen Funktionensystems abhängig. Unter der Vielzahl der möglichen orthogonalen Funktionensysteme gibt es in der Tat solche, mit denen sich der Fehler unter jede beliebig klein vorgebbare Schranke bringen läßt, wenn N nur genügend hoch gewählt wird. Diese orthogonalen Funktionensysteme werden als *vollständig* bezeichnet.

Es läßt sich zeigen [COU 61], daß das beim Echoentzerrer verwendete System der Exponentialfunktionen von (2.45) vollständig ist, wenn für k alle ganzen Zahlen $k = 0, \pm 1, \pm 2, \ldots$ berücksichtigt werden. In diesem Fall ist in (2.41), (2.50) bis (2.52) die Summation von $k = -N$ bis $k = N$ zu erstrecken, wobei N dann beliebig groß gemacht werden kann. Diese Umindizierung hat keinen Einfluß auf die mathematische Herleitung ab (2.29)ff. Sie bedingt aber die Verwendung der Schaltung des modifizierten Echoentzerrers in Bild 1.6.

2.5 Einfluß der Hilbert-Transformation auf Filterkoeffizienten und Gewichtsfunktion

Zunächst wird eine einfache Herleitung der Hilbert-Transformation [MAR 77], siehe (2.12), vorgestellt. Im Anschluß daran folgt eine weitergehende Verallgemeinerung.

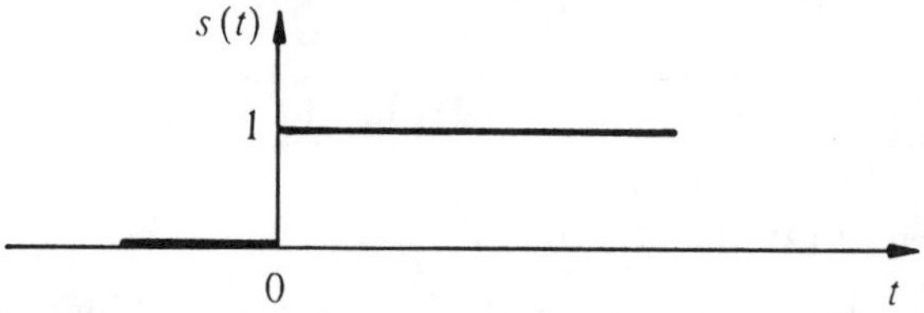

Bild 2.3 Sprungfunktion

Für die in Bild 2.3 dargestellte Sprungfunktion gilt

$$s(t) = \begin{cases} 1 & \text{für } t \geq 0 \\ 0 & \text{für } t < 0 \;. \end{cases} \tag{2.53}$$

Ihre Fourier-Transformierte lautet [LUE 85]

$$S(f) = \frac{1}{2}\delta(f) - \mathrm{j}\frac{1}{2\pi f} \,, \tag{2.54}$$

wobei $\delta(f)$ ein spektraler Dirac-Impuls bei $f = 0$ bedeutet.

Eine kausale Impulsantwort $h(t) = 0$ für $t < 0$, vgl. (2.11), bleibt unverändert, wenn sie mit der Sprungfunktion $s(t)$ von (2.53) multipliziert wird.

$$h(t) = s(t)\,h(t) \;. \tag{2.55}$$

Durch Fourier-Transformation folgt daraus mit (2.54) das Faltungsprodukt

$$H(f) = S(f) * H(f) = \left[\frac{1}{2}\delta(f) - \mathrm{j}\frac{1}{2\pi f}\right] * H(f) =$$

$$= \frac{1}{2}\int_{-\infty}^{+\infty} H(u)\,\delta(f-u)\,du - \mathrm{j}\frac{1}{2\pi}\int_{-\infty}^{+\infty}\frac{H(u)}{f-u}\,du \;. \tag{2.56}$$

Im ersten Integral blendet der Dirac-Impuls $\delta(f-u)$ den Funktionswert $H(u)$ an der Stelle $u = f$ aus. Das erste Integral ergibt damit $H(f)/2$. Somit folgt nach Multiplikation beider Gleichungsseiten mit 2

$$H(f) = -\mathrm{j}\frac{1}{\pi}\int_{-\infty}^{+\infty}\frac{H(u)}{f-u}\,du =$$

$$= -\mathrm{j}\frac{1}{\pi}\int_{-\infty}^{+\infty}\frac{\mathrm{Re}H(u)}{f-u}\,du + \frac{1}{\pi}\int_{-\infty}^{+\infty}\frac{\mathrm{Im}H(u)}{f-u}\,du \tag{2.57}$$

oder

$$\operatorname{Im} H(f) = -\frac{1}{\pi} \int_{-\infty}^{+\infty} \frac{\operatorname{Re} H(u)}{f-u}\, du = \mathbf{H}\{\operatorname{Re} H(f)\}, \tag{2.58}$$

$$\operatorname{Re} H(f) = \frac{1}{\pi} \int_{-\infty}^{+\infty} \frac{\operatorname{Im} H(u)}{f-u}\, du = -\mathbf{H}\{\operatorname{Im} H(f)\} \tag{2.59}$$

also die Gleichungen (2.12) und (2.13).

Da sich die reellen Koeffizientenwerte c_k der Orthogonalfilter-Wirkungsfunktion (2.41) beliebig einstellen lassen, müssen auch für jede Teilwirkungsfunktion $\Phi_k(f)$ der Realteil $\operatorname{Re} \Phi_k(f)$ und der Imaginärteil $\operatorname{Im} \Phi_k(f)$ über die Hilbert-Transformation miteinander verknüpft sein.

$$\operatorname{Im} \Phi_k(f) = \mathbf{H}\{\operatorname{Re} \Phi_k(f)\} = -\frac{1}{\pi} \int_{-\infty}^{\infty} \frac{\operatorname{Re} \Phi_k(u)}{f-u}\, du \,, \tag{2.60}$$

$$\operatorname{Re} \Phi_k(f) = -\mathbf{H}\{\operatorname{Im} \Phi_k(f)\} = \frac{1}{\pi} \int_{-\infty}^{\infty} \frac{\operatorname{Im} \Phi_k(u)}{f-u}\, du \,, \tag{2.61}$$

weil nur dadurch sichergestellt ist, daß auch $\operatorname{Re} H(f)$ und $\operatorname{Im} H(f)$ über die Hilbert-Transformation miteinander verknüpft sind. Realteil $\operatorname{Re} V(f)$ bzw. Imaginärteil $\operatorname{Im} V(f)$ der vorgeschriebenen Funktion $V(f)$ werden also durch eine Linearkombination von $\operatorname{Re} \Phi_k(f)$ bzw. von $\operatorname{Im} \Phi_k(f)$ approximiert, wobei für die Realteilapproximation und die Imaginärteilapproximation die *gleichen* rellen Koeffizienten c_k verwendet werden. Das läßt die Frage aufkommen, ob bei endlicher Koeffizientenzahl Realteil und Imaginärteil mit unterschiedlichem Fehler approximiert werden. Wie nachfolgend gezeigt wird, ist das nicht der Fall, wenn auch bei der vorgeschriebenen Funktion $V(f)$ der Realteil $\operatorname{Re} V(f)$ und der Imaginärteil $\operatorname{Im} V(f)$ über die Hilbert-Transformation miteinander verknüpft sind.

Mit (2.61) ergibt sich für

$$\int_{f=-\infty}^{\infty} \operatorname{Re} V(f) \operatorname{Re} \Phi_k(f)\, df = \int_{f=-\infty}^{\infty} \operatorname{Re} V(f) \frac{1}{\pi} \int_{u=-\infty}^{\infty} \frac{\operatorname{Im} \Phi_k(u)}{f-u}\, du\, df \,. \tag{2.62}$$

Durch Vertauschen der Reihenfolge der Integrationen folgt mit der sinngemäßen Anwendung von (2.12)

$$\int_{f=-\infty}^{\infty} \operatorname{Re}V(f)\,\operatorname{Re}\Phi_k(f)\,df = \int_{u=-\infty}^{\infty} \operatorname{Im}\Phi_k(u)\,\frac{1}{\pi}\int_{f=-\infty}^{\infty} \frac{\operatorname{Re}V(f)}{f-u}\,df\,du =$$

$$= \int_{u=-\infty}^{\infty} \operatorname{Im}\Phi_k(u)\,\frac{(-1)}{\pi}\int_{f=-\infty}^{\infty} \frac{\operatorname{Re}V(f)}{u-f}\,df\,du =$$

$$= \int_{u=-\infty}^{\infty} \operatorname{Im}\Phi_k(u)\,\operatorname{Im}V(u)\,du \tag{2.63}$$

oder

$$\int_{-\infty}^{\infty} \operatorname{Re}V(f)\,\operatorname{Re}\Phi_k(f)\,df = \int_{-\infty}^{\infty} \operatorname{Im}V(f)\,\operatorname{Im}\Phi_k(f)\,df\,. \tag{2.64}$$

(2.64) gilt für beliebige Funktionen $V(f)$ und $\Phi_k(f)$, sofern jeweils deren Real- und Imaginärteil über die Hilbert-Transformation miteinander verknüpft sind. Dabei müssen $V(f)$ und $\Phi_k(f)$ nicht notwendigerweise verschieden sein. (2.64) ist vergleichbar mit der Parseval-Beziehung der Fourier-Transformation, siehe (2.80).

Mit (2.64) gilt insbesondere auch

$$\int_{-\infty}^{\infty} \operatorname{Re}\Phi_k(f)\,\operatorname{Re}\Phi_n(f)\,df = \int_{-\infty}^{\infty} \operatorname{Im}\Phi_k(f)\,\operatorname{Im}\Phi_n(f)\,df \tag{2.65}$$

und somit für das bezüglich $G(f) \equiv 1$ im Intervall $-\infty < f < \infty$ orthogonale Funktionensystem von (2.42) mit geraden Real- und ungeraden Imaginärteilfunktionen

$$\int_{-\infty}^{\infty} \Phi_k(f)\,\Phi_n^*(f)\,df =$$

$$\int_{-\infty}^{\infty} \operatorname{Re}\Phi_k(f)\,\operatorname{Re}\Phi_n(f)\,df + \int_{-\infty}^{\infty} \operatorname{Im}\Phi_k(f)\,\operatorname{Im}\Phi_n(f)\,df =$$

$$= 2\int_{-\infty}^{\infty} \operatorname{Re}\Phi_k(f)\,\operatorname{Re}\Phi_n(f)\,df =$$

$$= 2\int_{-\infty}^{\infty} \operatorname{Im}\Phi_k(f)\,\operatorname{Im}\Phi_n(f)\,df = \begin{cases} 0 & \text{für } n \neq k \\ A_k & \text{für } n = k\,. \end{cases} \tag{2.66}$$

Die Realteile $\mathrm{Re}\,\Phi_k(f)$ und die Imaginärteile $\mathrm{Im}\Phi_k(f)$ bilden also je für sich allein ein orthogonales Funktionensystem, wenn die komplexwertigen Teilwirkungsfunktionen $\Phi_k(f)$ orthogonal sind und die zugehörigen Teilimpulsantworten $\varphi_k(t)$ kausal sind.

Mit dem bezüglich $G(f) \equiv 1$ im Intervall $-\infty < f < \infty$ orthogonalen Funktionensystem $\Phi_k(f)$ und mit (2.64) berechnen sich die Filterkoeffizienten nach (2.44) bei geraden Real- und ungeraden Imaginärteilfunktionen zu

$$c_k = \frac{1}{A_k}\int\limits_{-\infty}^{+\infty} V(f)\,\Phi_k^*(f)\,df =$$

$$= \frac{1}{A_k}\int\limits_{-\infty}^{+\infty} \mathrm{Re}\,V(f)\;\mathrm{Re}\,\Phi_k(f)\,df + \frac{1}{A_k}\int\limits_{-\infty}^{+\infty} \mathrm{Im}\,V(f)\;\mathrm{Im}\Phi_k(f)\,df =$$

$$= \frac{2}{A_k}\int\limits_{-\infty}^{+\infty} \mathrm{Re}\,V(f)\;\mathrm{Re}\Phi_k(f)\,df = \frac{2}{A_k}\int\limits_{-\infty}^{+\infty} \mathrm{Im}\,V(f)\;\mathrm{Im}\Phi_k(f)\,df\,. \tag{2.67}$$

Es sind dies die gleichen Koeffizientenwerte, die sich ergeben würden, wenn man mit den orthogonalen Funktionen $\mathrm{Re}\,\Phi_k(f)$ nur den Realteil $\mathrm{Re}\,V(f)$ und mit den orthogonalen Funktionen $\mathrm{Im}\Phi_k(f)$ nur den Imaginärteil $\mathrm{Im}\,V(f)$ approximieren würde.

Mit diesen Koeffizientenwerten folgt für den Fehler nach (2.49)

$$F = \int\limits_{-\infty}^{\infty} |V(f)|^2\,df + \int\limits_{-\infty}^{\infty} |H(f)|^2\,df - \int\limits_{-\infty}^{\infty} [V(f)H^*(f) + V^*(f)H(f)]\,df$$

$$= \int\limits_{-\infty}^{\infty} \mathrm{Re}^2 V(f)\,df + \int\limits_{-\infty}^{\infty} \mathrm{Im}^2 V(f)\,df + \int\limits_{-\infty}^{\infty} \mathrm{Re}^2 H(f)\,df + \int\limits_{-\infty}^{\infty} \mathrm{Im}^2 H(f)\,df$$

$$- \int\limits_{-\infty}^{\infty} 2\mathrm{Re}\,V(f)H^*(f)\,df\,. \tag{2.68}$$

Durch sinngemäße Anwendung von (2.64) auf den letzten Term

$$\int\limits_{-\infty}^{\infty} 2\mathrm{Re}\,V(f)H^*(f)\,df = 2\int\limits_{-\infty}^{\infty} [\mathrm{Re}\,V(f)\;\mathrm{Re}H(f) + \mathrm{Im}\,V(f)\;\mathrm{Im}H(f)]\,df$$

$$= 4\int\limits_{-\infty}^{\infty} \mathrm{Re}\,V(f)\;\mathrm{Re}H(f)\,df = 4\int\limits_{-\infty}^{\infty} \mathrm{Im}\,V(f)\;\mathrm{Im}H(f)\,df \tag{2.69}$$

und auf die sonstigen Terme von (2.68) folgt

$$F = 2\int_{-\infty}^{\infty} \mathrm{Re}^2 V(f)\,df + 2\int_{-\infty}^{\infty} \mathrm{Re}^2 H(f)\,df - 4\int_{-\infty}^{\infty} \mathrm{Re}V(f)\ \mathrm{Re}H(f)\,df$$

$$= 2\int_{-\infty}^{\infty} \mathrm{Im}^2 V(f)\,df + 2\int_{-\infty}^{\infty} \mathrm{Im}^2 H(f)\,df - 4\int_{-\infty}^{\infty} \mathrm{Im}V(f)\ \mathrm{Im}H(f)\,df$$

$$= 2\int_{-\infty}^{\infty} [\mathrm{Re}V(f) - \mathrm{Re}H(f)]^2\,df = 2\int_{-\infty}^{\infty} [\mathrm{Im}V(f) - \mathrm{Im}H(f)]^2\,df\,. \quad (2.70)$$

Damit ist gezeigt, daß der Gesamtfehler F sich zur Hälfte aus dem quadratischen Approximationsfehler des Realteils und zur anderen Hälfte aus dem quadratischen Approximationsfehler des Imaginärteils zusammensetzt.

Nach diesen Betrachtungen für den Fall $G(f) \equiv 1$ sei nun der allgemeinere Fall betrachtet, daß die Gewichtsfunktion $G(f)$ nicht identisch eins ist. Es sei aber $G(f)$ reell, gerade und nichtnegativ für alle f. Damit läßt sich $G(f)$ zerlegen in

$$G(f) = A(f)\,A^*(f), \quad (2.71)$$

wobei die Funktion $A(f)$ nichts mit der Konstanten A zu tun hat und mit ihr auch nicht verwechselt werden darf.

Setzt man (2.71) in (2.42) bis (2.44) ein, dann erkennt man, daß sich daraus der Fall für $G(f) \equiv 1$ ergibt, wenn man folgende Ersetzungen vornimmt

$$A(f)\,\Phi_k(f) = \Phi'_k(f)\ ; \quad A(f)\,V(f) = V'(f)\ ; \quad A(f)\,H(f) = H'(f)\,. \quad (2.72)$$

Das bedeutet, daß man ein bezüglich $G(f) \equiv 1$ orthogonales Funktionensystem $\Phi'_k(f)$ überführen kann in ein bezüglich $G(f) = A(f)\,A^*(f)$ orthogonales Funktionensystem $\Phi_k(f)$. Mit den gleichen Koeffizienten c_k wird dann statt der Vorschrift $V'(f)$ die Vorschrift $V(f) = V'(f)/A(f)$ approximiert. Von dieser Überlegung wird in Kapitel 3 mehrfach Gebrauch gemacht.

An sich kann $G(f)$ in (2.42) bis (2.44) eine beliebige reelle gerade nichtnegative Gewichtsfunktion sein. Wenn aber verlangt wird, daß es zu einer vorgegebenen Gewichtsfunktion $G(f)$ ein orthogonales Funktionensystem $\Phi_k(f)$ gemäß (2.42) dergestalt geben soll, daß die zugehörigen Impulsantworten $\varphi_k(t) \circ\!\!-\!\!\bullet\ \Phi_k(f)$ kausal sind, dann sind auch einschränkende Vorschriften hinsichtlich einer zulässigen Vorgabe von $G(f)$ zu erwarten. Wenn weiter verlangt wird, daß mit den Koeffizienten c_k der quadratische Approximationsfehler des Realteils und der quadratische Approximationsfehler des Imaginärteils stets gleich groß werden sollen, dann muß statt (2.64) die Beziehung

$$\int_{-\infty}^{\infty} G(f)\,\mathrm{Re}V(f)\,\mathrm{Re}\,\Phi_k(f)\,df = \int_{-\infty}^{\infty} G(f)\,\mathrm{Im}V(f)\,\mathrm{Im}\Phi_k(f)\,df \quad (2.73)$$

gelten. Dies ist sicher dann der Fall, wenn bei jedem der beiden Produkte

$$A(f)\,V(f)\ ,\quad A(f)\,\Phi_k(f)$$

jeweils die Real- und Imaginärteile über die Hilbert-Transformation miteinander verknüpft sind. Das bedeutet, daß die korrespondierenden Faltungsprodukte

$$a(t) * v(t) \ , \ a(t) * \varphi_k(t)$$

kausal sein müssen. Wenn $\varphi_k(t)$ kausal ist, dann ist das Faltungsprodukt $a(t) * \varphi_k(t)$ genau dann kausal, wenn auch $a(t)$ kausal ist.

$$a(t) \equiv 0 \quad \text{für } t < 0. \tag{2.74}$$

Real- und Imaginärteil werden also mit dem gleichen Fehler approximiert, wenn sich $G(f)$ derart in ein Produkt $A(f)\,A^*(f)$ zerlegen läßt, daß

$$\begin{aligned} \mathrm{Im}A(f) &= \mathbf{H}\{\mathrm{Re}A(f)\} \\ \mathrm{Re}A(f) &= -\mathbf{H}\{\mathrm{Im}A(f)\} \ . \end{aligned} \tag{2.75}$$

Beispiele für eine solche Zerlegung werden in Kapitel 3 gebracht.

2.6 Approximation im Zeitbereich

Der mit orthogonalen Teilwirkungsfunktionen $\Phi_k(f)$ gebildeten Gesamtwirkungsfunktion

$$H(f) = \sum_{k=0}^{N} c_k \Phi_k(f) \tag{2.76}$$

entspricht im Zeitbereich die Impulsantwort

$$h(t) = \sum_{k=0}^{N} c_k \varphi_k(t), \tag{2.77}$$

wobei $h(t) \circ\!-\!\bullet\ H(f)$ und $\varphi_k(t) \circ\!-\!\bullet\ \Phi_k(f)$ über die Fourier-Transformation miteinander verknüpft sind.

Hier erhebt sich die Frage, ob auch die Teilimpulsantworten $\varphi_k(t)$ orthogonal sind, wenn die zugehörigen Teilwirkungsfunktionen $\Phi_k(f)$ orthogonal sind. Dies läßt sich bejahen für den Fall, daß

$$G(f) \equiv 1 \tag{2.78}$$

und das Orthogonalitätsintervall bei $\Phi_k(f)$ sich über die gesamte Frequenzachse und das Orthogonalitätsintervall bei $\varphi_k(t)$ sich über die gesamte Zeitachse erstrecken:

$$-\infty = -a \leq f \leq +a = +\infty \ ; \ -\infty \leq t \leq +\infty \ . \tag{2.79}$$

Nach dem Satz von Parseval [WIE 49] gilt nämlich allgemein

$$\int_{-\infty}^{+\infty} A(f)\,B^*(f)\,df = \int_{-\infty}^{+\infty} a(t)\,b^*(t)\,dt \ , \tag{2.80}$$

wenn $a(t)$ ○—● $A(f)$ und $b(t)$ ○—● $B(f)$. Auf (2.42) übertragen heißt das für reelle $\varphi_n(t)$

$$\int_{-\infty}^{+\infty} \Phi_k(f)\,\Phi_n^*(f)df = \int_{-\infty}^{+\infty} \varphi_k(t)\,\varphi_n(t)dt = \begin{cases} 0 & \text{für } n \neq k \\ A_k & \text{für } n = k\,. \end{cases} \tag{2.81}$$

Übertragen auf (2.43) und (2.44) liefert der Satz von Parseval bei reellen Zeitfunktionen

$$F = \int_{-\infty}^{+\infty} [V(f) - H(f)][V^*(f) - H^*(f)]\,df = \int_{-\infty}^{+\infty} [v(t) - h(t)]^2\,dt \tag{2.82}$$

$$c_k = \frac{1}{A_k}\int_{-\infty}^{+\infty} V(f)\,\Phi_k^*(f)\,df = \frac{1}{A_k}\int_{-\infty}^{+\infty} v(t)\,\varphi_k(t)\,dt. \tag{2.83}$$

Hierbei ist $v(t)$ ○—● $V(f)$.

Eine Approximation von $V(f)$ auf der gesamten Frequenzachse mit orthogonalen Teilwirkungsfunktionen $\Phi_k(f)$ und Filterkoeffizienten c_k gemäß (2.83) minimiert also auch den durch die rechte Seite von (2.82) ausgedrückten Fehler im Zeitbereich. Umgekehrt wird durch eine Approximation von $v(t)$ auf der gesamten Zeitachse mit orthogonalen Teilimpulsantworten $\varphi_k(t)$ und Filterkoeffizienten c_k, die mit der rechten Seite von (2.83) berechnet werden, auch der Fehler im Frequenzbereich, ausgedrückt durch die linke Seite von (2.82), minimiert.

Die Approximation einer vorgeschriebenen Impulsantwort $v(t)$ im Zeitbereich durch einen Echoentzerrer läßt sich nicht gut diskutieren, weil die Teilimpulsantworten des Echoentzerrers zeitlich verschobene Diracimpulse sind und die Teilwirkungsfunktionen im Frequenzbereich ein endliches Orthogonalitätsintervall mit $a = 1/(2\tau)$ besitzen.

Wenn die Gewichtsfunktion $G(f)$ nicht wie in (2.78) identisch eins ist, sind die Zusammenhänge im Zeitbereich nicht so einfach. Es lassen sich aber übersichtliche Zusammenhänge im Zeitbereich formulieren, wenn die Gewichtsfunktion entsprechend (2.71) als Produkt zweier Ausdrücke $A(f)$ und $A^*(f)$ geschrieben werden kann, wobei die Bedingung von (2.75) eingehalten wird. Die Orthogonalitätsbeziehung von (2.42) liefert dann mit der Parseval-Beziehung von (2.80)

$$\int_{-\infty}^{+\infty} G(f)\,\Phi_k(f)\,\Phi_n^*(f)\,df = \int_{-\infty}^{+\infty} [A(f)\,\Phi_k(f)][A(f)\,\Phi_n(f)]^*\,df =$$

$$= \int_{-\infty}^{+\infty} [a(t) * \varphi_k(t)][a(t) * \varphi_n(t)]\,dt = \begin{cases} 0 & \text{für } n \neq k \\ A_k & \text{für } n = k\,. \end{cases} \tag{2.84}$$

Orthogonal ist jetzt nicht das System der Zeitfunktionen $\varphi_k(t)$, sondern das mit der Zeitfunktion $a(t)$ gefaltete System $a(t) * \varphi_k(t)$. Damit ergibt sich für (2.43) und (2.44) entsprechend

$$F = \int_{-\infty}^{+\infty} G(f) | V(f) - H(f) |^2 \, df =$$

$$= \int_{-\infty}^{+\infty} \{A(f)[V(f) - H(f)]\}\{A(f)[V(f) - H(f)]\}^* \, df =$$

$$= \int_{-\infty}^{+\infty} \{a(t) * [v(t) - h(t)]\}^2 \, dt \,, \qquad (2.85)$$

$$c_k = \frac{1}{A_k} \int_{-\infty}^{+\infty} G(f) V(f) \Phi_k^*(f) \, df$$

$$= \frac{1}{A_k} \int_{-\infty}^{+\infty} [A(f)V(f)][A(f)\Phi_k(f)]^* \, df =$$

$$= \frac{1}{A_k} \int_{-\infty}^{+\infty} [a(t) * v(t)][a(t) * \varphi_k(t)] \, dt \,. \qquad (2.86)$$

Mit den orthogonalen Funktionen $a(t) * \varphi_k(t)$ werden jetzt die Fourier-Koeffizienten anhand der mit $a(t)$ gefalteten Vorschrift $v(t)$ im Zeitbereich, also anhand $a(t) * v(t)$, gebildet.

2.7 Konstruktion orthogonaler Funktionensysteme nach Gram-Schmidt

In den Abschnitten 2.3, 2.4 und 2.6 wurde ein geschlossener allgemeiner Formalismus beschrieben, der explizite Formeln dafür liefert, wie man im Frequenzbereich vorgeschriebene Wirkungsfunktionen $V(f)$ durch im Orthogonalfilter realisierte orthogonale Teilwirkungsfunktionen $\Phi_k(f)$ approximiert bzw. wie man im Zeitbereich vorgeschriebene Impulsantworten $v(t)$ durch realisierte orthogonale Teilimpulsantworten $\varphi_k(t)$ approximiert.

Hiernach wird man sich fragen, wie man systematisch orthogonale Teilwirkungsfunktionen $\Phi_k(f)$ bzw. orthogonale Teilimpulsantworten $\varphi_k(t)$ gewinnt, die sich durch Teilnetzwerke eines Orthogonalfilters realisieren lassen. Eine Antwort liefert das Orthogonalisierungsverfahren von Gram-Schmidt [COU 68]. Dieses Verfahren sei nun anhand von Frequenzfunktionen $\Psi_k(f)$ beschrieben. Es liefert orthonormale Funktionen $\Phi_k(f)$ der Eigenschaft

$$\int_{-a}^{+a} G(f)\,\Phi_k(f)\,\Phi_n^*(f)\,df = \begin{cases} 0 & \text{für } n \neq k \\ 1 & \text{für } n = k\,. \end{cases} \tag{2.87}$$

Selbstverständlich läßt sich das Verfahren auch auf Zeitfunktionen übertragen. Das Verfahren wird besonders anschaulich, wenn man die Funktionen mit Vektoren in einem kartesischen Koordinatensystem vergleicht. Daher ist die Verwendung folgender Begriffe und Bezeichnungen zweckmäßig:

1. Das *innere Produkt* zweier Funktionen $A(f)$ und $B(f)$ sei definiert durch

$$\langle A(f), B(f)\rangle := \int_{-a}^{+a} G(f)\,A(f)\,B^*(f)\,df. \tag{2.88}$$

   $G(f)$ ist eine reelle nichtnegative gerade Funktion. $A(f)$ und $B(f)$ heißen orthogonal, vergl. (2.39), wenn

$$\langle A(f), B(f)\rangle = 0\,. \tag{2.89}$$

2. Als *(Euklidische) Norm* der Funktion $A(f)$ wird folgender Ausdruck bezeichnet

$$N\{A(f)\} = \sqrt{\langle A(f), A(f)\rangle} = \left[\int_{-a}^{+a} G(f)\,A(f)\,A^*(f)\,df\right]^{1/2} \tag{2.90}$$

   $A(f)$ heißt normiert, wenn

$$N\{A(f)\} = 1. \tag{2.91}$$

Nun zum Verfahren von Gram-Schmidt selbst:

Gegeben sei ein System linear unabhängiger Netzwerkfunktionen

$$\Psi_k(f) \text{ mit } N\{\Psi_k(f)\} \neq 0\,; \quad k = 0, 1, 2, \dots \tag{2.92}$$

Diese Netzwerkfunktionen seien irgendwelche Wirkungsfunktionen realisierbarer Netzwerke.

Durch Linearkombinationen der $\Psi_k(f)$ wird nun ein orthonormales System

$$\Phi_k(f);\; k = 0, 1, 2, \dots \tag{2.93}$$

gebildet.
Die nullte Funktion $\Phi_0(f)$ wird gewonnen durch durch eine Gewichtung der Funktion $\Psi_0(f)$ mit dem Faktor w_{00}

$$\Phi_0(f) = \frac{\Psi_0(f)}{N\{\Psi_0(f)\}} = w_{00}\Psi_0(f)\,. \tag{2.94}$$

Die so gefundene Funktion hat ersichtlich die Norm

$$N\{\Phi_0(f)\} = 1\,. \tag{2.95}$$

Die erste Funktion $\Phi_1(f)$ wird in zwei Schritten konstruiert. Im ersten Schritt wird aus $\Psi_1(f)$ und $\Phi_0(f)$ eine Funktion $\underset{\sim}{\Phi}_1(f)$ gebildet, die orthogonal zu $\Phi_0(f)$ ist. Das wird erreicht durch

$$\underset{\sim}{\Phi}_1(f) = \Psi_1(f) - \langle\Psi_1(f), \Phi_0(f)\rangle\Phi_0(f), \tag{2.96}$$

denn es ist wegen $\langle\Phi_0(f), \Phi_0(f)\rangle = 1$

$$\langle\underset{\sim}{\Phi}_1(f), \Phi_0(f)\rangle =$$

$$= \langle\Psi_1(f), \Phi_0(f)\rangle - \langle\Psi_1(f), \Phi_0(f)\rangle\langle\Phi_0(f), \Phi_0(f)\rangle = 0. \tag{2.97}$$

(2.96) läßt sich so interpretieren, daß vom "Vektor" $\Psi_1(f)$ dessen Komponente in Richtung des "Vektors" $\Phi_0(f)$, das ist $\langle\Psi_1(f), \Phi_0(f)\rangle\Phi_0(f)$, abgezogen wird.

Im zweiten Schritt wird $\underset{\sim}{\Phi}_1(f)$ normiert. Das führt letztlich auf eine Linearkombination der Funktionen $\Psi_0(f)$ und $\Psi_1(f)$ mit den Gewichtsfaktoren w_{10} und w_{11}

$$\Phi_1(f) = \frac{\underset{\sim}{\Phi}_1(f)}{N\{\underset{\sim}{\Phi}_1(f)\}} = w_{10}\Psi_0(f) + w_{11}\Psi_1(f). \tag{2.98}$$

$\Phi_1(f)$ ist orthonormal zu $\Phi_0(f)$.

Die zweite Funktion $\Phi_2(f)$ wird ebenfalls in zwei Schritten konstruiert. Im ersten Schritt wird aus $\Psi_2(f)$ und $\Phi_1(f)$ und $\Phi_0(f)$ eine Funktion $\underset{\sim}{\Phi}_2(f)$ gebildet, die orthogonal zu $\Phi_1(f)$ und orthogonal zu $\Phi_0(f)$ ist. Das wird erreicht durch

$$\underset{\sim}{\Phi}_2(f) = \Psi_2(f) - \langle\Psi_2(f), \Phi_1(f)\rangle\Phi_1(f) - \langle\Psi_2(f), \Phi_0(f)\rangle\Phi_0(f), \tag{2.99}$$

denn es ist wegen $\langle\Phi_1, \Phi_1\rangle = 1$ und $\langle\Phi_0, \Phi_1\rangle = 0$

$$\langle\underset{\sim}{\Phi}_2, \Phi_1\rangle = \langle\Psi_2, \Phi_1\rangle - \langle\Psi_2, \Phi_1\rangle\langle\Phi_1, \Phi_1\rangle - \langle\Psi_2, \Phi_0\rangle\langle\Phi_0, \Phi_1\rangle = 0$$

und ebenso

$$\langle\underset{\sim}{\Phi}_2, \Phi_0\rangle = \langle\Psi_2, \Phi_0\rangle - \langle\Psi_2, \Phi_1\rangle\langle\Phi_1, \Phi_0\rangle - \langle\Psi_2, \Phi_0\rangle\langle\Phi_0, \Phi_0\rangle = 0.$$

Im zweiten Schritt wird $\underset{\sim}{\Phi}_2(f)$ normiert. Das ergibt

$$\Phi_2(f) = \frac{\underset{\sim}{\Phi}_2(f)}{N\{\underset{\sim}{\Phi}_2(f)\}} = w_{20}\Psi_0(f) + w_{21}\Psi_1(f) + w_{22}\Psi_2(f). \tag{2.100}$$

Alle weiteren Funktionen $\Phi_3(f)$, $\Phi_4(f)$, ... werden ebenfalls in je zwei Schritten konstruiert. Im jeweils ersten Schritt wird eine neue Funktion gebildet, die zu allen vorherigen orthogonal ist. Das geschieht dadurch, daß von der neuen Funktion Ψ die "Komponenten in Richtung" der vorherigen Funktionen Φ_i abgezogen werden, siehe (2.96) und (2.99). Im jeweils zweiten Schritt wird die so gewonnene Funktion normiert. Eine Anwendung des Orthonormalisierungsverfahrens von Gram-Schmidt folgt in Abschnitt 3.1.

Letztlich läuft die Bildung der orthonormalen Funktionen $\Phi_k(f)$ auf eine Linearkombination der ursprünglichen Funktionen $\Psi_n(f)$ hinaus, was durch die reellen Koeffizienten w_{kn} in (2.94), (2.98) und (2.100) zum Ausdruck kommt. Diese Linearkombination, d.h. Gewichtung und Summation, kann im Prinzip in die ohnehin beim Verzweigungsfilter vorhandene Gewichtung durch die Gewichtskoeffizienten g_k und die vor dem Ausgang vorhandene Summation eingerechnet werden. Man kann sie aber auch separat verwirklichen, was ausgehend von der in Bild 2.1 gezeigten Struktur auf die in Bild 2.4 führt. Die in diesem Bild eingetragenen Teilwirkungsfunktionen

$\Psi_n(f)$ und $\Phi_k(f)$ sind identisch mit den an den gleichen Stellen auftretenden Signalspektren, wenn am Filtereingang das Spektrum $X(f) \equiv 1$ anliegt. Ist Letzteres nicht der Fall, dann ergeben sich die Spektren $\Psi_n(f)\,X(f)$ und $\Phi_k(f)\,X(f)$. Bei orthogonalen Teilwirkungsfunktionen $\Phi_k(f)$ sind die Spektren $\Phi_k(f)\,X(f)$ im allgemeinen nicht orthogonal. Mit einem anderen Koeffizientensatz w_{ki} kann aber auch ein System orthogonaler Signalspektren $\Phi_k(f)\,X(f)$ gebildet werden. Ist das erreicht, dann kann mit den Koeffizienten c_k eine Formung des Ausgangsspektrums $Y(f)$ sehr rasch und einfach durchgeführt werden. Die Schaltungsstruktur in Bild 2.4 ist deshalb für die schnelle adaptive Signalentzerrung besonders geeignet [CHA 71], siehe auch Abschn. 5.10.

Eine gewisse Verwandtschaft mit der Struktur in Bild 2.4 hat auch das Filter mit Brückenstruktur (Lattice-Filter) in Bild 1.10. Letzteres besitzt neben den Koeffizientenstellern für die Fourier-Koeffizienten c_k noch zusätzlich solche für die PARCOR-Koeffizienten k_i, die eine ähnliche Funktion wie die Gewichtsfaktoren w_{ki} haben.

Eine Anwendung dieses Orthogonalisierungsverfahrens von Gram-Schmidt folgt in Abschnitt 3.1.

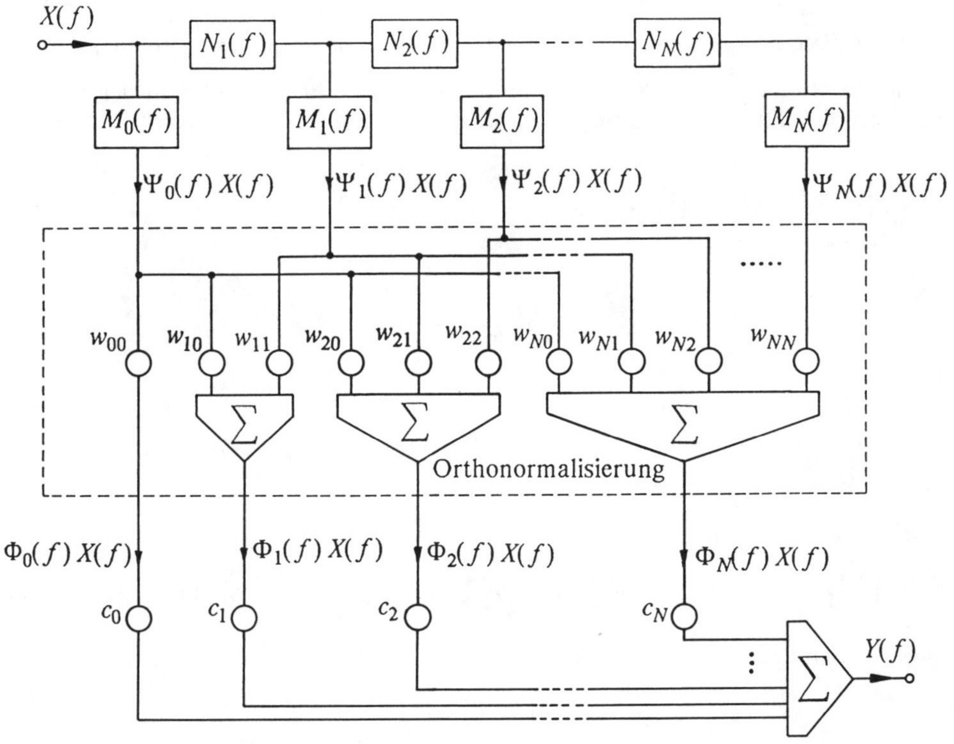

Bild 2.4 Verzweigungsfilter mit Orthonormalisierung der Teilwirkungsfunktionen

2.8 Konstruktion orthonormaler Funktionensysteme nach Lee

Neben dem Verfahren von Gram-Schmidt gibt es noch andere Orthogonalisierungsverfahren, die alle ihre spezifischen Vor- und Nachteile haben.

Ein Orthogonalisierungsverfahren, welches für die Orthogonalisierung reeller gebrochen rationaler Frequenzfunktionen $\Psi_k(f)$ im Intervall $-\infty < f < +\infty$ besonders geeignet ist, basiert auf einer Integration in der komplexen Frequenzebene unter Anwendung des Residuensatzes der Funktionentheorie [LEE 67], [KAU 54], [TRI 70]. Es stammt im wesentlichen von Y.W. Lee.

Statt mit der reellen Frequenzvariablen f wird bei der Integration im Komplexen mit einer komplexen Frequenzvariablen s gearbeitet. Man setzt dazu

$$f = \frac{s}{\mathrm{j}2\pi}, \tag{2.101}$$

wobei s zunächst noch imaginär ist. Anschließend erweitert man s zur komplexen Frequenzvariablen

$$s = \sigma + \mathrm{j}\omega = \sigma + \mathrm{j}2\pi f. \tag{2.102}$$

Die reelle Frequenz f erscheint damit im Imaginärteil der komplexen Frequenz s.

Das innere Produkt von (2.88) wird nun mittels (2.101) in Abhängigkeit der Variablen s ausgedrückt:

$$\int_{f=-a}^{+a} G(f)\, A(f)\, B^*(f)\, df =$$

$$= \frac{1}{\mathrm{j}2\pi} \int_{s=-\mathrm{j}2\pi a}^{\mathrm{j}2\pi a} G\left(\frac{s}{\mathrm{j}2\pi}\right) A\left(\frac{s}{\mathrm{j}2\pi}\right) B^*\left(\frac{s}{\mathrm{j}2\pi}\right) ds =$$

$$= \frac{1}{\mathrm{j}2\pi} \int_{s=-\mathrm{j}2\pi a}^{\mathrm{j}2\pi a} G^{(s)}(s)\, A^{(s)}(s)\, B^{(s)*}(s)\; ds\;, \tag{2.103}$$

wobei die Umbennnung

$$G\left(\frac{s}{\mathrm{j}2\pi}\right) = G^{(s)}(s)\,; \quad A\left(\frac{s}{\mathrm{j}2\pi}\right) = A^{(s)}(s)\,; \quad B^*\left(\frac{s}{\mathrm{j}2\pi}\right) = B^{(s)*}(s) \tag{2.104}$$

eingeführt wird.

Zur konkreten Berechung des Integrals auf der rechten Seite von (2.103) wird s als komplexe Variable entsprechend (2.102) angesehen. Für die weitere Ausrechnung eines derartigen Integrals einer Funktion $F(s)$ der komplexen Variablen s spielen zwei Integralsätze eine wesentliche Rolle, nämlich [KNO 57]

1. der *Hauptsatz der Funktionentheorie*, wonach

$$\oint_C F(s)\,ds = 0\,, \tag{2.105}$$

wenn $F(s)$ im gesamten vom Integrationsweg C eingeschlossenen Gebiet differenzierbar ist, also insbesondere dort keine Pole hat.

2. die *Integralformel von Cauchy*, welche besagt, daß

$$\oint_C F(s)\,ds = \mathrm{j}2\pi \sum_i k_i\,, \tag{2.106}$$

wenn $F(s)$ in dem vom Integrationsweg C eingeschlossenen Gebiet einfache Pole und eventuell auch mehrfache Pole besitzt, aber ansonsten außer an den Polstellen im gesamten eingeschlossenen Gebiet differenzierbar ist. Mit k_i werden die Residuen der einfachen Pole bezeichnet.

Die Richtung des Integrationswegs C in (2.105) und (2.106) ist im Gegenuhrzeigersinn zu nehmen, d.h. in mathematisch positiver Richtung.

Das Residuum k_i eines einfachen Pols von $F(s)$ bei $s = s_i$ berechnet sich zu [RUP 72]

$$k_i = \lim_{s \to s_i} F(s)(s - s_i). \tag{2.107}$$

Die Ausrechnung des inneren Produkts von (2.103) oder des Normquadrats bei $B^{(s)*}(s) = A^{(s)*}(s)$ gelingt in der Regel durch Anwendung der Integralsätze (2.105) und (2.106), wenn der in Bild 2.5 gezeichnete Verlauf für den Integrationsweg C gewählt wird, und der Grenzwert für $a \to \infty$ gebildet wird. Dann nämlich wird der Anteil des Integrals über den Halbkreis vom Radius a in vielen Fällen gleich null, und die Integralsätze liefern dann den Wert des zu berechnenden Integrals von (2.103) für $a \to \infty$ zu

$$\int_{-\infty}^{+\infty} G(f)\,A(f)\,B^*(f)\,df =$$

$$= \frac{1}{\mathrm{j}2\pi} \int_{s=0-\mathrm{j}\infty}^{0+\mathrm{j}\infty} G^{(s)}(s)\,A^{(s)}(s)\,B^{(s)*}(s)\,ds + 0 = \frac{1}{\mathrm{j}2\pi} \oint_C F(s)\,ds\,. \tag{2.108}$$

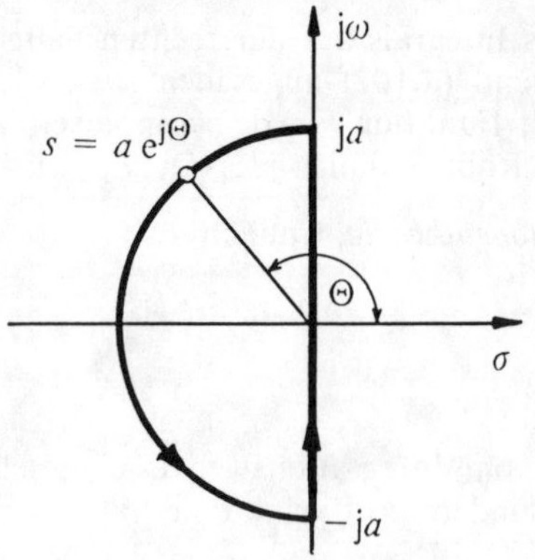

Bild 2.5 Wahl des Integrationswegs zur Berechnung des Integrals (2.103) in der komplexen *s*-Ebene

Die Konstruktion eines Funktionensystems $\Phi_k^{(s)}(s)$, das für $s = j\omega$ orthonormal ist, erfolgt nun nach Y.W. Lee [LEE 67] wie folgt:

Ausgangspunkt sind eine geeignete gebrochen rationale Gewichtsfunktion $G^{(s)}(s)$, die für $s = j\omega$ reell, gerade und nichtnegativ ist, und ferner eine gebrochen rationale nullte Funktion $A^{(s)}(s) = \underset{\sim}{\Phi}_0^{(s)}(s)$. Das Produkt $G^{(s)}(s)A^{(s)}(s)$ soll in der endlichen s-Ebene nur einfache Pole und Nullstellen haben und bei $s = \infty$ null werden, damit der Anteil des Integrals über den Halbkreis in Bild 2.5 für $a \to \infty$ verschwindet.

Im ersten Schritt wird, basierend auf (2.108) mit $A^{(s)}(s) = \underset{\sim}{\Phi}_0^{(s)}(s)$ und $B^{(s)*}(s) = A^{(s)*}(s) = \underset{\sim}{\Phi}_0^{(s)}(-s)$, welches für $s = j\omega$ konjugiert komplex zu $A^{(s)}(s) = \underset{\sim}{\Phi}_0^{(s)}(s)$ ist, das zu $\underset{\sim}{\Phi}_0^{(s)}(j\omega)$ gehörende Normquadrat $N^2\{\underset{\sim}{\Phi}_0^{(s)}\}$ berechnet. Bei dieser Berechnung wird von der Integralformel von Cauchy, (2.106), Gebrauch gemacht.

$$\frac{1}{j2\pi}\int_{-j\infty}^{j\infty} G^{(s)}(s)\,\underset{\sim}{\Phi}_0^{(s)}(s)\,\underset{\sim}{\Phi}_0^{(s)}(-s)\,ds = j2\pi\sum_i k_i = N^2\{\underset{\sim}{\Phi}_0^{(s)}\} \; . \tag{2.109}$$

k_i sind die Residuen des links stehenden Integranden einschließlich des Faktors $1/(j2\pi)$. Mit der Norm ergibt sich nun die nullte Funktion $\Phi_0^{(s)}(s)$ des zu konstruierenden für $s = j\omega$ orthonormalen Funktionensystems zu

$$\Phi_0^{(s)}(s) = \frac{\underset{\sim}{\Phi}_0^{(s)}(s)}{N\{\underset{\sim}{\Phi}_0^{(s)}\}} \; . \tag{2.110}$$

Im zweiten Schritt wird eine gebrochen rationale Funktion $\underset{\sim}{\Phi}_1^{(s)}(s)$ so gewählt, daß das Produkt

$$G^{(s)}(s)\,\Phi_0^{(s)}(s)\,\underset{\sim}{\Phi}_1^{(s)}(-s) \tag{2.111}$$

keine Pole in der linken abgeschlossenen s-Halbebene hat und für $s \to \infty$ verschwindet. Dort gelegene Pole von $G^{(s)}(s)\,\Phi_0^{(s)}(s)$ sollen sich also mit Nullstellen von $\underset{\sim}{\Phi}_1^{(s)}(-s)$ wegheben.

Mit der so gewählten Funktion $\underset{\sim}{\Phi}_1^{(s)}(-s)$ wird erreicht, daß aufgrund des Haupsatzes der Funktionentheorie (2.105) das innere Produkt

$$\frac{1}{j2\pi}\int_{-j\infty}^{j\infty} G^{(s)}(s)\,\Phi_0^{(s)}(s)\,\underset{\sim}{\Phi}_1^{(s)}(-s)\,ds = 0 \tag{2.112}$$

wird. Infolgedessen ist $\underset{\sim}{\Phi}_1^{(s)}(s)$ für $s = j\omega$ orthogonal zu $\Phi_0^{(s)}(s)$, denn für rationale Funktionen mit reellen Koeffizienten ist

$$\underset{\sim}{\Phi}_1^{(s)}(-j\omega) = \underset{\sim}{\Phi}_1^{(s)*}(j\omega)\,.$$

Im dritten Schritt wird dann das Normquadrat $N^2\{\underset{\sim}{\Phi}_1^{(s)}\}$ von $\underset{\sim}{\Phi}_1^{(s)}(s)$ bestimmt, und zwar wieder mittels (2.106)

$$\frac{1}{j2\pi}\int_{-j\infty}^{j\infty} G^{(s)}(s)\,\underset{\sim}{\Phi}_1^{(s)}(s)\,\underset{\sim}{\Phi}_1^{(s)}(-s)\,ds = j2\pi\sum_j k_j = N^2\{\underset{\sim}{\Phi}_1^{(s)}\}\,. \tag{2.113}$$

Damit ergibt sich dann die erste Funktion des zu konstruierenden für $s = j\omega$ orthonormalen Funktionensystems $\Phi_1^{(s)}(s)$ zu

$$\Phi_1^{(s)}(s) = \frac{\underset{\sim}{\Phi}_1^{(s)}(s)}{N\{\underset{\sim}{\Phi}_1^{(s)}\}}\,. \tag{2.114}$$

Im vierten Schritt wird eine gebrochen rationale Funktion $\underset{\sim}{\Phi}_2^{(s)}(s)$ so gewählt, daß die beiden Produkte

$$G^{(s)}(s)\,\Phi_0^{(s)}(s)\,\underset{\sim}{\Phi}_2^{(s)}(-s) \quad \text{und} \quad G^{(s)}(s)\,\Phi_1^{(s)}(s)\,\underset{\sim}{\Phi}_2^{(s)}(-s) \tag{2.115}$$

keine Nullstellen in der linken abgeschlossenen s-Halbebene haben und für $s \to \infty$ verschwinden. $\underset{\sim}{\Phi}_2^{(s)}(-s)$ muß also Nullstellen dort haben, wo $G^{(s)}(s)\,\Phi_0^{(s)}(s)$ Pole hat und wo $G^{(s)}(s)\,\Phi_1^{(s)}(s)$ Pole hat. Mit der so gewählten Funktion $\underset{\sim}{\Phi}_2^{(s)}(-s)$ wird erreicht, daß in Analogie zu (2.112) die Funktion $\underset{\sim}{\Phi}_2^{(s)}(s)$ für $s = j\omega$ orthogonal zu $\Phi_0^{(s)}(s)$ und orthogonal zu $\Phi_1^{(s)}(s)$ ist.

Im fünften Schritt ist dann das Normquadrat $N^2\{\underset{\sim}{\Phi}_2^{(s)}\}$ mit Hilfe von (2.106) zu errechnen und dann daraus die zweite Funktion $\Phi_2^{(s)}(s) = \underset{\sim}{\Phi}_2^{(s)}(s)/N\{\underset{\sim}{\Phi}_2^{(s)}\}$ zu bilden.

Im sechsten Schritt wird eine gebrochen rationale Funktion $\Phi_3^{(s)}(s)$ so gewählt, daß sie orthogonal zu $\Phi_0^{(s)}(s)$, zu $\Phi_1^{(s)}(s)$ und zu $\Phi_2^{(s)}(s)$ ist usw.

Für die praktische Realisierbarkeit des Orthogonalfilters ist wichtig, daß die konstruierten, für $s = j\omega$ orthonormalen Teilwirkungsfunktionen ebenfalls realisierbar sind und durch entsprechende Teilfilter verwirklicht werden. Dazu müssen bestimmte Realisierbarkeitsbedingungen eingehalten werden [RUP 72].

Anwendungen dieses Orthogonalisierungsverfahrens von Lee folgen in den Abschnitten 3.6 und 3.7.

2.9 Einige Eigenschaften und digitale Realisierungsmöglichkeiten

Für manche Zwecke ist es vorteilhaft, die Wirkungsfunktion $H(f)$ oder die Impulsantwort $h(t)$ eines Orthogonalfilters als Vektor in einem kartesischen Vektorraum zu interpretieren. Betrachtet man z.B. die Wirkungsfunktion

$$H(f) = \frac{Y(f)}{X(f)} = \sum_{k=0}^{N} c_k \Phi_k(f) , \tag{2.116}$$

dann kann man die einzelnen Summanden $c_k \Phi_k(f)$ als Komponenten eines $(N+1)$-dimensionalen Vektors auffassen. Dabei bilden die Funktionen $\Phi_k(f)$ Einheitsvektoren, welche die Koordinatenachsen festlegen. Bild 2.6 verdeutlicht dies für den Fall $N + 1 = 3$.

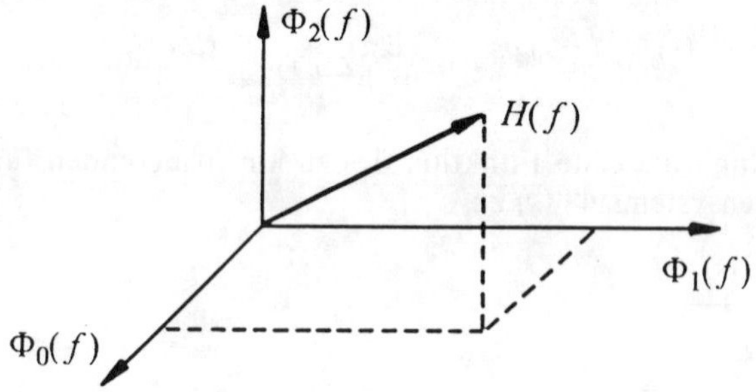

Bild 2.6 Darstellung von $H(f)$ als Vektor

Mit der Interpretation als Vektor können alle bekannten Regeln der Vektorrechnung übernommen werden. Somit ergibt sich z.B., daß die zwei Wirkungsfunktionen

$$H_1(f) = \sum_{k=0}^{N} c_k^{(1)} \Phi_k(f) \quad \text{und} \quad H_2(f) = \sum_{k=0}^{N} c_k^{(2)} \Phi_k(f) \tag{2.117}$$

zueinander orthogonal sind, wenn das Skalarprodukt der Vektoren $H_1(f)$ und $H_2(f)$ verschwindet.
Das ist der Fall, wenn

$$\sum_{k=0}^{N} c_k^{(1)} c_k^{(2)} = 0 . \tag{2.118}$$

Für die Realisierung des analogen Orthogonalfilters mit der Wirkungsfunktion (2.116) ist es wichtig, daß jede Funktion $\Phi_k(f)$ Wirkungsfunktion eines realisierbaren Teilnetzwerks ist. Dadurch werden die Möglichkeiten bei der Wahl orthogonaler Funktionensysteme stark eingeschränkt. Für die digitale Realisierung von Orthogonalfiltern gilt diese Einschränkung nicht. Um das zu zeigen, wird der praktische Fall einer kausalen Impulsantwort $h(t)$ endlicher zeitlicher Dauer L betrachtet. Es sei also

$$H(f) \bullet\!\!-\!\!\circ\, h(t) = 0 \text{ für } t < 0 \text{ und } t > L . \tag{2.119}$$

Das Faltungsintegral (2.5) lautet dann

$$y(t) = \int_0^L h(\tau)\, x(t - \tau)\, d\tau \,. \tag{2.120}$$

Für zeitdiskrete Signale geht (2.120) über in die diskrete Faltungssumme

$$y(\nu T) = \sum_{\mu=0}^{L} h(\mu T)\, x\,[(\nu - \mu)T] \;, \tag{2.121}$$

wobei die hierin auftretende zeitdiskrete Impulsantwort $h(\nu T)$ nun durch $L + 1$ aufeinanderfolgende Funktionswerte $h(0), h(\nu T), \ldots, h(LT)$ gegeben ist. Jeder dieser $L + 1$ Funktionswerte $h(\mu T)$ wird beim zeitdiskreten Orthogonalfilter durch eine Linearkombination von $N + 1$ Stützwerten $\varphi_k(\mu T)$ gebildet, vgl. (2.77),

$$h(\mu T) = \sum_{k=0}^{N} c_k\, \varphi_k(\mu T) \;;\; \mu = 0, 1, \ldots, L \,. \tag{2.122}$$

Die $(L + 1)(N + 1)$ Stützwerte $\varphi_k(\mu T)$ können in einem Festwertspeicher abgelegt werden. Wenn das Filter nicht durch Koeffizientensteller c_k einstellbar sein soll, können auch gleich die Stützwerte $h(\mu T)$ gespeichert werden. Da sich in einem Speicher beliebige Werte ablegen lassen, kann man jetzt beliebige orthogonale Funktionensysteme verwenden.

Orthogonale Funktionensysteme, die nicht an die Bedingung der Realisierbarkeit durch Teilwirkungsfunktionen von Teilnetzwerken gebunden sind, lassen sich u.a. auch mit der Formel von Rodriguez [TRI 70] gewinnen. Diese Formel, auf deren Wiedergabe hier verzichtet wird, liefert u.a. nahezu alle klassischen orthogonalen Funktionensysteme, wie z.B. von Jacobi, Laguerre und Legendre als Sonderfälle.

2.10 Literatur

[ABS 72] Abramowitz, M.; Stegun, I.A.: Handbook of Mathematical Functions; New York, Dover Publications, 1972 (9. Printing)

[CHA 71] Chang, R.W.: A new equalizer structure for fast start-up digital communication; Bell Syst. Techn. Journal 50, p. 1969 - 2014, 1971

[COU 61] Courant, R.: Vorlesungen über Differential- und Integralrechnung, 1. Band, 3. Auflage, Berlin, Göttingen, Heidelberg: Springer, 1961

[COU 68] Courant, R.; Hilbert, D.: Methoden der mathematischen Physik, Band 1, Berlin, Heidelberg, New York: Springer, 1968

[KAU 54] Kautz, W.H.: Transient Synthesis in the Time Domain; IRE Trans. CT 1 (1954), S. 29 - 39

[KNO 57] Knopp, K.: Funktionentheorie; Berlin: Walther de Gruyter, 1957

[LEE 67] Lee, Y.W.: Statistical Theory of Communication; 6. Auflage; New York, London, Sidney: J. Wiley & Sons; 1967

[LUE 85] Lüke, H.D.: Signalübertragung, 3. Auflage, Berlin, Heidelberg, New York, Tokyo: Springer, 1985

[MAR 77] Marko, H.: Methoden der Systemtheorie; Berlin, Heidelberg, New York: Springer, 1977

[RUP 72] Rupprecht, W.: Netzwerksynthese; Berlin, Heidelberg, New York: Springer, 1972

[TRI 70] Tricomi, F.G.: Vorlesungen über Orthogonalreihen; Berlin, Heidelberg, New York: Springer, 1970

[WIE 49] Wiener, N.: Extrapolation, Interpolation, and Smoothing of Stationary Time Series; Cambridge Mass.; MIT Press 1949

3. Aufstellung von Beispielen für Orthogonalfilter

Beispiele für Orthogonalfilter lassen sich auf zweierlei Weise gewinnen. Der erste Weg besteht darin, daß man bekannte orthogonale Funktionensysteme daraufhin untersucht, ob sie sich durch Teilnetzwerke eines Orthogonalfilters realisieren lassen und dies gegebenenfalls dann tut. Der zweite Weg besteht darin, daß man von gegebenen realisierbaren und linear unabhängigen Netzwerkfunktionen ausgeht und daraus durch Orthogonalisierung systematisch orthogonale Teilwirkungsfunktionen konstruiert. Hierbei lassen sich mit Vorteil die Orthogonalisierungsverfahren von Gram-Schmidt und von Lee verwenden.

In diesem 3.Kapitel wird der zweite Weg auf realisierbare rationale Netzwerkfunktionen angewendet. Die dabei entstehenden orthogonalen Funktionensysteme $\Phi_k(f)$ sind damit ebenfalls durch Netzwerke realisierbare Funktionen und führen also auf realisierbare Orthogonalfilter.

Bemerkenswert ist, daß alle ausgeführten Konstruktionsbeispiele auf Orthogonalfilter führen, die als wesentliche Bestandteile Allpässe enthalten. Dabei lassen sich vier große Gruppen unterscheiden:

a. Orthogonalfilter mit gleichen Allpässen 1. Ordnung (Abschnitte 3.1 bis 3.3)
b. Orthogonalfilter mit gleichen Allpässen 2. Ordnung (Abschnitte 3.4 und 3.5)
c. Orthogonalfilter mit ungleichen Allpässen 1. Ordnung (Abschnitt 3.6)
d. Orthogonalfilter mit ungleichen Allpässen 2. Ordnung (Abschnitt 3.7)

Diese Gruppen decken, anders ausgedrückt, rationale Funktionen mit reellen einfachen Polen (c), mit reellen mehrfachen Polen (a), mit komplexen einfachen Polen (d) und mit komplexen mehrfachen Polen (b) ab, sind also hinsichtlich rationaler Funktionen hinreichend umfassend.

Die ausgeführten Konstruktionsbeispiele haben als Teilnetzwerke Allpässe vor allem deshalb, weil bei allen orthogonalen Teilwirkungsfunktionen $\Phi_k(f)$ das gleiche Normquadrat $A_k = A = 1$ gefordert wird. Wie bereits in Abschn. 2.4 im Anschluß an (2.44) erwähnt wurde, hat das zur Folge, daß an allen Koeffizientenstellern c_k Impulsantworten gleicher Energie auftreten, wenn auf den Eingang des Orthogonalfilters ein Dirac-Impuls $\delta(t)$ gegeben wird. Entsprechend treten an allen Koeffizientenstellern c_k Signale gleicher mittlerer Leistung $P_k = P$ auf, wenn am Eingang des Orthogonalfilters ein Signal mit dem Leistungsdichtespektrum $\phi(f)$ anliegt. Für Allpaßfunktionen $\Phi_k(f)$ gilt nämlich $|\Phi_k(f)| \equiv 1$ und damit

$$P_k = \int_{-\infty}^{+\infty} |\Phi_k(f)|^2 \phi(f)\, df = \int_{-\infty}^{+\infty} \phi(f)\, df = P \text{ für alle } k \,. \tag{3.1}$$

Gleicher Leistungspegel an allen Koeffizientenstellern wirkt sich günstig auf die Empfindlichkeit auf Bauelementetoleranzen aus.

Bezüglich der Entzerrung von Datensignalen sind Orthogonalfilter mit Allpässen 1.Ordnung in erster Linie zur Entzerrung von Basisband-Datensignalen (siehe Kapitel 5) und Orthogonalfilter mit Allpässen 2.Ordnung in erster Linie zur Entzerrung von frequenzversetzten Datensignalen (siehe Kapitel 6) geeignet. Allpaßfunktionen 1.Ordnung ändern sich bei einer Tiefpaß-Hochpaß-Transformation im wesentlichen nur im Vorzeichen (siehe Abschn.3.2). Allpässe 1. und 2. Ordnung sind durch eine

Tiefpaß-Hochpaß-Transformation bzw. Hochpaß-Bandpaß- oder Tiefpaß-Bandsperre-Transformation miteinander verknüpft (siehe Abschn.3.5).

Weitere nützliche Eigenschaften von Netzwerken mit Allpässen bestehen darin, daß sich damit Wirkungsfunktionen $H(f)$ herstellen lassen, deren Betragsfunktion $|H(f)|$ sich leicht verändern läßt, ohne daß zugleich auch der Phasenverlauf $b(f)$ geändert wird. Diese und ähnliche Möglichkeiten werden in Abschn. 3.8 näher beschrieben.

Bemerkt sei ferner, daß Allpässe auch für das Filter mit Brückenstruktur (Lattice-Filter) in Abschn. 1.7 eine besondere Bedeutung haben. Wird das Lattice-Filter dadurch verallgemeinert, daß die Laufzeitglieder in den Teilnetzwerken durch Vierpole der Wirkungsfunktion $\Phi_k(f)$ ersetzt werden, dann besitzt das verallgemeinerte Lattice-Filter genau dann die Eigenschaften eines Orthogonalfilters, wenn diese Vierpole Allpässe sind [MES 80]. Alle rationalen Allpaß-Funktionen sind passiv mit Brükkenstrukturen realisierbar, siehe auch Abschn 3.2 und 3.4. Keine Allpaß-Funktion ist passiv durch eine reine Abzweigschaltung verwirklichbar [RUP 72].

Bei allen bekannten Orthogonalfiltern lassen sich mit den Fourier-Koeffizienten c_k nur die Lagen der Nullstellen der Wirkungsfunktion, nicht die Lagen der Pole beeinflussen.

3.1 Orthogonalfilter von Lee-Wiener mit Tiefpaß

Das in Abschnitt 2.7 beschriebene Orthogonalisierungsverfahren von Gram-Schmidt wird nun auf spezielle Teilwirkungsfunktionen $\Psi_n(f)$ angewendet, welche mit der in Bild 3.1 dargestellten Kettenschaltung einfacher Vierpole verwirklicht werden. Die einzelnen Vierpole sind einfache RC-Tiefpässe, die je durch einen Trennverstärker der Verstärkung 1 abgeschlossen sind, um die Kettenschaltung rückwirkungsfrei zu machen.

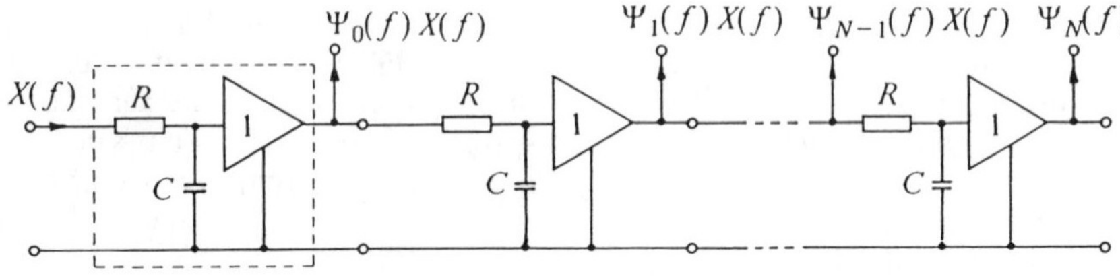

Bild 3.1 Beispiel für die Bildung von linear unabhängigen RC-Teilwirkungsfunktionen $\Psi_n(f)$

Wenn die durch $X(f)$ und $\Psi_i(f)$ bezeichneten Frequenzfunktionen in Bild 3.1 Spektren von zeitlichen Spannungsverläufen sind, dann gilt nach der Spannungsteilerregel für

$$\Psi_0(f) = \frac{\dfrac{1}{\mathrm{j}2\pi fC}}{R + \dfrac{1}{\mathrm{j}2\pi fC}} = \frac{1}{1 + \mathrm{j}2\pi fRC} = \frac{1}{1 + \mathrm{j}x} = \Psi_0^{(x)}(x) \; . \tag{3.2}$$

Zur Abkürzung ist

$$2\pi f RC = \frac{f}{f_0} = x \tag{3.3}$$

gesetzt.

Die weiteren Teilübertragungsfunktionen ergeben sich wegen der rückwirkungsfreien Kettenschaltung zu

$$\Psi_n^{(x)}(x) = \left(\frac{1}{1 + \mathrm{j}x}\right)^{n+1} = \left(\frac{1 - \mathrm{j}x}{1 + x^2}\right)^{n+1} \; ; \quad n = 1, 2, \ldots \tag{3.4}$$

Das sich ergebende System der $\Psi_n^{(x)}(x)$ ist offensichtlich ein linear unabhängiges System, denn kein $\Psi_n^{(x)}$ läßt sich durch Linearkombination der $\Psi_{n-i}^{(x)}$, $i > 0$ bilden.

Nachfolgend wird nun dieses System $\Psi_n^{(x)}(x)$ mit dem Orthogonalisierungsverfahren von Gram-Schmidt, siehe Abschnitt 2.7, orthonormalisiert, wobei die Gewichtsfunktion $G^{(x)}(x)$ und die Orthogonalitätsgrenze a wie folgt gewählt werden [RUS 72]:

$$G^{(x)}(x) \equiv 1 \quad ; \quad a = \infty \tag{3.5}$$

Für die Durchführung der Orthonormalisierung sind noch folgende Hilfsformeln nützlich

$$\int_{-\infty}^{+\infty} \frac{dx}{1 + x^2} = \pi$$

$$\int_{-\infty}^{+\infty} \frac{dx}{(1 + x^2)^n} = \frac{2n - 3}{2n - 2} \int_{-\infty}^{+\infty} \frac{dx}{(1 + x^2)^{n-1}} \; ; \quad n = 2, 3, 4, \ldots \tag{3.6}$$

Die nullte Funktion $\Phi_0^{(x)}(x)$ errechnet sich nun aus (3.2) und (2.94) zu

$$\Phi_0^{(x)}(x) = \frac{\Psi_0^{(x)}(x)}{N\{\Psi_0^{(x)}(x)\}} = \frac{1}{\sqrt{\pi}} \, \frac{1 - \mathrm{j}x}{1 + x^2} \, ,$$

denn mit (2.90) und (3.6) ist das Normquadrat

$$[N\{\Psi_0^{(x)}(x)\}]^2 = \int_{-\infty}^{+\infty} \Psi_0^{(x)}(x) \Psi_0^{(x)*}(x) \, dx = \int_{-\infty}^{+\infty} \frac{dx}{1 + x^2} = \pi \, . \tag{3.7}$$

Zur Berechnung der ersten Funktion wird nach (2.96) das folgende innere Produkt benötigt

$$\begin{aligned} \langle \Psi_1^{(x)}, \Phi_0^{(x)} \rangle &= \frac{1}{\sqrt{\pi}} \int_{-\infty}^{+\infty} \left(\frac{1 - \mathrm{j}x}{1 + x^2}\right)^2 \frac{1 + \mathrm{j}x}{1 + x^2} \, dx = \\ &= \frac{1}{\sqrt{\pi}} \int_{-\infty}^{+\infty} \frac{1}{(1 + x^2)^2} \, dx = \frac{\sqrt{\pi}}{2} \, . \end{aligned} \tag{3.8}$$

Beim letzten Integrand konnte der Imaginärteil weggelassen werden, weil er eine ungerade Funktion ist. Mit (3.8) errechnet sich gemäß (2.96)

$$\underset{\sim}{\Phi}_1^{(x)} = \Psi_1^{(x)} - \langle \Psi_1^{(x)}, \Phi_0^{(x)} \rangle \Phi_0^{(x)} = \left(\frac{1 - jx}{1 + x^2} \right)^2 - \frac{1}{2} \cdot \frac{1 - jx}{1 + x^2} . \tag{3.9}$$

Für das zugehörige Normquadrat errechnet man

$$[N\{\underset{\sim}{\Phi}_1^{(x)}\}]^2 = \int_{-\infty}^{+\infty} \underset{\sim}{\Phi}_1^{(x)} \underset{\sim}{\Phi}_1^{(x)*} dx = \ldots = \frac{\pi}{4} . \tag{3.10}$$

Das ergibt dann mit (2.98) für die erste Funktion

$$\begin{aligned} \Phi_1^{(x)}(x) &= \frac{\underset{\sim}{\Phi}_1^{(x)}}{N\{\underset{\sim}{\Phi}_1^{(x)}\}} = \frac{2}{\sqrt{\pi}} \left(\frac{1 - jx}{1 + x^2} \right)^2 - \frac{1}{\sqrt{\pi}} \left(\frac{1 - jx}{1 + x^2} \right) = \\ &= \ldots = \frac{1}{\sqrt{\pi}} \frac{(1 - jx)^3}{(1 + x^2)^2} . \end{aligned} \tag{3.11}$$

Die entsprechenden Berechnungen für die nächsthöheren Funktionen, die zwar elementar aber langwierig sind, liefern

$$\Phi_2^{(x)}(x) = \frac{1}{\sqrt{\pi}} \frac{(1 - jx)^5}{(1 + x^2)^3} , \tag{3.12}$$

$$\Phi_3^{(x)}(x) = \frac{1}{\sqrt{\pi}} \frac{(1 - jx)^7}{(1 + x^2)^4} . \tag{3.13}$$

In der Tat läßt sich zeigen, daß allgemein gilt [RUS 72]

$$\Phi_n^{(x)}(x) = \frac{1}{\sqrt{\pi}} \frac{(1 - jx)^{2n+1}}{(1 + x^2)^{n+1}} = \frac{1}{\sqrt{\pi}} \frac{1}{1 + jx} \left(\frac{1 - jx}{1 + jx} \right)^n . \tag{3.14}$$

$\Phi_n^{(x)}(x)$ setzt sich also zusammen aus der Kettenschaltung von n Allpässen 1. Ordnung [RUP 72] der Eckfrequenz f_0, vergl. (3.3),

$$\text{AP1:} \quad \frac{1 - jx}{1 + jx} = \frac{f_0 - jf}{f_0 + jf} \tag{3.15}$$

und einem vorgeschalteten Tiefpaß der Grenzfrequenz f_0

$$\text{TP:} \quad \frac{1}{1 + jx} = \frac{f_0}{f_0 + jf} . \tag{3.16}$$

Es resultiert folglich die außerordentlich einfache Schaltung von Bild 3.2, die auch Lee-Wiener-Filter genannt wird und die Struktur von Bild 2.2 besitzt. Den Faktor $1/\sqrt{\pi}$ kann man mit den Koeffizienten c_k berücksichtigen. Der vorgeschaltete Tiefpaß TP ist derselbe wie in Bild 3.1. Die Realisierung des Allpaß 1. Ordnung AP1 wird in Abschn. 3.2 beschrieben.

Da die errechneten Teilwirkungsfunktionen $\Phi_n^{(x)}(x) = \underset{\sim}{\Phi}_n(f)$ von (3.14) aufgrund des Berechnungsweges orthonormal sind, sind die mit $\sqrt{\pi}$ multiplizierten Funktionen

$$\sqrt{\pi}\,\Phi_n^{(x)}(x) = \sqrt{\pi}\,\underset{\sim}{\Phi}_n(f) = \Phi_n(f) = \frac{1}{1+\mathrm{j}x}\left(\frac{1-\mathrm{j}x}{1+\mathrm{j}x}\right)^n =$$

$$= \frac{f_0}{f_0+\mathrm{j}f}\left(\frac{f_0-\mathrm{j}f}{f_0+\mathrm{j}f}\right)^n \tag{3.17}$$

orthogonal:

$$\pi\int_{-a}^{+a}\Phi_n^{(x)}(x)\,\Phi_k^{(x)*}(x)\,dx = \int_{-\infty}^{+\infty}\frac{1}{1+x^2}\left(\frac{1-\mathrm{j}x}{1+\mathrm{j}x}\right)^n\left(\frac{1+\mathrm{j}x}{1-\mathrm{j}x}\right)^k dx =$$

$$= \begin{cases} 0 & \text{für } n \neq k \\ \pi & \text{für } n = k\,. \end{cases}$$

Wegen $dx = df/f_0$ gilt ferner:

$$\int_{-\infty}^{+\infty}\Phi_n(f)\,\Phi_k^*(f)\,df = \int_{-\infty}^{+\infty}\frac{f_0^2}{f_0^2+f^2}\left(\frac{f_0-\mathrm{j}f}{f_0+\mathrm{j}f}\right)^n\left(\frac{f_0+\mathrm{j}f}{f_0-\mathrm{j}f}\right)^k df =$$

$$= \begin{cases} 0 & \text{für } n \neq k \\ \pi f_0 = A & \text{für } n = k\,. \end{cases} \tag{3.18}$$

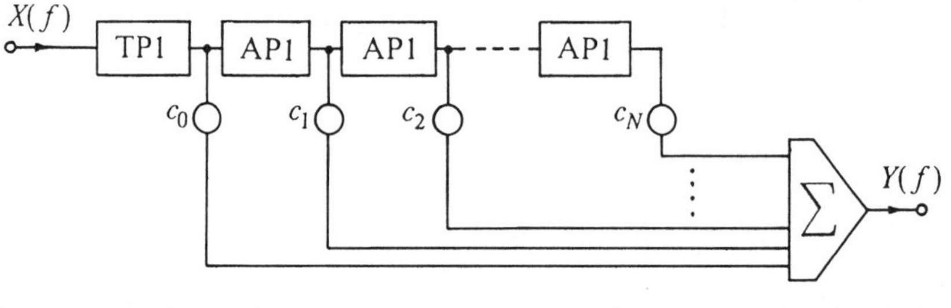

Bild 3.2 Lee-Wiener-Filter, resultierend aus den orthonormalisierten *RC*-Teilwirkungsfunktionen in Bild 3.1

Mit der zugehörigen Orthogonalfilter-Wirkungsfunktion

$$H(f) = \sum_{k=0}^{N} c_k\Phi_k(f) = \sum_{k=0}^{N} c_k\frac{f_0}{f_0+\mathrm{j}f}\left(\frac{f_0-\mathrm{j}f}{f_0+\mathrm{j}f}\right)^k \tag{3.19}$$

des Filters in Bild 3.2 wird die Vorschrift $V(f)$ mit minimalem Fehler gemäß (2.43) bei $G(f) \equiv 1$ approximiert, wenn entsprechend (2.44) die Koeffizienten zu

$$c_k = \frac{1}{A}\int_{-a}^{+a}V(f)\,\Phi_k^*(f)\,df = \frac{1}{\pi f_0}\int_{-\infty}^{+\infty}V(f)\frac{f_0}{f_0-\mathrm{j}f}\left(\frac{f_0+\mathrm{j}f}{f_0-\mathrm{j}f}\right)^k df \tag{3.20}$$

gewählt werden.

Weil das System der Funktionen $\Phi_k(f)$ im Intervall $-\infty < f < +\infty$ orthogonal ist bezüglich $G(f) \equiv 1$, muß nach (2.81) auch das System der über die Fourier-Transformation zugehörigen Zeitfunktion $\varphi_k(t)$ orthogonal sein.

Die Fourier-Rücktransformation der Funktion $\Phi_k(f)$ ist in allgemeiner Form zwar geschlossen durchführbar, jedoch recht langwierig [SCH 79], [MUE 82]. Daher werden hier die Ergebnisse ohne Herleitung mitgeteilt. Für $t < 0$ sind alle $\varphi_k(t) \equiv 0$. Für $t \geq 0$ gilt

$$\Phi_0(f) = \frac{f_0}{f_0 + \mathrm{j}f} \quad \circ\!\!-\!\!\bullet \quad \frac{1}{t_0}\mathrm{e}^{-t/t_0} = \varphi_0(t)$$

$$\Phi_1(f) = \frac{f_0}{f_0 + \mathrm{j}f}\left(\frac{f_0 - \mathrm{j}f}{f_0 + \mathrm{j}f}\right) \quad \circ\!\!-\!\!\bullet \quad \frac{1}{t_0}\left(2\frac{t}{t_0} - 1\right)\mathrm{e}^{-t/t_0} = \varphi_1(t)$$

$$\Phi_2(f) = \frac{f_0}{f_0 + \mathrm{j}f}\left(\frac{f_0 - \mathrm{j}f}{f_0 + \mathrm{j}f}\right)^2 \quad \circ\!\!-\!\!\bullet \quad \frac{1}{t_0}\left(2\frac{t}{t_0} - 4\frac{t}{t_0} + 1\right)\mathrm{e}^{-t/t_0} = \varphi_2(t)$$

$$\vdots \tag{3.21}$$

$$\Phi_n(f) = \frac{f_0}{f_0 + \mathrm{j}f}\left(\frac{f_0 - \mathrm{j}f}{f_0 + \mathrm{j}f}\right)^n \quad \circ\!\!-\!\!\bullet \quad \frac{1}{t_0}\left[\sum_{k=0}^{n}(-1)^{n-k}\frac{2^k}{k!}\binom{n}{k}\left(\frac{t}{t_0}\right)^k\right]\mathrm{e}^{-t/t_0} =$$

$$= \varphi_n(t)\ .$$

Hierin ist zur Abkürzung

$$2\pi f_0 = \frac{1}{t_0} = \frac{1}{RC} \tag{3.22}$$

gesetzt worden.

Allgemein gilt die Rekursionformel [SCH 79]

$$\varphi_{n+1}(t) = \frac{1}{n+1}\left\{(2\frac{t}{t_0} - 2n - 1)\varphi_n(t) - n\,\varphi_{n-1}(t)\right\}. \tag{3.23}$$

Die Funktionen $\varphi_n(t)$ sind identisch mit den Laguerreschen Funktionen nullter Art.

Mit der zugehörigen Orthogonalfilter-Impulsantwort

$$h(t) = \sum_{k=0}^{N} c_k \varphi_k(t) \quad \text{für } t \geq 0 \tag{3.24}$$

wird die Zeitbereichsvorschrift $v(t)$ mit minimalem Fehler gemäß (2.82) approximiert, wenn entsprechend (2.83) und (3.18) die Koeffizienten zu

$$c_k = \frac{1}{\pi f_0}\int_0^{\infty} v(t)\varphi_k(t)\,dt \tag{3.25}$$

gewählt werden. Diese Koeffizientenwerte sind dieselben wie in (3.20).

Bei praktischen Approximationsaufgaben stellt sich die Frage, wie die Polfrequenz f_0 bzw. die über (3.22) damit verbundene Zeitkonstante t_0 zweckmäßigerweise zu wählen ist. Wie Kautz [KAU 52] und andere Autoren [DUR 80], [LEM 83] herausgefunden haben, ist die Wahl von f_0 unkritisch. Sie kann nach [KAU 52] bei der Approximation von Rechteckimpulsen um den Faktor 2 geändert werden, ohne daß bei gleichem Filteraufwand die erreichbare Approximationsgüte merklich gemindert wird. Bei adaptiven Datenleitungsentzerrern, wo weniger steile Impulsverläufe zu approximieren sind, wurden selbst bei einer Änderung der Polfrequenz f_0 um den Faktor 10 kaum Qualitätseinbußen festgestellt.

Beschreibungen von Realisierungen von Orthogonalfiltern basierend auf Laguerreschen Funktionen findet man unter anderem bei [BOZ 70], [VSB 81] und [MUO 58]. Ihre Anwendung zur Signaldarstellung ist in [EIE 66] und [KUL 62] erläutert. In [SCH 79] ist noch beschrieben, wie man mit den Funktionen $\varphi_k(t)$ Vorschriften über eine Reihenentwicklung approximieren kann.

3.2 Orthogonalfilter von Lee-Wiener ohne Tiefpaß

Läßt man in Bild 3.1 den gestrichelt eingerahmten ersten RC-Tiefpaß weg, dann lauten die Teilübertragungsfunktionen

$$\Psi_n^{(x)}(x) = \left(\frac{1}{1 + \mathrm{j}x}\right)^n , \quad n = 0, 1, 2, \dots , \tag{3.26}$$

wobei wieder

$$2\pi f RC = \frac{f}{f_0} = x \tag{3.27}$$

gesetzt wird, siehe (3.3).

Das System (3.26) ist für $a = \infty$ und $G^{(x)}(x) \equiv 1$ nicht orthonormalisierbar, weil die nullte Funktion $\Psi_0(f) \equiv 1$ keine endliche Norm entsprechend (2.90) besitzt. Wohl aber läßt es sich mit

$$G^{(x)}(x) = \frac{1}{1 + x^2} \tag{3.28}$$

orthonormalisieren. Damit ergibt das Normquadrat wegen (3.6)

$$\left[N\{\Psi_0^{(x)}(x)\}\right]^2 = \int_{-a}^{+a} G^{(x)}(x) \, |\Psi_0^{(x)}(x)|^2 \, dx = \int_{-\infty}^{+\infty} \frac{1}{1 + x^2} \, dx = \pi \tag{3.29}$$

und

$$\Phi_0^{(x)} = \frac{\Psi_0^{(x)}(x)}{N\{\Psi_0^{(x)}\}} = \frac{1}{\sqrt{\pi}} . \tag{3.30}$$

Zur Berechnung der ersten Funktion wird nach (2.96) das folgende innere Produkt benötigt

$$\langle \Psi_1^{(x)}, \Phi_0^{(x)} \rangle = \int_{-a}^{+a} G^{(x)}(x)\, \Psi_1^{(x)}(x)\, \Phi_0^{(x)*}(x)\, dx =$$

$$= \frac{1}{\sqrt{\pi}} \int_{-\infty}^{+\infty} \frac{1}{1+x^2} \cdot \frac{1}{1+\mathrm{j}x}\, dx =$$

$$= \frac{1}{\sqrt{\pi}} \int_{-\infty}^{+\infty} \frac{1}{(1+x^2)^2}\, dx = \frac{\sqrt{\pi}}{2} \,. \tag{3.31}$$

Das ist der gleiche Wert wie in (3.8).

Mit (3.31) errechnet sich gemäß (2.96)

$$\underset{\sim}{\Phi}_1^{(x)} = \Psi_1^{(x)} - \langle \Psi_1^{(x)}, \Phi_0^{(x)} \rangle\, \Phi_0^{(x)} =$$

$$= \frac{1}{1+\mathrm{j}x} - \frac{\sqrt{\pi}}{2} \cdot \frac{1}{\sqrt{\pi}} = \frac{1}{2} \cdot \frac{1-\mathrm{j}x}{1+\mathrm{j}x} \,. \tag{3.32}$$

Das zugehörige Normquadrat berechnet sich zu

$$[N\{\underset{\sim}{\Phi}_1^{(x)}\}]^2 = \int_{-a}^{+a} G^{(x)}\, \Phi_1^{(x)}\, \Phi_1^{(x)*}\, dx = \frac{1}{4} \int_{-\infty}^{+\infty} \frac{1}{1+x^2}\, dx = \frac{\pi}{4} \,, \tag{3.33}$$

womit sich dann nach (2.98) die erste Funktion zu

$$\Phi_1^{(x)}(x) = \frac{\underset{\sim}{\Phi}_1^{(x)}(x)}{N\{\underset{\sim}{\Phi}_1^{(x)}\}} = \frac{1}{\sqrt{\pi}} \left(\frac{1-\mathrm{j}x}{1+\mathrm{j}x} \right) \tag{3.34}$$

ergibt.

In entsprechender Weise ergeben sich die nächst höheren Funktionen zu

$$\Phi_2^{(x)}(x) = \frac{1}{\sqrt{\pi}} \left(\frac{1-\mathrm{j}x}{1+\mathrm{j}x} \right)^2 \quad ; \quad \Phi_3^{(x)}(x) = \frac{1}{\sqrt{\pi}} \left(\frac{1-\mathrm{j}x}{1+\mathrm{j}x} \right)^3 \tag{3.35}$$

und schließlich allgemein [RUS 72]

$$\Phi_n^{(x)}(x) = \frac{1}{\sqrt{\pi}} \left(\frac{1-\mathrm{j}x}{1+\mathrm{j}x} \right)^n , \quad n = 0, 1, 2, \ldots \tag{3.36}$$

In diesem Fall setzt sich also $\Phi_n^{(x)}(x)$ zusammen aus einer Kette von n Allpässen 1.Ordnung der Eckfrequenz f_0

$$\mathrm{AP1} \; : \; \frac{1-\mathrm{j}x}{1+\mathrm{j}x} = \frac{f_0 - \mathrm{j}f}{f_0 + \mathrm{j}f} \,. \tag{3.37}$$

Es resultiert jetzt die noch einfachere Schaltung in Bild 3.3, die sich von derjenigen im Bild 3.2 nur dadurch unterscheidet, daß sie den vorgeschalteten Tiefpaß nicht mehr enthält. Deshalb ist sie für die Filterung hochfrequenter Signale besser geeignet als diejenige von Bild 3.2.

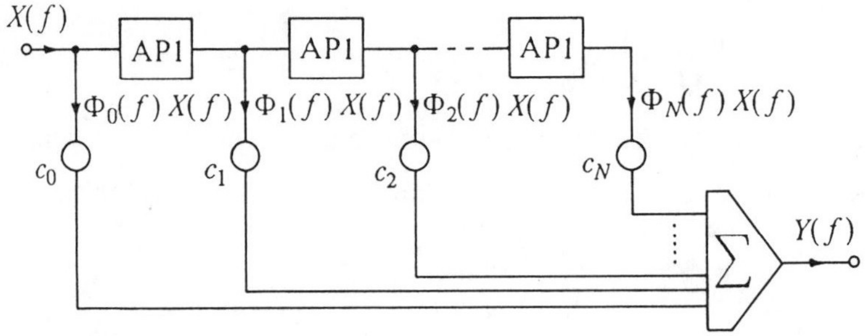

Bild 3.3 Orthogonalfilter von Lee-Wiener ohne vorgeschalteten Tiefpaß

Da die errechneten Teilwirkungsfunktionen $\Phi_n^{(x)}(x) = \underset{\sim}{\Phi}_n(f)$ von (3.36) aufgrund des Berechnungswegs orthonormal sind, sind die mit $\sqrt{\pi}$ multiplizierten Funktionen

$$\sqrt{\pi}\,\Phi_n^{(x)}(x) = \sqrt{\pi}\,\underset{\sim}{\Phi}_n(f) = \Phi_n(f) = \left(\frac{1 - \mathrm{j}x}{1 + \mathrm{j}x}\right)^n = \left(\frac{f_0 - \mathrm{j}f}{f_0 + \mathrm{j}f}\right)^n \tag{3.38}$$

orthogonal und zwar bezüglich der Gewichtsfunktion

$$G^{(x)}(x) = G(f) = \frac{1}{1 + x^2} = \frac{f_0^2}{f_0^2 + f^2}\,. \tag{3.39}$$

Das bedeutet

$$\int_{-a}^{+a} G^{(x)}(x)\,\Phi_n^{(x)}(x)\,\Phi_k^{(x)*}(x)\,dx = \int_{-\infty}^{+\infty} \frac{1}{1 + x^2}\left(\frac{1 - \mathrm{j}x}{1 + \mathrm{j}x}\right)^n \left(\frac{1 + \mathrm{j}x}{1 - \mathrm{j}x}\right)^k dx =$$

$$= \begin{cases} 0 & \text{für } n \neq k \\ \pi & \text{für } n = k\,, \end{cases}$$

bzw.

$$\int_{-\infty}^{+\infty} G(f)\,\Phi_n(f)\,\Phi_k^*(f)\,df = \int_{-\infty}^{+\infty} \frac{f_0^2}{f_0^2 + f^2}\left(\frac{f_0 - \mathrm{j}f}{f_0 + \mathrm{j}f}\right)^n \left(\frac{f_0 + \mathrm{j}f}{f_0 - \mathrm{j}f}\right)^k df =$$

$$= \begin{cases} 0 & \text{für } n \neq k \\ \pi f_0 = A & \text{für } n = k\,. \end{cases} \tag{3.40}$$

Die rechte Seite von (3.40) ist identisch mit derjenigen von (3.18). Der innere Unterschied besteht darin, daß in (3.18) der Ausdruck

$$\frac{1}{1 + x^2} = \frac{1}{1 + \mathrm{j}x} \cdot \frac{1}{1 - \mathrm{j}x} \tag{3.41}$$

Bestandteil der orthogonalen Teilwirkungsfunktionen ist, während er in (3.40) die Gewichtsfunktion $G(f)$ repräsentiert. Letztere erfüllt ersichtlich die Bedingungen von (2.71) und (2.74), denn der Faktor

$$\frac{1}{1 + \mathrm{j}x} = \frac{f_0}{f_0 + \mathrm{j}f} = A(f) \tag{3.42}$$

ist eine kausale RC-Tiefpaßfunktion, was bereits mit (3.16) gezeigt worden ist.

Mit der mit $\Phi_n(f)$ von (3.38) gebildeten Orthogonalfilter-Wirkungsfunktion

$$H(f) = \sum_{k=0}^{N} c_k \Phi_k(f) = \sum_{k=0}^{N} c_k \left(\frac{f_0 - \mathrm{j}f}{f_0 + \mathrm{j}f}\right)^k \tag{3.43}$$

des Filters in Bild 3.3 wird die Vorschrift $V(f)$ mit minimalem Fehler gemäß (2.43) approximiert, wenn entsprechend (2.44) die Koeffizienten zu

$$c_k = \frac{1}{A} \int_{-a}^{+a} G(f)\, V(f)\, \Phi_k^*(f)\, df =$$

$$= \frac{1}{\pi f_0} \int_{-\infty}^{+\infty} V(f) \frac{f_0^2}{f_0^2 + f^2} \left(\frac{f_0 + \mathrm{j}f}{f_0 - \mathrm{j}f}\right)^k df \tag{3.44}$$

gewählt werden. Wegen des in Bild 3.3 nicht vorhandenen *RC*-Tiefpasses fallen bei gleicher Vorschrift $V(f)$ die Koeffizienten c_k bei (3.44) anders aus als bei (3.20).

Das zum System $\Phi_n(f)$ von (3.38) korrespondierende System von Zeitfunktionen $\varphi_n(t)$ ist nicht orthogonal. Orthogonal wäre nach (2.84) das mit $a(t)$ gefaltete System $a(t) * \varphi_n(t)$. Da $a(t)$ in diesem Fall die Impulsantwort des *RC*-Tiefpasses von (3.42) ist, ist das System $a(t) * \varphi_n(t)$ identisch mit demjenigen in (3.21).

Einer Approximation im Frequenzbereich durch $H(f)$ gemäß (3.43) entspricht also im Zeitbereich eine Approximation durch

$$h(t) = \sum_{k=0}^{N} c_k \varphi_k(t) \tag{3.45}$$

mit nichtorthogonalen Teilimpulsantworten $\varphi_k(t)$. Die Teilimpulsantworten in (3.45) enthalten Dirac-Impulse. Das folgt aus der Tatsache, daß man den Allpaß

$$\frac{U_2(f)}{U_1(f)} = \frac{f_0 - \mathrm{j}f}{f_0 + \mathrm{j}f} = \frac{2f_0}{f_0 + \mathrm{j}f} - 1 \tag{3.46}$$

zerlegen kann in den Tiefpaß mit der Verstärkung 2 und die Konstante (-1). Mit der ersten Beziehung von (3.21) folgt für die Fourier-Transformierte von (3.46)

$$\frac{f_0 - \mathrm{j}f}{f_0 + \mathrm{j}f} \;\circ\!\!-\!\!\bullet\; \frac{2}{t_0} \mathrm{e}^{-t/t_0} - \delta(t) \text{ für } t \geq 0\,, \tag{3.47}$$

wobei $\delta(t)$ den Dirac-Impuls bei $t = 0$ darstellt. Die Teilimpulsantworten $\varphi_k(t)$ in (3.45) sind allgemein in [SCH 79] berechnet worden.

Der Allpaß 1. Ordnung läßt sich passiv durch eine Brückenschaltung realisieren, und zwar *nur* durch eine Brückenschaltung [RUP 72]. Die in Bild 3.4a dargestellte Brückenschaltung, bestehend aus je zwei gleichen im Kreuz geschalteten Kapazitäten C und Induktivitäten L, verwirklicht die Allpaßfunktion (3.46), wenn sie ausgangsseitig mit dem ohmschen Widerstand R abgeschlossen ist. Dann ist übrigens auch die Eingangsimpedanz des Allpaß gleich R. Das erlaubt die direkte rückwirkungsfreie Kettenschaltung beliebig vieler Allpässe, wobei der ausgangsseitige Abschluß mit R durch die Eingangsimpedanz R des jeweils folgenden Allpaß gebildet wird. Die Eckfrequenz f_0 bestimmt sich mit (3.3) oder (3.27) aus R und C, die auch die Größe der Induktivität L festlegen. Die in den Diagonalen liegenden Kapazitäten C erklären den in der Impulsantwort (3.47) enthaltenen negativen Dirac-Impuls. Eine Vertauschung von L und C, die eine Tiefpaß-Hochpaß-Transformation bedeutet, führt wieder auf einen Allpaß 1.Ordnung. Sie bewirkt lediglich eine Veränderung des Vorzeichens von $U_2(f)$ und im allgemeinen auch eine Änderung der Eckfrequenz f_0.

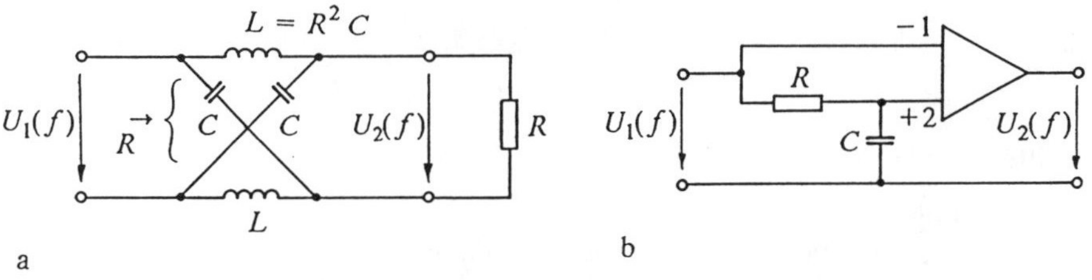

Bild 3.4 **Realisierung eines Allpaß 1. Ordnung,**
(a) passive Realisierung mittels Brückenschaltung
(b) *RC*-aktive Realisierung mit Differenzverstärker

Die Zerlegung in (3.46) führt auch unmittelbar zu der einfachen Realisierung eines Allpasses in Bild 3.5. Sie setzt sich aus dem in Bild 3.1 gezeigten RC-Tiefpaß und einem Differenzverstärker zusammen, siehe auch [ROS 77,1] und [ROS 77,2]. Anwendungen dieses Orthogonalfiltertyps für die Entzerrung von Datensignalen beschreiben u.a. [GIB 74], [SCH 78], [ELM 81] und [DUR 80].

3.3 Zur weiteren Berechnung der Orthogonalfilter-Koeffizienten

In diesem Abschnitt werden im wesentlichen dreierlei Sachverhalte behandelt. Erstens wird gezeigt, daß man das Orthogonalfilter mit Tiefpaß von Abschn. 3.1 stets durch ein äquivalentes Orthogonalfilter ohne Tiefpaß von Abschn. 3.2 ersetzen kann aber nicht umgekehrt. Zweitens wird die Allpaßfunktion durch eine äquivalente komplexe Exponentialfunktion ausgedrückt. Dadurch gelangt man zu einer verallgemeinerbaren Darstellung, von der in Abschn. 3.4 Gebrauch gemacht wird. Schließlich wird drittens über einen Vergleich mit dem Echoentzerrer eine einfache Methode zur Berechnung der Filterkoeffizienten hergeleitet, die eine Ausrechnung des Integrals (3.44) erübrigt.

Im Anschluß an (3.37) wurde bereits bemerkt, daß das Orthogonalfilter ohne Tiefpaß, Bild 3.3, für höhere Frequenzen geeigneter ist als das Orthogonalfilter mit Tiefpaß von Bild 3.2. Ersteres erscheint deshalb allgemeiner verwendbar.

Es ist in der Tat stets möglich, jedes Orthogonalfilter mit Tiefpaß in ein äquivalentes Orthogonalfilter ohne Tiefpaß umzurechnen [SCH 79], wohingegen das Umgekehrte nicht immer geht.

Zum Beweis dieser Aussage werden die Teilwirkungsfunktionen des Orthogonalfilters mit Tiefpaß von (3.17) jetzt durch $\Phi_n^{(T)}(f)$ bezeichnet, um sie von den Teilwirkungsfunktionen $\Phi_n(f)$ des Orthogonalfilters ohne Tiefpaß in (3.38) unterscheiden zu können.

Mit (3.38) gilt

$$\Phi_{n+1}(f) + \Phi_n(f) = \left(\frac{f_0 - \mathrm{j}f}{f_0 + \mathrm{j}f}\right)^{n+1} + \left(\frac{f_0 - \mathrm{j}f}{f_0 + \mathrm{j}f}\right)^n =$$

$$= \frac{(f_0 - \mathrm{j}f)^n (f_0 - \mathrm{j}f + f_0 + \mathrm{j}f)}{(f_0 + \mathrm{j}f)^{n+1}} =$$

$$= \frac{2f_0}{f_0 + \mathrm{j}f}\left(\frac{f_0 - \mathrm{j}f}{f_0 + \mathrm{j}f}\right)^n = 2\Phi_n^{(T)}(f) \,. \tag{3.48}$$

Die rechte Seite ergibt sich aus (3.17).

Für die Wirkungsfunktion des Orthogonalfilters mit Tiefpaß, Gleichung (3.17), deren Kenngrößen jetzt ebenfalls durch (T) gekennzeichnet werden, gilt

$$H^{(T)}(f) = \sum_{k=0}^{N} c_k^{(T)} \Phi_k^{(T)}(f) = \frac{1}{2}\sum_{k=0}^{N} c_k^{(T)} [\Phi_{k+1}(f) + \Phi_k(f)] =$$

$$= \frac{1}{2}\sum_{k=1}^{N+1} c_{k-1}^{(T)} \Phi_k(f) + \frac{1}{2}\sum_{k=0}^{N} c_k^{(T)} \Phi_k(f) \overset{!}{=}$$

$$\overset{!}{=} \sum_{k=0}^{N+1} c_k \Phi_k(f) = H(f) \,. \tag{3.49}$$

Der Koeffizientenvergleich liefert

$$c_0 = \frac{1}{2} c_0^{(T)}$$

$$c_k = \frac{1}{2}(c_k^{(T)} + c_{k-1}^{(T)}) \quad \text{für} \quad k = 1, 2, \ldots, N$$

$$c_{N+1} = \frac{1}{2} c_N^{(T)} \,. \tag{3.50}$$

Mit den Umrechnungsformeln in (3.50) ist der Beweis erbracht, daß sich aus den Koeffizienten $c_k^{(T)}$ des Orthogonalfilters mit Tiefpaß stets die Koeffizienten c_k des Orthogonalfilters ohne Tiefpaß berechnen lassen.

Umgekehrt ist die Umrechnung eines Orthogonalfilters ohne Tiefpaß in ein äquivalentes Orthogonalfilter mit Tiefpaß nicht immer möglich, weil nach (3.19) die Wirkungsfunktion des Orthogonalfilters mit Tiefpaß $H^{(T)}(f)$ bei $f = \infty$ stets eine Nullstelle besitzen muß. Die Wirkungsfunktion des Orthogonalfilters ohne Tiefpaß $H(f)$ muß nach (3.43) aber keineswegs stets eine Nullstelle bei $f = \infty$ besitzen.

Im Folgenden wird nur noch das allgemeiner verwendbare Orthogonalfilter ohne Tiefpaß betrachtet.

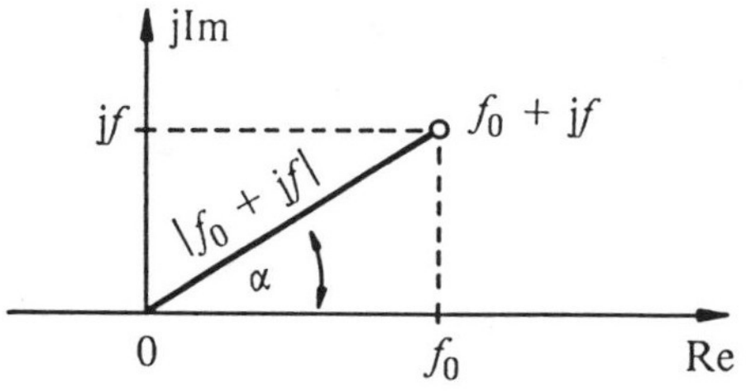

Bild 3.5 Zur Umrechnung von Real- und Imaginärteil in Betrag und Winkel

Zunächst werden Zähler und Nenner der einzelnen Allpaßfunktion von (3.37) statt durch Real- und Imaginärteil nun durch Betrag und Winkel ausgedrückt, vergleiche Bild 3.5. Das ergibt

$$f_0 \pm \mathrm{j}f = |f_0 + \mathrm{j}f|\,\mathrm{e}^{\pm\mathrm{j}\alpha} \tag{3.51}$$

mit

$$\alpha = \arctan(f/f_0)\,; \qquad -\infty < f < +\infty; \qquad -\frac{\pi}{2} < \alpha < \frac{\pi}{2}\,. \tag{3.52}$$

Damit erhält man

$$\frac{f_0 - \mathrm{j}f}{f_0 + \mathrm{j}f} = \mathrm{e}^{-\mathrm{j}2\arctan(f/f_0)} \tag{3.53}$$

und mit (3.43)

$$H(f) = \sum_{k=0}^{N} c_k \left(\frac{f_0 - \mathrm{j}f}{f_0 + \mathrm{j}f}\right)^k = \sum_{k=0}^{N} c_k\, \mathrm{e}^{-\mathrm{j}k2\arctan(f/f_0)}\,. \tag{3.54}$$

Entsprechend folgt für die Filterkoeffizienten (3.44)

$$c_k = \frac{1}{\pi f_0}\int_{-\infty}^{+\infty} V(f)\,\frac{f_0^2}{f_0^2 + f^2}\left(\frac{f_0 + \mathrm{j}f}{f_0 - \mathrm{j}f}\right)^k df =$$

$$= \frac{1}{\pi f_0}\int_{-\infty}^{+\infty} \frac{V(f)}{1 + (f/f_0)^2}\,\mathrm{e}^{+\mathrm{j}k2\arctan(f/f_0)}\,df\,. \tag{3.55}$$

Es sei hier bemerkt, daß in (3.55) die Gewichtsfunktion $G(f)$ proportional zur Ableitung der Arcustangensfunktion in (3.53) nach der Frequenz ist. Setzt man nämlich

$$2\arctan(f/f_0) = b(f)\,, \tag{3.56}$$

dann ergibt sich in diesem Fall die Gewichtsfunktion von (3.55) als

$$G(f) = \frac{1}{\pi f_0} \cdot \frac{1}{1 + (f/f_0)^2} = \frac{1}{2\pi} \cdot \frac{db(f)}{df}\,, \tag{3.57}$$

sodaß

$$c_k = \int_{-\infty}^{+\infty} G(f) V(f)\,\mathrm{e}^{+\mathrm{j}kb(f)}\,df = \frac{1}{2\pi} \int_{-\infty}^{+\infty} \frac{db(f)}{df}\,V(f)\,\mathrm{e}^{\mathrm{j}kb(f)}\,df \tag{3.58}$$

und

$$H(f) = \sum_{k=0}^{N} c_k \mathrm{e}^{-\mathrm{j}kb(f)} \tag{3.59}$$

gelten. Es wird sich im nächsten Abschnitt zeigen, daß dieser von Münch [MUE 82] entdeckte Zusammenhang der Gleichungen (3.57) bis (3.59) von sehr allgemeiner Bedeutung ist.

Es wird jetzt (3.56) nach f aufgelöst und weiter ausgerechnet.

$$\frac{f}{f_0} = \tan\frac{b}{2} = \frac{\sin(b/2)}{\cos(b/2)} = \frac{\mathrm{e}^{\mathrm{j}b/2} - \mathrm{e}^{-\mathrm{j}b/2}}{2\mathrm{j}} \cdot \frac{2}{\mathrm{e}^{\mathrm{j}b/2} + \mathrm{e}^{-\mathrm{j}b/2}} \tag{3.60}$$

oder

$$\mathrm{j}\frac{f}{f_0} = \frac{1 - \mathrm{e}^{-\mathrm{j}b}}{1 + \mathrm{e}^{\mathrm{j}b}}\,. \tag{3.61}$$

Da das Intervall $-\infty < f < +\infty$ durch die Transformation gemäß (3.60) in das Intervall $-\pi < b < +\pi$ übergeht, ergibt sich durch Einsetzen von f in $V(f)$ für (3.58) formal

$$c_k = \frac{1}{2\pi} \int_{-\pi}^{+\pi} V^{(b)}(b)\,\mathrm{e}^{\mathrm{j}kb}\,db\ ; \quad k = 0, 1, 2, \ldots, N\,. \tag{3.62}$$

Diese Formel entspricht derjenigen des Echoentzerrers (1.41)

$$c_k = \tau \int_{-1/(2\tau)}^{1/(2\tau)} V(f)\,\mathrm{e}^{\mathrm{j}k2\pi f\tau}\,df\,. \tag{3.63}$$

In der Tat geht (3.63) in (3.62) über, wenn

$$2\pi f\tau = b \tag{3.64}$$

gesetzt wird.

Der Echoentzerrer zeichnet sich dadurch aus, daß bei Anwendung der z-Transformation, siehe Abschnitt 1.2, die Wirkungsfunktion

$$H(z) = \sum_{k=0}^{N} c_k z^{-k} \tag{3.65}$$

ein Polynom in z^{-k} wird , siehe (1.20). Die vorgeschriebene Folge $\{v_\nu\}$ einer zeitdiskret betrachteten Impulsantwort führt durch Anwendung der z-Transformation auf eine Vorschrift

$$V(z) = Z\{v_\nu\} = \sum_{\nu} v_\nu z^{-\nu} , \tag{3.66}$$

die sich also exakt durch eine Wirkungsfunktion $H(z)$ verwirklichen läßt und direkt auf die Filterkoeffizienten c_k führt.

Die Potenzen z^{-k} repräsentieren Verzögerungen des zeitlichen Signals um die Dauer $k\tau$, vergl. (1.13). Im Frequenzbereich drücken sich diese Verzögerungen nach (1.26) aus durch

$$e^{-jk2\pi f\tau} = e^{-jkb} \triangleq z^{-k} . \tag{3.67}$$

Weil sich das durch die Beziehungen (3.54) und (3.55) beschriebene Orthogonalfilter über die Transformationen von (3.61) und (3.64) auf den Echoentzerrer überführen läßt, kann man die einfache, auf einem Koeffizientenvergleich beruhende Bestimmung der Filterkoeffizienten des Echoentzerrers, siehe (3.65) und (3.66), auch für ein Orthogonalfilter mit Allpässen anwenden.

Dies geschieht, indem man nach P. Nagel [NAG 85], [NAG 87] folgende zwei Schritte durchführt

1. Man setze in der gegebenen Frequenzbereichsvorschrift $V(f)$

$$j\frac{f}{f_o} = j\frac{2\pi f}{2\pi f_0} = \frac{s}{\omega_0} = \frac{1 - e^{-jb}}{1 + e^{-jb}} = \frac{1 - z^{-1}}{1 + z^{-1}} . \tag{3.68}$$

   Dadurch entsteht aus $V(f)$ die transformierte Vorschrift $V^{(z)}(z)$.

2. Man schreibe $V^{(z)}(z)$ als Polynom

$$V^{(z)}(z) = \sum_{k=0}^{N} c_k z^{-k} , \tag{3.69}$$

   indem man gegebenenfalls $V^{(z)}(z)$ durchdividiert. Die Koeffizienten vor z^{-k} sind dann die gesuchten Filterkoeffizienten.

Dieses einfache Verfahren sei nun an Beispielen demonstriert. Als erstes Beispiel diene zur Kontrolle das Orthogonalfilter selbst, siehe (3.43).

$$V(f) = \sum_{k=0}^{N} c_k \left(\frac{f_0 - jf}{f_0 + jk}\right)^k = \sum_{k=0}^{N} c_k \left(\frac{1 - jf/f_0}{1 + jf/f_0}\right)^k . \tag{3.70}$$

Mit (3.68) entsteht daraus

$$V^{(z)}(z) = \sum_{k=0}^{N} c_k \left[\frac{1 - \dfrac{1-z^{-1}}{1+z^{-1}}}{1 + \dfrac{1-z^{-1}}{1+z^{-1}}} \right]^k = \sum_{k=0}^{N} c_k \left(\frac{2z^{-1}}{2} \right)^k = \sum_{k=0}^{N} c_k z^{-k} . \quad (3.71)$$

Die Koeffizienten vor z^{-k} sind erwartungsgemäß dieselben Filterkoeffizienten wie in (3.70).

Als zweites Beispiel wird ein Tiefpaß 2. Ordnung mit dem Dämpfungsfaktor d betrachtet

$$V^{(s)}(s) = \frac{1}{1 + ds + s^2} . \quad (3.72)$$

s ist die in der klassischen Netzwerktheorie übliche komplexe Frequenzvariable, die sich durch Anwendung der Laplace-Transformation ergibt. Die Vorschrift $V(s)$ soll für $s = \mathrm{j}2\pi f$ durch ein Orthogonalfilter im Sinne des Fehlermaßes von (2.43) möglichst gut durch $H(f)$ gemäß (3.43) bzw. (3.54) approximiert werden.

Durch Einsetzen von (3.68) in (3.72) folgt

$$V^{(z)}(z) = \frac{1}{1 + d\omega_0 \dfrac{1-z^{-1}}{1+z^{-1}} + \omega_0^2 \left(\dfrac{1-z^{-1}}{1+z^{-1}} \right)^2} . \quad (3.73)$$

Für den Sonderfall $\omega_0 = 1$ folgt

$$H^{(z)}(z) = \frac{1 + 2z^{-1} + z^{-2}}{(2+d) + (2-d)z^{-2}} =$$

$$= \frac{1}{2+d} + \frac{2}{2+d} z^{-1} + \frac{2d}{(2+d)^2} z^{-2} - \left(\frac{2-d}{2+d} \right) \frac{2}{2+d} z^{-3} + \dots$$

$$\stackrel{!}{=} \sum_{k=0}^{N} c_k z^{-k} . \quad (3.74)$$

Der Koeffizientenvergleich liefert

$$c_0 = \frac{1}{2+d} \; ; \; c_1 = \frac{2}{2+d} \; ; \; c_2 = \frac{2d}{(2+d)^2} \quad (3.75)$$

und, wie man durch weiteres Ausdividieren verifizieren kann,

$$c_\mu = - \left(\frac{2-d}{2+d} \right) c_{\mu-2} \quad \text{für } \mu \geq 3 . \quad (3.76)$$

Für eine beliebig gute Approximation braucht man bei diesem Beispiel $N = \infty$ viele Allpässe. Ein verwandtes Verfahren beschreibt [KWO 83].

W. Schmidt [SCH 79] hat die Eigenschaften des Orthogonalfilters sehr eingehend untersucht und u.a. ein iteratives Verfahren dargestellt, wie die Filterkoeffizienten aus einer vorgeschriebenen Betragsfunktion $|V(f)|$ bzw. Dämpfung gewonnen werden können, ohne daß die zugehörige Phasenfunktion bekannt ist. Weiter wird von Schmidt gezeigt, daß es mit dem Orthogonalfilter möglich ist, unterschiedliche Dämpfungsverläufe bei gleichem Verlauf der Gruppenlaufzeit zu erzeugen (siehe auch Abschn. 3.8) und daß sich Frequenztransformationen (z.B. Tiefpaß-Hochpaß-Transformationen) allein durch geeignetes Verändern der Koeffizientenwerte c_k durchführen lassen.

3.4 Verallgemeinerte Fourier-Netzwerke

Die Bezeichnung Fourier-Netzwerk ist von Y.W. Lee [LEE 67] für das Orthogonalfilter von Abschn. 3.2 eingeführt worden, und zwar wohl deshalb, weil dessen Wirkungsfunktion $H(f)$ durch eine Fourier-Reihe der Variablen $b = 2\arctan(f/f_0)$ darstellbar ist, siehe (3.54). Neben dem von Lee betrachteten Filter gibt es noch weitere Filter, deren Wirkungsfunktionen $H(f)$ sich ebenfalls durch Fourier-Reihen von anders gebildeten Variablen b darstellen lassen. Der Zugang zu dieser verallgemeinerten Klasse von Fourier-Netzwerken ergibt sich mit den Beziehungen (3.57) und (3.59), denen eine sehr allgemeine Bedeutung zukommt, wie Ch. Münch [MUE 82] gezeigt hat. Es gelten in der Tat die folgenden Zusammenhänge:

Ein Orthogonalfilter mit der Wirkungsfunktion, vergl. (2.41),

$$H(f) = \sum_{k=0}^{N} c_k \Phi_k(f) \tag{3.77}$$

approximiert die Vorschrift $V(f)$ in einem mit "*Int*" bezeichneten allgemeinen, nicht notwendigerweise zusammenhängenden Frequenzintervall mit minimalem Fehler, vgl. (2.43),

$$F = \int_{Int} G(f) |V(f) - H(f)|^2 \, df \,, \tag{3.78}$$

wenn die Teilwirkungsfunktion orthonormal bezüglich des inneren Produkts

$$\int_{Int} G(f)\,\Phi_k(f)\,\Phi_n^*(f)\,df = \begin{cases} 0 & \text{für } n \neq k \\ 1 & \text{für } n = k \end{cases} \tag{3.79}$$

sind, und die Filterkoeffizienten zu

$$c_k = \int_{Int} G(f)\,V(f)\,\Phi_k^*(f)\,df \tag{3.80}$$

gewählt werden.

Ein zusammengehörendes Tripel

a. *Funktionensystem* $\Phi_k(f)$
b. *Gewichtsfunktion* $G(f)$
c. *Approximationsintervall Int*

ist allgemein gegeben durch

a.

$$\Phi_k(f) = e^{-jkb(f)}, \tag{3.81}$$

wobei $b(f) = -b(-f)$ eine im Intervall *Int* reelle, ungerade, monoton steigende Frequenzfunktion ist, und

b.

$$G(f) = \frac{1}{2\pi} \cdot \frac{db(f)}{df} \tag{3.82}$$

folglich eine im Intervall *Int* reelle gerade nichtnegative Gewichtsfunktion ist. Die Gewichtsfunktion $G(f)$ ist identisch mit dem Verlauf der Gruppenlaufzeit [STR 82].

c. Das Intervall *Int* ist gegeben durch den im Bild 3.7 durch dicke Linienstücke hervorgehobenen Abschnitt, d.h. durch

$$-f_{m+1} \leq f \leq -f_m \quad \text{und} \quad f_m \leq f \leq f_{m+1},$$

wobei

$$b(-f_m) - b(-f_{m+1}) = b(f_{m+1}) - b(f_m) = \pi \tag{3.83}$$

und

$$b(f_m) = m\pi \quad \text{mit} \quad m = 0, 1, 2, \ldots \quad \text{ganzzahlig.} \tag{3.84}$$

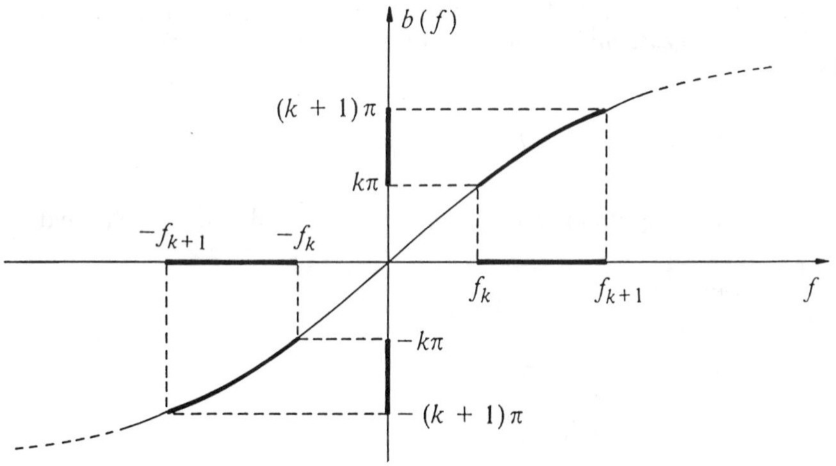

Bild 3.6 Kennzeichnung eines möglichen Approximationsintervalls *Int* durch dicke Linienstücke

Es wird nun gezeigt, daß dieses zusammenhängende Tripel die Orthogonalitätsbedingungen von (3.79) erfüllt. Durch Einsetzen von $\Phi_k(f)$, $G(f)$ und der Intervallgrenzen folgt für das Integral

$$I = \int_{Int} G(f)\,\Phi_k(f)\Phi_n^*(f)\,df = \tag{3.85}$$

$$= \frac{1}{2\pi}\int_{f=-f_{m+1}}^{-f_m} \frac{db(f)}{df}\,e^{-j(k-n)b(f)}\,df + \frac{1}{2\pi}\int_{f=f_m}^{f_{m+1}} \frac{db(f)}{df}\,e^{-j(k-n)b(f)}\,df =$$

$$= \frac{1}{2\pi}\int_{b=-(m+1)\pi}^{-m\pi} e^{-j(k-n)b}\,db + \frac{1}{2\pi}\int_{b=m\pi}^{(m+1)\pi} e^{-j(k-n)b}\,db = \begin{cases} 0 & \text{für } n \neq k \\ 1 & \text{für } n = k \end{cases} .$$

Damit und aufgrund der in den Abschnitten 2.3 und 2.4 beschriebenen allgemeinen Theorie, die auch dann gültig bleibt, wenn dort das Intervall $-a \leq f \leq +a$ durch ein allgemeines Intervall *Int* ersetzt wird, ist der Aussagekomplex (3.77) bis (3.84) bewiesen. Da die Zusammenhänge überdies auf komplexe Exponentialfunktionen in (3.85) führen und damit letztlich auf das vollständige orthogonale Funktionensystem der Sinus- und Kosinusfunktionen, ist auch das System $\Phi_k(f)$ vollständig, wenn k alle ganzen Zahlen durchläuft.

Als *erster* Sonderfall des Systems (3.81) wird der Fall

$$b(f) = 2\pi f\tau \quad \text{mit } f_m = 0 \tag{3.86}$$

betrachtet, siehe Bild 3.7. Dieser Sonderfall führt auf den Echoentzerrer, was im folgenden gezeigt wird.

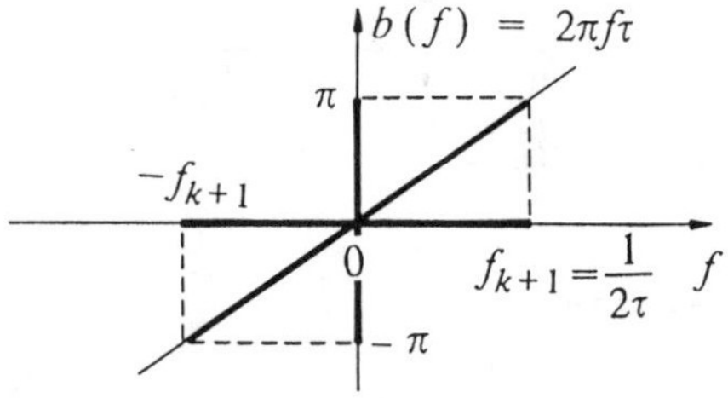

Bild 3.7 Verlauf von $b(f)$ gemäß (3.86)

Aus der Bedingung (3.83) folgt mit (3.86)

$$b(f_{m+1}) = 2\pi f_{m+1}\tau = \pi - b(f_m)$$

$$f_{m+1} = \frac{1}{2\tau}\,, \tag{3.87}$$

was mit (1.31) bereits festgestellt wurde und in Bild 1.5 dargestellt ist.

Mit (3.86) folgt weiter durch Einsetzen in (3.81) und (3.82)

$$\Phi_k(f) = e^{-jk2\pi f\tau} \tag{3.88}$$

$$G(f) = \frac{1}{2\pi}2\pi\tau = \tau \tag{3.89}$$

und durch Einsetzen dieser Resultate in (3.77) und (3.80)

$$H(f) = \sum_{k=0}^{N} c_k e^{-jk2\pi f\tau} , \tag{3.90}$$

$$c_k = \tau \int_{-1/(2\tau)}^{1/(2\tau)} V(f)\, e^{+jk2\pi f\tau}\, df . \tag{3.91}$$

Hierbei ist berücksichtigt, daß sich das Intervall *Int* von $-f_{m+1}$ bis $+f_{m+1}$ erstreckt, siehe Bild 3.7. Auch diese Ergebnisse stimmen mit den Beziehungen (1.27) und (1.41) überein. Die Orthonormalitätsrelation (3.85) gleicht der Orthogonalitätsrelation (1.38), wenn in Letzterer beide Seiten mit τ multipliziert werden.

Als *zweiter* Sonderfall des Systems (3.81) wird der Fall

$$b(f) = 2\arctan(f/f_0) \text{ mit } f_m = 0 \tag{3.92}$$

betrachtet, siehe Bild 3.8. Dieser Sonderfall führt auf das Orthogonalfilter von Lee-Wiener ohne Tiefpaß, was im folgenden gezeigt wird.

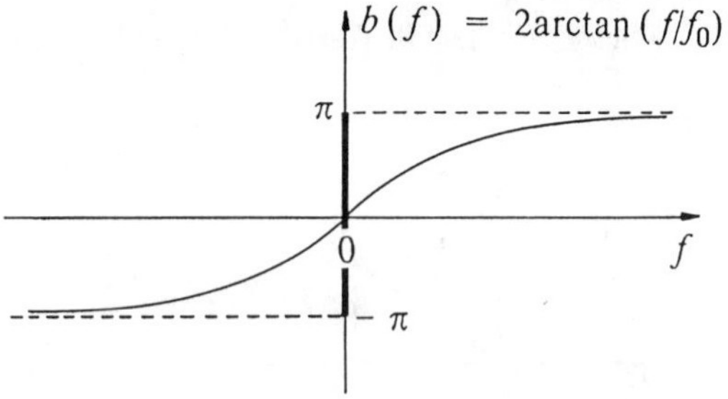

Bild 3.8 Verlauf von $b(f)$ gemäß (3.92)

Aus der Bedingung (3.83) folgt mit (3.92) und Bild 3.8, daß das Intervall *Int* sich über die gesamte Frequenzachse $-\infty \le f \le +\infty$ erstreckt.

Mit (3.92) folgt weiter durch Einsetzen in (3.81) und (3.82)

$$\Phi_k(f) = e^{-jk2\arctan(f/f_0)} , \tag{3.93}$$

$$G(f) = \frac{1}{\pi f_0} \cdot \frac{1}{1 + (f/f_0)^2} . \tag{3.94}$$

Der Wert der Eckfrequenz f_0 legt den Wert $G(0)$, also den Wert der Gruppenlaufzeit bei $f = 0$, fest. Im Bereich niedriger Frequenzen läßt sich das Laufzeitglied durch einen Allpaß 1.Ordnung ersetzen.

Im Unterschied zu (3.39) erscheint in (3.94) der Faktor $1/(\pi f_0)$, weil die Beziehung (3.85) eine Orthonormalitätsrelation darstellt, wohingegen die Beziehung (3.40) eine Orthogonalitätsrelation beschreibt. Das hat aber keinen Einfluß auf die weiteren Resultate. Durch Einsetzen von (3.93) in (3.77) und (3.94) in (3.80) folgen

$$H(f) = \sum_{k=0}^{N} c_k e^{-jk2 \arctan(f/f_0)} \tag{3.95}$$

$$c_k = \frac{1}{\pi f_0} \int_{-\infty}^{+\infty} \frac{V(f)}{1 + (f/f_0)^2} e^{+jk2 \arctan(f/f_0)} \, df \, , \tag{3.96}$$

also die Beziehungen (3.54) und (3.55).

Bezeichnet man zur Unterscheidung die Frequenzvariable beim Echoentzerrer mit f_E und beim Orthogonalfilter ohne Tiefpaß mit f_A, dann folgt aus (3.90) und (3.95), daß bei

$$\pi f_E \tau = \arctan(f_A/f_0) \tag{3.97}$$

Echoentzerrer und Orthogonalfilter den gleichen Funktionswert

$$H(f_E) = H\left(\frac{1}{\pi\tau} \arctan(f_A/f_0)\right) \tag{3.98}$$

besitzen. Beide Filter gehen durch diese Frequenztransformation auseinander hervor.

Als *dritter* Sonderfall des Systems von (3.81) wird der bis jetzt noch nicht betrachtete Fall

$$b(f) = 2 \arctan \frac{pf}{q^2 - f^2} \quad \text{mit } f_m = 0 \tag{3.99}$$

betrachtet. p und q seien reelle positive Konstanten.

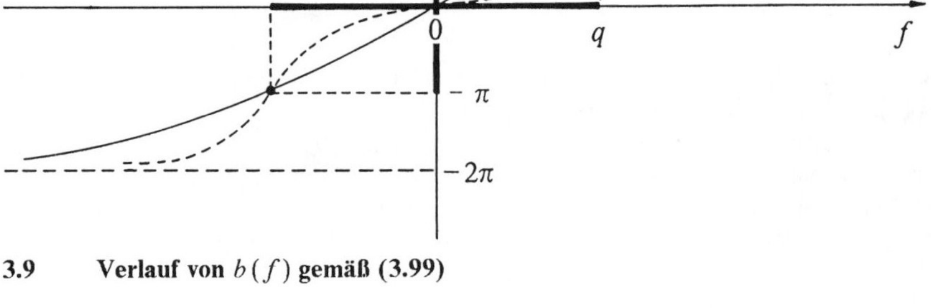

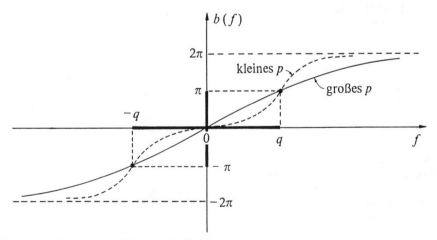

Bild 3.9 Verlauf von $b(f)$ gemäß (3.99)

Der Verlauf von $b(f)$ ist in Bild 3.9 für zwei verschiedene Werte von p bei einem gleichen Wert von q skizziert. Für $f = q$ haben alle Funktionen den gleichen Wert

$$b(q) = \pi \quad \text{falls } p \neq 0 \; . \tag{3.100}$$

Unabhängig von p folgt daher aus der Bedingung (3.83) mit (3.99)

$$f_{m+1} = q \; . \tag{3.101}$$

Mit dem Wert von p läßt sich die Steigung von $b(f)$ und damit der Wert der Gruppenlaufzeit [STR 82] an der Frequenz q verändern, was für die Entzerrung frequenzversetzter Datensignale (vergl. Kapitel 6) wichtig ist.

Mit (3.99) folgt weiter durch Einsetzen in (3.81) und (3.82)

$$\Phi_k(f) = \exp\left\{-\mathrm{j}k 2 \arctan\left[pf/(q^2 - f^2)\right]\right\} \tag{3.102}$$

$$\begin{aligned} G(f) &= \frac{1}{2\pi} \cdot \frac{db(f)}{df} = \\ &= \frac{1}{2\pi} \cdot \frac{2}{1 + \left[pf/(q^2 - f^2)\right]^2} \cdot \frac{(q^2 - f^2)p + 2pf^2}{(q^2 - f^2)^2} = \\ &= \frac{p}{\pi} \cdot \frac{q^2 + f^2}{(q^2 - f^2)^2 + p^2 f^2} \overset{!}{=} A(f) \cdot A^*(f) \; . \end{aligned} \tag{3.103}$$

Das Funktionensystem $\Phi_k(f)$ von (3.102) muß im endlichen Frequenzintervall $-q \leq f \leq q$ orthonormal bezüglich der Gewichtsfunktion $G(f)$ nach (3.103) sein. Wie im nächsten Abschnitt 3.5 gezeigt wird, lassen sich die Funktionen $\Phi_k(f)$ von (3.102) durch Allpässe 2. Ordnung realisieren. Dort wird dann in einem weiteren Schritt auch der Fall betrachtet, daß die Gewichtsfunktion $G(f)$ gemäß (2.71) in ein Produkt zerlegt wird, und die einzelnen Faktoren des Produkts den Teilwirkungsfunktionen eines Orthogonalfilters zugeschlagen werden. Für eine Zerlegung der Gewichtsfunktion $G(f)$ von (3.103) in das Produkt $A(f) \cdot A^*(f)$ gibt es mehrere Lösungen. Unter diesen sind die Lösungen

$$A_1(f) = \sqrt{\frac{p}{\pi}} \cdot \frac{q + \mathrm{j}f}{q^2 - f^2 + \mathrm{j}pf} \tag{3.104}$$

und

$$A_2(f) = \sqrt{\frac{p}{\pi}} \cdot \frac{q - \mathrm{j}f}{q^2 - f^2 + \mathrm{j}pf} \tag{3.105}$$

von besonderem Interesse, weil diese für $f = s/\mathrm{j}2\pi$ auf Netzwerkfunktionen $A_1^{(s)}(s)$ und $A_2^{(s)}(s)$ führen, deren Polstellen in der komplexen s-Ebene einen negativen Realteil haben und damit, abgesehen von einem dimensionsbehafteten konstanten Faktor, durch passive Netzwerke realisierbar sind. Der dimensionsbehaftete konstante Faktor rührt daher, daß das Integral (3.85) für $n = k$ gleich der dimensionslosen Größe Eins gesetzt wurde. Der konstante Faktor hat also den Wert Eins und die Dimension Wurzel aus Frequenz, weil alle $\Phi_k(f)$ dimensionslos sind.

An dieser Stelle sei noch erwähnt, daß der Verlauf von $b(f)$ für $q \leq f \leq \infty$ über die Frequenztransformation

$$f = -q^2/x \tag{3.106}$$

fest mit dem Verlauf im Intervall $-q \leq f \leq 0$ verknüpft ist. Es gilt nämlich

$$\left[pf/(q^2 - f^2)\right]\Big|_{f=-q^2/x} = \left[px/(q^2 - x^2)\right] \tag{3.107}$$

Die Transformation (3.106) ist eine Tiefpaß-Hochpaß-Transformation.

3.5 Fourier-Netzwerke mit Allpässen 2.Ordnung

Ein Allpaß 2. Ordnung (AP2) ist üblicherweise definiert als [RUP 72]

$$\text{AP2}: \quad \Phi^{(s)}(s) = \frac{s^2 - \bar{p}s + \bar{q}^2}{s^2 + \bar{p}s + \bar{q}^2} = \frac{U_2(s)}{U_1(s)} \, . \tag{3.108}$$

$U_1(s)$ und $U_2(s)$ sind die Laplacetransformierten der Eingangs- und Ausgangsspannung.

Für $s = \mathrm{j}2\pi f$ wird aus (3.108)

$$\Phi(f) = \frac{q^2 - f^2 - \mathrm{j}pf}{q^2 - f^2 + \mathrm{j}pf} \quad \text{mit} \quad p = \frac{\bar{p}}{2\pi} \quad \text{und} \quad q^2 = \left(\frac{\bar{q}}{2\pi}\right)^2 . \tag{3.109}$$

Drückt man Zähler und Nenner von (3.109) durch Betrag und Winkel aus, dann erhält man mit - vergl. (3.53) -

$$\frac{a - \mathrm{j}b}{a + \mathrm{j}b} = \mathrm{e}^{-\mathrm{j}2 \arctan(b/a)} \tag{3.110}$$

aus (3.109)

$$\Phi(f) = \mathrm{e}^{-\mathrm{j}2 \arctan \left[pf/(q^2 - f^2)\right]} \, . \tag{3.111}$$

Der Exponent von (3.111) stimmt also abgesehen vom Faktor $-\mathrm{j}$ mit der Funktion $b(f)$ in (3.99) überein. Die aus $b(f)$ mit (3.81) gebildeten Teilwirkungsfunktionen

$$\Phi_k(f) = \mathrm{e}^{-\mathrm{j}kb(f)} = \mathrm{e}^{-\mathrm{j}k2 \arctan \left[pf/(q^2 - f^2)\right]} = \\ = \left(\frac{q^2 - f^2 - \mathrm{j}pf}{q^2 - f^2 + \mathrm{j}pf}\right)^k \tag{3.112}$$

sind folglich Kettenschaltungen von k Allpässen 2. Ordnung.

Durch Einsetzen von (3.112) in (3.77) erhält man

$$H(f) = \sum_{k=0}^{N} c_k \Phi_k(f) = \sum_{k=0}^{N} c_k \, e^{-jk2 \arctan\left[pf/(q^2 - f^2)\right]} =$$

$$= \sum_{k=0}^{N} c_k \left(\frac{q^2 - f^2 - jpf}{q^2 - f^2 + jpf} \right)^k , \tag{3.113}$$

also die Schaltung in Bild 3.10.

Die dazugehörigen Filterkoeffizienten erhält man durch Einsetzen von (3.103) und (3.112) in (3.80)

$$c_k = \int_{Int} G(f) V(f) \, \Phi_k^*(f) \, df =$$

$$= \frac{p}{\pi} \int_{-q}^{+q} \frac{q^2 + f^2}{(q^2 - f^2)^2 + p^2 f^2} \cdot V(f) \cdot \left(\frac{q^2 - f^2 + jpf}{q^2 - f^2 - jpf} \right)^k df \, . \tag{3.114}$$

Hierbei ist das Approximationsintervall von Bild 3.9, siehe auch (3.101) , zugrundegelegt.

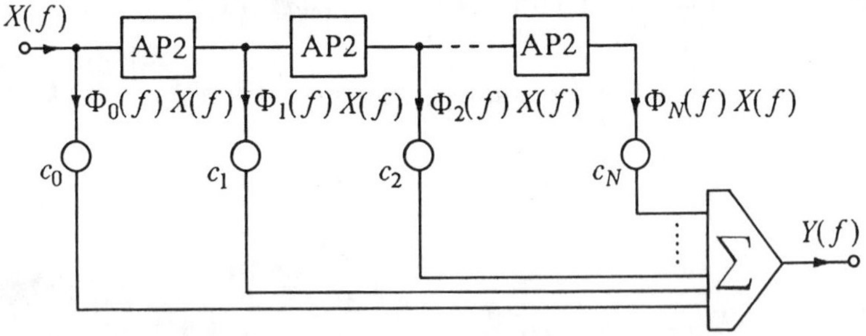

Bild 3.10 Fourier-Netzwerk mit Allpässen 2. Ordnung

Es sie noch erwähnt, daß die Wirkungsfunktion der Orthogonalfilterschaltungen von Bild 3.3 und Bild 3.10 über eine Frequenztransformation, nämlich die Tiefpaß-Bandsperre-Transformation, zusammenhängen, vergl. [RUP 72]. Dieselbe Frequenztransformation überführt einen Allpaß 1.Ordnung in einen Allpaß 2.Ordnung.

Der einzelne Allpaß 2. Ordnung läßt sich wie der einzelne Allpaß 1. Ordnung passiv durch eine Brückenschaltung realisieren. Die in Bild 3.11a gezeigte Brückenschaltung verwirklicht die Allpaßwirkungsfunktion (3.108), wenn die Schaltung ausgangsseitig mit dem ohmschen Widerstand R abgeschlossen ist. Dann ist, wie beim passiven Allpaß 1. Ordnung, auch die Eingangsimpedanz des Allpaß gleich R. Die Schaltelementewerte hängen, wie eingezeichnet, von R und den Parametern $\bar{p}$ und $\bar{q}^2$ der Allpaßwirkungsfunktion (3.108) ab. Eine Vertauschung der Serienschwingkreise in den Diagonalzweigen mit den Parallelschwingkreisen in den Längszweigen hat nur eine Vorzeichenänderung von $U_2(s)$ und damit der Wirkungsfunktion (3.108) zur Folge.

Die dabei entstehende Schaltung ergibt sich übrigens durch eine Tiefpaß-Bandpaß-Transformation aus dem Allpaß 1. Ordnung in Bild 3.4a.

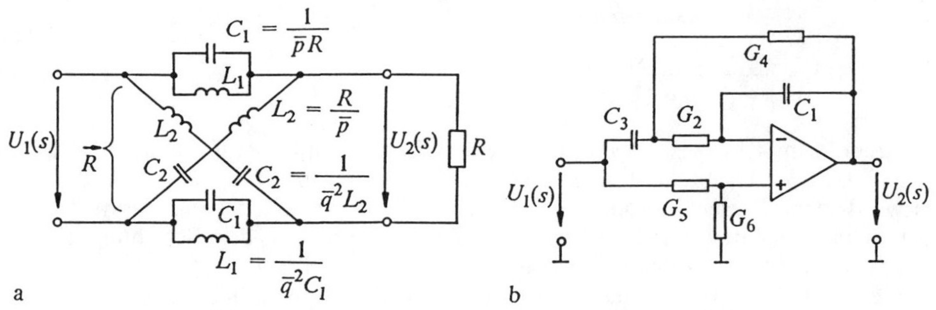

Bild 3.11 **Realisierung eines Allpaß 2. Ordnung,**
(a) passive Realisierung mittels Brückenschaltung
(b) *RC*-aktive Realisierung mit Operationsverstärker

Eine RC-aktive Realisierung des Allpaß 2. Ordnung mit einem Operationsverstärker zeigt Bild 3.11b [FLI 79]. Der Operationsverstärker ist ein Differenzverstärker mit im Idealfall unendlich hoher Verstärkung. Die Analyse der Schaltung in Bild 3.11b liefert

$$\frac{U_2(s)}{U_1(s)} = \frac{G_5}{G_5 + G_6} \cdot \frac{s^2 - s\left(\frac{G_2 G_6}{C_1} - \frac{G_2 + G_4}{C_3}\right) + \frac{G_2 G_4}{C_1 C_3}}{s^2 + s\frac{G_2 + G_4}{C_3} + \frac{G_2 G_4}{C_1 C_3}}. \tag{3.115}$$

Die Schaltelementewerte lassen sich durch Koeffizientenvergleich von (3.115) mit (3.108) bestimmen. Dabei gibt es mehrere Lösungen. Der Faktor $G_5/(G_5 + G_6)$, der kleiner als Eins ist, kann erforderlichenfalls durch eine nachfolgende Verstärkung beseitigt werden.

Weil die Teilwirkungsfunktionen $\Phi_k(f)$ von (3.112) orthogonal bezüglich des gewichteten inneren Produkts (3.79) sind und das gewichtete Fehlermaß (3.78) minimieren, sind die zu $\Phi_k(f)$ •—○ $\varphi_k(t)$ korrespondierenden Zeitfunktionen $\varphi_k(t)$ nicht orthogonal. Die Situation entspricht derjenigen, welche bei (3.45) diskutiert wurde.

In Analogie zum Orthogonalfilter mit Allpässen 1. Ordnung und vorgeschaltetem Tiefpaß kann man auch beim Fourier-Netzwerk mit Allpässen 2. Ordnung die durch Faktorisierung der Gewichtsfunktion gewonnenen Funktionen $A_1(f)$ und $A_2(f)$, siehe (3.104) und (3.105), in die Teilübertragungsfunktionen einbeziehen. Das geht deshalb, weil die beiden Funktionen $A_1(f)$ und $A_2(f)$ sich durch passive Netzwerke realisieren lassen. Daher müssen auch die zugehörigen Impulsantworten $a_1(t)$ und $a_2(t)$ kausal sein, und (2.74) und (2.75) automatisch erfüllt werden.

Für $f = s/\mathrm{j}2\pi$ erhält man aus (3.104) und (3.105) die von s abhängigen Funktionen

$$A_2^{(s)}(s) = \sqrt{\frac{\bar{p}}{\pi}}\,\frac{\bar{q} - s}{s^2 + \bar{p}s + \bar{q}^2} = \frac{\bar{q} - s}{\bar{q} + s} \cdot A_1^{(s)}(s) \tag{3.116}$$

und

$$
\begin{aligned}
A_1^{(s)}(s) &= \sqrt{\frac{p}{\pi}}\,\frac{\bar{q}+s}{s^2+\bar{p}s+\bar{q}^2} = \\
&= \frac{SLR+RR'}{s^2CLRR'+sL(R+R')+RR'} = \frac{U_2(s)}{U_1(s)} \quad .
\end{aligned}
\tag{3.117}
$$

Während sich $A_2^{(s)}(s)$ aus $A_1^{(s)}(s)$ durch Kettenschaltung mit einem Allpaß 1. Ordnung gemäß Bild 3.4 ergibt, läßt sich $A_1^{(s)}(s)$ passiv durch den *RLC*-Vierpol in Bild 3.12 verwirklichen. Dieser Vierpol stellt ein Tiefpaß-Bandpaß-Übertragungssystem dar. Die Schaltelementewerte liefert ein Koeffizientenvergleich der Beziehung (3.117), deren letzter Term aus der Analyse des *RLC*-Vierpols in Bild 3.12 folgt. Bei Kettenschaltung mit dem passiven Allpaß in Bild 3.4a kann der Widerstand R vom Eingangswiderstand des nachfolgenden Allpasses gebildet werden. Die Funktionen $A_1^{(s)}$ und $A_2^{(s)}(s)$ lassen sich durch passive Vierpole konstanten Eingangswiderstandes [RUP 72] oder durch *RC*-aktive Vierpole [FLI 79] verwirklichen, nicht aber durch passive *LC*-Vierpole, weil ihre Zählerpolynome weder gerade noch un ge rade sind [RUP 72].

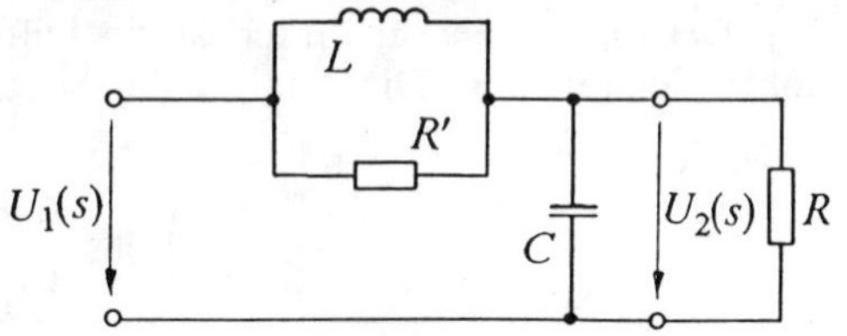

Bild 3.12 Mögliche Realisierung der Funktion $A_1^{(s)}(s)$

Statt der Teilwirkungsfunktionen (3.112) erhält man durch Einbeziehung von $A_1(f)$ bzw. $A_2(f)$ gemäß (3.104) und (3.105) nun das Funktionensystem [ARN 85]

$$
\Phi_k(f) = \sqrt{\frac{p}{\pi}}\,\frac{(q\pm \mathrm{j}f)}{(q^2-f^2+\mathrm{j}pf)}\left(\frac{q^2-f^2-\mathrm{j}pf}{q^2-f^2+\mathrm{j}pf}\right)^k \quad . \tag{3.118}
$$

Dieses System (3.118) ist orthonormal bezüglich des inneren Produkts (3.79) bei $G(f)\equiv 1$. Mit dem System (3.118) erhält man die Wirkungsfunktion

$$
H(f) = \sqrt{\frac{p}{\pi}}\,\frac{(q\pm \mathrm{j}f)}{(q^2-f^2+\mathrm{j}pf)}\sum_{k=0}^{N} c_k\left(\frac{q^2-f^2-\mathrm{j}pf}{q^2-f^2+\mathrm{j}pf}\right)^k \;, \tag{3.119}
$$

für welche sich die Filterkoeffizienten nun mit (3.80) und $G(f)\equiv 1$ zu

$$
c_k = \sqrt{\frac{p}{\pi}}\int_{-q}^{+q} V(f)\,\frac{(q\pm \mathrm{j}f)}{(q^2-f^2-\mathrm{j}pf)}\left(\frac{q^2-f^2+\mathrm{j}pf}{q^2-f^2-\mathrm{j}pf}\right)^k df \tag{3.120}
$$

berechnen. Hierbei ist wieder das Approximationsintervall von Bild 3.9 zugrundegelegt.

Die zu $H(f)$ gemäß (3.119) gehörende Schaltung hat (wie diejenige in Bild 3.2) die Struktur von Bild 2.2 und ist in Bild 3.13 wiedergegeben. Die Bezeichnung TP2 $\pm$ BP2 im ersten Kasten bedeutet Tiefpaß mit Bandpaß 2. Ordnung. Der Kasten repräsentiert im Fall von $A_1^{(s)}(s)$ nur die Schaltung in Bild 3.12 im Fall von $A_2^{(s)}(s)$ die Kettenschaltung der Schaltung in Bild 3.12 mit einem Allpaß 1. Ordnung.

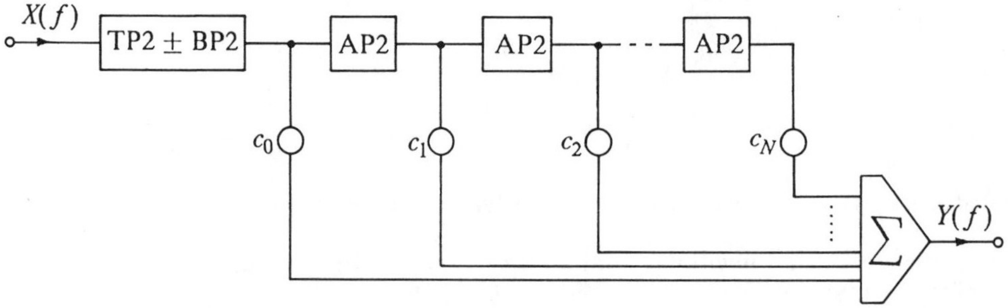

Bild 3.13 Fourier-Netzwerk mit Allpässen 2. Ordnung und vorgeschalteter Tiefpaß-Bandpaß-Kombination

Die zu den Frequenzfunktionen $\Phi_k(f)$ von (3.118) korrespondierenden Zeitfunktionen $\varphi_k(t)$ sind diesmal deswegen nicht orthogonal, weil das Approximationsintervall entsprechend Bild 3.9 sich nur über den endlichen Frequenzbereich $-q \leq f \leq q$ erstreckt und nicht über die gesamte Frequenzachse $-\infty \leq f \leq +\infty$. Deshalb wird auch hier die Parseval-Beziehung (2.81) nicht erfüllt. Man könnte zwar mit Allpässen 2. Ordnung unter Einbeziehung von $A(f)$ auch ein auf der gesamten Frequenzachse $-\infty \leq f \leq +\infty$ orthogonales Funktionensystem bilden, für welches die korrespondierenden Zeitfunktionen ebenfalls orthogonal sind. Dieses System ist dann aber nicht vollständig, weil dabei Sinus-Kosinusfunktionen nicht *aller* Vielfachen einer Grundfrequenz auftreten, wenn man die betreffenden Funktionen in (3.85) einsetzt.

Zu einem leistungsfähigeren Orthogonalfilter gelangt man, wenn die beiden Funktionensysteme (3.118) zu einem einzigen Funktionensystem zusammengefaßt werden. Das geht deshalb, weil die einzelnen Teilwirkungsfunktionen mit $(p + \mathrm{j}f)$ zu denen mit $(p - \mathrm{j}f)$ orthogonal sind im Intervall $-\infty \leq f \leq +\infty$.

Mit $f = s/\mathrm{j}2\pi$ und unter Verwendung von (3.117) entsteht durch Ineinanderschachteln der aus (3.118) entstehenden Funktionen von s

$$\Phi_{2k}^{(s)}(s) = \sqrt{\frac{\bar{p}}{\pi}} \, \frac{\bar{q} + s}{s^2 + \bar{p}s + \bar{q}^2} \left[\frac{s^2 - \bar{p}s + \bar{q}^2}{s^2 + \bar{p}s + \bar{q}^2} \right]^k ,$$

$$\Phi_{2k+1}^{(s)}(s) = \sqrt{\frac{\bar{p}}{\pi}} \, \frac{\bar{q} + s}{s^2 + \bar{p}s + \bar{q}^2} \cdot \frac{\bar{q} - s}{\bar{q} + s} \left[\frac{s^2 - \bar{p}s + \bar{q}^2}{s^2 + \bar{p}s + \bar{q}^2} \right]^k . \qquad (3.121)$$

Die daraus resultierende Orthogonalfilter-Schaltung zeigt Bild 3.14. Der gemeinsame Faktor $\sqrt{p/\pi}$ kann durch die Koeffizientensteller berücksichtigt werden.

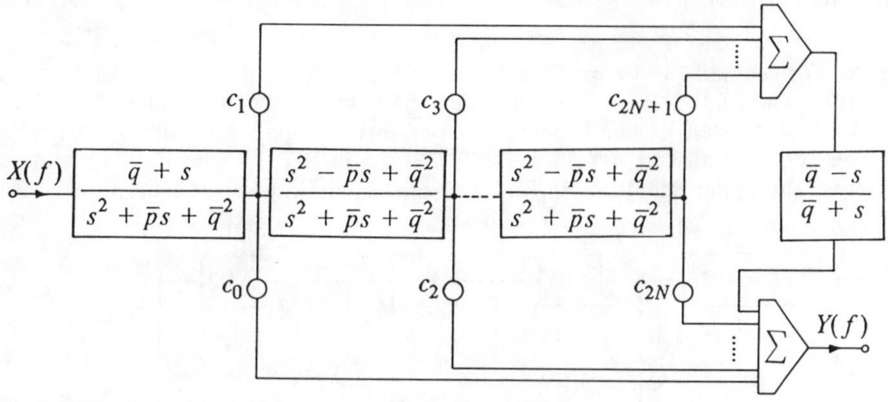

Bild 3.14 Orthogonalfilter mit Teilwirkungsfunktionen gemäß (3.121)

Daß die einzelnen Teilwirkungsfunktionen $\Phi^{(s)}_{2k}(s)$ und $\Phi^{(s)}_{2k+1}(s)$ auf der gesamten imaginären s-Achse orthogonal sind, läßt sich mit Hilfe der Integration des Produkts $\Phi^{(s)}_{2k}(s) \cdot \Phi^{(s)}_{2n+1}(s)$ längs des in Bild 2.5 gezeigten Integrationswegs in der komplexen Ebene nachweisen, vgl. (2.108) und (2.109). Für $k \neq n$ sind innerhalb des Integrationsweges keine einfachen Pole vorhanden, sondern nur mehrfache oder überhaupt keine Pole. Der Residuensatz liefert dafür den Wert Null. Für $k = n$ sind innerhalb des Integrationsweges zwei einfache Pole enthalten. Die Summe ihrer Residuen ergibt aber ebenfalls den Wert Null.

3.6 Orthogonalfilter mit ungleichen Allpässen 1. Ordnung

Die in den Abschnitten 3.1 bis 3.5 beschriebenen Filter verwenden in den Längszweigen nur Allpässe mit gleichen Polen. Die nachfolgend anhand des Orthonormalisierungsverfahrens von Lee, Abschnitt 2.8, entwickelte Orthogonalfilter-Klasse führt auf Allpässe mit ungleichen Polen.

Als Beispiel sei mit Bezug auf Abschnitt 2.8 von

$$G^{(s)}(s) \equiv 1 \text{ und } A^{(s)}(s) = \underset{\sim}{\Phi}{}^{(s)}_0(s) = \frac{1}{s + \alpha_0}\ ;\ \alpha_0 > 0 \qquad (3.122)$$

ausgegangen. Das Produkt $G^{(s)}(s)A^{(s)}(s)$ hat einen einfachen Pol bei $s = -\alpha_0$ und verschwindet für $s \to \infty$.

Die Funktion $\underset{\sim}{\Phi}{}^{(s)}_0$ liefert nach Normierung die nullte Funktion des gesuchten Funktionensystems $\tilde{\Phi}^{(s)}_k(s)$, welches mit $s = \mathrm{j}2\pi f$ das auf der f-Achse orthonormale Funktionensystem $\Phi_k(f)$ bildet.

Im ersten Schritt wird nun das Normquadrat $N^2\{\underset{\sim}{\Phi}{}^{(s)}_0\}$ berechnet. Dazu wird der Ausdruck

$$\frac{1}{\mathrm{j}2\pi} G^{(s)}(s)\, \underset{\sim}{\Phi}{}^{(s)}_0(s)\, \underset{\sim}{\Phi}{}^{(s)}_0(-s) = \frac{1}{\mathrm{j}2\pi(\alpha_0 + s)(\alpha_0 - s)} = F(s) \qquad (3.123)$$

gebildet.

Dieser Ausdruck hat im Inneren des in Bild 2.5 umrandeten Gebiets den Pol bei $s = -\alpha_0$ mit dem Residuum entsprechend (2.107)

$$k_0 = \lim_{s \to -\alpha_0} F(s)(s + \alpha_0) = \frac{1}{j4\pi\alpha_0}. \tag{3.124}$$

Damit ergibt sich für das Integral (2.109)

$$N^2\{\underset{\sim}{\Phi}_0^{(s)}\} = \frac{1}{j2\pi} \int_{-j\infty}^{+j\infty} G^{(s)}(s)\, \underset{\sim}{\Phi}_0^{(s)}(s)\, \underset{\sim}{\Phi}_0^{(s)}(-s)\, ds = j2\pi k_0 = \frac{1}{2\alpha_0}. \tag{3.125}$$

Die nullte Funktion des gesuchten Systems lautet somit nach (2.110)

$$\Phi_0^{(s)}(s) = \frac{\underset{\sim}{\Phi}_0^{(s)}(s)}{N\{\underset{\sim}{\Phi}_0^{(s)}\}} = \frac{\sqrt{2\alpha_0}}{\alpha_0 + s}. \tag{3.126}$$

Im zweiten Schritt wird nun folgende Funktion

$$\underset{\sim}{\Phi}_1^{(s)}(s) = \frac{\alpha_0 - s}{\alpha_0 + s} \cdot \frac{1}{\alpha_1 + s} \quad \text{mit } \alpha_0 \neq \alpha_1 > 0 \tag{3.127}$$

gewählt, weil mit dieser Funktion der Ausdruck

$$G^{(s)}(s)\, \Phi_0^{(s)}(s)\, \underset{\sim}{\Phi}_0^{(s)}(-s) = \frac{\sqrt{2\alpha_0}}{(\alpha_0 + s)} \cdot \frac{(\alpha_0 + s)}{(\alpha_0 - s)(\alpha_1 - s)} =$$

$$= \frac{\sqrt{2\alpha_0}}{(\alpha_0 - s)(\alpha_1 - s)} \tag{3.128}$$

im Inneren der linken s-Halbebene polfrei ist, und folglich das Integral (2.112) null wird. $\underset{\sim}{\Phi}_1^{(s)}(s)$ und $\Phi_0^{(s)}(s)$ sind daher für $s = j\omega$ zueinander orthogonal.

Im dritten Schritt wird jetzt das Normquadrat $N^2\{\underset{\sim}{\Phi}_1^{(s)}\}$ berechnet. Dazu wird der folgende Ausdruck betrachtet, vgl. (2.113),

$$\frac{1}{j2\pi} G^{(s)}(s)\, \underset{\sim}{\Phi}_0^{(s)}(s)\, \underset{\sim}{\Phi}_0^{(s)}(-s) = \frac{(\alpha_0 - s)}{j2\pi(\alpha_0 + s)(\alpha_1 + s)} \cdot \frac{(\alpha_0 + s)}{(\alpha_0 - s)(\alpha_1 - s)}$$

$$= \frac{1}{j2\pi(\alpha_1 + s)(\alpha_1 - s)} = F(s). \tag{3.129}$$

Dieser Ausdruck hat im Inneren der linken s-Halbebene den Pol bei $s = -\alpha_1$. Sein Residuum errechnet sich wie in (3.124) zu

$$k_1 = \lim_{s \to -\alpha_1} F(s)(s + \alpha_1) = \frac{1}{j4\pi\alpha_1}. \tag{3.130}$$

Damit ergibt sich für das Integral in (2.113)

$$N^2\{\underset{\sim}{\Phi}_1^{(s)}\} = \frac{1}{j2\pi} \int_{-j\infty}^{+j\infty} G^{(s)}(s)\, \underset{\sim}{\Phi}_1^{(s)}(s)\, \underset{\sim}{\Phi}_1^{(s)}(-s)\, ds = j2\pi k_1 = \frac{1}{2\alpha_1}, \tag{3.131}$$

womit sich die erste Funktion des gesuchten Systems zu

$$\Phi_1^{(s)}(s) = \frac{\underset{\sim}{\Phi}_1^{(s)}(s)}{N\{\underset{\sim}{\Phi}_1^{(s)}\}} = \left(\frac{\alpha_0 - s}{\alpha_0 + s}\right)\frac{\sqrt{2\alpha_1}}{\alpha_1 + s} \tag{3.132}$$

ergibt.

Im vierten Schritt wird jetzt die Funktion

$$\underset{\sim}{\Phi}_2^{(s)}(s) = \frac{(\alpha_0 - s)}{(\alpha_0 + s)} \cdot \frac{(\alpha_1 - s)}{(\alpha_1 + s)} \cdot \frac{1}{(\alpha_2 + s)} \;; \quad \alpha_0 \neq \alpha_1 \neq \alpha_2 > 0 \tag{3.133}$$

gewählt, weil mit dieser sowohl der Ausdruck

$$\begin{aligned} G^{(s)}(s)\,\Phi_0^{(s)}(s)\,\underset{\sim}{\Phi}_2^{(s)}(-s) &= \frac{\sqrt{2\alpha_0}}{\alpha_0 + s} \cdot \frac{(\alpha_0 + s)(\alpha_1 + s)}{(\alpha_0 - s)(\alpha_1 - s)(\alpha_2 - s)} \\ &= \frac{\sqrt{2\alpha_0}\,(\alpha_1 + s)}{(\alpha_0 - s)(\alpha_1 - s)(\alpha_2 - s)} \end{aligned} \tag{3.134}$$

als auch der Ausdruck

$$\begin{aligned} G^{(s)}(s)\,\Phi_1^{(s)}(s)\,\underset{\sim}{\Phi}_2^{(s)}(-s) &= \frac{\sqrt{2\alpha_1}\,(\alpha_0 - s)}{(\alpha_0 + s)(\alpha_1 + s)}\,\frac{(\alpha_0 + s)(\alpha_1 + s)}{(\alpha_0 - s)(\alpha_1 - s)(\alpha_2 - s)} \\ &= \frac{\sqrt{2\alpha_1}}{(\alpha_1 - s)(\alpha_2 - s)} \end{aligned} \tag{3.135}$$

keine Pole im Inneren der linken s-Halbebene hat. Infolgedessen sind sowohl $\underset{\sim}{\Phi}_2^{(s)}(s)$ und $\Phi_0^{(s)}(s)$ einerseits als auch $\underset{\sim}{\Phi}_2^{(s)}(s)$ und $\Phi_1^{(s)}(s)$ andererseits für $s = \mathrm{j}\omega$ zueinander orthogonal.

Im fünften Schritt wird nun das Normquadrat $N^2\{\underset{\sim}{\Phi}_2^{(s)}\}$ berechnet. Dazu wird der Ausdruck

$$\begin{aligned} &\frac{1}{\mathrm{j}2\pi} G^{(s)}(s)\,\underset{\sim}{\Phi}_2^{(s)}(s)\,\underset{\sim}{\Phi}_2^{(s)}(-s) = \\ &\qquad = \frac{(\alpha_0 - s)(\alpha_1 - s)\cdot(\alpha_0 + s)(\alpha_1 + s)}{\mathrm{j}2\pi(\alpha_0 + s)(\alpha_1 + s)(\alpha_2 + s)\cdot(\alpha_0 - s)(\alpha_1 - s)(\alpha_2 - s)} \\ &\qquad = \frac{1}{\mathrm{j}2\pi(\alpha_2 + s)(\alpha_2 - s)} = F(s) \end{aligned} \tag{3.136}$$

betrachtet. Dieser Ausdruck hat links den Pol bei $s = -\alpha_2$ mit dem Residuum $k_2 = 1/\mathrm{j}4\pi\alpha_2$, womit sich das Normquadrat $N^2\{\underset{\sim}{\Phi}_3^{(s)}\} = 1/2\alpha_2$ und damit die zweite Funktion

$$\Phi_2^{(s)}(s) = \left(\frac{\alpha_0 - s}{\alpha_0 + s}\right) \cdot \left(\frac{\alpha_1 - s}{\alpha_1 + s}\right) \cdot \left(\frac{\sqrt{2\alpha_2}}{\alpha_2 + s}\right) \tag{3.137}$$

ergibt. An dieser Stelle ist ersichtlich, daß die k-te Funktion

$$\Phi_k^{(s)}(s) = \left(\frac{\alpha_0 - s}{\alpha_0 + s}\right) \cdot \left(\frac{\alpha_1 - s}{\alpha_1 + s}\right) \cdot \ldots \cdot \left(\frac{\alpha_{k-1} - s}{\alpha_{k-1} + s}\right) \cdot \left(\frac{\sqrt{2\alpha_k}}{\alpha_k + s}\right)$$

$$\alpha_i > 0 \quad \text{für } i = 0, 1, 2, \ldots, k$$

$$\alpha_i \neq \alpha_j \quad \text{für } i \neq j \tag{3.138}$$

lautet. Für $s = \mathrm{j}2\pi f$ folgt aus (3.126), (3.132), (3.137) und (3.138) das System

$$\overline{\Phi}_0(f) = \frac{\sqrt{f_0}}{\sqrt{\pi}} \cdot \frac{1}{f_0 + \mathrm{j}f}$$

$$\overline{\Phi}_1(f) = \frac{\sqrt{f_1}}{\sqrt{\pi}} \cdot \frac{f_0 - \mathrm{j}f}{f_0 + \mathrm{j}f} \cdot \frac{1}{f_1 + \mathrm{j}f}$$

$$\overline{\Phi}_2(f) = \frac{\sqrt{f_2}}{\sqrt{\pi}} \cdot \frac{f_0 - \mathrm{j}f}{f_0 + \mathrm{j}f} \cdot \frac{f_1 - \mathrm{j}f}{f_1 + \mathrm{j}f} \cdot \frac{1}{f_2 + \mathrm{j}f}$$

$$\vdots$$

$$\overline{\Phi}_k(f) = \frac{\sqrt{f_k}}{\sqrt{\pi}} \cdot \frac{f_0 - \mathrm{j}f}{f_0 + \mathrm{j}f} \cdot \frac{f_1 - \mathrm{j}f}{f_1 + \mathrm{j}f} \cdot \ldots \cdot \frac{f_{k-1} - \mathrm{j}f}{f_{k-1} + \mathrm{j}f} \cdot \frac{1}{f_k + \mathrm{j}f} \, . \tag{3.139}$$

Hierin ist zur Abkürzung

$$f_n = \frac{\alpha_n}{2\pi} \tag{3.140}$$

gesetzt worden.

Das System (3.139) ist nach Konstruktion - siehe insbesondere den Startpunkt (2.103) - orthonormal auf der f-Achse bei $G(f) \equiv 1$ und $a = \infty$.

Das mit $\sqrt{\pi}$ multiplizierte System

$$\sqrt{\pi}\,\overline{\Phi}_k(f) = \Phi_k(f) = \frac{f_0 - \mathrm{j}f}{f_0 + \mathrm{j}f} \cdot \frac{f_1 - \mathrm{j}f}{f_1 + \mathrm{j}f} \cdot \ldots \cdot \frac{f_{k-1} - \mathrm{j}f}{f_{k-1} + \mathrm{j}f} \cdot \frac{\sqrt{f_k}}{f_k + \mathrm{j}f}$$

$$= \frac{\sqrt{f_k}}{f_k + \mathrm{j}f} \prod_{i=0}^{k-1} \frac{f_i - \mathrm{j}f}{f_i + \mathrm{j}f} \; ; \qquad k = 0, 1, 2, \ldots \tag{3.141}$$

ist daher orthogonal, d.h.

$$\int_{-\infty}^{+\infty} \Phi_n(f)\, \Phi_k^*(f) df = \begin{cases} 0 & \text{für } n \neq k \\ \pi = A & \text{für } n = k \, . \end{cases} \tag{3.142}$$

Mit der zugehörigen Orthogonalfilter-Wirkungsfunktion

$$H(f) = \sum_{k=0}^{N} c_k \Phi_k(f) = \sum_{k=0}^{n} c_k \frac{\sqrt{f_k}}{f_k + \mathrm{j}f} \prod_{i=0}^{k-1} \frac{f_i - \mathrm{j}f}{f_i + \mathrm{j}f} \tag{3.143}$$

wird die Vorschrift $V(f)$ mit minimalem Fehler gemäß (2.43) approximiert, wenn die Koeffizienten c_k entsprechend (2.44) zu

$$c_k = \frac{1}{A}\int_{-\infty}^{+\infty} V(f)\,\Phi_k^*(f)\,df = \frac{1}{\pi}\int_{-\infty}^{+\infty} V(f)\frac{\sqrt{f_k}}{f_k - \mathrm{j}f}\prod_{i=0}^{k-1}\frac{f_i + \mathrm{j}f}{f_i - \mathrm{j}f}\,df \tag{3.144}$$

gewählt werden.

Die Schaltung des Orthogonalfilters für das System (3.141) zeigt Bild 3.15. Sie besitzt die allgemeine Struktur von Bild 2.1. Die Teilfilter im Längszweig sind Allpässe 1. Ordnung mit unterschiedlichen Eckfrequenzen f_i. Die Teilfilter in den Querzweigen sind Tiefpässe 1. Ordnung mit den entsprechenden Grenzfrequenzen f_i. Alle Tiefpaßfunktionen müssen genau genommen noch mit einem Faktor multipliziert werden, der den Wert Eins und die Dimension Wurzel aus Frequenz hat. Das rührt daher, daß das Funktionensystem $\Phi_k(f)$ so konstruiert wurde, daß das innere Produkt (3.142) dimensionslos wird. Ein gleichartiger Fall trat bereits im Zusammenhang mit (3.104) und (3.105) auf.

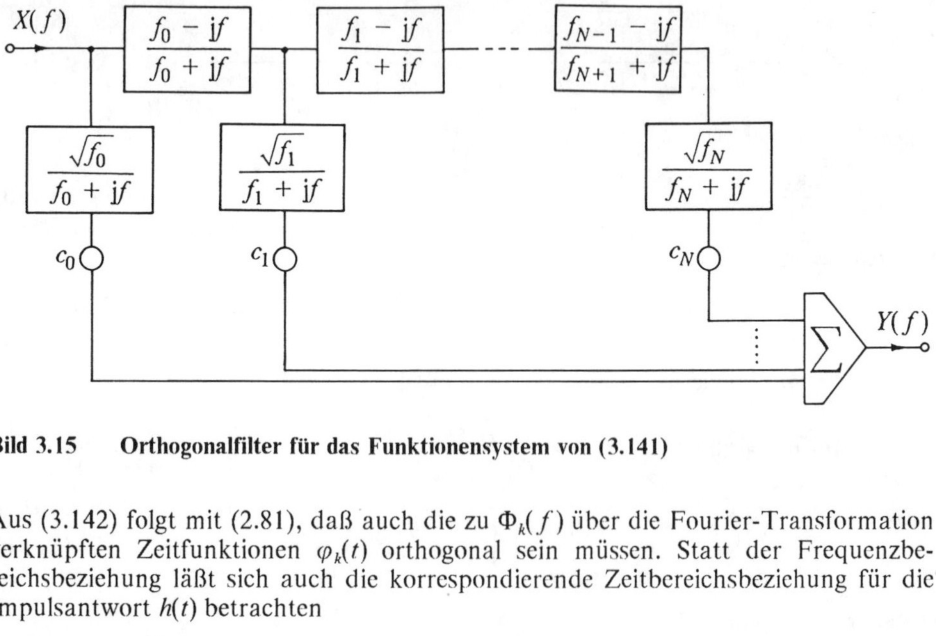

Bild 3.15 Orthogonalfilter für das Funktionensystem von (3.141)

Aus (3.142) folgt mit (2.81), daß auch die zu $\Phi_k(f)$ über die Fourier-Transformation verknüpften Zeitfunktionen $\varphi_k(t)$ orthogonal sein müssen. Statt der Frequenzbereichsbeziehung läßt sich auch die korrespondierende Zeitbereichsbeziehung für die Impulsantwort $h(t)$ betrachten

$$h(t) = \sum_{k=0}^{N} c_k \varphi_k(t) \ , \tag{3.145}$$

für welche sich die Koeffizienten nach (2.83) zu

$$c_k = \frac{1}{\pi}\int_0^{\infty} v(t)\varphi_k(t)\,dt \tag{3.146}$$

ergeben. Hierbei bedeutet $v(t)$ die Vorschrift im Zeitbereich, welche durch $h(t)$ approximiert werden soll. Die untere Integrationsgrenze ist in (3.146) zu null gesetzt, weil die Teilimpulsantworten $\varphi_k(t)$ kausal sein müssen, da sie zu realisierbaren Allpaß- und Tiefpaßfunktionen im Frequenzbereich gehören.

Den Verlauf der Zeitfunktion $\varphi_n(t)$ erhält man am einfachsten dadurch, daß man $\Phi_n(f)$ in eine Summe von Partialbrüchen zerlegt:

$$\Phi_n(f) = \frac{k_0}{f_0 + \mathrm{j}f} + \frac{k_1}{f_1 + \mathrm{j}f} + \ldots + \frac{k_n}{f_n + \mathrm{j}f} \tag{3.147}$$

Zum einzelnen Partialbruch korrespondiert dann die Zeitfunktion, vgl. (3.21),

$$\frac{k_m}{f_m + \mathrm{j}f} \bullet\!\!-\!\!\circ\; 2\pi k_m \mathrm{e}^{-2\pi f_m t} \,. \tag{3.148}$$

Bemerkenswert ist, daß die Allpaßeckfrequenzen bzw. Tiefpaßgrenzfrequenzen f_i beliebig gewählt werden können, solange sie nur reell, positiv und unterschiedlich sind.

Im speziellen Fall, daß

$$f_k = (2k+1)f_0 \;, \quad k = 0, 1, 2, \ldots \tag{3.149}$$

also $f_1 = 3f_0$, $f_2 = 5f_0$ usw., ergeben sich im Zeitbereich die bekannten Legendre-Polynome der Variablen [LEE 67]

$$x = \left(2\mathrm{e}^{-\pi f_k t} - 1\right) . \tag{3.150}$$

Die Legendre-Polynome $P(x)$ sind orthogonal im Intervall $-1 < x < +1$.

Das Funktionensystem (3.141) ist in der technischen Literatur ebenfalls mehrfach diskutiert und angewendet worden, so u.a. für die Prozeßidentifikation und für adaptive Steuerungen [ARM 59], [GIL 59], [YOH 62] und [MEN 64].

3.7 Orthogonalfilter mit ungleichen Allpässen 2. Ordnung

Im vorangegangenen Abschnitt 3.6 wurde mit Hilfe des Orthonormalisierungsverfahrens von Lee, siehe Abschnitt 2.8, ein orthonormales Funktionensystem $\Phi_k(f)$ entwickelt, indem von einem Polglied mit einem reellen einfachen Pol bei $s = -\alpha_0$ ausgegangen wurde. Das Ergebnis ist die Schaltung in Bild 3.15, die unterschiedliche Allpässe 1. Ordnung enthält.

In diesem Abschnitt werden ebenfalls mit Hilfe des Orthonormalisierungsverfahrens von Lee verschiedene orthonormale Funktionensysteme $\Phi_k(f)$ entwickelt, die sich hauptsächlich mit unterschiedlichen Allpässen 2. Ordnung verwirklichen lassen.

Ein erstes System wird dadurch gewonnen, daß analog zur Vorgehensweise in Abschn. 3.6 nun von einem Polglied mit einem komplexen einfachen Pol bei $s = -\alpha_0 - \mathrm{j}\beta_0 = -s_0$ ausgegangen wird. Da bei rationalen Funktionen mit reellen Koeffizienten Pole nur in konjugiert komplexen Paaren auftreten können, wird sofort auch das Polglied mit dem konjugiert komplexen Pol bei $s = -\alpha_0 + \mathrm{j}\beta_0 = -s_0^*$ mitberücksichtigt.

Mit Bezug auf Abschnitt 2.8 wird in Analogie zu (3.122) nun von

$$G^{(s)}(s) \equiv 1$$

und

$$A^{(s)}(s) = \underset{\sim}{\Phi}_0^{(s)}(s) = \frac{1}{(s+\alpha_0+\mathrm{j}\beta_0)} + \frac{1}{(s+\alpha_0-\mathrm{j}\beta_0)} = \frac{2(s+\alpha_0)}{(s+\alpha_0)^2+\beta_0^2} =$$

$$= \frac{1}{s_0+s} + \frac{1}{\overset{*}{s_0}+s} = \frac{2(\mathrm{Re}s_0+s)}{(s_0+s)(\overset{*}{s_0}+s)}$$

$$\text{mit } \mathrm{Re}\, s_0 = \alpha_0 \geq 0 \tag{3.151}$$

ausgegangen. Für $s \to \infty$ wird $\underset{\sim}{\Phi}_0^{(s)}(s) = 0$.

Im ersten Schritt wird in Analogie zu (3.123) zur Berechnung des Normquadrats $N^2\{\underset{\sim}{\Phi}_0^{(s)}\}$ folgender Ausdruck betrachtet

$$\frac{1}{\mathrm{j}2\pi} G^{(s)}(s)\, \underset{\sim}{\Phi}_0^{(s)}(s)\, \underset{\sim}{\Phi}_0^{(s)}(-s) =$$

$$= \frac{1}{\mathrm{j}2\pi}\left[\frac{1}{s_0+s} + \frac{1}{\overset{*}{s_0}+s}\right]\cdot\left[\frac{1}{s_0-s} + \frac{1}{\overset{*}{s_0}-s}\right] = F(s)\ . \tag{3.152}$$

Dieser Ausdruck hat in der linken s-Halbebene zwei Pole, nämlich bei $s = -s_0$ und $s = -s_0^*$. Das Residuum des Pols bei $s = -s_0$ errechnet sich zu

$$k_0 = \lim_{s \to -s_0} F(s)\cdot(s+s_0) = \frac{1}{\mathrm{j}2\pi}\left[\frac{1}{2s_0} + \frac{1}{\overset{*}{s_0}+s_0}\right] = \frac{a_0}{\mathrm{j}2\pi} \tag{3.153}$$

und das des Pols bei $s = -s_0^*$ zu

$$k'_0 = \lim_{s \to -\overset{*}{s_0}} F(s)(s+\overset{*}{s_0}) = \frac{1}{\mathrm{j}2\pi}\left[\frac{1}{s_0+\overset{*}{s_0}} + \frac{1}{2\overset{*}{s_0}}\right] = \frac{\overset{*}{a_0}}{\mathrm{j}2\pi}\ . \tag{3.154}$$

Gemäß (2.109) ergibt sich für das Normquadrat

$$N^2\{\underset{\sim}{\Phi}_0^{(s)}\} = \mathrm{j}2\pi(k_0+k'_0) = a_0 + \overset{*}{a_0} =$$

$$= 2\mathrm{Re}a_0 = \frac{1}{\alpha_0} + \frac{\alpha_0}{\alpha_0^2+\beta_0^2} = \frac{1}{2\mathrm{Re}s_0} + \frac{\mathrm{Re}s_0}{|s_0|^2}\ . \tag{3.155}$$

Die nullte Funktion des gesuchten Systems lautet somit nach (2.110)

$$\Phi_0^{(s)}(s) = \frac{\underset{\sim}{\Phi}_0^{(s)}(s)}{N\{\underset{\sim}{\Phi}_0^{(s)}\}} = \frac{1}{\sqrt{2\mathrm{Re}a_0}}\cdot\frac{2(\mathrm{Re}s_0+s)}{(s_0+s)(\overset{*}{s_0}+s)}\ . \tag{3.156}$$

Im zweiten Schritt wird nun in Analogie zu (3.127) folgende Funktion gewählt

$$\underset{\sim}{\Phi}_1^{(s)}(s) = \frac{(s_0 - s)(s_0^* - s)}{(s_0 + s)(s_0^* + s)} \cdot \frac{2(\mathrm{Re}s_1 + s)}{(s_1 + s)(s_1^* + s)} ;$$

$$s_1 \neq s_0 \; ; \; \mathrm{Re}s_1 > 0 \; . \qquad (3.157)$$

Mit dieser Wahl wird der Ausdruck

$$G^{(s)}(s)\,\Phi_0^{(s)}(s)\,\underset{\sim}{\Phi}_1^{(s)}(-s) =$$

$$= \frac{1}{\sqrt{2\mathrm{Re}a_0}} \cdot \frac{2(\mathrm{Re}s_0 + s)}{(s_0 + s)(s_0^* + s)} \cdot \frac{(s_0 + s)(s_0^* + s)}{(s_0 - s)(s_0^* - s)} \cdot \frac{2(\mathrm{Re}s_1 - s)}{(s_1 - s)(s_1^* - s)} \qquad (3.158)$$

im Inneren der linken s-Halbebene polfrei. Folglich ist das Integral (2.112) null, was bedeutet, daß $\underset{\sim}{\Phi}_1^{(s)}(s)$ und $\Phi_0^{(s)}(s)$ für $s = \mathrm{j}\omega$ zueinander orthogonal sind.

Im dritten Schritt wird jetzt das Normquadrat $N^2\{\underset{\sim}{\Phi}_1^{(s)}\}$ berechnet. Dazu wird folgender Ausdruck betrachtet, vgl. (2.113),

$$\frac{1}{\mathrm{j}2\pi} G^{(s)}(s)\,\underset{\sim}{\Phi}_1^{(s)}(s)\,\underset{\sim}{\Phi}_1^{(s)}(-s) =$$

$$= \frac{1}{\mathrm{j}2\pi} \cdot \frac{(s_0 - s)(s_0^* - s)}{(s_0 + s)(s_0^* + s)} \cdot \frac{2(\mathrm{Re}s_1 + s)}{(s_1 + s)(s_1^* + s)} \cdot$$

$$\cdot \frac{(s_0 + s)(s_0^* + s)}{(s_0 - s)(s_0^* - s)} \cdot \frac{2(\mathrm{Re}s_1 - s)}{(s_1 - s)(s_1^* - s)} =$$

$$= \frac{1}{\mathrm{j}2\pi} \cdot \frac{2(\mathrm{Re}s_1 + s)}{(s_1 + s)(s_1^* + s)} \cdot \frac{2(\mathrm{Re}s_1 - s)}{(s_1 - s)(s_1^* - s)} =$$

$$= \frac{1}{\mathrm{j}2\pi} \cdot \left[\frac{1}{s_1 + s} + \frac{1}{s_1^* + s}\right]\left[\frac{1}{s_1 - s} + \frac{1}{s_1^* - s}\right] = F(s) \; . \qquad (3.159)$$

Der letzte Ausdruck auf der rechten Seite von (3.159) hat dieselbe Form wie derjenige in (3.152). Infolgedessen sind die Residuen der Pole bei $s = -s_1$ und $s = -s_1^*$ durch die Ausdrücke (3.153) und (3.154) gegeben, wenn dort die Indizes 0 durch die Indizes 1 ersetzt werden. Entsprechend ergibt sich das Normquadrat zu

$$N^2\{\underset{\sim}{\Phi}_1^{(s)}\} = 2\mathrm{Re}a_1 = \frac{1}{\alpha_1} + \frac{\alpha_1}{\alpha_1^2 + \beta_1^2} = \frac{1}{2\mathrm{Re}s_1} + \frac{\mathrm{Re}s_1}{|s_1|^2} \qquad (3.160)$$

und damit und mit (3.157) die erste Funktion zu

$$\Phi_1^{(s)}(s) = \frac{1}{\sqrt{2\mathrm{Re}a_1}} \cdot \frac{(s_0 - s)(s_0^* - s)}{(s_0 + s)(s_0^* + s)} \cdot \frac{2(\mathrm{Re}s_1 + s)}{(s_1 + s)(s_1^* + s)} \; . \qquad (3.161)$$

Im vierten Schritt wird als Funktion angesetzt mit $s_2 \neq s_1$; $s_2 \neq s_0$, $\mathrm{Re}\, s_2 > 0$

$$\underset{\sim}{\Phi}_2^{(s)}(s) = \frac{(s_0 - s)(s_0^* - s)}{(s_0 + s)(s_0^* + s)} \cdot \frac{(s_1 - s)(s_1^* - s)}{(s_1 + s)(s_1^* + s)} \cdot \frac{2(\mathrm{Re}s_2 + s)}{(s_2 + s)(s_2^* + s)}, \tag{3.162}$$

die orthogonal sowohl zu $\Phi_0^{(s)}(s)$ als auch zu $\Phi_1^{(s)}(s)$ ist. Ihr Normquadrat errechnet sich, da sich bei $\underset{\sim}{\Phi}_1^{(s)}(s)\,\underset{\sim}{\Phi}_2^{(s)}(-s)$ die Pole bei $s = -s_0$ und $s = -s_0^*$ sowie bei $s = -s_1$ und $s = -s_1^*$ herausheben, über einen Ausdruck entsprechend (3.152) bzw. (3.159). Die normierte zweite Funktion ergibt sich somit zu

$$\Phi_2^{(s)}(s) =$$

$$= \frac{1}{\sqrt{2\mathrm{Re}a_2}} \cdot \frac{(s_0 - s)(s_0^* - s)}{(s_0 + s)(s_0^* + s)} \cdot \frac{(s_1 - s)(s_1^* - s)}{(s_1 + s)(s_1^* + s)} \cdot \frac{2(\mathrm{Re}s_2 + s)}{(s_2 + s)(s_2^* + s)}. \tag{3.163}$$

Hieraus ist zu erkennen, daß die k-te Funktion allgemein lautet

$$\Phi_k^{(s)}(s) = \frac{1}{\sqrt{2\mathrm{Re}a_k}} \cdot \frac{2(\mathrm{Re}s_k + s)}{(s_k + s)(s_k^* + s)} \cdot \prod_{i=0}^{k-1} \frac{(s_i - s)(s_i^* - s)}{(s_i + s)(s_i^* + s)}$$

$$k = 1, 2, \ldots, N. \tag{3.164}$$

Bei den unter dem Produktzeichen stehenden Ausdrücken handelt es sich um Allpässe 2. Ordnung entsprechend (3.108)

$$\frac{(s_i - s)(s_i^* - s)}{(s_i + s)(s_i^* + s)} = \frac{|s_i|^2 - s2\mathrm{Re}s_i + s^2}{|s_i|^2 + s2\mathrm{Re}s_i + s^2} = \frac{\bar{q}_i^2 - s\bar{p}_i + s^2}{\bar{q}_i^2 + s\bar{p}_i + s^2}. \tag{3.165}$$

Der Koeffizientenvergleich liefert

$$\bar{p}_i = 2\mathrm{Re}s_i = 2\alpha_i \quad ; \quad \bar{q}_i^2 = |s_i|^2 = \alpha_i^2 + \beta_i^2. \tag{3.166}$$

Für $s = \mathrm{j}2\pi f$ folgt aus (3.164) bis (3.166) sowie $p_i = \bar{p}_i/(2\pi)$ und $q_i = \bar{q}_i/(2\pi)$

$$\Phi_k(f) = \frac{1}{2\pi\sqrt{2\mathrm{Re}a_k}} \cdot \frac{p_k + \mathrm{j}2f}{q_k^2 - f^2 + \mathrm{j}p_k f} \prod_{i=0}^{k-1} \frac{q_i^2 - f^2 - \mathrm{j}p_i f}{q_i^2 - f^2 + \mathrm{j}p_i f}; \quad k = 1, 2, \ldots, N;$$

$$\Phi_0(f) = \frac{1}{2\pi\sqrt{2\mathrm{Re}a_0}} \cdot \frac{p_0 + \mathrm{j}2f}{q_0^2 - f^2 + \mathrm{j}p_0 f}. \tag{3.167}$$

Mit diesen Funktionen ergibt sich die Wirkungsfunktion des Orthogonalfilters zu

$$H(f) = \sum_{k=0}^{N} c_k \Phi_k(f). \tag{3.168}$$

Soll damit die Vorschrift $V(f)$ approximiert werden, dann lauten die Orthogonalfilterkoeffizienten

$$c_k = \int_{-\infty}^{+\infty} V(f)\,\Phi_k^*(f)\,df, \tag{3.169}$$

weil die Funktionen $\Phi_k(f)$ orthonormal sind im Intervall $-\infty < f < +\infty$ bei $G(f) \equiv 1$.

Die zugehörige Filterschaltung zeigt Bild 3.16. Im Längszweig liegen lauter verschiedene Allpässe 2. Ordnung. In den Querzweigen liegen entsprechende Tiefpaß-Bandpaß-Glieder 2. Ordnung.

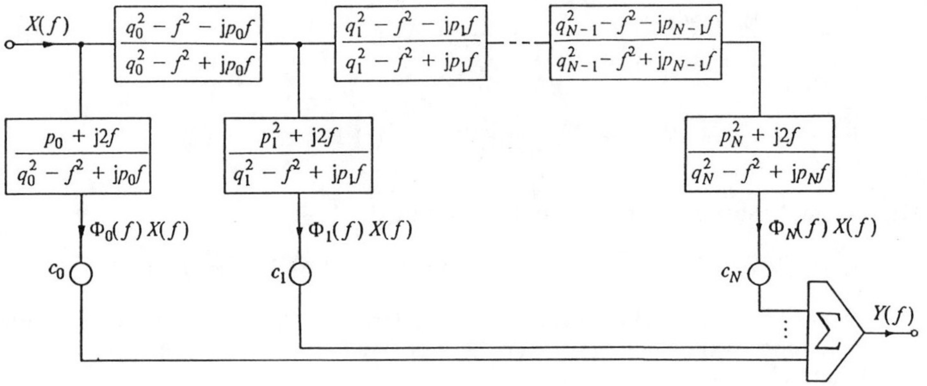

Bild 3.16 Orthogonalfilter für das Funktionensystem (3.167) ohne Berücksichtigung der Faktoren $1/2\pi\sqrt{\mathrm{Re}\,a_k}$

Zu einem *anderen*, wenn auch ähnlichen, Funktionensystem $\Phi^{(s)}(s)$, das für $s = \mathrm{j}2\pi f$ mit $G(f) \equiv 1$ auf der gesamten f-Achse orthonormal ist, gelangt man dadurch, daß man die nullte Funktion statt durch (3.151) wie folgt ansetzt

$$\frac{1}{(s_0 + s)(s_0^* + s)} = \underset{\sim}{\Phi}_0^{(s)}(s) \; ; \quad \mathrm{Re}\, s_0 = \alpha_0 > 0 \,. \tag{3.170}$$

Das zugehörige Normquadrat errechnet sich statt zu (3.155) nun zu

$$N^2\{\underset{\sim}{\Phi}_0^{(s)}\} = \mathrm{j}2\pi(k_0 + k'_0) = \frac{1}{4\alpha_0 |s_0|^2} \,. \tag{3.171}$$

Die erste Funktion wird jetzt zu

$$\frac{s}{(s_0 + s)(s_0^* + s)} = \underset{\sim}{\Phi}_1^{(s)}(s) \tag{3.172}$$

angesetzt. Ihr Normquadrat errechnet sich zu

$$N^2\{\underset{\sim}{\Phi}_1^{(s)}\} = \mathrm{j}2\pi(k_1 + k'_1) = \frac{1}{4\alpha_0} \,. \tag{3.173}$$

Die normierten ersten beiden Funktionen lauten damit

$$\Phi_0^{(s)}(s) = \frac{2\sqrt{\alpha_0}\,|s_0|}{(s_0 + s)(s_0^* + 1)} \; ; \quad \Phi_1^{(s)}(s) = \frac{2\sqrt{\alpha_0}\,s}{(s_0 + s)(s_0^* + s)} \,. \tag{3.174}$$

Das Produkt der normierten Funktionen $\Phi_0^{(s)}(s)\,\Phi_1^{(s)}(-s)$ hat zwei einfache Pole im Inneren der linken s-Halbebene. Die zugehörigen Polresiduen sind aber entgegengesetzt gleich und heben sich in der Summe weg. Auf diese Weise wird das Integral von (2.112) für das innere Produkt $\langle \Phi_0^{(s)}, \Phi_1^{(s)} \rangle$ gleich null, d.h. die Funktionen sind orthogonal.

Die zweite und dritte Funktion werden nun wie folgt angesetzt

$$\frac{(s_0 - s)(s_0^* - s)}{(s_0 + s)(s_0^* + s)} \cdot \frac{1}{(s_1 + s)(s_1^* + s)} = \underset{\sim}{\Phi}_2^{(s)}(s) \,, \tag{3.175}$$

$$\frac{(s_0 - s)(s_0^* - s)}{(s_0 + s)(s_0^* + s)} \cdot \frac{s}{(s_1 + s)(s_1^* + s)} = \underset{\sim}{\Phi}_3^{(s)}(s) \,. \tag{3.176}$$

Mit diesem Ansatz wird erreicht, daß die Produkte

$$\Phi_0^{(s)}(s)\,\underset{\sim}{\Phi}_2^{(s)}(-s) \;;\quad \Phi_0^{(s)}(s)\,\underset{\sim}{\Phi}_3^{(s)}(-s) \;;\quad \Phi_1^{(s)}(s)\,\underset{\sim}{\Phi}_2^{(s)}(-s) \;;\quad \Phi_1^{(s)}(s)\,\underset{\sim}{\Phi}_3^{(s)}(-s) \tag{3.177}$$

im Inneren der linken s-Halbebene keine Pole besitzen, die betreffenden Funktionen also zueinander orthogonal sind. Für die Normquadrate ergibt sich ähnlich wie bei (3.171) und (3.173)

$$N^2\left\{\underset{\sim}{\Phi}_2^{(s)}(s)\right\} = \frac{1}{4\alpha_1 |s_1|^2} \,, \tag{3.178}$$

$$N^2\left\{\underset{\sim}{\Phi}_3^{(s)}(s)\right\} = \frac{1}{4\alpha_1} \,. \tag{3.179}$$

Das Produkt $\underset{\sim}{\Phi}_2^{(s)}(s)\,\underset{\sim}{\Phi}_3^{(s)}(-s)$ hat zwar wieder zwei einfache Pole im Inneren der linken s-Halbebene. Durch Normierung wird aber, wie bei $\Phi_1^{(s)}(s)$ und $\Phi_2^{(s)}(s)$, erreicht, daß die Summe der Polresiduen gleich null wird, wodurch auch $\Phi_2^{(s)}(s)$ und $\Phi_3^{(s)}(s)$ orthogonal werden.

Auf diese Weise entsteht mit (3.166) das für $s = \mathrm{j}2\pi f$ orthonormale Funktionensystem

$$\Phi_{2n}^{(s)}(s) = \frac{\sqrt{2\bar{p}_n}\;\bar{q}_n}{s^2 + \bar{p}_n s + \bar{q}_n^2} \prod_{i=0}^{n-1} \frac{s^2 - \bar{p}_i s + \bar{q}_i^2}{s^2 + \bar{p}_i s + \bar{q}_i^2} \,,$$

$$\Phi_{2n+1}^{(s)}(s) = \frac{\sqrt{2\bar{p}_n}\;s}{s^2 + \bar{p}_n s + \bar{q}_n^2} \prod_{i=0}^{n-1} \frac{s^2 - \bar{p}_i s + \bar{q}_i^2}{s^2 + \bar{p}_i s + \bar{q}_i^2} \,, \qquad n = 1, 2, \ldots$$

$$\Phi_0^{(s)}(s) = \frac{\sqrt{2\bar{p}_0}\;\bar{q}_0}{s^2 + \bar{p}_0 s + \bar{q}_0^2} \;;\quad \Phi_1^{(s)}(s) = \frac{\sqrt{2\bar{p}_0}\;s}{s^2 + \bar{p}_0 s + \bar{q}_0^2} \,. \tag{3.180}$$

Zum bequemeren Vergleich mit (3.167) seien noch die zugehörigen Ausdrücke in Abhängigkeit der reellen Frequenzvariablen f angeben. Mit $p_i = \bar{p}_i/(2\pi)$ und $q_i = \bar{q}_i/(2\pi)$ sowie $s = \mathrm{j}2\pi f$ folgt aus (3.180)

$$\Phi_{2n}(f) = \sqrt{\frac{p_n}{\pi}} \cdot \frac{q_n}{q_n^2 - f^2 + \mathrm{j}p_n f} \prod_{i=0}^{n=1} \frac{q_i^2 - f^2 - \mathrm{j}p_i f}{q_i^2 - f^2 + \mathrm{j}p_i f},$$

$$\Phi_{2n+1}(f) = \sqrt{\frac{p_n}{\pi}} \frac{\mathrm{j}f}{q_n^2 - f^2 + \mathrm{j}p_n f} \prod_{i=0}^{n-1} \frac{q_i^2 - f^2 - \mathrm{j}p_i f}{q_i^2 - f^2 + \mathrm{j}p_i f}, \quad n = 1, 2, \ldots$$

$$\Phi_0(f) = \sqrt{\frac{p_0}{\pi}} \cdot \frac{q_0}{q_0^2 - f^2 + \mathrm{j}p_0 f};$$

$$\Phi_1(f) = \sqrt{\frac{p_0}{\pi}} \cdot \frac{\mathrm{j}f}{q_0^2 - f^2 + \mathrm{j}p_0 f}. \tag{3.181}$$

Jede Funktion $\Phi_k(f)$ des Systems (3.167) ergibt sich also durch eine spezielle Linearkombination von zwei Funktionen $\Phi_{2k}(f)$ und $\Phi_{2k+1}(f)$ des Systems (3.181).

Zu einem *dritten*, erstmals von Kautz [KAU 54] angegebenen, orthogonalen Funktionensystem gelangt man, indem man die nullte und erste Funktion folgendermaßen ansetzt:

$$\Phi_0^{(s)}(s) = \frac{|s_0| + s}{(s_0 + s)(s_0^* + s)}; \tag{3.182}$$

$$\Phi_1^{(s)}(s) = \frac{|s_0| + s}{(s_0 + s)(s_0^* + s)} \cdot \frac{|s_0| - s}{|s_0| + s} = \frac{|s_0| - s}{(s_0 + s)(s_0^* + s)}. \tag{3.183}$$

Die nullte bzw. erste Funktion (3.182) und (3.183) ist jetzt gleich der durch $2\sqrt{\alpha_0}$ dividierten Summe bzw. Differenz der normierten Funktionen $\Phi_0^{(s)}(s)$ und $\Phi_1^{(s)}(s)$ des vorherigen Systems, siehe (3.174). Der Ansatz (3.182) ist aber jetzt eine andere Linearkombination von $\Phi_0^{(s)}(s)$ und $\Phi_1^{(s)}(s)$ gemäß (3.174) als die Funktion $\Phi_0^{(s)}(s)$ in (3.156) des zuerst betrachteten Systems. Zur Bildung von (3.156) müssen die beiden Funktionen (3.174) mit unterschiedlichen Konstanten multipliziert werden.

Bei dem jetzt betrachteten dritten System ergibt sich die erste Funktion aus der nullten durch Kettenschaltung mit einem Allpaß 1. Ordnung. Beide Funktionen sind bereits normiert, denn mit (2.109) und für $G^{(s)}(s) \equiv 1$ errechnen sich $N^2\{\Phi_0^{(s)}\} = 1$ und $N^2\{\Phi_1^{(s)}\} = 1$.

Das Produkt $\Phi_0^{(s)}(s)\,\Phi_1^{(s)}(-s)$ hat zwar einfache Pole im Inneren der linken s-Halbebene. Die Summe der Polresiduen dieses Produkts wird aber gleich null, sodaß $\Phi_0^{(s)}(s)$ und $\Phi_1^{(s)}(s)$ für $s = \mathrm{j}2\pi f$ zueinander orthogonal sind.

Die zweite und dritte Funktion werden angesetzt zu

$$\Phi_2^{(s)}(s) = \frac{(s_0 - s)(s_0^* - s)}{(s_0 + s)(s_0^* + s)} \cdot \frac{|s_1| + s}{(s_1 + s)(s_1^* + s)} \tag{3.184}$$

$$\Phi_3^{(s)}(s) = \Phi_2^{(s)}(s) \frac{|s_1| - s}{|s_1| + s} = \frac{(s_0 - s)(s_0^* - s)}{(s_0 + s)(s_0^* + s)} \cdot \frac{|s_1| - s}{(s_1 + s)(s_1^* + s)} . \tag{3.185}$$

Die zweite Funktion entsteht aus der nullten Funktion dadurch, daß die komplexe Frequenz s_0 durch die komplexe Frequenz s_1 ersetzt wird und der dabei entstehenden Funktion ein Allpaß 2. Ordnung der alten komplexen Polfrequenz s_0 in Kette geschaltet wird. Die dritte Funktion entsteht aus der zweiten durch Kettenschaltung mit einem Allpaß 1. Ordnung der reellen Polfrequenz $|s_1|$.

Bei Bildung der Produkte $\Phi_2^{(s)}(s)\,\Phi_2^{(s)}(-s)$ und $\Phi_3^{(s)}(s)\,\Phi_3^{(s)}(-s)$ kürzt sich der Teil des Allpasses 2. Ordnung heraus, und man hat die gleiche Situation wie bei $\Phi_0^{(s)}(s)$ und $\Phi_1^{(s)}(s)$.

Die Produkte

$$\Phi_0^{(s)}(s)\,\Phi_2^{(s)}(-s)\ ;\quad \Phi_0^{(s)}(s)\,\Phi_3^{(s)}(-s)\ ;\quad \Phi_1^{(s)}(s)\,\Phi_2^{(s)}(-s)\ ;\quad \Phi_1^{(s)}(s)\,\Phi_3^{(s)}(-s) \tag{3.186}$$

haben wie diejenigen von (3.177) keine Pole im Inneren der linken s-Halbebene. Das bedeutet, daß die betreffenden Funktionen wieder orthogonal zueinander sind.

Auf diese Weise ensteht das für $s = \mathrm{j}2\pi f$ orthonormale Funktionensystem

$$\Phi_{2n}^{(s)}(s) = \frac{|s_n| + s}{s^2 + \bar{p}_n s + \bar{q}_n^2} \prod_{i=0}^{n-1} \frac{s^2 - \bar{p}_i s + \bar{q}_i^2}{s^2 + \bar{p}_i s + \bar{q}_i^2} ,$$

$$\Phi_{2n+1}^{(s)}(s) = \Phi_{2n}^{(s)}(s) \frac{|s_n| - s}{|s_n| + s} , \qquad n = 1,2, \ldots$$

$$\Phi_0^{(s)}(s) = \frac{|s_0| + s}{s^2 + \bar{p}_0 s + \bar{q}_0^2} ; \quad \Phi_1(s) = \frac{|s_0| - s}{s^2 + \bar{p}_0 s + \bar{q}_0^2} . \tag{3.187}$$

In [MAN 68] ist gezeigt, daß das zuletzt genannte orthonormale Funktionensystem von Kautz vollständig ist, vgl. Abschnitt 2.4. Die zugehörige Orthogonalfilterschaltung ist in wichtigen Teilen in Bild 3.17 wiedergegeben.

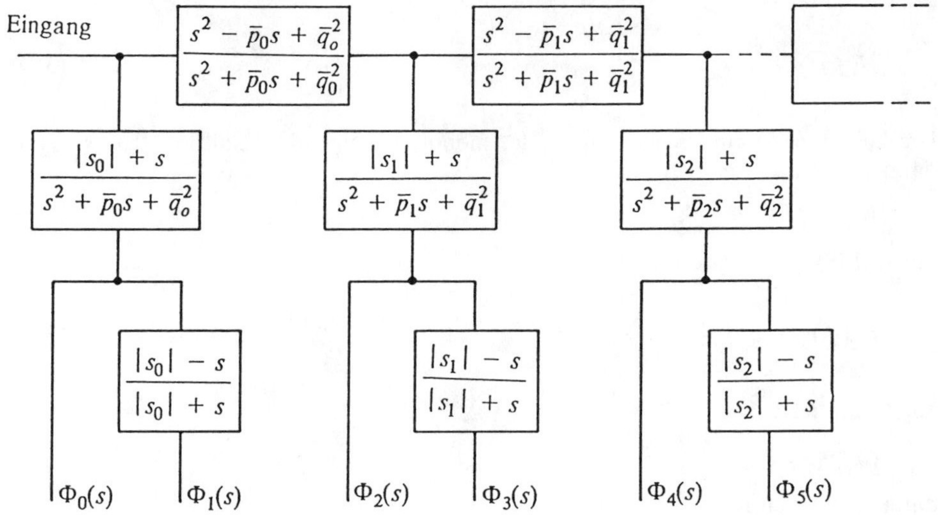

Bild 3.17 Bildung der Teilwirkungsfunktionen beim Transversalfilter nach Kautz

Die zu (3.187) gehörenden Ausdrücke in Abhängigkeit der reellen Frequenzvariablen bestimmen sich mit $s = \mathrm{j}2\pi f$ und (3.166) zu

$$\Phi_{2n}(f) = \frac{1}{2\pi} \cdot \frac{q_n + \mathrm{j}f}{q_n^2 - f^2 + \mathrm{j}p_n f} \prod_{i=0}^{n-1} \frac{q_i^2 - f^2 - \mathrm{j}p_i f}{q_i^2 - f^2 + \mathrm{j}p_i f} ,$$

$$\Phi_{2n+1}(f) = \frac{q_n - \mathrm{j}f}{q_n + \mathrm{j}f} \Phi_{2n}(f) , \qquad n = 1, 2, \ldots$$

$$\Phi_0(f) = \frac{1}{2\pi} \cdot \frac{q_0 + \mathrm{j}f}{q_0^2 - f^2 + \mathrm{j}p_0 f} ; \quad \Phi_1(f) = \frac{1}{2\pi} \cdot \frac{q_0 - \mathrm{j}f}{q_0^2 - f^2 + \mathrm{j}p_0 f} . \qquad (3.188)$$

Weitere Betrachtungen über die Anwendung von Filtern mit Allpaß-Funktionen 2. Ordnung findet man bei [PAU 64].

3.8 Kombinationsschaltungen mit speziellen Koeffizientenrelationen

In Abschn. 1.5 wurde gezeigt, daß man mit dem modifizierten Echoentzerrer - abgesehen von einer konstanten Grundlaufzeit - praktisch beliebige reelle gerade Wirkungsfunktionen $H_m(f)$ und praktisch beliebige imaginäre ungerade Wirkungsfunktionen $\mathrm{j}H_m(f)$ verwirklichen kann, wenn bestimmte Koeffizienten paarweise gleich sind oder sich nur im Vorzeichen unterscheiden. Die in Abschn. 1.5 gemachten Überlegungen lassen sich auf alle Fourier-Netzwerke von Abschn. 3.4 direkt übertragen. Nach (3.77) und (3.81) gilt für die Wirkungsfunktion eines allgemeinen Fourier-Netzwerks

$$H(f) = \sum_{k=0}^{N} c_k \, e^{-jkb(f)} . \tag{3.189}$$

Hierbei ist $b(f)$ eine reelle, ungerade, monoton steigende Funktion. Ist N gerade, dann erhält man mit

$$N = 2M \; ; \; n = k - M \tag{3.190}$$

aus (3.189) den Sonderfall

$$H_g(f) = e^{-jMb(f)} \sum_{n=-M}^{M} c_n \, e^{-jnb(f)} . \tag{3.191}$$

Setzt man jetzt

$$c_n = c_{-n} , \tag{3.192}$$

dann ergibt sich mit

$$c_n \, e^{-jnb(f)} + c_{-n} e^{jnb(f)} = 2c_n \cos nb(f) \tag{3.193}$$

aus (3.191) der spezielle Sonderfall

$$H_{gg}(f) = e^{-jMb(f)} \left[\sum_{n=0}^{M} d_n^{(r)} \cos nb(f) \right]$$

$$\text{mit } d_0^{(r)} = c_0 ; \quad d_n^{(r)} = 2c_n , \quad n = 1, 2, \ldots , M = \frac{1}{2} N . \tag{3.194}$$

Für $n = 0$ haben beide, die Exponentialfunktion in (3.191) und die Cosinusfunktion in (3.194), den Wert Eins. Der Summenausdruck beschreibt eine reelle gerade Funktion in f, gleichgültig welche Werte die Koeffizienten $d_n^{(r)}$ auch annehmen.

Setzt man hingegen

$$c_n = -c_{-n} , \quad c_0 = 0 , \tag{3.195}$$

dann ergibt sich mit

$$c_n \, e^{-jnb(f)} - c_{-n} e^{jnb(f)} = -j2c_n \sin nb(f) \tag{3.196}$$

aus (3.191) der spezielle Sonderfall

$$H_{gu}(f) = e^{-jMb(f)} \left[-j \sum_{n=0}^{M} d_n^{(i)} \sin nb(f) \right] ;$$

$$\text{mit } d_n^{(i)} = 2c_n , \quad n = 1, 2, \ldots , M = \frac{1}{2} N . \tag{3.197}$$

Für $n = 0$ hat die Sinusfunktion in (3.197) den Wert Null. Der Ausdruck in der eckigen Klammer beschreibt stets eine imaginäre ungerade Funktion, egal wie die Koeffizienten $d_n^{(i)}$ gewählt werden.

Die Eigenschaft, daß $H_{gg}(f)$ stets reell und gerade und $H_{gu}(f)$ stets imaginär und ungerade sind, gelten gleichermaßen für alle monoton steigenden ungeraden Phasenfunktionen $b(f)$.

Ändert sich $b(f)$ relativ wenig in Abhängigkeit von f, was bei Arcustangensfunktionen der Fall ist, dann lassen sich Koeffizientenwerte d_n so finden, daß die Wirkungsfunktion $H_{gu}(f)$ im Bereich um $b(f) = \pi/4$ näherungsweise gleich dem Produkt von $H_{gg}(f)$ mit der Wirkungsfunktion $H_H(f)$ eines Hilbert-Transformators ist. Beide Filter bilden dann zusammen ein Paar sogenannter Phasensplitfilter, die für die kohärente Demodulation von QAM-Signalen von Bedeutung sind, siehe Abschn. 6.9.

Durch Addition von (3.194) und (3.197) erhält man

$$H_s(f) = H_{gg}(f) + H_{gu}(f) = e^{-jMb(f)} H_m(f) \tag{3.198}$$

mit

$$H_m(f) = \sum_{n=0}^{M} d_n(r) \cos nb(f) - j\sum_{n} d_n(i) \sin nb(f) = R(f) + jI(f) \,. \tag{3.199}$$

$H_m(f)$ kann einen beliebigen Realteilverlauf $R(f)$ und einen davon unabhängigen Imaginärteilverlauf $I(f)$ besitzen. $H_m(f)$ ist nicht für sich allein, sondern nur in Verbindung mit der Exponentialfunktion in (3.198) realisierbar. Diese Exponentialfunktion ändert nicht den Betrag, sondern bewirkt allein eine zusätzliche von der Frequenz abhängige, aber von den Koeffizienten unabhängige Phasendrehung. Schreibt man

$$H_s(f) = |H_s(f)|\, e^{-jb_s(f)}, \tag{3.200}$$

$$H_m(f) = |H_m(f)|\, e^{-jb_m(f)}, \tag{3.201}$$

dann ist

$$|H_s(f)|^2 = |H_m(f)|^2 = R^2(f) + I^2(f) \,, \tag{3.202}$$

$$b_s(f) = b_m(f) + Mb(f) = \arctan \frac{I(f)}{R(f)} + Mb(f) \,. \tag{3.203}$$

$b_m(f)$ und $|H_m(f)|$ lassen sich durch die Koeffizienten $d_n^{(r)}$ und $d_n^{(i)}$ in nahezu beliebiger Weise verändern. Sind alle Koeffizienten $d_n^{(i)} = 0$, dann wird durch die Koeffizienten $d_n^{(r)}$ nur der Betrag $|H_s(f)|$, d.h. der Dämpfungsverlauf, verändert, während die Phase $b_s(f)$ unbeeinflußt bleibt. Für die korrespondierende Wirkungsfunktion im s-Bereich $H_s^{(s)}(s)$ bedeutet das, daß deren Nullstellenlagen durch die Koeffizienten $d_n^{(r)}$ in der Weise verschoben werden, daß stets eine Quadrantsymmetrie erhalten bleibt [RUP 79]. Sonderfälle der hier dargestellten Theorie von Filtern mit variabler Dämpfung bei konstant bleibender Gruppenlaufzeit sind bei [SCH 79] und [ROS 77,2] beschrieben worden.

Der umgekehrte Fall, die Veränderung der Phase $b_s(f)$ mit den Koeffizienten $d_n^{(r)}$ und $d_n^{(i)}$ unter der Nebenbedingung einer dabei konstant bleibenden Dämpfung ist im Prinzip zwar möglich aber ein kompliziertes Problem. Wie aus (3.202) hervorgeht, muß dazu einer Vergrößerung (Verkleinerung) von $R^2(f)$ eine betragsgleiche Verkleinerung (Vergrößerung) von $I^2(f)$ einhergehen. Das führt auf die Lösung einer quadratischen Gleichung.

Ein besonderer Fall ergibt sich für

$$d_n^{(r)} = d_n^{(i)} = d_n \text{ für alle } n. \tag{3.204}$$

Hierfür folgt aus (3.198) und (3.199)

$$H_s(f) = e^{-jMb(f)} \sum_{n=0}^{M} d_n e^{-jnb(f)} \tag{3.205}$$

Der Summenausdruck repräsentiert die Wirkungsfunktion des Fourier-Netzwerks (3.189). Dies eröffnet die Möglichkeit der direkten Messung des Betrags des Realteilverlaufs und des Betrags des Imaginärteilverlaufs eines Fourier-Netzwerks [SCH 79]. Will man nämlich z.B. den Realteilverlauf der Wirkungsfunktion eines Fourier-Netzwerks mit M Koeffizienten d_n messen, dann nimmt man ein Fourier-Netzwerk mit $N = 2M$ Koeffizienten c_k, siehe (3.189), und stellt die Koeffizienten c_k gemäß (3.194) ein, wobei $d_n^{(r)} = d_n$ gesetzt wird. Der gemessene Betrag $|H_{gg}(f)|$ stimmt dann mit dem Betrag des interessierenden Realteilverlaufs des Fourier-Netzwerks mit den Koeffizienten d_n überein. Ähnlich läßt sich der Betrag des Imaginärteilverlaufs eines interessierenden Fourier-Netzwerks mit den Koeffizienten d_n meßtechnisch bestimmen. Dazu müssen die Koeffizienten gemäß (3.197) gewählt werden.

Alle vorstehenden Betrachtungen für Fourier-Netzwerke lassen sich wiederum auf Verzweigungsfilter mit unterschiedlichen Allpässen und Laufzeitgliedern übertragen, sofern die Gesamtschaltung symmetrisch bezüglich eines mittleren Koeffizientenstellers c_0 aufgebaut ist. Bild 3.18 zeigt eine solche symmetrische Schaltung mit 7 Koeffizientenstellern c_{-3} bis c_3. $N_k(f)$ bezeichnen die Wirkungsfunktionen der einzelnen Teilnetzwerke.

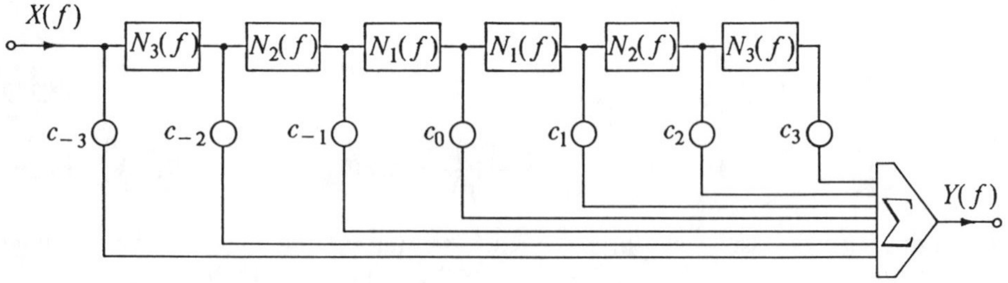

Bild 3.18 Symmetrisches Verzweigungsnetzwerk

Setzt man

$$c_k = c_{-k}, \quad k = 1, 2, 3, \tag{3.206}$$

dann liefert die Analyse der Schaltung in Bild 3.18 die Gesamtwirkungsfunktion

$$H_g(f) = \frac{Y(f)}{X(f)} = c_3\left[1 + N_1^2(f)\, N_2^2(f)\, N_3^2(f)\right] + c_2 N_3(f)\left[1 + N_1^2(f)\, N_2^2(f)\right]$$

$$+\ c_1 N_3(f)\, N_2(f)\left[1 + N_1^2(f)\right] + c_0 N_3(f)\, N_2(f)\, N_1(f)$$

$$= N_1 N_2 N_3 \left\{ c_3\left[\frac{1}{N_1 N_2 N_3} + N_1 N_2 N_3\right]\right.$$

$$\left. +\ c_2\left[\frac{1}{N_1 N_2} + N_1 N_2\right] + c_1\left[\frac{1}{N_1} + N_1\right] + c_0 \right\} . \qquad (3.207)$$

Setzt man für die Wirkungsfunktionen der einzelnen Teilnetzwerke

$$N_k(f) = |N_k(f)|\, e^{-jb_k(f)} \qquad (3.208)$$

Allpaßfunktionen und/oder Laufzeitfunktionen an, d.h. $|N_k(f)| \equiv 1$, dann folgt aus (3.207) mit (3.193)

$$H_g(f) = N_1(f) N_2(f) N_3(f) \cdot \{c_0 + 2c_1 \cos b_1(f) + \qquad (3.209)$$

$$+\ 2c_2 \cos[b_1(f) + b_2(f)] + 2c_3 \cos[b_1(f) + b_2(f) + b_3(f)]\} .$$

Es läßt sich unschwer erkennen, daß für $2M + 1$ Koeffizienten allgemein gilt

$$H_g(f) = \prod_{i=0}^{M} N_i(f) \sum_{n=0}^{M} d_n^{(r)} \cos\left[\sum_{k=0}^{M} b_k(f)\right] \qquad (3.210)$$

mit $d_0^{(r)} = c_0$; $d_k^{(r)} = 2c_k$, $k = 1, 2, \dots, M$, $b_0(f) = 0$.

Für

$$b_k(f) = b(f),\ k = 1, 2, \dots, M \qquad (3.211)$$

geht (3.210) in (3.194) über.

Setzt man statt wie in (3.206) $c_k = -c_{-k}$, dann liefert die Analyse der Schaltung in Bild 3.18 mit Allpässen eine Gesamtwirkungsfunktion, die statt der Cosinusfunktionen in (3.210) jetzt mit $-j$ multiplizierte Sinusfunktionen enthält. Sie geht für (3.211) in die Beziehung (3.197) über.

Die symmetrische Schaltung in Bild 3.18 läßt sich dadurch weiter verallgemeinern, daß in Serie zu den Koeffizientenstellern c_k noch Teilnetzwerke mit den Wirkungsfunktionen $M_k(f)$ geschaltet werden, wie das z.B. bei den Bildern 2.1 und 3.15 der Fall ist. Diese erweiterte Schaltung hat vergleichbare Eigenschaften wie die in Bild 3.18 dann, wenn die symmetrisch gelegenen Teilnetzwerke konjugiert komplexe Wirkungsfunktionen $M_k(f) = M^*_{-k}(f)$ haben.

3.9 Literatur

[ARM 59] Armstrong, H.L.: On the Representation of Transients by Series of Orthogonal Functions; IRE Trans. on Circuit Theory, CT6 (1959), p. 351 - 354

[ARN 85] Arnold, K.: Verwendung orthonormaler Funktionen zur Sprachsynthese im Zeitbereich; Dissertation Univ. Kaiserslautern, Elektrotechnik, 1985

[BOZ 70] Bößwetter, C.; Zapp, R.: Die Realisierung von Laguerre-Netzwerken; Nachrichtentechn. Z. 23 (1970), S. 25 - 30

[DUR 80] Duppre, Th., Rupprecht, W.: Hybrides adaptives Entzerrersystem für schnelle digitale Signalübertragung. Elektronik (1980), H.25, S.83-90

[EIE 66] Eier, R.: Signalanalyse mit Laguerreschen Polynomen; Archiv. Elektr. Übertr. 20 (1966), S. 185 - 194

[ELM 81] Endres, P.; Lemos, C.; Münch, C.: Automatische Unterdrückung von Echos bei binären Datensignalen mittels eines hybrid aufgebauten adaptiven Entzerrungssystems; ntz Archiv Bd. 3 (1981), S. 147 - 150

[FLI 79] Fliege, N.: Lineare Schaltungen mit Operationsverstärkern; Berlin, Heidelberg, New York, Springer, 1979

[GIB 74] Gibbs, A.J.: Minimum Mean-Square-Error Approximation Using Transversal-Type Filters; IEEE Trans. Circuits and Systems, CAS 21 (1974), p. 348 - 353

[GIL 59] Gilbert, E.G.: Linear System Approximation by Differential Analyzer Simulation of Orthonormal Approximation Functions; IRE Trans. on Electronic Computers, p. 204 - 209

[KAU 52] Kautz, W.H.: Networks Synthesis for Specified Transient Response; Techn. Report No. 209; Research Laboratory of Electronics, M.I.T. Apr.23, 1952

[KAU 54] Kautz, W.H.: Transient Synthesis in the Time Domain; IRE Trans. on Circuit Theory, CT 1 (1954), S. 29 - 39

[KUL 62] Kulya, V.I.: Application of Laguerre-Functions to Parametric Coding of Speech Signals; Telecommunications 7 (1962), p. 34 - 41

[KWO 83] Kwong, C.P.: Simple Method for Computation of Wiener-Lee Decomposition; Electronic Letters Vol. 19 (1983), S. 747 - 748

[LEE 32] Lee, Y.W.: Synthesis of Electric Networks by Means of the Fourier Transforms of Laguerre's Functions: Journ. Math. and Physics, M.I.T., 11, 883 - 113 (1932)

[LEE 67] Lee, Y.W.: Statistical Theory of Communication; 6. Auflage; New York, London, Sidney: J. Wiley & Sons; 1967

[LEM 83] Lemos, C.; Münch, Ch.: Adaptive Entzerrung von digitalen Signalen hoher Datenrate. Elektronik 25 (1983), S. 56 - 62

[MAN 68] Manley, H.J.: Analysis-Synthesis of Connected Speech in Terms of Orthogonalized Exponentially Damped Sinosoids, JASA 35 (1968), S. 464 - 474

[MEN 64] Mendel, J.M.: On the Use of Orthogonal Exponentials in a Feedback Application; IEEE Trans. on Automatic Control (1964), p. 310 - 312

[MES 80] Messerschmidt, D.G.: A Class of Generalized Lattice Filters; IEEE Trans. ASSP-28 (1980), p. 198 - 204

[MUE 82] Münch, Ch.: Adaptive Entzerrung von Datenübertragungskanälen durch verallgemeinerte Fouriernetzwerke; Dissertation Univ. Kaiserslautern, Elektrotechnik, 1982

[MUO 58] Mumford, H., Osborne, E.J.: A Laguerre Function Equalizer; A.T.E. Journal 14 (1958), p. 196 - 202

[NAG 85] Nagel, P.: Approximation von Wirkungsfunktionen mit einem Mikrocomputer-gesteuerten, in SC-Technik realisierten Orthogonalfilter; Studienarbeit Universität Kaiserslautern 1985, FB Elektrotechnik

[NAG 87] Nagel, P.: Approximation von Wirkungsfunktionen mit dem Orthogonalfilter. Erscheint im ntz-Archiv 9 (1987)

[PAU 64] Paul, R.J.A.: Orthogonal functional approximations to linear dynamical systems; Proc. IEE Vol. 111 (1964), p. 1913 - 1922, Proc. IEE Vol. 112 (1965), p. 838

[ROS 77,1] Rötter, J.; Schmidt, W.: Das Orthogonalfilter, ein aktives Universalfilter; Elektronik 26 (1977), S. 69 - 74

[ROS 77,2] Rötter, J.; Schmidt, W.: Datenleitungsentzerrer in RC-aktiver Technik mit unabhängiger Einstellbarkeit von Dämpfungs- und Gruppenlaufzeitverläufen; Nachrichtentechn. Z. 30 (1977), S. 579 - 582

[RUS 72] Rupprecht, W.; Schmidt, W.: RC-aktive Filter mit Kapazitäten gleicher Größe, Nachrichtentechn. Z. 25 (1972), S. 169 - 173

[RUP 72] Rupprecht, W.: Netzwerksynthese; Berlin, Heidelberg, New York: Springer, 1972

[RUP 79] Rupprecht, W.: On two-ports with variable attenuation while the group delay remains unchanged; 4th Internat. Symp. Mathematical Theory of Networks and Systems, 1979, Delft

[SCH 78] Schmidt, W.: An Automatic Adaptive Equalizer for Data Transmission; 1978 IEEE Internat. Symp. Circuits and Systems Proceedings, New York, p. 436 - 440

[SCH 79] Schmidt, W.: Grundlagen für die Anwendung des Orthogonalfilters zur Filterung und Formung von Signalen unter besonderer Berücksichtigung der Entzerrung von Datenübertragungskanälen; Dissertation Univ. Kaiserslautern, Elektrotechnik, 1979

[STR 82] Steinbuch, K.; Rupprecht, W.: Nachrichtentechnik Band II; 3. Auflage; Berlin, Heidelberg, New York: Springer, 1982

[VSB 81] Voorman, J.O.; Snijder, P.J.; Barth, P.J.; Vromans, J.S.: A one-chip automatic equalizer for echo reduction in teletext; IEEE Trans. Consumer Electronics, Aug. 1981

[YOH 62] Young, T.Y.; Huggins, W.H.: Complementary Signals and Orthogonalized Exponentials; IRE Trans. on Circuit Theory, CT9, p. 362 - 370

4. Filterung verzerrter und gestörter Digitalsignale im Basisband

Digitale Signale werden bei der Übertragung über räumliche Entfernungen durch zweierlei Einflüsse beeinträchtigt, nämlich erstens durch Verzerrungen und zweitens durch Störungen.

Es gibt Anwendungen, bei denen Verzerrungen den dominierenden Einfluß bilden und Störungen vernachlässigbar gering sind. Bei anderen Anwendungen können die Störungen dominant und die Verzerrungen vernachlässigbar sein. Bei wieder anderen Anwendungen kann es der Fall sein, daß beide, Verzerrung und Störung, sich zugleich und in vergleichbarem Ausmaß destruktiv auswirken. In allen Anwendungen kann mittels Filterung des empfangenen Signal-Stör-Gemisches der schädliche Einfluß der Verzerrungen oder/und Störungen gemildert werden.

In diesem 4. Kapitel werden anhand der digitalen Signalübertragung im Basisband Kenngrößen zur quantitativen Beschreibung der Signalverzerrung und des Störeinflusses behandelt. Es wird dargelegt, wie Verzerrungen zur Nachbarsymbolinterferenz führen und in welcher Weise das empfangene Signal-Stör-Gemisch gefiltert werden muß, um die Nachbarsymbolinterferenz zu beseitigen oder zu mindern und um den Signalstörabstand zu verbessern. Es werden ferner theoretische Grenzen für den im besten Fall erreichbaren Signalstörabstand hergeleitet.

4.1 Modell der digitalen Basisband-Signalübertragung

Für die Untersuchung von Problemen der Entzerrung digitaler Signale bei Basisbandübertragung genügt das in Bild 4.1 dargestellte Modell einer digitalen Übertragungsstrecke. Unter Basisbandübertragung versteht man eine Übertragung von Signalen in ihrer ursprünglichen Frequenzlage, die in der Regel im Bereich relativ niedriger Frequenzen liegt. Im Gegensatz dazu steht die frequenzversetzte Übertragung mit Anwendung einer Modulation zur Verschiebung des Signalspektrums in eine höhere Frequenzlage, in welcher dann die Übertragung erfolgt, und einer im Anschluß an die Übertragung vorgenommenen Demodulation zur Rückverschiebung in die ursprüngliche Frequenzlage, siehe Kapitel 6.

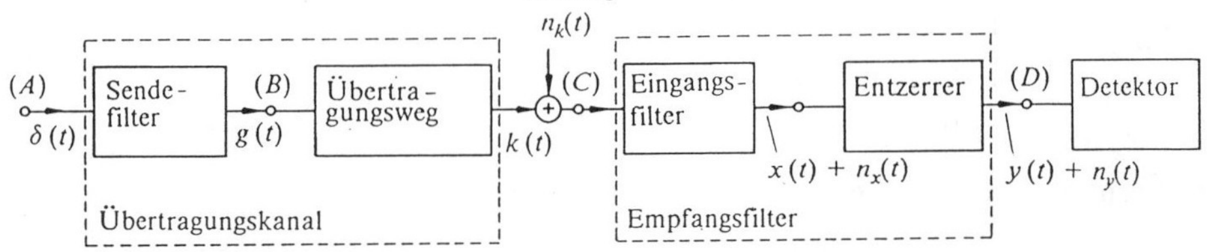

Bild 4.1 **Modell der digitalen Basisbandübertragung**

Der Übertragungsweg überbrückt die räumliche Entfernung zwischen dem Sendeort und dem Empfangsort. Sendefilter, Übertragungsweg, Eingangsfilter und Entzerrer sind lineare Übertragungsglieder, die zumindest kurzzeitig auch zeitinvariant sind.

$g(t)$ bezeichnet einen einzelnen Grundimpuls, der senderseitig auf den Übertragungsweg geschickt wird. Diesen Grundimpuls kann man sich als Antwort des Sendefilters auf einen Dirac-Impuls $\delta(t)$ vorstellen. Am Ende des ungestörten Übertragungswegs ruft der Grundimpuls $g(t)$ bzw. Dirac-Impuls $\delta(t)$ die Antwort $k(t)$ hervor. Faßt man Sendefilter und ungestörten Übertragungsweg zum Übertragungskanal zusammen, dann ist $k(t)$ die Impulsantwort des Übertragungskanals, d.h. die Antwort des Übertragungskanals auf den Dirac-Impuls am Eingang des Sendefilters.

Die eigentlich längs des Übertragungswegs sich dem Signal überlagernden Störungen werden im Modell durch eine punktuell am Ende des Übertragungswegs hinzuaddierte Störung $n_k(t)$ erfaßt, wobei dann der Übertragungsweg als ungestört angesehen wird.

Die Summe von Übertragungskanalantwort $k(t)$ und Störung $n_k(t)$ gelangt auf das Empfangsfilter, welches man sich aus einem Eingangsfilter und einem Entzerrer zusammengesetzt denken kann. Das Eingangsfilter dient hauptsächlich zur Verbesserung des Signalstörabstands. Die Übertragungskanalantwort $k(t)$ erzeugt allein, d.h. bei $n_k(t) \equiv 0$, am Eingangsfilterausgang die Antwort $x(t)$ und am Entzerrerausgang die Antwort $y(t)$. Die Störung $n_k(t)$ erzeugt allein, d.h. bei $k(t) \equiv 0$, am Eingangsfilterausgang die Störung $n_x(t)$ und am Entzerrerausgang die Störung $n_y(t)$. Übertragungskanalantwort $k(t)$ und Störung $n_k(t)$ erzeugen zusammen die Überlagerung $x(t) + n_x(t)$ bzw. $y(t) + n_y(t)$.

Das soweit beschriebene System wird zur Übertragung diskreter Quellensymbole

$$q^{(k)}\ , \quad k = 1, 2, \dots, M \tag{4.1}$$

benutzt. Das geschieht in der Weise, daß in Bild 4.1 statt des ungewichteten Dirac-Impulses $\delta(t)$ ein gewichteter Dirac-Impuls $a\delta(t)$ gesendet wird. Der Wert des Gewichtsfaktors a wird dabei umkehrbar eindeutig durch das zu übertragende Quellensymbol $q^{(k)}$ festgelegt.

Für $M = 2$, d.h. bei binärer Übertragung, möge beispielsweise gelten

$$a = \begin{cases} +1 & \text{für } q^{(k)} = q^{(1)} \\ -1 & \text{für } q^{(k)} = q^{(2)} \end{cases} . \tag{4.2}$$

In diesem Fall wird a auch als *Bit* bezeichnet.

Für $M = 4$, d.h. bei quaternärer Übertragung, möge gelten

$$a = \begin{cases} 3 & \text{für } q^{(k)} = q^{(1)} \\ 1 & \text{für } q^{(k)} = q^{(2)} \\ -1 & \text{für } q^{(k)} = q^{(3)} \\ -3 & \text{für } q^{(k)} = q^{(4)} . \end{cases} \tag{4.3}$$

In diesem Fall repräsentiert a ein *Dibit* oder zwei Bits.

Werden mehrere Symbole zeitlich nacheinander im Abstand T übertragen, dann gelangt auf den Eingang des Sendefilters die Impulsfolge

$$\sum_{\nu} a_\nu \delta(t - \nu T). \tag{4.4}$$

Hierbei kennzeichnet der Faktor bzw. Index

$$\nu = 0, \pm 1, \pm 2, \dots \tag{4.5}$$

die Zeitpunkte, zu denen Symbole gesendet werden.

Wegen der vorausgesetzten Linearität und Zeitinvarianz ergibt sich mit (4.4) für das Sendesignal $s(t)$ am Eingang des Übertragungswegs

$$s(t) = \sum_{\nu} a_\nu g(t - \nu T) \tag{4.6}$$

und für das Empfangssignal $r(t)$ am Ausgang des gestörten Übertragungswegs

$$r(t) = \sum_{\nu} a_\nu k(t - \nu T) + n_k(t) \ . \tag{4.7}$$

Die Störung $n_k(t)$ hängt nicht davon ab, ob ein einzelner Dirac-Impuls oder eine Folge gewichteter Dirac-Impulse gesendet wird.

In entsprechender Weise resultieren mit (4.4) für das (verzerrte) Signal $v(t)$ am Entzerrereingang

$$v(t) = \sum_{\nu} a_\nu x(t - \nu T) + n_x(t) \tag{4.8}$$

und für das Signal $d(t)$ am Detektoreingang

$$d(t) = \sum_{\nu} a_\nu y(t - \nu T) + n_y(t) \ . \tag{4.9}$$

Der Detektor ist ein nichtlinearer und im einfachsten Fall gedächtnisfreier Entscheider, der anhand des Detektionssignals $d(t)$ auf die gesendete Folge der Gewichtsfaktoren a_ν und damit auf die Folge der Quellensymbole $q_\nu^{(k)}$ schließen soll.

Da die Summen in (4.6) bis (4.9) die gleiche Struktur haben, wird für allgemeine Betrachtungen, die sich wahlweise auf $s(t)$, $r(t)$, $v(t)$ oder $d(t)$ beziehen, die allgemeine Darstellung

$$a(t) = \sum_{\nu} a_\nu h(t - \nu T) \tag{4.10}$$

verwendet, wobei $h(t)$ eine allgemeine Einzelimpulsantwort bezeichnet. Mnemotechnisch mag hilfreich sein, daß $s(t)$ für *s*enden, $r(t)$ für *r*eceive (=empfangen), $v(t)$ für *v*erzerrt, $d(t)$ für *d*etektieren und $a(t)$ für *a*llgemein steht.

4.2 Dispersion, Interferenz und Augenmuster

In den meisten Fällen werden Form und Dauer eines Grundimpulses $g(t)$ auf der Sendeseite so gewählt, daß aufeinanderfolgende Impulse $g(t - \nu T)$ sich nicht oder nur marginal überlappen, siehe Bild 4.2.

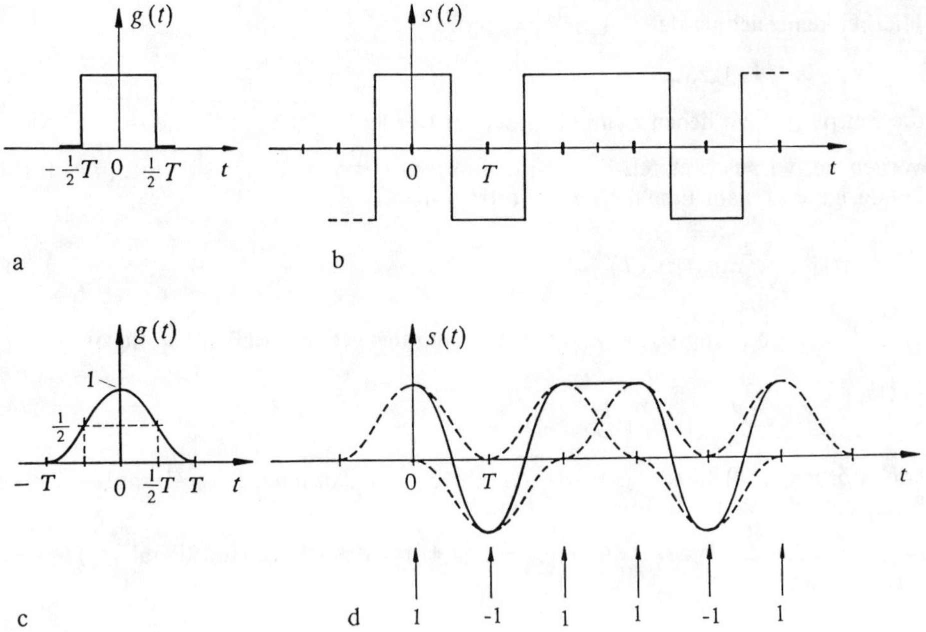

Bild 4.2 **Typische Formen von Grundimpulsen und damit gebildete Sendesignale bei binärer bipolarer Übertragung**

Bild 4.2a zeigt als Grundimpuls $g(t)$ den Rechteckimpuls der Dauer T

$$g(t) = \text{rect}\left(\frac{t}{T}\right) = \begin{cases} 1 & \text{für} \quad -T/2 \le t < T/2 \\ 0 & \text{sonst} \quad . \end{cases} \tag{4.11}$$

Damit läßt sich z.B. das Sendesignal in Bild 4.2b bilden, das eine überlappungsfreie, durch die Binärkoeffizienten $a_\nu = \pm 1$ gewichtete Impulsfolge darstellt.

Der in Bild 4.2c dargestellte Grundimpuls ist ein Cosinusquadratimpuls der Dauer $2T$

$$g(t) = \begin{cases} \cos^2(\frac{\pi t}{2T}) & \text{für} \quad -T \le t < T \\ 0 & \text{sonst} \; . \end{cases} \tag{4.12}$$

Im Abstand T gesendete Grundimpulse dieser Art überlappen sich zwar, wie Bild 4.2d zeigt. Zu den unterhalb von Bild 4.2d markierten Abfragezeitpunkten νT, $\nu = 0, \pm 1, \pm 2, \ldots$ hat aber das Sendesignal $s(t)$ genau den Wert a_ν so wie auch in Bild 4.2b. Für die Übertragung über bandbegrenzende Systeme ist die Grundimpulsform von Bild 4.2c günstiger als die von Bild 4.2a. Nähere Ausführungen über günstige Grundimpulsformen werden in Abschnitt 4.6 gebracht.

Übliche Übertragungswege wie z.B. Kabel haben eine hohe Dispersion. Das bedeutet, daß die Dauer ihrer Impulsantwort sich über ein Vielfaches (z.B. das 10-fache) des Symbolabstandes T erstreckt. In Bild 4.3a und b ist dargestellt, wie sich dies auf die Form eines Datensignals $a(t)$ auswirkt. Wenn der auf der linken Seite von Bild a

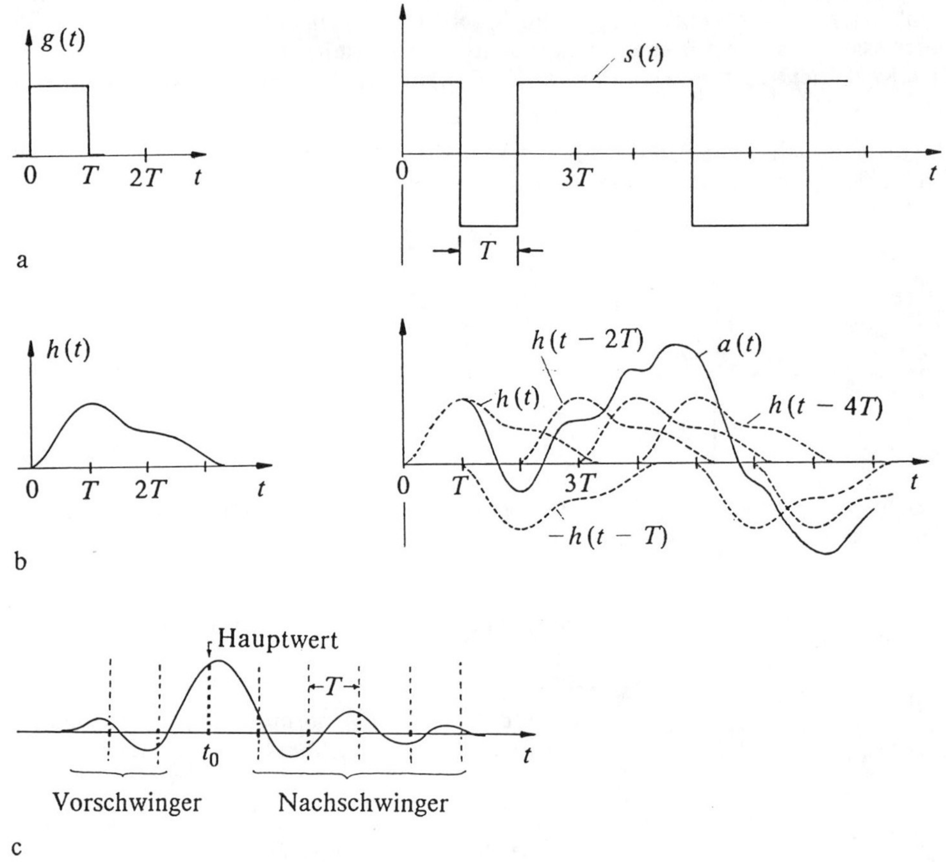

Bild 4.3 Entstehung der Datensignalverzerrung bei linearen zeitinvarianten Übertragungssystemen
(a) Grundimpuls $g(t)$ und aus Grundimpulsen gebildetes Datensignal $s(t)$
(b) Grundimpulsantwort $h(t)$ und die damit sich ergebende Antwort $a(t)$ auf das Datensignal $s(t)$
(c) Allgemeine Grundimpulsantwort $h(t)$ mit Vor- und Nachschwingern

gezeigte einzelne Grundimpuls $g(t)$ die auf der linken Seite von Bild b gezeigte Antwort $h(t)$ erzeugt, dann muß bei Zeitinvarianz und Linearität des Übertragungssystems das auf der rechten Seite von Bild a wiedergegebene Datensignal $s(t)$ das auf der rechten Seite von Bild b dargestellte verzerrte Datensignal $a(t)$ hervorrufen. Die gestrichelt gezeichneten Einzelimpulsantworten $a_v h(t - vT)$ überlappen sich; man sagt auch, sie *interferieren*. Die Überlagerung der sich überlappenden Einzelimpulsantworten ergibt das verzerrte Signal $a(t)$.

Alle Eigenschaften eines durch ein lineares zeitinvariantes Übertragungssystem verzerrten Datensignals lassen sich anhand der Impulsantwort $h(t)$ studieren, welche allgemein die in Bild 4.3c gezeigte Form haben kann. Sie möge ein ausgeprägtes Maximum besitzen, das bei t_0 liege, und im übrigen Vor- und Nachschwinger aufweisen, die Interferenz verursachen. Zum Zeitpunkt t_0 wird der Wert des Datensignals $a(t)$ im Normalfall hauptsächlich von $a_0 h(t_0)$ gebildet, weshalb der Wert des interessierenden Koeffizienten a_0 zum Zeitpunkt t_0 ermittelt wird. Entsprechend wird der Koeffizient a_ν zum Zeitpunkt $t_0 + \nu T$ bestimmt. Der Funktionswert $h(t_0)$ heißt *Hauptwert.*

Wenn dem verzerrten Datensignal $a(t)$ noch eine Störung $n(t)$ überlagert ist, dann ergibt sich zum Zeitpunkt t_0 der beobachtbare Funktionswert

$$\begin{aligned} r_a(t_0) &= a(t_0) + n(t_0) \\ &= a_0 h(t_0) + \sum_{\substack{\nu \\ \nu \neq 0}} a_\nu h(t_0 - \nu T) + n(t_0) \\ &= h(t_0)\left[a_0 + \frac{1}{h(t_0)} \sum_{\substack{\nu \\ \nu \neq 0}} a_\nu h(t_0 - \nu T) + \frac{n(t_0)}{h(t_0)}\right]. \end{aligned} \tag{4.13}$$

Der Faktor $h(t_0)$ vor der eckigen Klammer kann als Maßstabsfaktor angesehen werden. Von Interesse ist eigentlich nur der Ausdruck in der eckigen Klammer. Dieser besteht aus

- a_0, das ist die interessierende Information ;
- $\frac{1}{h(t_0)} \sum_{\substack{\nu \\ \nu \neq 0}} a_\nu h(t_0 - \nu T)$, das ist die auf $h(t_0)$ normierte Interferenz durch Nachbarsymbole (Nachbarsymbolinterferenz) ;
- $\frac{n(t_0)}{h(t_0)}$, das ist die auf $h(t_0)$ normierte Verfälschung durch Störungen.

Die Nachbarsymbolinterferenz wird maximal, wenn alle Produkte $a_\nu h(t_0 - \nu T)$ entweder positiv sind für alle ν oder negativ sind für alle ν und jedes a_ν einen Wert mit maximalem Betrag annimmt.

Im Fall der binären Übertragung ist nach (4.2) $|a_\nu| = 1$ und die normierte Maximalinterferenz bei gleichen Vorzeichen von a_ν und $h(t_0 - \nu T)$

$$I_g = \frac{1}{|h(t_0)|} \sum_{\substack{\nu \\ \nu \neq 0}} |h(t_0 - \nu T)| = I \tag{4.14}$$

und bei entgegengesetzten Vorzeichen von a_ν und $h(t_0 - \nu T)$

$$I_u = -\frac{1}{|h(t_0)|} \sum_{\substack{\nu \\ \nu \neq 0}} |h(t_0 - \nu T)| = -I . \tag{4.15}$$

Bei nichtvorhandenen Störungen $n(t_0) = 0$ kann der Wert a_0 durch Interferenz um bis zu I vergrößert oder verkleinert werden. Meßtechnisch wird dieser Effekt anhand des sogenannten *Augenmusters* beobachtet.

Das Augenmuster ergibt sich dadurch, daß man das Signal $r_a(t)$ auf dem Oszillographenschirm beobachtet, wobei Signalabschnitte der Dauer KT, K = ganzzahlig, übereinander geschrieben werden. Im Fall des Signals in Bild 4.2d ergibt sich das Augenmuster in Bild 4.4a. Für den Fall, daß sich das binäre Digitalsignal aus Impulsantworten gemäß Bild 4.3c zusammensetzt, ergibt sich ein Augenmuster ähnlich wie in Bild 4.4b. Während sich zu den Abfragezeitpunkten (markiert durch den Pfeil) im Fall von Bild 4.4a nur die Werte $+1$ und -1 ergeben, können sich im Fall von Bild 4.4b nahezu beliebige Werte im Bereich $+1 \pm I$ und $-1 \pm I$ ergeben.

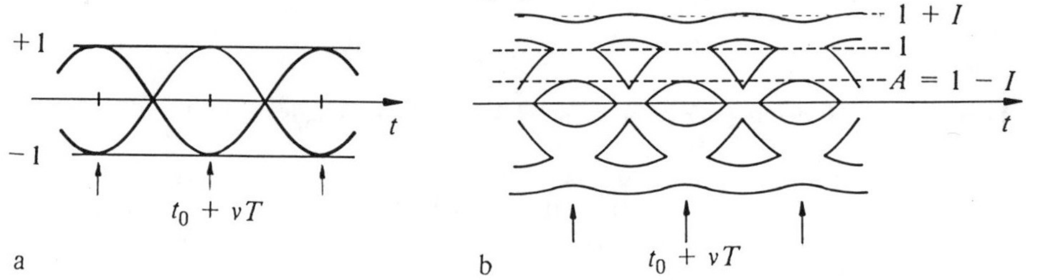

Bild 4.4 Binäre Augenmuster
(a) für das Signal in Bild 4.2d
(b) für ein Signal, das sich aus Impulsantworten gemäß Bild 4.3c zusammensetzt

Als normierte Augenöffnung eines binären Signals bezeichnet man die Größe

$$A = 1 - I. \tag{4.16}$$

Solange $A > 0$, also das Auge geöffnet ist, läßt sich bei nichtvorhandenen Störungen $n(t) \equiv 0$ anhand der Vorzeichen der Funktionswerte von $r_a(t_0 + \nu T)$ direkt entscheiden, ob $a_\nu = +1$ oder $a_\nu = -1$ ist. Bei überlagerten Störungen kann diese Entscheidung um so eher verfälscht werden, je kleiner die Augenöffnung A ist.

Die Aufgabe des Empfangsfilters in Bild 4.1 besteht darin, die Wahrscheinlichkeit für Falschentscheidungen des Detektors zu vermindern. Das kann dadurch geschehen, daß am Detektoreingang die Augenöffnung vergrößert wird durch Entzerrung oder die Störung reduziert wird durch störunterdrückende Filterung oder daß beides, Vergrößerung der Augenöffnung und Störreduzierung, zugleich realisiert wird.

Die am Beispiel des binären Signals angestellten Überlegungen lassen sich auf quaternäre und beliebige M-näre Digitalsignale verallgemeinern. Nachfolgend seien nun die Maximalinterferenz I und die Augenöffnung A für ein M-näres Basisband-Datensignal bestimmt. Zwischen M möglichen Signalniveaus des unverzerrten Datensignals gibt es $M - 1$ Zwischenräume, die alle die gleiche Distanz $2d$ voneinander haben sollen, siehe Bild 4.5.

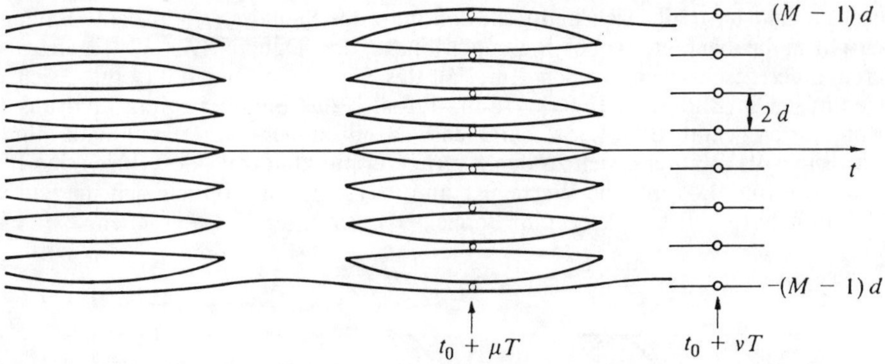

Bild 4.5 Zur Herleitung der Augenöffnung des M-nären Signals (hier $M = 8$)

Aus (4.13) ergibt sich die maximale Verfälschung durch Nachbarsymbolinterferenz dann, wenn die Beträge aller Koeffizienten a_ν den Maximalwert $(M-1)d$ annehmen und alle Produkte $a_\nu h(t_0 - \nu T)$ dasselbe Vorzeichen haben. Das ergibt

$$I = \frac{(M-1)d}{|h(t_0)|} \sum_{\substack{\nu \\ \nu \neq 0}} |h(t_0 - \nu T)| \quad . \tag{4.17}$$

Damit folgt für die normierte Augenöffnung eines M-nären Signals

$$A = d - I \, . \tag{4.18}$$

Für $M = 2$ und $d = 1$ gehen (4.17) und (4.18) in (4.14) und (4.16) über.

Die Nachbarsymbolinterferenz verschwindet stets dann, wenn die Impulsantwort $h(t)$ Nullstellen im Abstand νT, ν ganzzahlig, vom Hauptwert $h(t_0)$ besitzt, siehe (4.14) und Bild 4.3c. Das gilt für beliebige M-näre Signale, siehe auch (4.17). Genau genommen ist dann das Datensignal punktweise interferenzfrei, nämlich in den Zeitpunkten $t_0 + \nu T$. Von der punktweisen Interferenzfreiheit wird später noch die intervallweise Interferenzfreiheit unterschieden.

4.3 Reduzierung der Nachbarsymbolinterferenz mit einem Entzerrer

Die Maximalinterferenz I in den Abfragezeitpunkten $t_0 + \nu T$ und ihre Reduzierung durch einen Entzerrer werden zweckmäßigerweise mit dem Formalismus der zeitdiskreten Signaltheorie und der z-Transformation beschrieben. Die Einzelheiten lassen sich am besten anhand eines Beispiels erläutern.

Bild 4.6a zeigt die Antwort $k(t)$ am Ende des Übertragungswegs, die von einem Grundimpuls $g(t)$ dort hervorgerufen wird, vergl. Bild 4.1. Legt man den zeitlichen Ursprung $t = 0$ in die Nähe des Maximums bei t_0, dann ergeben sich bei binärer Übertragung die Maximalinterferenz nach (4.14) zu

$$I = \frac{1}{|k(t_0)|} \sum_{\substack{\nu \\ \nu \neq 0}} |k(t_0 - \nu T)| = \frac{1}{2} \tag{4.19}$$

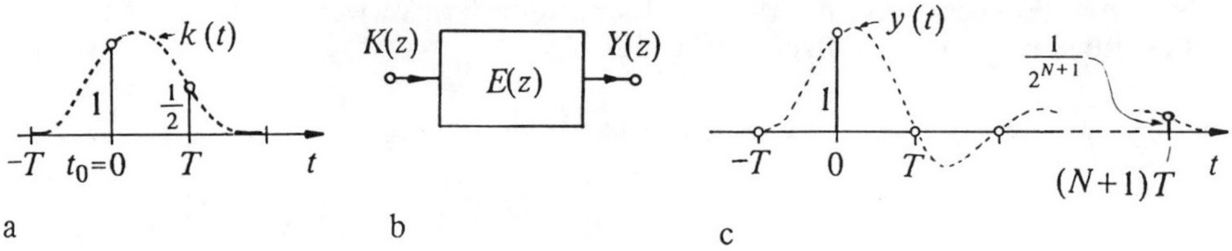

Bild 4.6 **Zur zeitdiskreten Berechnung der Maximalinterferenz**
(a) zeitdiskret betrachtete Impulsantwort am Entzerrereingang
(b) Entzerrer der Wirkungsfunktion $E(z)$
(c) entzerrte Impulsantwort am Entzerrerausgang

und die Augenöffnung nach (4.16) zu

$$A = 1 - I = \frac{1}{2} \quad . \tag{4.20}$$

Die z-Transformation der Eingangsfolge liefert nach (1.13)

$$\{k_v\} = \left(1, \frac{1}{2}\right) \quad \circ\!\!-\!\!\bullet \quad K(z) = 1 + \frac{1}{2} z^{-1} \quad . \tag{4.21}$$

Im Idealfall soll daraus am Entzerrerausgang, siehe Bild 4.6, die z-Transformierte

$$Y(z) \stackrel{!}{=} 1 \tag{4.22}$$

entstehen.

Ein idealer Entzerrer muß also folgende Wirkungsfunktion $E_{id}(z)$ im z-Bereich besitzen

$$E_{id}(z) = \frac{Y(z)}{K(z)} = \frac{1}{1 + \frac{1}{2} z^{-1}} = 1 - \frac{1}{2} z^{-1} + \frac{1}{4} z^{-2} - \frac{1}{8} z^{-3} + \ldots$$

$$= \sum_{i=0}^{\infty} \frac{(-1)^i}{2^i} z^{-i} \stackrel{!}{=} \sum_{i=0}^{\infty} c_i z^{-i} \quad . \tag{4.23}$$

Dies ist entsprechend (1.20) die Wirkungsfunktion eines Echoentzerrers gemäß Bild 1.1 mit unendlich vielen Laufzeitgliedern der Laufzeit $\tau = T$. Seine Koeffizienten bestimmen sich aus (4.23) zu

$$c_i = \frac{(-1)^i}{2^i} \quad . \tag{4.24}$$

Wird anstelle des ideal entzerrenden Echoentzerrers mit unendlich vielen Laufzeitgliedern ein Echoentzerrer mit $N < \infty$ Laufzeitgliedern verwendet, dann erhält man als z-Transformierte der Entzerrerausgangsfolge

$$Y(z) = K(z)E_N(z) = \left(1 + \frac{1}{2}z^{-1}\right)\sum_{i=0}^{N}\frac{(-1)^i}{2^i}z^{-i} = \ldots =$$

$$= 1 + \frac{(-1)^N}{2^{N+1}}z^{-N-1} \quad \bullet\!\!-\!\!\circ \quad \left(1, 0, 0, \ldots, 0, \frac{(-1)^N}{2^{N+1}}\right) . \tag{4.25}$$

Die (endliche) Ausgangsfolge hat $N + 2$ Glieder, von denen nur das erste und das letzte von Null verschieden sind. Das erste stellt den Hauptwert $y(t_0) = 1$ dar, der bei $t_0 = 0$ liegt. Das letzte, das an der Stelle $(N + 1)T$ liegt, verursacht Nachbarsymbolinterferenz, siehe Bild 4.6c. Nach (4.14) errechnet sich die verbleibende Maximalinterferenz zu

$$I = \frac{1}{2^{N+1}} . \tag{4.26}$$

Die verbleibende Maximalinterferenz I kann bei diesem Beispiel um so kleiner gemacht werden, je höher die Anzahl N der Laufzeitglieder gewählt wird. Dementsprechend läßt sich mit wachsender Anzahl N die Augenöffnung A immer weiter vergrößern. Bei binärer Übertragung und $N = 5$ läßt sie sich nach (4.16) für dieses Beispiel auf den Wert $A = 63/64$ bringen.

In Abschnitt 5.4 wird gezeigt, daß mit einem Echoentzerrer, der Laufzeitglieder der Laufzeit $\tau = T$ besitzt, es grundsätzlich unmöglich ist, ein verzerrtes Datensignal punktweise exakt zu entzerren. Wohl aber ist diese Aufgabe im Prinzip mit einem solchen Echoentzerrer möglich, der Laufzeitglieder der Laufzeit $\tau = T/2$ hat.

Datensignale, die punktweise interferenzfrei sind, erfordern u.U. eine sehr präzise Synchronisation der empfangsseitigen Abtastung. Ist die empfangsseitige Abtastung zeitlichen Schwankungen (Jitter) unterworfen, dann ist eine intervallweise Entzerrung vorteilhafter. Auf eine diesbezügliche adaptive Methode wird in Abschnitt 5.5 eingegangen.

Wichtig ist es festzuhalten, daß bei linearen Übertragungssystemen ein Entzerrer für binäre Basisband-Datensignale auch M-näre Basisband-Datensignale gleicher Schrittdauer T entzerrt und umgekehrt.

4.4 Bedingungen für verschwindende Nachbarsymbolinterferenz

Die allgemeinen Bedingungen, die an ein lineares zeitinvariantes Übertragungssystem der Wirkungsfunktion $H(f)$ gestellt werden müssen, damit seine Impulsantwort $h(t) \circ\!\!-\!\!\bullet\ H(f)$ Nullstellen bei $t = t_0 - \nu T$ hat für ν ganzzahlig außer $\nu = 0$, lassen sich anhand von Bild 4.7 gewinnen.

Bild 4.7a zeigt eine Impulsantwort $h(t)$, welche Nullstellen im Abstand νT vom Hauptwert $h(t_0)$ hat und darüberhinaus noch weitere Nullstellen besitzen mag. Wird diese Impulsantwort $h(t)$ mit dem in Bild 4.7b dargestellten Dirac-Kamm multipliziert, dann bleibt nur ein einziger Dirac-Impuls $h(t_0)\,\delta(t - t_0)$ übrig, da alle übrigen

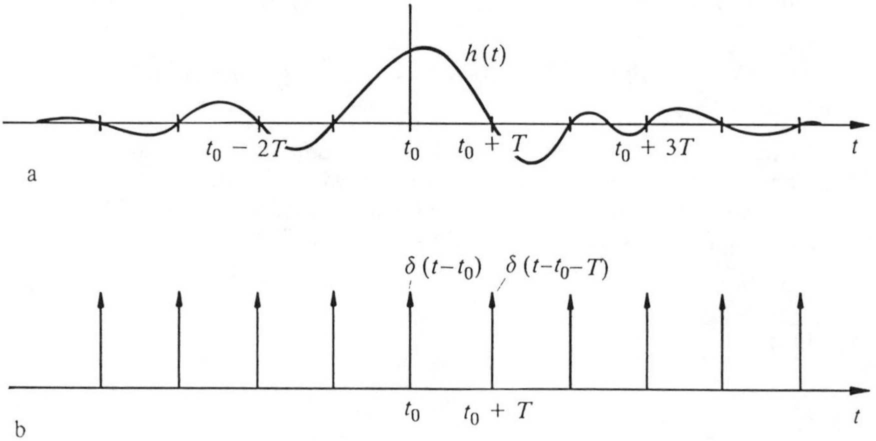

Bild 4.7 **Zur Herleitung der Bedingungen für verschwindende Nachbarsymbolinterferenz**

Dirac-Impulse $\delta\,(t - t_0 - \nu T)$ das Gewicht Null erhalten und damit unberücksichtigt bleiben können.

Es gilt also

$$h(t) \sum_{\nu=-\infty}^{+\infty} \delta(t - t_0 - \nu T) = h(t_0)\,\delta\,(t - t_0)\ . \tag{4.27}$$

Durch Fourier-Transformation geht diese Beziehung über in das Faltungsprodukt

$$H(f) * \frac{1}{T} \sum_{\mu=-\infty}^{+\infty} \delta(f - \mu/T)\,\mathrm{e}^{-\mathrm{j}2\pi f t_0} = h(t_0)\,\mathrm{e}^{-\mathrm{j}2\pi f t_0}\ . \tag{4.28}$$

Hierbei ist Gebrauch gemacht von der Korrespondenz [LUE 85]

$$\sum_{\nu=-\infty}^{+\infty} \delta(t - \nu T) \;\circ\!\!-\!\!\bullet\; \frac{1}{T} \sum_{\mu=-\infty}^{+\infty} \delta(f - \mu/T) \tag{4.29}$$

und vom Verschiebungssatz der Fourier-Transformation.

Die Faltungsoperation ($*$) bedeutet ausführlich geschrieben für einen einzelnen Dirac-Impuls in (4.28)

$$\begin{aligned} H(f) * \delta\,(f - \mu/T)\,\mathrm{e}^{-\mathrm{j}2\pi f t_0} &= \int_{-\infty}^{+\infty} H(\xi)\,\delta(f - \mu/T - \xi)\,\mathrm{e}^{-\mathrm{j}2\pi(f-\xi)t_0}\,d\xi \\ &= H(f - \mu/T)\,\mathrm{e}^{-\mathrm{j}2\pi(\mu/T)t_0} \end{aligned} \tag{4.30}$$

und damit für (4.28) insgesamt

$$\frac{1}{T}\sum_{\mu=-\infty}^{+\infty} H(f-\mu/T)\,\mathrm{e}^{-\mathrm{j}2\pi(\mu/T)t_0} = h(t_0)\,\mathrm{e}^{-\mathrm{j}2\pi f t_0} \quad \bullet\!\!-\!\!\circ \quad h(t_0)\,\delta(t-t_0)\,. \tag{4.31}$$

Die Gleichung links vom Korrespondenzzeichen, welche das Verhalten im Frequenzbereich beschreibt, läßt sich einfacher diskutieren, wenn sie mit $T\,\mathrm{e}^{\mathrm{j}2\pi f t_0}$ multipliziert wird. Dem entspricht rechts vom Korrespondenzzeichen, im Zeitbereich, eine Verschiebung um t_0 nach links und eine Multiplikation mit T. Setzt man außerdem

$$H(f)\,\mathrm{e}^{\mathrm{j}2\pi f t_0} = H'(f)\,, \tag{4.32}$$

dann erhält man

$$\begin{aligned} Th(t_0) &= \sum_{\mu=-\infty}^{+\infty} H(f-\mu/T)\,\mathrm{e}^{+\mathrm{j}2\pi(f-\mu/T)t_0} = \\ &= \sum_{\mu=-\infty}^{+\infty} H'(f-\mu/T) \quad \bullet\!\!-\!\!\circ \quad Th(t_0)\,\delta(t)\,. \end{aligned} \tag{4.33}$$

Das links vom Korrespondenzzeichen stehende Spektrum hat einerseits den reellen konstanten Wert $Th(t_0)$. Andererseits setzt es sich aus einer Überlagerung von gleichen Teilspektren zusammen, die um μ/T gegeneinander verschoben sind. Bild 4.8a zeigt beispielhaft die verschobenen Spektralverläufe für $\mu = 0$, $\mu = 1$ und $\mu = -1$. In Bild 4.8b ist der Verlauf für $\mu = 0$ separat gezeichnet.

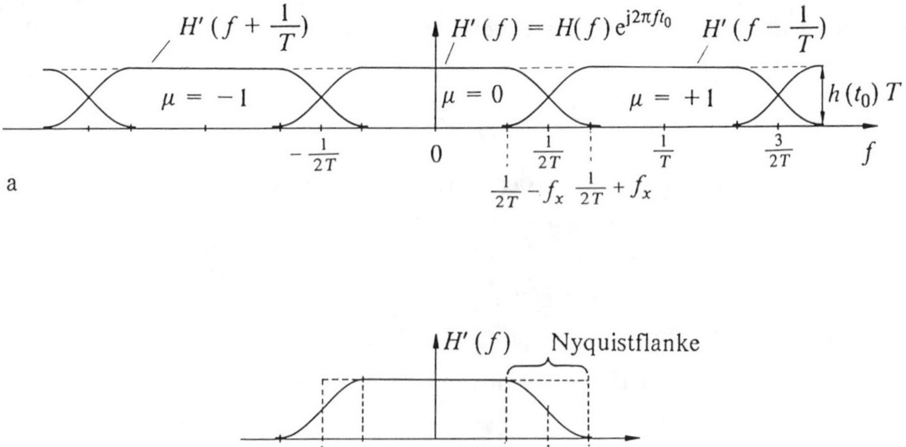

a

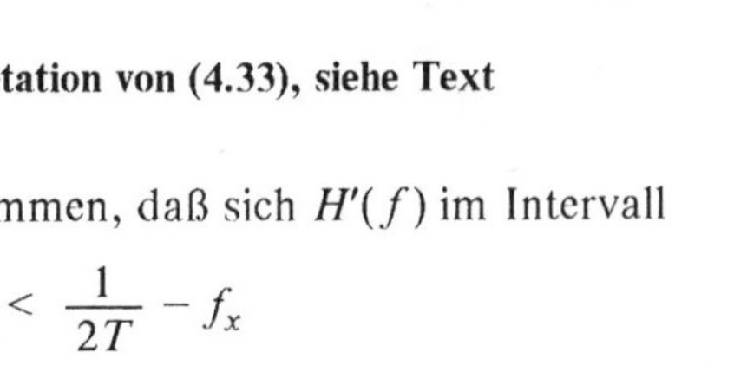

b

Bild 4.8 Zur Interpretation von (4.33), siehe Text

In Bild 4.8b ist angenommen, daß sich $H'(f)$ im Intervall

$$-\frac{1}{2T} + f_x \le f < \frac{1}{2T} - f_x \tag{4.34}$$

nicht mit benachbarten Spektralverläufen ($\mu \neq 0$) überlappt. Im überlappungsfreien Bereich, wenn er existiert, muß $H'(f)$ reell sein und den Wert $Th(t_0)$ haben. Dort, wo eine Überlappung auftritt, kann $H'(f)$ auch komplex sein. Im Beispiel von Bild 4.8 gilt das insbesondere im Bereich der rechten Filterflanke, d.h. im Intervall

$$\frac{1}{2T} - f_x < f < \frac{1}{2T} + f_x \quad . \tag{4.35}$$

In diesem Bereich müssen sich die Realteile aller überlappender Frequenzverläufe zum reellen Wert $Th(t_0)$ aufaddieren, während sich die Imaginärteile wegheben müssen. Eine Filterflanke mit dieser Eigenschaft heißt *Nyquist-Flanke.*

Weil $H'(f)$ als Fourier-Spektrum einer reellwertigen Impulsantwort einen bezüglich $f = 0$ geraden Realteil und ungeraden Imaginärteil hat, muß im Bereich der Nyquist-Flanke die Spektralfunktion $H'(f)$ einen bezüglich $f = 1/(2T)$ geraden Imaginärteil haben, weil nur dann sich die Imaginärteile zweier um $1/T$ verschobener Spektralverläufe wegheben können.

Auch der Realteil von $H'(f)$ darf im Bereich der Nyquist-Flanke nicht völlig willkürlich verlaufen, sondern muß einer Symmetriebedingung bezüglich $f = 1/(2T)$ genügen. Diese verlangt, daß die Realteile an den Stellen $1/(2T) + f_i$ und $1/(2T) - f_i$ sich zu $h(t_0)T$ addieren müssen, wobei $|f_i| \leq |f_x|$ ist.

Das endliche Frequenzintervall

$$-\frac{1}{2T} \leq f < \frac{1}{2T}$$

heißt *Nyquist-Intervall.* Es enthält den gesamten Verlauf von $H'(f)$ für alle f als Überlagerung, wenn man sich diesen Verlauf an den Intervallgrenzen gespiegelt d.h. umgeklappt denkt.

Nyquist hat als erster herausgefunden, daß ein Filter eine Impulsantwort mit Nullstellen im Abstand μT vom Hauptwert bei $t = t_0$ hat mit μ ganzzahlig, wenn im Nyquist-Intervall die in Bild 4.8a gezeichnete Überlagerung reell und konstant ist. Diese Bedingung für äquidistante Nullstellen der Impulsantwort heißt *Erste Nyquistbedingung.* Es gibt noch eine Zweite Nyquistbedingung, die sich auf sogenannte *partial-response-Systeme* bezieht, die aber hier nicht interessieren [STR 82].

Bei zwei benachbarten Übertragungssystemen besteht oft das Problem, daß Sendesignalanteile des ersten (bzw. zweiten) Systems durch unerwünschte Kopplung in den Empfänger des zweiten (bzw. ersten) Systems gelangen. Dieser als Nebensprechen oder Übersprechen bezeichnete Effekt läßt sich formal durch eine Koppelwirkungsfunktion $H_K(f)$ beschreiben. Wie aus Bild 4.7a hervorgeht, bleibt das Übersprechen wirkungslos, wenn die zugehörige Impulsantwort $h_K(t)$ bei $t = t_0 + \mu T$ (einschließlich für $\mu = 0$) Nullstellen besitzt. Die zugehörige Bedingung für $H_K(f)$ folgt aus (4.33), wenn man dort $h(t_0) = 0$ setzt und $H(f)$ durch $H_K(f)$ ersetzt, zu

$$\sum_{\mu=-\infty}^{+\infty} H_K(f - \mu/T)\, e^{+j2\pi(f-\mu/T)t_0} = \sum_{\mu=-\infty}^{+\infty} H_K'(f - \mu/T) = 0 \quad . \tag{4.36}$$

Dieses Übersprechproblem wird in Abschn. 6.5 näher betrachtet. Doch nun zurück zur Nutzsignalübertragung im einzelnen System.

Wenn der in Bild 4.1 eingezeichnete Detektor gedächtnisfrei ist und infolgedessen in einem einzigen Taktschritt entscheidet, welches Symbol gerade empfangen wird, dann hat der eingezeichnete Entzerrer dafür zu sorgen, daß die Impulsantwort $y(t)$ am Eingang des Detektors die Eigenschaften des in Bild 4.7a gezeichneten Verlaufs von $h(t)$ hat. Das bedeutet, daß die zugehörige Gesamtwirkungsfunktion $Y(f)$, gebildet aus Sendefilter, Übertragungsweg und Empfangsfilter, die Eigenschaften der Wirkungsfunktion $H(f)$ bzw. $H'(f)$ besitzt, welche durch Bild 4.8b bzw. die Beziehung (4.33) ausgedrückt werden.

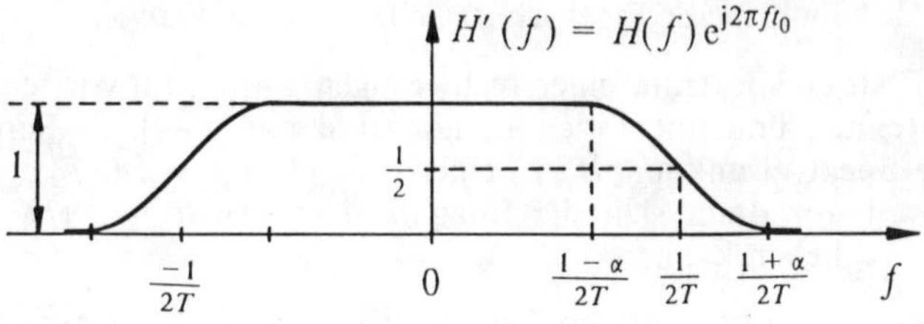

Bild 4.9 **Filter mit reeller Cosinusflanke für $h(t_0) = 1/T$**

Von besonderem Interesse ist der Fall einer reellen sinusförmigen Flanke in Bild 4.9 mit $h(t_0) = 1/T$. Dieser Fall wird im Frequenzbereich beschrieben durch

$$H'(f) = \begin{cases} 1 & \text{für } |f| \le \dfrac{1-\alpha}{2T} \\ \dfrac{1}{2}\left\{1 - \sin\left[\left(f - \dfrac{1}{2T}\right)\dfrac{\pi T}{\alpha}\right]\right\} & \text{für } \dfrac{1-\alpha}{2T} < |f| \le \dfrac{1+\alpha}{2T} \\ 0 & \text{für } |f| > \dfrac{1+\alpha}{2T}\,. \end{cases} \tag{4.37}$$

Den Faktor α bezeichnet man als *roll-off*-Faktor. Für $\alpha = 1$ ergibt sich eine Cosinusquadrat-Charakteristik, für $\alpha = 0$ ein Rechtecktiefpaß. Die dazugehörige Impulsantwort hat ihr absolutes Maximum bei $t = t_0$ und lautet [LSW 68]

$$h(t) = \frac{\sin[\pi(t - t_0)/T]}{\pi(t - t_0)} \cdot \frac{\cos[\alpha\pi(t - t_0)/T]}{1 - 4\alpha^2(t - t_0)^2/T^2}\quad . \tag{4.38}$$

Ein Echoentzerrer mit Laufzeitgliedern der Laufzeit $\tau = T$ hat nach Bild 1.5 einen Frequenzgang, der sich ab der Frequenz $f = 1/(2T)$ periodisch fortsetzt. Damit läßt sich also ein Filter mit Nyquist-Flanke gemäß Bild 4.9 nicht verwirklichen. Dies bestätigt den in Abschnitt 4.3 festgestellten Befund, daß ein solcher Echoentzerrer keine ideale punktweise Entzerrung ermöglicht.

4.5 Kanal mit äquivalenter Nyquist-Bandbreite

Als Kanal mit äquivalenter Nyquist-Bandbreite bezeichnet man die Spektralfunktion von (4.33) im Bereich des Nyquist-Intervalls, also

$$H_{\ddot{a}}(f) = \begin{cases} \sum\limits_{\mu=-\infty}^{+\infty} H(f-\mu/T)\,e^{+j2\pi(f-\mu/T)t_0} & \text{für } -1/(2T) \leq f < 1/(2T) \\ 0 & \text{sonst} \;. \end{cases} \tag{4.39}$$

Ist $H_{\ddot{a}}(f) = Th(t_0)$ im Nyquist-Intervall, dann hat die zugehörige Impulsantwort Nullstellen im Abstand μT vom Hauptwert bei $t = t_0$.

Die bandbegrenzte Funktion $H_{\ddot{a}}(f)$ läßt sich aber auch dann mit Vorteil für verschiedene Zwecke verwenden, wenn sie im Nyquist-Intervall nicht konstant, sondern frequenzabhängig ist. Es ist nämlich allgemein möglich, aus $H_{\ddot{a}}(f)$ z.B. die zugehörige Zeitfunktion $h(t)$ an den Zeitpunkten $t = t_0 + nT$ mit n ganzzahlig zu bestimmen, was nachfolgend gezeigt wird.

Die Fourier-Rücktransformation von $H_{\ddot{a}}(f)$ berechnet sich für $t = nT$ zu

$$\int\limits_{-\infty}^{+\infty} H_{\ddot{a}}(f)\,e^{j2\pi fnT}\,df = \int\limits_{f=-1/(2T)}^{1/(2T)} \sum\limits_{\mu=-\infty}^{\infty} H(f-\mu/T)\;e^{j2\pi(f-\mu/T)t_0}\;e^{j2\pi fnT}\,df$$

Durch Vertauschung der Reihenfolge von Summation und Integration und anschließender Substitution $f - \mu/T = v$ folgt

$$\begin{aligned} \int\limits_{-\infty}^{\infty} H_{\ddot{a}}(f)\;e^{j2\pi fnT}\,df &= \sum\limits_{\mu=-\infty}^{\infty} \int\limits_{v=(-\mu-1/2)/T}^{(-\mu+1/2)/T} H(v)\;e^{j2\pi v(t_0+nT)}\;e^{+j2\pi\mu n}\,dv \\ &= \int\limits_{-\infty}^{+\infty} H(v)\,e^{j2\pi v(t_0+nT)}\,dv \\ &= h(t_0+nT)\;;\quad n = 0, \pm 1, \pm 2, \ldots \;. \end{aligned} \tag{4.40}$$

Hiermit lassen sich also die Maximalinterferenz I nach (4.14) oder (4.17) und damit die Augenöffnung A gemäß (4.16) oder (4.18) bestimmen.

4.6 Günstigste Grundimpulsform, optimale Sende- und Empfangsfilter

Für die symbolweise Detektion kommt es nur darauf an, daß in Bild 4.1 die Gesamtwirkungsfunktion $Y(f)$ zwischen Eingang des Sendefilters und Ausgang des Empfangsfilters die Erste Nyquistbedingung erfüllt, siehe Abschnitt 4.4. Auch wenn die Wirkungsfunktion des Übertragungswegs $H_{\ddot{u}}(f)$ vorgegeben ist, läßt sich die Gesamtwirkungsfunktion mit beliebig unterschiedlichen Grundimpulsformen $g(t)$ bzw. Sendefilterwirkungsfunktionen $G(f)$ •–○ $g(t)$ verwirklichen, da durch die Gesamtwirkungsfunktion

$$Y(f) = G(f)\,H_{ü}(f)\,E(f) \tag{4.41}$$

nur das Produkt von Sendefilterwirkungsfunktion $G(f)$ und Empfangsfilterwirkungsfunktion $E(f)$ festgelegt wird.

Bei vorgegebener Gesamtwirkungsfunktion $Y(f)$ und vorgegebener Wirkungsfunktion des Übertragungswegs $H_{ü}(f)$ gibt es jedoch sicher eine spezielle Sendefilterwirkungsfunktion $G(f)$, bei welcher der Signalstörabstand am Detektoreingang maximal wird, wenn die mittlere Sendeleistung am Eingang des Übertragungswegs konstant gehalten wird. In Bild 4.10 sind die hier interessierenden Teile von Bild 4.1 noch einmal zusammengestellt.

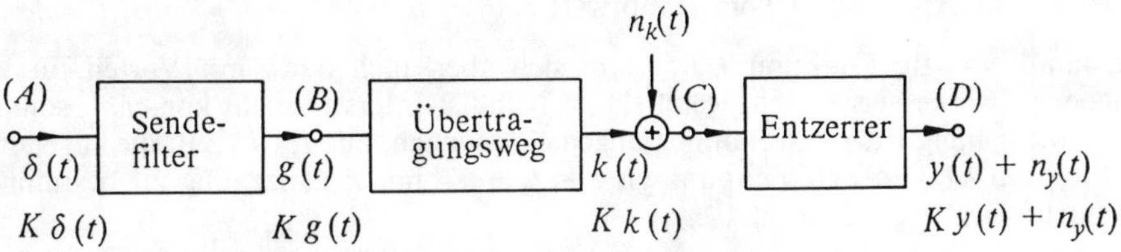

Bild 4.10 Zur Bestimmung der günstigsten Grundimpulsform $g(t)$

Die Energie E eines einzelnen, mit einem Amplitudenfaktor K multiplizierten Grundimpulses $Kg(t)$ bestimmt sich zu

$$E = K^2 \int_{-\infty}^{+\infty} g^2(t)\,dt\ . \tag{4.42}$$

In (4.42) ist der Amplitudenfaktor K eingeführt worden, um bei gleichbleibender Impulsform $g(t)$ die Höhe der Energie durch K beeinflussen zu können.

Wenn mit a_ν gewichtete Grundimpulse $a_\nu Kg(t)$ im Abstand T gesendet werden, wobei die Koeffizienten a_ν die Werte $+1$ und -1 zufällig und mit gleicher Wahrscheinlichkeit $P(a_\nu = +1) = P(a_\nu = -1) = 1/2$ annehmen, und die Glieder a_ν der Folge $\{a_\nu\}$ untereinander statistisch unabhängig sind, dann gilt für die mittlere Signalleistung P_B am Punkt (B)

$$P_B = \frac{K^2}{T}\int_{-\infty}^{+\infty} g^2(t)\,dt = \frac{K^2}{T}\int_{-\infty}^{+\infty} |G(f)|^2\,df. \tag{4.43}$$

Die Gleichheit der Integrale in (4.43) folgt dabei aus dem Satz von Parseval [LUE 85]. Bei Wahl einer veränderten Grundimpulsform, d.h. bei Wahl eines veränderten $g^2(t)$ bzw. $|G(f)|^2$ soll der Faktor K^2 ebenfalls so geändert werden, daß die mittlere Sendeleistung

$$P_B = konst. \tag{4.44}$$

bleibt.

In Analogie zu (4.43) errechnet sich die mittlere Signalleistung am Punkt (D) zu

$$P_D = \frac{K^2}{T}\int_{-\infty}^{+\infty} y^2(t)\,dt = \frac{K^2}{T}\int_{-\infty}^{+\infty} |Y(f)|^2\,df = \frac{K^2}{T}K_1 \,. \tag{4.45}$$

Hierin ist bei vorgegebener Gesamtwirkungsfunktion $Y(f)$ der Ausdruck

$$\int_{-\infty}^{+\infty} |Y(f)|^2\,df = K_1 \tag{4.46}$$

gleich einer vorgegebenen Konstanten K_1.

Ist $\phi_n(f)$ die Leistungsdichte der Störung am Punkt (C), dann ist $|E(f)|^2\phi_n(f)$ die Leistungsdichte der Störung am Punkt (D). Die gesamte mittlere Störleistung P_N am Punkt (D) folgt daraus durch Integration zu

$$P_N = \int_{-\infty}^{+\infty} |E(f)|^2\phi_n(f)\,df \,. \tag{4.47}$$

Eine Maximierung des Störabstands P_D/P_N am Punkt (D) ist gleichbedeutend mit einer Minimierung des reziproken Störabstandes am gleichen Punkt. Mit (4.45) lautet der zu minimierende Ausdruck

$$\frac{P_N}{P_D} = \frac{T}{K^2K_1}\cdot\int_{-\infty}^{+\infty} |E(f)|^2\phi_n(f)\,df \,. \tag{4.48}$$

Daraus folgt zunächst mit (4.41)

$$\frac{P_N}{P_D} = \frac{T}{K^2K_1}\cdot\int_{-\infty}^{+\infty} \left|\frac{Y(f)}{G(f)H_{ü}(f)}\right|^2 \phi_n(f)\,df \tag{4.49}$$

und schließlich durch Elimination des variablen Faktors K^2/T, der die konstant zu haltende Sendeleistung P_B am Punkt (B) bestimmt, mittels (4.43):

$$\frac{P_N}{P_D} = \frac{1}{K_1P_B}\cdot\int_{-\infty}^{+\infty} |G(f)|^2\,df\cdot\int_{-\infty}^{+\infty}\left|\frac{Y(f)\sqrt{\phi_n(f)}}{G(f)H_{ü}(f)}\right|^2 df \rightarrow \min \,. \tag{4.50}$$

$\phi_n(f)$ ist als Leistungsdichtespektrum eine reelle nichtnegative Funktion und kann infolgedessen problemlos unter das Betragsquadrat gezogen werden.

In (4.50) sind fest vorgegeben die Größen K_1, P_B und die Funktionen $Y(f)$ und $H_{ü}(f)$. Gesucht wird die Funktion $G(f)$ derart, daß P_N/P_D ein Minimum annimmt.

Diese Aufgabe läßt sich mit Hilfe der Schwarz-Ungleichung lösen. Die Schwarz-Ungleichung lautet

$$\int_{-\infty}^{+\infty} |A(f)|^2\,df\cdot\int_{-\infty}^{+\infty} |B(f)|^2\,df \geq \left|\int_{-\infty}^{+\infty} A(f)B(f)\,df\right|^2 \,. \tag{4.51}$$

In ihr gilt das Gleichheitszeichen genau dann, wenn

$$A(f) = \lambda B^*(f) \tag{4.52}$$

ist, wobei λ eine beliebige Konstante ist, die auch komplex sein darf.

(4.50) läßt sich nun durch folgende Ersetzungen auf die Form von (4.51) bringen.

$$A(f) = G(f) \ , \tag{4.53}$$

$$B(f) = \frac{Y(f)\sqrt{\phi_n(f)}}{G(f)H_ü(f)} \ . \tag{4.54}$$

Die Einführung dieser Ersetzungen in die Schwarz-Ungleichung (4.51) liefert

$$\int_{-\infty}^{+\infty} |G(f)|^2 df \cdot \int_{-\infty}^{+\infty} \left| \frac{Y(f)\sqrt{\phi_n(f)}}{G(f)H_ü(f)} \right|^2 df \geq$$

$$\geq \left| \int_{-\infty}^{+\infty} \frac{Y(f)\sqrt{\phi_n(f)}}{H_ü(f)} df \right|^2 = \left[\frac{P_N}{P_D} K_1 P_B \right]_{\min} \ . \tag{4.55}$$

Die rechte Seite der Ungleichung (4.55) ist das absolute Minimum, welches die linke Seite bei Variation von $G(f)$ annehmen kann. Nach (4.52) erreicht die linke Seite dieses Minimum dann, wenn

$$G(f) = \lambda \frac{Y^*(f)\sqrt{\phi_n(f)}}{G^*(f)H_ü^*(f)} \tag{4.56}$$

gewählt wird. Das bedeutet

$$|G(f)|^2 = \lambda \frac{Y^*(f)}{H_ü^*(f)} \sqrt{\phi_n(f)} \ . \tag{4.57}$$

Bemerkenswerterweise liefert (4.57) nur eine Aussage über den Betrag $|G(f)|$ der optimalen Sendefilterwirkungsfunktion. Der Phasengang $b_G(f)$ von

$$G(f) = |G(f)| \, e^{-jb_G(f)} \tag{4.58}$$

spielt für die Erzielung des maximalen Störabstands P_D/P_N am Punkt (D) von Bild 4.10 keine Rolle. Das hängt damit zusammen, daß der Phasengang eines Filters keinen Einfluß auf die mittlere Leistung des gefilterten Signals hat. Desgleichen spielt es keine Rolle, ob das Sendefilter zusätzlich eine konstante Signalverzögerung τ bewirkt, d.h. $G(f)$ durch $G(f)\,e^{-j2\pi f\tau}$ ersetzt wird oder nicht. Das gilt auch für (4.56)

Auf der rechten Seite von (4.57) stehen - abgesehen von der beliebig wählbaren Konstanten λ - vorgegebene Größen. Da die linke Seite stets reell ist, kann (4.57) nur dann erfüllt werden, wenn auch die rechte Seite reell ist. Daraus folgt, daß die Gesamtwirkungsfunktion $Y(f)$ nicht völlig beliebig vorgegeben werden darf. Für reelles λ müssen die Phasen von

$$H_ü(f) = |H_ü(f)| \, e^{-jb_H(f)} \quad \text{und} \quad Y(f) = |Y(f)| \, e^{-jb_Y(f)} \tag{4.59}$$

gleich sein, d.h.

$$b_Y(f) = b_H(f) \,, \tag{4.60}$$

damit man eine optimale Sendefilterwirkungsfunktion $G(f)$ gemäß (4.57) bestimmen kann. Dies macht die Vorgabe von $Y(f)$ vom gegebenen Übertragungsweg, d.h. von $H_{ü}(f)$, abhängig.

Zusätzlich wird üblicherweise verlangt, daß am Ausgang der Übertragungsstrecke, d.h. am Punkt (D) in Bild 4.10, keine Nachbarsymbolinterferenz auftritt. Das ist nach (4.33) der Fall für

$$\sum_{\mu=-\infty}^{+\infty} Y(f-\mu/T)\, \mathrm{e}^{\mathrm{j}2\pi(f-\mu/T)t_0} = y(t_0)T \,. \tag{4.61}$$

t_0 bezeichnet dabei den Entscheidungszeitpunkt, vergl. Bild 4.7a.

Die Menge der vorgebbaren Funktionen $Y(f)$ wird damit weiter eingeschränkt auf solche, die (4.61) erfüllen. Setzt man (4.41) in (4.56) ein, dann ergibt sich für $\lambda = 1$

$$G(f) = E^*(f)\sqrt{\phi_n(f)} \,. \tag{4.62}$$

Hat man also bei der Sendefilterwirkungsfunktion $G(f)$ in (4.58) den Betrag $|G(f)|$ gemäß (4.57) und die Phase $b_G(f)$ willkürlich gewählt, dann liegt damit über (4.62) auch die Empfangsfilterwirkungsfunktion $E(f)$ fest. Im Produkt $G(f)\,H_{ü}(f)\,E(f)$ heben sich also die Phasenverläufe von $G(f)$ und $E(f)$ weg, was auch die Beziehungen (4.59) und (4.60) fordern.

Wenn zur Empfangsfilterwirkungsfunktion $E(f)$ eine reellwertige kausale Impulsantwort $e(t) \equiv 0$ für $t < 0$ gehört, dann gehört zur konjugiert komplexen Funktion $E^*(f)$ aufgrund der Fourier-Transformation

$$\int_{-\infty}^{+\infty} E^*(f)\,\mathrm{e}^{\mathrm{j}2\pi ft}\,df = \left[\int_{-\infty}^{+\infty} E(f)\,\mathrm{e}^{-\mathrm{j}2\pi ft}\,df\right]^* = e^*(-t) = e(-t) \tag{4.63}$$

die reellwertige antikausale Impulsantwort $e(-t) \equiv 0$ für $t < 0$. Bei weißem Rauschen $\phi_n(f) = \phi_0 = konst$ ist damit wegen (4.62) auch die Grundimpulsform $g(t)$ antikausal. Die zusätzliche Forderung nach einer kausalen Impulsantwort $e(t)$ beim Empfangsfilter schränkt die willkürliche Wahl der Phase $b_G(f)$ des Sendefilters dahingehend ein, daß bei Zugrundelegung von (4.62) $g(t)$ antikausal wird. Eine solche Grundimpulsform $g(t)$ ist aber unmöglich.

Ein Ausweg aus dieser Situation ergibt sich dann, wenn man voraussetzt, daß die Impulsantwort $e(t)$ eine endliche Dauer D hat, und man in (4.56) und (4.41) $G(f)$ ersetzt durch

$$G(f) = G_k(f)\,\mathrm{e}^{+j2\pi fD} \,, \tag{4.64}$$

was ja ohne weiteres möglich ist. Dann erhält man statt (4.62)

$$G(f) = E^*(f)\sqrt{\phi_n(f)} = G_k(f)\,\mathrm{e}^{+j2\pi fD} \;\bullet\!\!-\!\!\circ\; g_k(t+D) = g(t) \,. \tag{4.65}$$

Für weißes Rauschen $\phi_n(f) = \phi_0$ hat jetzt auch die antikausale Impulsantwort $g_k(t)$ die Dauer D , womit die Impulsantwort $g_k(t)$ der Sendefilterfunktion $G_k(f)$ kausal wird. Trotz (4.64) kann die Gesamtwirkungsfunktion $Y(f)$ durchaus kausal sein.

Durch Auflösung der spektralen Gleichung (4.65) nach $E(f)$ folgt

$$E(f) = \frac{G_k^*(f)}{\sqrt{\phi_n(f)}} e^{-j2\pi fD} . \tag{4.66}$$

Diese Beziehung wird sich im nächsten Abschnitt als die eines signalangepaßten Filters erweisen, vergl. (4.91). Weil im jetzigen Abschnitt 4.6 die Herleitung für eine zwar beliebige, aber fest vorgeschriebene Gesamtwirkungsfunktion $Y(f)$ durchgeführt wurde, hätte sich kein anderes Ergebnis eingestellt, wenn statt des Störabstandes P_D/P_N von (4.48) etwa das Verhältnis $y^2(T)/P_N$ maximiert worden wäre, was in Abschnitt 4.7 unter geänderten Voraussetzungen gemacht wird.

Abschließend sei noch als spezielles Beispiel für die Anwendung von (4.62) behandelt, das für den praktischen Entwurf digitaler Übertragungssysteme von großer Bedeutung ist. Vorgeschrieben wird eine Gesamtwirkungsfunktion $Y(f)$ gemäß (4.37) mit $\alpha = 1$:

$$Y(f)\, e^{j2\pi f t_0} = \begin{cases} \cos^2(\pi f T/2) & \text{für} \quad |f| \le 1/T \\ 0 & \text{sonst} . \end{cases} \tag{4.67}$$

Ferner werden ein verzerrungsfreier Übertragungsweg der Laufzeit t_0 und weißes Rauschen zugrundegelegt

$$H_ü(f) = H_0\, e^{-j2\pi f t_0} , \qquad \phi_n(f) = \phi_0 . \tag{4.68}$$

Durch Auflösen von (4.41) nach $G(f)$ und Multiplikation beider Seiten mit $G^*(f)$ folgt unter Berücksichtigung von (4.62)

$$G(f)\, G^*(f) = |G(f)|^2 = \frac{Y(f)}{H_ü(f)\, E(f)} G^*(f) = \frac{Y(f)}{H_ü(f)} \sqrt{\phi(f)} .$$

Hieraus ergibt sich durch Einsetzen von (4.67) und (4.68)

$$|G(f)|^2 = \frac{\cos^2(\pi f T/2)\, e^{-j2\pi f t_0}}{H_0\, e^{-j2\pi f t_0}} \sqrt{\phi_0}$$

$$= \frac{\sqrt{\phi_0}}{H_0} \cos^2(\pi f T/2) . \tag{4.69}$$

Dies führt auf

$$G(f) = \sqrt{\phi_0}\, E^*(f) = \begin{cases} konst \cdot \cos(\pi f T/2) & \text{für} \quad |f| \le 1/T \\ 0 & \text{sonst} . \end{cases} \tag{4.70}$$

Der cosinusquadratförmige Verlauf der Gesamtwirkungsfunktion $Y(f)$ wird also in diesem Sonderfall zu gleichen Teilen von der Sendefilterwirkungsfunktion $G(f)$ und der Empfangsfilterwirkungsfunktion $E(f)$ gebildet. Es sei noch erwähnt, daß bereits die vorgegebene Gesamtwirkungsfunktion $Y(f)$ von (4.67) eine nichtkausale Impulsantwort erzeugt.

4.7 Signalangepaßtes Filter bei interferenzfreiem Empfang

Wenn der Übertragungskanal in Bild 4.1 keine Nachbarsymbolinterferenz erzeugt, sondern allein durch Störungen das empfangene Nutzsignal beeinträchtigt, dann besteht die Aufgabe des Empfangsfilters darin, nur den Störabstand am Detektoreingang zu verbessern.

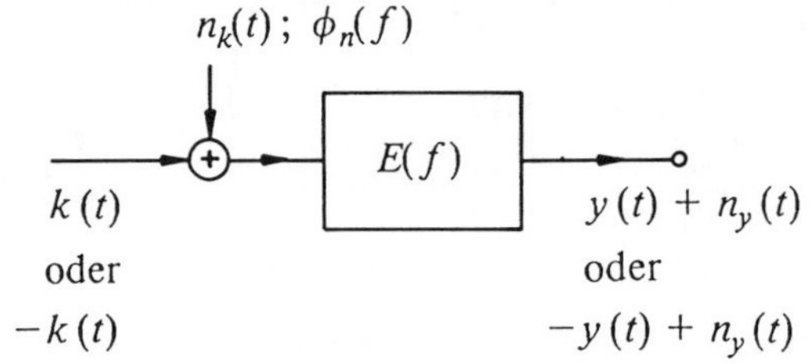

Bild 4.11 Empfang gestörter binärer Impulsantworten $\pm\, k(t)$ des Übertragungskanals

Betrachtet wird wie in Abschnitt 4.6 die binäre bipolare Übertragung. Nach Voraussetzung soll keine Interferenz vorhanden sein und die Kanalimpulsantwort $k(t)$ die Dauer des Symbolabstands T haben. Dann wird zu jedem Zeitpunkt entweder nur

$$k(t) + n_k(t) \quad \text{oder} \quad -k(t) + n_k(t) \tag{4.71}$$

empfangen. Wegen der überlagerten Störung $n_k(t)$ kann es schwierig sein, zu entscheiden, ob $k(t)$ oder $-k(t)$ vorliegt. Diese Entscheidung sicherer zu machen, ist nun die Aufgabe des Empfangsfilters in Bild 4.11.

Zur Vereinfachung der Rechnung wird angenommen, daß der Beginnzeitpunkt der empfangenen Impulsantwort $k(t)$ bzw. $-k(t)$ bei $t = 0$ liegt. Zum Zeitpunkt $t = T$ ist dann die Impulsantwort gerade voll in das Empfangsfilter eingelaufen. Zu diesem Zeitpunkt $t = T$, zu dem das Empfangsfilter die gesamte Energie von $k(t)$ bzw. $-k(t)$ aufgenommen hat, soll das zugehörige Ausgangssignal $y(T)$ bzw. $-y(T)$ einen großen Betrag haben, verglichen mit dem Effektivwert σ_y der zufällig verlaufenden Störung $n_y(t)$ am Filterausgang.

Hat die am Eingang des Empfangsfilters anliegende Störung $n_k(t)$ das Leistungsdichtespektrum $\phi_n(f)$, dann errechnet sich das Quadrat des Effektivwerts σ_y^2, welches gleich der mittleren Störleistung am Ausgang ist, vergl. (4.47), zu

$$\sigma_y^2 = P_N = \int_{-\infty}^{+\infty} |E(f)|^2 \phi_n(f)\, df \quad . \tag{4.72}$$

Das Quadrat des Effektivwerts σ_y^2 der Störung am Ausgang soll nun klein werden im Vergleich zum Quadrat des Signalhubs $y(T) - [-y(T)] = 2y(T)$. Es soll also der Quotient

$$\frac{4y^2(T)}{\sigma_y^2} \rightarrow \max \tag{4.73}$$

möglichst groß gemacht werden, indem die Wirkungsfunktion $E(f)$ des Empfangsfilters geeignet gewählt wird. Genau dieser Punkt ist bereits im Anschluß an (4.66) kurz angesprochen worden. Im Gegensatz zu dort ist aber hier weder der Verlauf von $y(t)$ noch die Einhaltung der Nebenbedingung $P_B = konst$, siehe (4.44), vorgeschrieben.

Zur Lösung des Maximierungsproblems von (4.73) wird $y(T)$ in Abhängigkeit von $E(f)$ ausgedrückt. Dazu wird zunächst das Fourier-Spektrum $K(f)$ der Impulsantwort $k(t)$ berechnet

$$K(f) = \int_{-\infty}^{+\infty} k(t)\, e^{-j2\pi ft}\, dt \ . \tag{4.74}$$

Mit $K(f)$ folgt

$$Y(f) = E(f)K(f) \ . \tag{4.75}$$

Die zu $Y(f)$ gehörende Zeitfunktion $y(t)$ zum Zeitpunkt $t = T$ ergibt sich nun durch Fourier-Rücktransformation zu

$$y(T) = \int_{-\infty}^{+\infty} E(f)K(f)\, e^{j2\pi fT}\, df \ . \tag{4.76}$$

Setzt man jetzt (4.76) und (4.72) in (4.73) ein, dann erhält man unter Weglassen des für die Maximierung unwichtigen Zahlenfaktors 4

$$\frac{y^2(T)}{\sigma_y^2} = \frac{\left[\int_{-\infty}^{+\infty} E(f)K(f)\, e^{j2\pi fT}\, df\right]^2}{\int_{-\infty}^{+\infty} |E(f)|^2 \phi_n(f)\, df} \rightarrow \max \ . \tag{4.77}$$

In (4.77) seien das Fourier-Spektrum $K(f)$ der Kanalimpulsantwort $k(t)$ und die Rauschleistungsdichte $\phi_n(f)$ bekannt. Variiert werde die Empfangsfilterwirkungsfunktion $E(f)$ so, daß der Quotient maximal wird.

Diese Aufgabe läßt sich wieder mit Hilfe der Schwarz-Ungleichung (4.51) lösen, die jetzt wie folgt geschrieben wird

$$\frac{\left|\int_{-\infty}^{+\infty} A(f)B(f)\, df\right|^2}{\int_{-\infty}^{+\infty} |A(f)|^2\, df} \leq \int_{-\infty}^{+\infty} |B(f)|^2\, df \ . \tag{4.78}$$

(4.77) läßt sich durch folgende Ersetzungen auf die Form von (4.78) bringen

$$A(f) = E(f)\sqrt{\phi_n(f)} \ , \tag{4.79}$$

$$B(f) = \frac{K(f)\,e^{j2\pi fT}}{\sqrt{\phi_n(f)}} \ . \tag{4.80}$$

Diese Ersetzungen in die Schwarz-Ungleichung (4.78) eingeführt ergibt

$$\frac{\left|\int\limits_{-\infty}^{+\infty} E(f)K(f)\,e^{j2\pi fT}\,df\right|^2}{\int\limits_{-\infty}^{+\infty} |E(f)|^2\phi_n(f)\,df} \le \int\limits_{-\infty}^{+\infty} \left|\frac{K(f)\,e^{j2\pi fT}}{\sqrt{\phi_n(f)}}\right|^2 df =$$

$$= \int\limits_{-\infty}^{+\infty} \frac{|K(f)|^2}{\phi_n(f)}\,df \ . \tag{4.81}$$

Das Integral über dem Bruchstrich auf der linken Seite ist gleich dem Integral über dem Bruchstrich in (4.77), weil es gleich dem reellen und nichtnegativen Ausdruck $y^2(T)$ ist, und das Quadrat einer reellen Größe gleich dem Betragsquadrat ist.

Die rechte Seite der Ungleichung (4.81) ist das Maximum, welches die linke Seite bei Variation von $E(f)$ annehmen kann. Sie nimmt nach (4.52) dieses Maximum an, wenn

$$A(f) = \lambda B^*(f) \ , \tag{4.82}$$

also wenn

$$E(f) = \lambda \frac{K^*(f)}{\phi_n(f)}\ e^{-j2\pi fT} \tag{4.83}$$

gewählt wird. Dies ist das Ergebnis für die gesuchte Wirkungsfunktion $E(f)$ des Empfangsfilters. Der Exponentialfaktor drückt eine zeitliche Verzögerung um T aus. Hierauf wird später noch zurückgekommen. Im übrigen wird $|E(f)|$ bei denjenigen Frequenzen f groß, bei denen $|K(f)|$ groß und $\phi_n(f)$ klein ist. Umgekehrt dämpft das Empfangsfilter stark, wo die Störungen $\phi_n(f)$ hoch und die Nutzanteile $|K(f)|$ gering sind, siehe Bild 4.12.

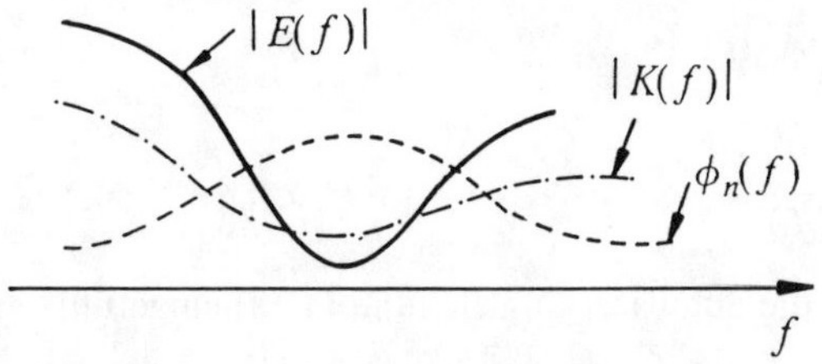

Bild 4.12 Zur Interpretation der Wirkungsweise des Optimalfilters nach (4.83)

Ein Filter der Wirkungsfunktion $E(f)$ gemäß (4.83) bezeichnet man als *Optimalfilter*. Das Optimalfilter bewirkt, daß zum Zeitpunkt $t = T$ das Ausgangssignal $y(t)$ einen maximalen Betrag bezogen auf den Effektivwert σ_y des Ausgangsrauschens annimmt, vergl. (4.77). Das Optimalfilter ist verwandt mit dem Empfangsfilter der Wirkungsfunktion (4.66), welche dahingehend optimiert wurde, daß der Effektivwert des Ausgangssignals permanent groß ist bezogen auf den Effektivwert des Ausgangsrauschens.

Für den Sonderfall, daß die Rauschleistungsdichte

$$\phi_n(f) = \phi_0 = konst \tag{4.84}$$

ist, bezeichnet man das Optimalfilter als *signalangepaßtes Filter* oder *matched filter*. Diese Bezeichnung wird anschaulich, wenn man die zur Funktion $E(f)$ gehörende Impulsantwort $e(t)$ betrachtet

$$E(f) = \frac{\lambda}{\phi_0} K^*(f)\,\mathrm{e}^{-\mathrm{j}2\pi fT} \quad \bullet\!\!-\!\!\circ \quad e(t)\ . \tag{4.85}$$

Durch Fourier-Rücktransformation folgt aus (4.85) mit $\lambda = \phi_0$

$$e(t) = \int_{-\infty}^{+\infty} E(f)\,\mathrm{e}^{\mathrm{j}2\pi ft}\,df = \int_{-\infty}^{+\infty} K^*(f)\,\mathrm{e}^{\mathrm{j}2\pi f(t-T)}\,df \tag{4.86}$$

oder durch Bildung des konjugiert komplexen Wertes auf beiden Seiten

$$e^*(t) = \int_{-\infty}^{+\infty} K(f)\,\mathrm{e}^{\mathrm{j}2\pi f(T-t)}\,df = k(T-t)\ . \tag{4.87}$$

Da $e(t)$ eine reellwertige Zeitfunktion ist, wenn $k(T-t)$ eine solche ist, folgt das Ergebnis

$$e(t) = k(T-t)\ . \tag{4.88}$$

Die Interpretation von (4.88) zeigt Bild 4.13. Die Impulsantwort des optimalen Empfangsfilters bei konstanter Rauschleistungsdichte ist gleich dem zeitinversen zu detektierenden Signal, verschoben um die Signaldauer, um Kausalität zu gewährleisten.

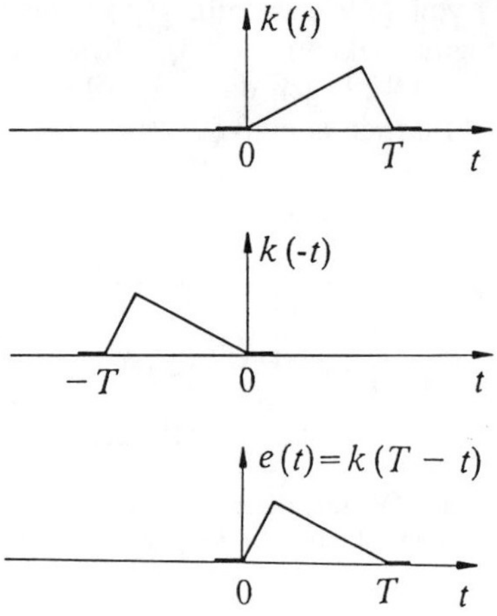

Bild 4.13 Zur Interpretation der Eigenschaft des signalangepaßten Filters (4.88)

Die Impulsantwort $e(t)$ ist nicht gleich der Impulsantwort $y(t)$ in Bild 4.1. $y(t)$ ist die Impulsantwort der gesamten Übertragungsstrecke; $e(t)$ ist die Impulsantwort allein des Empfangsfilters.

Die Wirkungsfunktionen des Optimalfilters (4.83) für farbiges Rauschen $\phi_n(f)$ und des signalangepaßten Filters (matched filters) (4.85) für weißes Rauschen ϕ_0 stehen in einem interessanten Zusammenhang zueinander. Dieser Zusammenhang wird deutlich, wenn man (4.83) in folgender Weise durch ein Produkt ausdrückt, wobei der konstante Faktor $\lambda = 1$ gesetzt ist

$$E(f) = E_W(f) \cdot E_M(f) , \tag{4.89}$$

mit

$$E_W(f) = \frac{1}{\sqrt{\phi_n(f)}} \tag{4.90}$$

und

$$E_M(f) = \frac{K^*(f)}{\sqrt{\phi_n(f)}} \, \mathrm{e}^{-\mathrm{j}2\pi f T} . \tag{4.91}$$

$E_W(f)$ ist die Wirkungsfunktion eines Weißmacherfilters (whitening filter) oder Dekorrelationsfilters, welches das farbige Rauschen $\phi_n(f)$ in weißes normiertes Rauschen $\phi_0 = 1$ überführt

$$|E_W(f)|^2 \phi_n(f) = \phi_0 = 1 . \tag{4.92}$$

Dasselbe Weißmacherfilter überführt das Signalspektrum $K(f)$ in das vorgefilterte Signalspektrum

$$E_W(f) K(f) = \frac{K(f)}{\sqrt{\phi_n(f)}} . \tag{4.93}$$

Die Wirkungsfunktion $E_M(f)$ von (4.91) ist nun genau die eines signalangepaßten Filters für das vorgefilterte Signalspektrum (4.93). Dieser Zusammenhang wird in Bild 4.14 verdeutlicht. Am Punkt (W) liegen das vorgefilterte Signalspektrum gemäß (4.93) und das weißgemachte Rauschen gemäß (4.92).

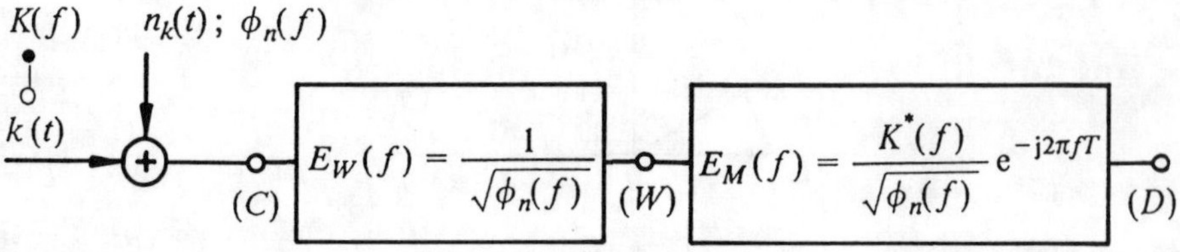

Bild 4.14 Zusammensetzung eines Optimalfilters aus einem Weißmacherfilter der Wirkungsfunktion $E_W(f)$ und einem signalangepaßten Filter der Wirkungsfunktion $E_M(f)$

Bemerkenswert ist noch der folgende Zusammenhang: Wird das Signal $k(t)$ auf den Eingang eines Filters gegeben, das für $k(t)$ ein Optimalfilter ist, dann ist die Antwort $y(t)$ am Ausgang des Optimalfilters eine bezüglich $t = T$ gerade Funktion. Zum Nachweis dieser Aussage wird zunächst das Ausgangsspektrum $Y(f)$ •—o $y(t)$ aus dem Eingangsspektrum $K(f)$ •—o $k(t)$ und der Wirkungsfunktion $E(f)$ nach (4.83) berechnet.

$$Y(f) = K(f)E(f) = \lambda \frac{|K(f)|^2}{\phi_n(f)} e^{-j2\pi fT} . \tag{4.94}$$

Da $|K(f)|^2$ und $\phi_n(f)$ reelle gerade Funktionen sind, folgt über die Fourier-Rücktransformation für

$$y(t) = \lambda \int_{-\infty}^{\infty} \frac{|K(f)|^2}{\phi_n(f)} e^{j2\pi f(t-T)} df$$

$$= \lambda \int_{-\infty}^{+\infty} \frac{|K(f)|^2}{\phi_n(f)} \cos[2\pi f(t-T)] df . \tag{4.95}$$

Der Wert des letzten Integrals ändert sich nicht, wenn man wahlweise $t = T + \vartheta$ oder $t = T - \vartheta$ setzt. Folglich gilt die oben gemachte Aussage

$$y(T+\vartheta) = y(T-\vartheta) , \tag{4.96}$$

die selbstverständlich auch für das signalangepaßte Filter zutrifft, siehe auch Bild 4.15.

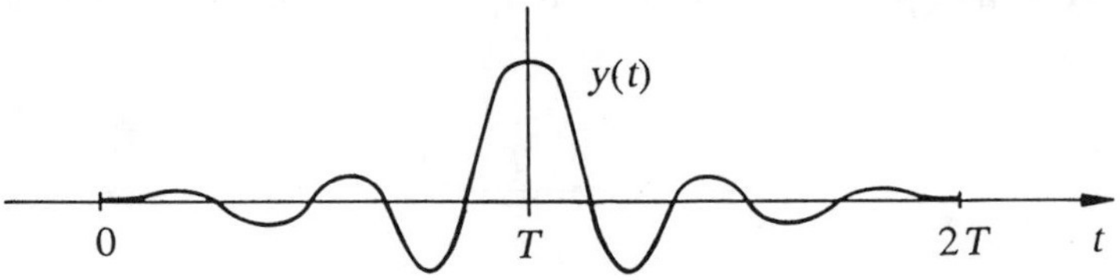

Bild 4.15 **Prinzipieller Verlauf des Ausgangssignals $y(t)$ des Optimalfilters für $k(t)$ bei Erregung $k(t)$**

4.8 Empfang bei interferierenden und gestörten Symbolen

Es wird nun der allgemeine Fall betrachtet, daß der Übertragungskanal in Bild 4.1 zugleich sowohl Störungen als auch Nachbarsymbolinterferenz liefert. Das Empfangsfilter hat nun die doppelte Aufgabe, sowohl die Störungen als auch die Nachbarsymbolinterferenz zu reduzieren, und zwar möglichst optimal. Hierbei kann man in verschiedener Weise vorgehen.

Für die erste Vorgehensweise sei vorausgesetzt, daß nur der Übertragungsweg $H_ü(f)$ und seine Störungen $\phi_n(f)$ vorgegeben seien, siehe Bild 4.10. Gewünscht wird eine verschwindende Nachbarsymbolinterferenz in den Zeitpunkten $t_0 + \nu T$. Mit der aus (4.41) und (4.62) resultierenden Beziehung

$$H_ü(f)\sqrt{\phi_n(f)}\;|E(f)|^2 = Y(f) \tag{4.97}$$

und mit (4.61) läßt sich dann folgende Bedingung formulieren:

$$\sum_{\mu=-\infty}^{+\infty} Y(f-\mu/T)\,e^{j2\pi(f-\mu/T)t_0} =$$

$$= \sum_{\mu=-\infty}^{+\infty} H_ü(f-\mu/T)\sqrt{\phi_n(f-\mu/T)}\cdot|E(f-\mu/T)|^2\,e^{j2\pi(f-\mu/T)t_0} \overset{!}{=}$$

$$\overset{!}{=} const. \tag{4.98}$$

In dieser Beziehung sind $|E(f)|^2$ und t_0 so zu finden, daß (4.98) erfüllt wird, d.h. die Überlagerung der verschobenen Spektren konstant ist, vergl. Bild 4.8a. Sind $|E(f)|^2$ und t_0 passend gefunden, dann liegt über (4.62) auch $|G(f)|^2$ fest, woraus unter Beachtung von (4.66) ein passendes Paar von Sende- und Empfangsfilter zu wählen ist.

Für die zweite Vorgehensweise sei vorausgesetzt, daß neben dem Übertragungsweg und seinen Störungen, also neben $H_ü(f)$ und $\phi_n(f)$, auch die Sendeimpulsform $g(t)$ ○—● $G(f)$ vorgegeben ist. Mit dem Sendeimpuls $g(t)$ und dem Übertragungsweg ist auch der Empfangsimpuls $k(t)$ gegeben, siehe Bild 4.10. Hat der Empfangsimpuls $k(t)$ die Länge L, dann würde die beste Störunterdrückung mit einem Optimalfilter gemäß (4.83) erreicht werden, wobei das betreffende Ausgangssignal zum Zeitpunkt $t = L$ abgetastet werden muß. Ist $L > T$, dann wird diese hinsichtlich Störunterdrückung optimale Methode aber ein im allgemeinen sehr ungünstiges Ergebnis hinsichtlich der Nachbarsymbolinterferenz liefern, siehe Bild 4.16, wenn Sendeimpulse im Abstand T gesendet werden.

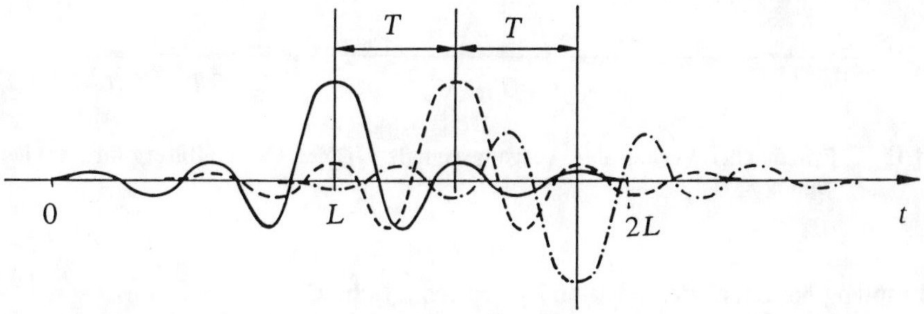

Bild 4.16 Überlagerung von Impulsantworten am Ausgang des Optimalfilters bei Interferenz

Der Fall, daß die Wirkungsfunktion $E_0(f)$ des Filters für die optimale Störunterdrückung, die abgesehen von der zeitlichen Verzögerung entsprechend (4.83) durch

$$E_0(f) = \frac{K^*(f)}{\phi_n(f)} = \frac{G^*(f)H_ü^*(f)}{\phi_n(f)} \tag{4.99}$$

charakterisiert ist, zugleich auch eine punktweise Entzerrung

$$E_{Ep}(f) = \frac{Y(f)}{H_ü(f)G(f)} = E_0(f) \tag{4.100}$$

bewirkt, wobei $Y(f)$ die erste Nyquistbedingung (4.33) erfüllt, oder zugleich auch eine intervallweise Entzerrung

$$E_{Ei}(f) = \frac{1}{H_ü(f)} = E_0(f) \tag{4.101}$$

bewirkt, ist im Normalfall nicht gegeben. Störunterdrückung und Entzerrung führen zu unterschiedlichen Anforderungen an die Wirkungsfunktion $E(f)$ des Empfangsfilters.

Ein Kompromiß-Empfangsfilter wird einerseits dadurch gekennzeichnet sein, daß es eine nicht verschwindende Maximalinterferenz $I > 0$ zuläßt, wohingegen der ideale Entzerrer $I = 0$ liefert. Dafür wird es aber die Störungen stärker reduzieren als der ideale Entzerrer. Ein Kompromiß-Entzerrer wird andererseits dadurch gekennzeichnet sein, daß er eine gegenüber dem Optimalfilter verminderte Störunterdrückung leistet. Dafür wird er aber eine geringere Maximalinterferenz bewirken als das Optimalfilter.

Bezeichnet man die Wirkungsfunktion des Kompromiß-Empfangsfilters mit $E_k(f)$, dann ergibt sich damit nach Bild 4.10 die Gesamtwirkungsfunktion zu

$$Y_k(f) = G(f)H_ü(f)E_k(f) \quad . \tag{4.102}$$

Daraus lassen sich, z.B. unter Benutzung der zugehörigen äquivalenten Nyquistbandbreite von Abschnitt 4.5 mit (4.40), die Funktionswerte $y_k(t_0 + \nu T)$ berechnen. Letztere liefern mit (4.14) bzw. (4.17) die Maximalinterferenz I.

Andererseits liefert das Kompromiß-Empfangsfilter eine gegenüber dem Optimalfilter der Wirkungsfunktion $E_0(f)$ zusätzliche Rauschleistung

$$P_z = \int_{-\infty}^{+\infty} \left[|E_k(f)|^2 - |E_0(f)|^2 \right] \phi_n(f)\, df \,. \tag{4.103}$$

Wie das Kompromiß-Empfangsfilter im einzelnen zu dimensionieren ist, hängt von der Bewertung der zugelassenen Maximalinterferenz einerseits und von der Bewertung der Verminderung bei der Störunterdrückung andererseits ab. Unter speziellen Vorgaben sind Lösungen für günstige Kompromiß-Empfangsfilter von D.A.George [GEO 65] und G.D.Forney [FOR 72] errechnet worden.

Die soweit durchgeführten Betrachtungen betreffen sämtlich sogenannte einschrittige Detektionsverfahren. Sie sind dadurch gekennzeichnet, daß nach Filterung mit einem Entzerrrer oder Optimalfilter jedes Symbol mit einem Schwellenentscheider in einem einzigen Abtastschritt detektiert wird.

Im Unterschied dazu stehen die mehrschrittigen Detektionsverfahren. Diese sind dadurch gekennzeichnet, daß unter Benutzung eines Modells für die Verzerrung und der Kenntnis von Eigenschaften der Störung auf Grund mehrerer Abtastschritte entschieden wird, welche *Symbolfolge* mutmaßlich gesendet worden ist (sog. maximum-likelihood-Methode). Dies geschieht durch Vergleich der empfangenen Abtastwertfolge mit sämtlichen Abtastwertfolgen, welche sich mit den zugelassenen Sendedatenfolgen und dem Verzerrungsmodell ergeben können. Die Entscheidung ist auf die Suche des kürzesten Wegs in einem Graphen zurückführbar [BEL 67], [FOR 73], [SAR 87]. Die Darstellung dieser Thematik führt aber über den Rahmen dieses Buchs hinaus. Verwiesen sei hier auf ein Buch von Söder und Tröndle [SOT 85].

4.9 Literatur

[BEL 67] Bellmann, R.: Dynamische Programmierung und selbstanpassende Regelprozesse, R. Oldenbourg-Verlag, München 1967

[FOR 72] Forney, G.D.: Maximum Likelihood Sequences Estimation of Digital Sequences in the Presence of Intersymbol Interference; IEEE Trans. Inform. Theory IT 18 (1972), S. 363 - 378

[FOR 73] Forney, G.D.: The Viterby Algorithm. Proc. IEEE, Vol.61 (1983) S.268-278

[FRI 84] Fritzsche, G.: Theoretische Grundlagen der Nachrichtentechnik, 3. Auflage; Berlin, VEB Verlag Technik, 1984

[GEO 65] George, D.A.: Matched Filters for Interfering Signals; IEEE Trans. Inform. Theory IT 11 (1965), S. 153 - 154

[GIS 65] Gibby, R.A.; Smith, J.W.: Some Extensions of Nyquist's Telegraph Transmission Theory; Bell Syst. Tech. J. 44 (1965), S. 1587 - 1510

[LSW 68] Lucky, R.W.; Salz, J.; Weldon, E.J.: Principles of Data Communication; New York, San Francisco, Toronto, London, Sidney: Mc Graw Hill, 1968

[LUE 85] Lüke, H.D.: Signalübertragung, 3. Auflage, Berlin, Heidelberg, New York, Tokyo: Springer, 1985

[SAR 87] Sauer, W.; Rupprecht, W.: Ein aufwandsgünstiges suboptimales Detektionsverfahren für stark verzerrte und gestörte Datensignale. Erscheint im ntz-Archiv 9 (1987)

[SCH 59] Schwartz, M.: Information Transmission, Modulation, and Noise. 2nd edition, New York: McGraw-Hill, 1970

[SOT 85] Söder, G.; Tröndle, K.: Digitale Übertragungssysteme; Berlin, Heidelberg, New York, Tokyo: Springer, 1985

[STR 82] Steinbuch, K.; Rupprecht, W.: Nachrichtentechnik Band II; 3. Auflage; Berlin, Heidelberg, New York: Springer, 1982

5. Adaptive Entzerrung von Basisband-Datensignalen

Die Entzerrung eines Datensignals bezeichnet man als adaptiv, wenn der Entzerrer sich auf unterschiedlich verzerrte Datensignale selbsttätig einstellt, ohne daß dazu eine Bedienungsperson nötig ist. Im einfachsten Sonderfall, bei dem die selbsttätige Einstellung mit isolierten Testimpulsen erfolgt, die sonst keine Nutzinformation übertragen, spricht man auch von automatischer Entzerrung.

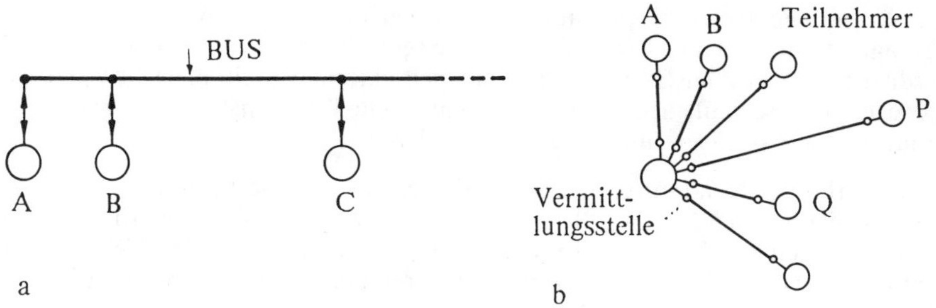

Bild 5.1 Anwendungsfälle für adaptive Entzerrer
(a) Verbindung von Teilnehmerstationen über eine Busleitung
(b) Verbindung von Teilnehmerstationen über Teilnehmeranschlußleitungen und eine Vermittlungsstation

Bild 5.1a zeigt als Anwendungsbeispiel ein Bus-System, bestehend aus einer langen Bus-Leitung, an welcher in unregelmäßigen Abständen verschiedene Teilnehmerstationen angeschlossen sind. Wegen der verschieden großen Entfernungen zwischen den Stationen A und B einerseits und A und C andererseits weisen die von der Station A empfangenen Signale unterschiedliche Verzerrungen auf, je nachdem ob diese Signale von B oder C herkommen. Ein Entzerrer in der Station A muß also die unterschiedlichen Verzerrungen feststellen und sich entsprechend umstellen können. Diese Umstellung muß unter Umständen sehr rasch erfolgen. Für die übrigen Stationen gilt Entsprechendes.

Ein andersartiges Beispiel ist in Bild 5.1b dargestellt. Dort sind verschiedene Teilnehmerstationen über unterschiedlich lange Leitungen an eine Vermittlungsstation angeschlossen. Die verschiedenen Leitungslängen verursachen unterschiedliche Verzerrungen. Die individuelle Entzerrung kann dabei z.B. nach folgenden Verfahrensweisen vorgenommen werden:

a. Die Entzerrer sind wie beim Beispiel von Bild 5.1a Bestandteile der einzelnen Teilnehmerstationen. Entzerrt wird jeweils die Verzerrung, die vom gesamten Übertragungsweg hervorgerufen wird. Diese sind unterschiedlich, wenn z.B. Station A Signale von Station P oder von Station Q empfängt.

b. Die Entzerrer sind Bestandteile der einzelnen Teilnehmeranschlußleitungen. Mit anderen Worten: Jede Leitung zwischen Vermittlungsstelle und einer Teilnehmerstation besitzt einen eigenen Entzerrer. Dabei reicht es im Prinzip, daß dieser Entzerrer nur einmal bei der Erstinbetriebnahme eingestellt wird. Die Einstellung braucht dann nicht mehr verändert zu werden, solange die Leitungseigenschaften sich nicht z.B. infolge Temperaturschwankungen ändern. Bei großen Netzen mit sehr vielen unterschiedlichen Leitungen ist aber die Verwendung eines gleichen Standard-Entzerrers für alle Leitungen zweckmäßig, der sich selbsttätig jeweils auf seine Leitung einstellt, was auch langsam erfolgen darf.

Bei drahtlosen Übertragungswegen, wie z.B. digitalen Richtfunkstrecken, treten Verzerrungen hauptsächlich in Form von Echos auf, die ihre Ursache in einer Mehrwegeausbreitung haben. Die Amplituden dieser Echos und damit die Verzerrung kann sich zeitlich rasch ändern. Diesen Änderungen muß dann der adaptive Entzerrer folgen können. Näheres hierüber folgt in Kapitel 6.

Was über die Signalverzerrungen auf individuellen Leitungen bzw. Übertragungswegen gesagt wurde, gilt in entsprechender Weise auch für die Störungen. Das Leistungsdichtespektrum der Störung kann auf den einzelnen Leitungen bzw. Übertragungswegen unterschiedlich sein, was unterschiedliche Filtereinstellungen bedingt, um den Einfluß der Störungen individuell zu reduzieren.

Die erste Arbeit über adaptive Datensignalentzerrer stammt nach Wissen des Verfassers von E.Kettel [KET 64]. Breiteres Interesse gewann die Thematik durch die Publikationen von R.W. Lucky [LUC 65], [LUC 66], der für seine Verdienste um die Entwicklung des Adaptiven Entzerrers 1987 mit dem Marconi-Preis ausgezeichnet wurde [OHV 87].

In diesem 5. Kapitel werden zunächst in Abschn. 5.1 allgemeine Prinzipien adaptiver Entzerrungsverfahren erläutert und in Abschn. 5.2 Beziehungen für später öfters benötigte Signalkenngrößen hergeleitet. In den Abschnitten 5.3 bis 5.9 folgen dann Beschreibungen spezieller adaptiver Entzerrungssysteme. Von diesen sind die in den Abschnitten 5.3 bis 5.8 dargestellten Systeme linear. Das bedeutet, daß solche Systeme im Prinzip auch M-näre Signale entzerren, nachdem sie eine Entzerrung binärer Signale gleicher Schrittgeschwindigkeit oder gleicher Symboldauer adaptiv durchgeführt haben. In Abschnitt 5.9 wird ein nichtlineares Entzerrungssystem beschrieben. Das für die Adaption zugrunde gelegte Fehlermaß F ist in den Abschnitten 5.3 bis 5.6 stückweis linear, in den Abschnitten 5.7 bis 5.9 quadratisch.

5.1 Allgemeine Struktur eines adaptiven Entzerrers

Bei jedem adaptiven Entzerrer lassen sich zwei Funktionseinheiten unterscheiden, nämlich das einstellbare Filter und das Einstellteil. Das einstellbare Filter bewirkt die eigentliche Signalentzerrung und eventuell noch eine zusätzliche Verbesserung des Störabstands. Das Einstellteil führt die Einstellung des Filters adaptiv so durch, daß die Signalentzerrung und die eventuelle Störabstandsverbesserung in der gewünschten Weise erfolgen.

Als einstellbares Filter kommt jedes der in den Bildern 1.10, 2.1 und 2.5 gezeigten Filter in Betracht. Dennoch ist die Wahl des Filters nicht unwichtig. Die Güte der erreichbaren Signalentzerrung bzw. Störunterdrückung hängt wesentlich vom gewählten Filter ab. Was ein gegebenes Filter an Signalentzerrung bzw. Störunterdrückung nicht zu leisten vermag, kann durch ein noch so gutes adaptives Einstellverfahren nicht ausgeglichen werden. Die nachfolgenden Ausführungen sind aber durchweg sehr allgemein gehalten. Sie setzen lediglich Linearität und Zeitinvarianz bei den frequenzabhängigen (oder gedächtnisbehafteten) Filterteilen voraus. Der bequemen Darstellung wegen beziehen sich die meisten Ausführungen auf die allgemeine Verzweigungsstruktur in Bild 2.1. Nahezu alle Orthogonalfilter besitzen diese Struktur. Ihre Übertragungseigenschaften lassen sich mit dem einstellbaren Koeffizientenvektor

$$\vec{c} = \begin{bmatrix} c_0 \\ c_1 \\ c_2 \\ \vdots \\ c_N \end{bmatrix} \tag{5.1}$$

in weiten Grenzen verändern. Ein spezielles Kriterium für die Wahl des Filters wird in Abschn. 3.10 erläutert.

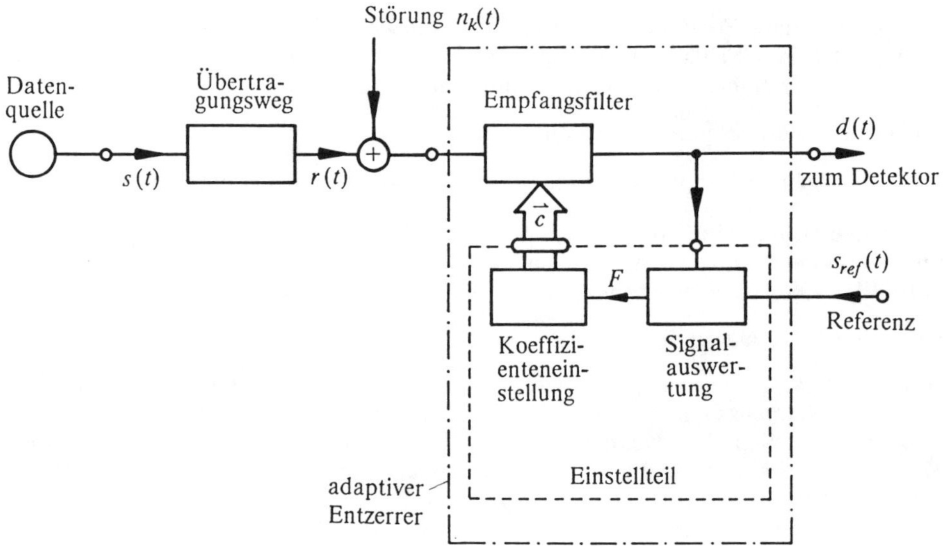

Bild 5.2 **Übertragungssystem mit einem adaptiven Entzerrer**

Auch für das Einstellteil gibt es zahlreiche Möglichkeiten. Zur Erläuterung sei das Übertragungssystem in Bild 5.2 betrachtet. Die Datenquelle möge das in Bild 4.1 gezeigte Sendefilter als Bestandteil enthalten. Der adaptive Entzerrer setzt sich aus dem einstellbaren Empfangsfilter und dem Einstellteil zusammen. In Bild 5.2 ist das Einstellteil sehr einfach strukturiert. Es besteht aus einer Steuereinheit, welche die Einstellung der Filterkoeffizienten abhängig von einem skalaren Fehlermaß F vornimmt, und einer Einheit, welche das Fehlermaß F bildet. Die Bildung des Fehlermaßes F geschieht durch Auswertung des Datensignals $d(t)$ am Ausgang des Empfangsfilters. In vielen Fällen wird außerdem noch ein separates Referenzsignal $s_{ref}(t)$ für die Bildung des Fehlermaßes F hinzugezogen.

Das skalare Fehlermaß F soll ein absolutes Minimum dann annehmen, wenn das Signal $d(t)$ am Empfangsfilterausgang optimal entzerrt ist und eventuell außerdem noch den minimalen Störabstand aufweist. Im allgemeinen ist F eine Funktion sowohl der Koeffizientenwerte c_i als auch der übertragenen Datenfolge

$$F = F(c_0, c_1, \dots, c_N \mid \text{übertragene Datenfolge}) \quad . \tag{5.2}$$

Zweckmäßigerweise sollte das Fehlermaß F, welches hauptsächlich den Verzerrungsgrad zum Ausdruck bringt, so definiert sein, daß es möglichst wenig oder gar nicht von der übertragenen Datenfolge abhängt.

Mittels eines geeigneten Optimierungsalgorithmus werden vom Block Koeffizienteneinstellung die Koeffizientenwerte c_i schrittweise derart geändert, daß F sein absolutes Minimimum erreicht.

Geeignete skalare Fehlermaße F lassen sich auf vielerlei Weise bilden. Die verschiedenen Arten von Fehlermaßen kann man im wesentlichen in vier Hauptkategorien einteilen. Diese ergeben sich aus den Unterscheidungen:

(a) mit Referenzsignal – ohne Referenzsignal

(b) zeitdiskrete Signalauswertung – zeitkontinuierliche Signalauswertung.

Das bedeutet, daß eine Hauptkategorie von Fehlermaßen z.B. dadurch gekennzeichnet ist, daß ein Referenzsignal verwendet wird und eine zeitdiskrete Signalauswertung stattfindet. Die Unterscheidungen (a) und (b) seien nachfolgend näher erläutert.

Zu (a) mit Referenzsignal:

Das Fehlermaß F wird aus der Differenz des Signals am Ausgang des Empfangsfilters und einem Referenzsignal gebildet. Als Referenzsignal kann ein exakt bekanntes oder ein geschätztes Signal verwendet werden. Wird vor der eigentlichen Nutzdatenübertragung eine bekannte Datenfolge als Präambel übertragen, dann ist während der Präambelübertragung das Referenzsignal exakt bekannt. Während dieser Zeitspanne, in welcher die Entzerrung durchzuführen ist, entfällt in (5.2) die Abhängigkeit von der übertragenen Datenfolge. Ein Beispiel hierzu behandelt Abschnitt 5.3. Wenn das Referenzsignal anhand des verzerrt empfangenen Datensignals geschätzt wird, dann wird bei anfänglicher starker Verzerrung die Schätzung weniger gut ausfallen und die Abhängigkeit von der übertragenen Datenfolge stärker sein. Mit der schrittweisen Reduzierung des Verzerrungsgrads F durch die adaptive Änderung des Koeffizientenvektors $\underline{c}$ wird die Schätzung besser ausfallen und die Abhängigkeit von der übertragenen Datenfolge abnehmen. Ein Beispiel hierzu bringt Abschnitt 5.7.

Zu (a) ohne Referenzsignal:

Die Entzerrung ohne Benutzung eines physikalisch vorhandenen Referenzsignals wird auch als *blinde* Entzerrung bezeichnet. In diesem Fall leitet sich das Fehlermaß F aus der Kenntnis invarianter Eigenschaften unverzerrter Datensignale ab, d.h. von solchen Eigenschaften, die nicht von der übertragenen Nutzinformation abhängen. Zur Bildung des Fehlermaßes F werden geeignete Kenngrößen des Signals am Ausgang des Empfangsfilters gemessen und mit den bekannten invarianten Eigenschaften unverzerrter Datensignale verglichen. Bei den invarianten Signaleigenschaften handelt es sich oft um statistische Eigenschaften. Ihre Bestimmung setzt voraus, daß auch die Datenfolge bestimmte statistische Eigenschaften besitzt. Zu diesem Zweck wird die von der primären Datenquelle gelieferte primäre Datenfolge, welche die gewünschten statistischen Eigenschaften normalerweise nicht besitzt, vor der Übertragung mittels eines Scramblers (Verwürfler) nach bestimmten Regeln verwürfelt, so daß die übertragene Datenfolge pseudozufällig wird. Auf der Empfangsseite wird dann nach der Entzerrung mittels eines Descramblers die Verwürfelung wieder rückgängig gemacht. Beispiele für Verzerrungsmaße F, die sich aus invarianten Eigenschaften unverzerrter Datensignale mit zufälliger oder pseudozufälliger Symbolfolge ableiten, finden sich in den Abschnitten 5.5 und 5.6. Auch der erste adaptive Entzerrer von E. Kettel benutzte ein Invariantenkriterium [KET 64].

Zu (b) zeitdiskrete Signalauswertung:

Bei zeitdiskreter Signalauswertung wird das Fehlermaß F aus Abtastwerten des Signals am Ausgang des Empfangsfilters und des eventuellen Referenzsignals gebildet. Die Abtastung wird in der Regel mit einer Taktfrequenz arbeiten, die gleich der Taktfrequenz oder gleich einem ganzzahligen Vielfachen der Taktfrequenz der empfangenen Symbolfolge ist. Das setzt eine vorherige Taktsynchronisation voraus. Ausnahmen hiervon sind möglich, wenn die Taktfrequenz der Signalauswertung wesentlich höher ist als die Frequenz des Symboltakts. Eine hohe Adaptionsgeschwindigkeit ist möglich, allerdings nicht notwendigerweise gegeben, wenn nach jedem Taktschritt der Signalauswertung ein neuer Funktionswert F und damit eine neue Koeffizienteneinstellung gebildet werden. Verfahren, bei denen ein neuer Funktionswert F erst nach Auswertung von Meßwerten aus mehreren Taktschritten der Signalauswertung gebildet wird, müssen aber nicht unbedingt langsam sein. Beispiele mit zeitdiskreter Signalauswertung bringen die Abschnitte 5.5, 5.6 und 5.7.

Zu (b) zeitkontinuierliche Signalauswertung:

Die Bildung des Fehlermaßes F erfolgt durch zeitkontinuierliche Auswertung des Signals am Ausgang des Empfangsfilters und des eventuellen Referenzsignals über ein Beobachtungsintervall der Dauer T_B. Der Wert des Fehlermaßes F ergibt sich am Ende des Beobachtungsintervalls. Die zeitkontinuierliche Signalauswertung unter Benutzung von invarianten Eigenschaften unverzerrter Datensignale macht von der Taktfrequenz der Datensymbolfolge in der Regel keinen Gebrauch. Solche adaptiven Entzerrungsverfahren kommen deshalb ohne vorherige Taktsynchronisation aus. Sie sind deshalb aber durchweg vergleichsweise langsam, weil zur Bildung eines neuen Funktionswerts F eine Zeitspanne von oft mehr als 20 Symbolintervallen benötigt wird. Beispiele hierfür bringen die Abschnitte 5.5 und 5.8. Eine zeitkontinuierliche Signalauswertung unter Benutzung eines Referenzsignals ermöglicht dagegen eine vergleichsweise rasche Bildung des Funktionswerts F und damit eine schnelle Adaption. Jedoch ist dazu eine vorherige Synchronisation der Zeitlage des Referenzsignals mit dem Empfangsfilterausgangssignal erforderlich.

So viel zur allgemeinen Erläuterung der Unterscheidungen (a) und (b).

Für die Wahl eines speziellen Verzerrungsmaßes F gibt es verschiedene Gesichtspunkte. Zu diesen gehören der Aufwand für die apparative Realisierung, die erzielbare Genauigkeit, die damit erreichbare Adaptionsgeschwindigkeit und andere.

Ein für den Vorgang der Koeffizienteneinstellung wichtiger Gesichtspunkt sind die mathematischen Eigenschaften der Funktion F. Dazu gehören die Fragen, ob sich in Abhängigkeit der Koeffizienten c_i stets ein eindeutiger Wert für F ergibt, gleichgültig welche Nutzinformation übertragen wird, ob die Funktion F stetig und differenzierbar ist, ob sie stückweis linear oder quadratisch oder höhergradig von den Koeffizientenwerten c_i abhängt und ob F z.B. konvex ist. Diese Punkte seien durch Bild 5.3

verdeutlicht, wo F in Abhängigkeit eines einzelnen, willkürlich gewählten Filterkoeffizienten c_i dargestellt ist. Die Bilder (a), (b) und (c) zeigen stetig differenzierbare Funktionen, Bild (d) zeigt eine nicht überall stetig differenzierbare stückweis lineare Funktion. Die Funktionen in den Bildern (a) und (d) sind konvex (von unten).

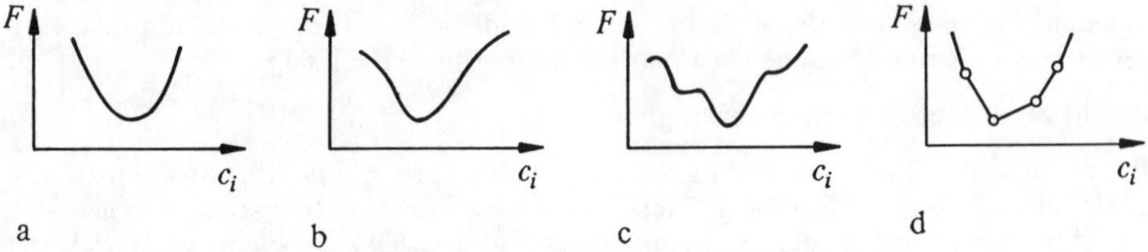

Bild 5.3 **Typen verschiedener Funktionen**
(a) stetig differenzierbar konvex, (b) unimodal, (c) mit Nebenminimum,
(d) stückweis linear konvex

Für die Adaption sind am günstigsten solche Funktionen, die bezüglich sämtlicher Filterkoeffizienten konvex sind. Konvexe Funktionen besitzen nur ein einziges Minimum und keine Wendepunkte. Sie erlauben deshalb einfache Optimierungsalgorithmen. Nicht ganz so günstig sind unimodale Funktionen. Diese besitzen ebenfalls nur ein einziges Minimum, haben aber daneben noch Wendepunkte. Ungünstig sind Funktionen mit Nebenminima, weil sie besonders aufwendige Optimierungsalgorithmen erfordern. Die meisten realisierten Systeme verwenden entweder konvexe stückweis lineare oder quadratische Funktionen F. Wenn das Verzerrungsmaß F auch von der übertragenen Datenfolge abhängt, dann wird sich zwar nicht die Lage des Minimums zeitlich ändern, wenn im Minimum das Datensignal ideal entzerrt ist, wohl aber wird sich dann der übrige Funktionsverlauf von (5.2) zeitlich mit der Datenfolge ändern, was die Minimierung erschwert. Deshalb ist man bestrebt, F so zu definieren, daß es möglichst nicht von der übertragenen Datenfolge abhängt.

Der Begriff *konvex* sei nun zunächst anhand einer Funktion $F(c)$, die nur von der skalaren Variablen c abhängt, erläutert.

Eine Funktion $F(c)$ der Variablen c ist konvex, wenn

$$F[\lambda c^{(1)} + (1-\lambda)c^{(2)}] \leq \lambda F(c^{(1)}) + (1-\lambda)F(c^{(2)}) \quad \text{für } 0 \leq \lambda \leq 1\,. \tag{5.3}$$

Hierin sind $c^{(1)}$ und $c^{(2)}$ beliebig wählbare feste Werte der Variablen c.

In Bild 5.4 sind die Zusammenhänge von (5.3) graphisch dargestellt. Wenn λ zwischen 0 und 1 geändert wird, ändert sich das Argument von $F(c)$ zwischen den festen Intervallgrenzen $c^{(2)}$ und $c^{(1)}$. Die linke Seite der Ungleichung in (5.3) beschreibt den Verlauf von $F(c)$ über diesem Intervall. Die rechte Seite von (5.3) ist linear in λ und beschreibt eine Gerade, die durch die Stützwerte $F(c^{(1)})$ und $F(c^{(2)})$ an den Intervallgrenzen geht. Konvexität heißt also, daß die Funktion $F(c)$ innerhalb des Intervalls stets unterhalb der Geraden verläuft, egal wie man die Intervallgrenzen gewählt hat.

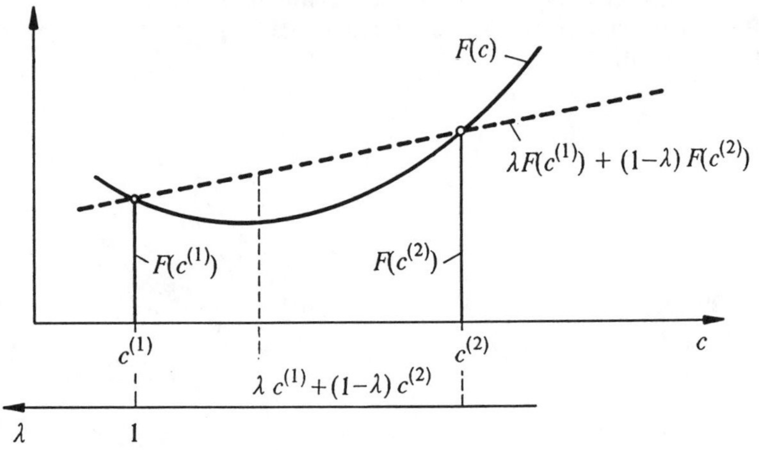

Bild 5.4 Zur Erläuterung der Konvexitätseigenschaft

Bei Funktionen mehrerer Variablen wird statt einer einzigen Variablen c ein Variablenvektor $\vec{c}$ betrachtet. Entsprechend (5.3) lautet die Definition von Konvexität nun:

> $F(\vec{c}) = F(c_0, c_1, \dots, c_N)$ ist konvex, wenn für zwei beliebige aber feste Vektoren $\vec{c}^{(1)}$ und $\vec{c}^{(2)}$ und für $0 \leq \lambda \leq 1$ gilt:
>
> $$F[\lambda\vec{c}^{(1)} + (1-\lambda)\vec{c}^{(2)}] \leq \lambda F(\vec{c}^{(1)}) + (1-\lambda)F(\vec{c}^{(2)}) \quad . \tag{5.4}$$

Die theoretische Untersuchung des Verzerrungsmaßes F auf Konvexität liefert eine wichtige Aussage über den Charakter von F. Sie setzt aber voraus, daß F zunächst als explizite Funktion der Filterkoeffizienten ausgedrückt wird, was nicht immer möglich ist.

Wenn das Verzerrungsmaß F eine konvexe Funktion der Filterkoeffizienten c_i ist, dann läßt sie sich apparativ in relativ einfacher Weise, z.B. mit Hilfe des Algorithmus des steilsten Abstiegs (engl. steepest descent), minimieren. Das bedeutet eine Änderung der Koeffizienten in eine dem Gradientenvektor entgegengesetzten Richtung.

Der Gradientenvektor ist ein Spaltenvektor, dessen Komponenten die partiellen Ableitungen der Funktion F nach den Variablen c_i sind. Man schreibt dafür

$$\mathrm{grad}F = \nabla F = \begin{bmatrix} \dfrac{\partial F}{\partial c_0} \\ \dfrac{\partial F}{\partial c_1} \\ \vdots \\ \dfrac{\partial F}{\partial c_N} \end{bmatrix} = \frac{\partial F}{\partial \vec{c}} \quad . \tag{5.5}$$

Das Symbol ∇ wird *Nablaoperator* genannt.

In Bild 5.5a ist die Richtung des Gradientenvektors im Punkt P dargestellt. Er steht senkrecht auf den im allgemeinen gekrümmten Flächen, auf denen F einen jeweils konstanten Wert hat.

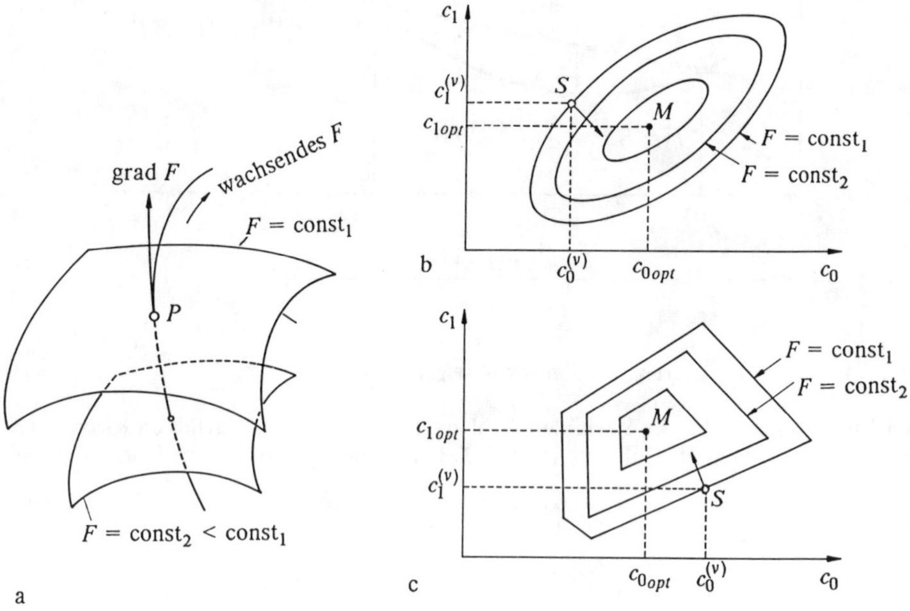

Bild 5.5 **Gradientenverfahren und konvexe Funktion**
(a) Verdeutlichung des Gradientenvektors,
(b) Höhenlinien $F = const$ **bei einer stetig differenzierbaren konvexen Funktion,**
(c) Höhenlinien $F = const$ **bei einer stückweis linearen konvexen Funktion**

Die Bilder 5.5b und c zeigen mögliche Verläufe von Höhenlinien $F = const$ einer stetig differenzierbaren bzw. stückweis linearen konvexen Funktion zweier Variablen. Bei einer quadratischen Funktion sind die Höhenlinien Ellipsen, bei einer stückweis linearen Funktion Polygone. Eine Gerade darf mit der Höhenlinie einer konvexen Funktion höchstens zwei Schnittpunkte haben, sofern die Gerade nicht zufällig mit einem Abschnitt der Höhenlinie einer stückweis linearen Funktion zusammenfällt. Der Punkt M kennzeichnet das Minimum. Der am Punkt S eingezeichnete Pfeil weist in die Richtung des negativen Gradienten. Diese Richtung muß nicht auf M zeigen.

Ausgehend von einem willkürlich gewählten Startpunkt S, der durch den Vektor $\vec{c}^{(0)}$ gekennzeichnet ist, kann die Suche des Minimums der Funktion F in diskreten Schritten (ν) iterativ erfolgen. Dazu wird in jedem Schritt zum Vektor $\vec{c}^{(\nu)}$ ein Korrekturvektor $\Delta\vec{c}^{(\nu)}$ addiert, so daß der dadurch entstehende neue Vektor $\vec{c}^{(\nu+1)}$ einen kleineren Funktionswert liefert. Auf diese Weise soll schließlich der optimale Vektor $\vec{c}_{opt}$ erreicht werden, für den die Funktion F ihr Minimum annimmt.

$$\vec{c}^{(\nu)} + \Delta\vec{c}^{(\nu)} = \vec{c}^{(\nu+1)} \rightarrow \vec{c}_{opt} \quad \text{für } \nu \rightarrow \infty \; . \tag{5.6}$$

Beim Gradientenverfahren hat der Korrekturvektor $\Delta\vec{c}^{(\nu)}$ die Richtung des negativen Gradientenvektors ∇F:

$$\vec{c}^{(\nu+1)} = \vec{c}^{(\nu)} - \alpha^{(\nu)}(\nabla F)^{(\nu)} = \vec{c}^{(\nu)} - \alpha^{(\nu)}(\text{grad } F)^{(\nu)} . \tag{5.7}$$

Der skalare Proportionalitätsfaktor $\alpha^{(\nu)}$ heißt Schrittweite. Sie wird in der Regel für alle Iterationen konstant gelassen.

Für die einzelnen Komponenten c_i des Koeffizientenvektors $\vec{c}$ gilt entsprechend folgende Differenzengleichung:

$$c_i^{(\nu+1)} = c_i^{(\nu)} - \alpha^{(\nu)}\left(\frac{\partial F}{\partial c_i}\right)^{(\nu)} . \tag{5.8}$$

Apparativ werden die Iterationsschritte in aufeinander folgenden Zeitintervallen gemäß Bild 5.6 durchgeführt. Im Zeitintervall $t^{(\nu+1)} - t^{(\nu)}$ wird der Gradient $(\nabla F)^{(\nu)}$ bestimmt und der neue Vektor $\vec{c}^{(\nu+1)}$ berechnet, der dann zum Zeitpunkt $t^{(\nu+1)}$ eingestellt wird. Die Länge des Zeitintervalls $t^{(\nu+1)} - t^{(\nu)}$ kann nach den Ausführungen zu (5.2) u.U. viel größer als der Abstand T zweier Datensymbole sein.

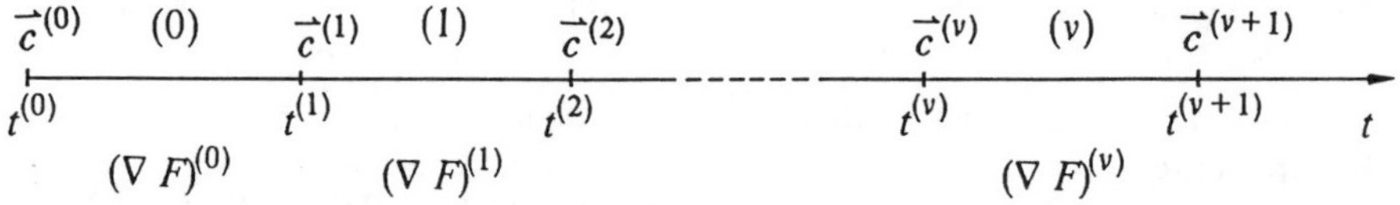

Bild 5.6 Zeitliche Folge der Koeffizientenvektoren

Im Minimum der Funktion F gilt

$$\text{grad } F = \vec{0} , \tag{5.9}$$

sofern dort F nach allen Richtungen differenzierbar ist, was nicht immer der Fall ist. $\vec{0}$ bezeichnet den Spalten-Nullvektor.

Wie anhand von Bild 5.5b ersichtlich ist, darf die Schrittweite $\alpha^{(\nu)}$ nicht zu groß sein, weil man sonst zu weit über die Talsohle hinausschießt, wodurch der Algorithmus instabil wird. Bei quadratischen Funktionen F wird in Minimumsnähe der Betrag von $\partial F/\partial c_i$ sehr klein, sodaß auch bei konstanter nicht zu großer Schrittweite die Optimaleinstellung $\vec{c}_{opt}$ im Prinzip beliebig genau erreichbar ist. Nähere Ausführungen zur Konvergenz des Gradientenverfahrens bei quadratischen Funktionen bringt Abschn. 5.10. Anders ist das bei stückweis linearen Funktionen F. Diese besitzen im Minimum einen Knickpunkt, sofern die Funktion in Minimumsnähe nicht konstant ist, siehe Bild 5.3d und Abschn. 5.3. Im Minimum ist also die stückweis lineare Funktion F im allgemeinen nicht differenzierbar. Dennoch kann das Gradientenverfahren auch auf stückweis lineare Funktionen angesetzt werden, nur daß in diesem Fall die Optimaleinstellung $\vec{c}_{opt}$ nicht beliebig genau, sondern nur mit einer endlichen, von der Schrittweite α abhängigen Genauigkeit erreichbar ist.

Neben dem Gradientenverfahren kommen im Prinzip auch alle sonstigen Minimierungsverfahren für die adaptive Entzerrung in Frage, sofern der dadurch bedingte technische Aufwand vertretbar ist. Beispiele für sonstige Minimierungsverfahren sind

Intervallschachtelungsverfahren und das Parabelverfahren, siehe Abschn. 5.10, das ebenfalls mit Erfolg auch auf stückweis lineare Funktionen angewendet worden ist, was für seine Robustheit spricht. Bei allen adaptiven Entzerrungsverfahren geht es immer wieder darum, eine Folge von Änderungsvektoren

$$(\Delta\vec{c}^{(\nu)}, \Delta\vec{c}^{(\nu+1)}, \dots, \Delta\vec{c}^{(\nu+\mu)}, \dots) \tag{5.10}$$

so zu bestimmen, daß die Folge der Koeffizientenvektoren

$$(\vec{c}^{(\nu)}, \vec{c}^{(\nu+1)}, \dots, \vec{c}^{(\nu+\mu)}, \dots) = \{\vec{c}^{(\nu)}\} \tag{5.11}$$

gegen den optimalen Vektor $\vec{c}_{opt}$ konvergiert oder eine Hyperkugel $\vec{c}_{opt} + \vec{\varepsilon}_{opt}$ mit vorgebbarem Radius $\|\vec{\varepsilon}_{opt}\|$ um $\vec{c}_{opt}$ erreicht. Das muß hinreichend rasch im Vergleich zu möglichen zeitlichen Änderungen der Übertragungsweg-Eigenschaften geschehen.

Mit Bild 5.2 wurde bislang der einfache Fall zugrunde gelegt, daß für die Bildung des Verzerrungsmaßes F neben dem eventuellen Referenzsignal nur das Signal am Empfangsfilterausgang verwendet wird. Allgemeinere Strukturen für das Einstellteil ergeben sich dadurch, daß für die Signalauswertung noch weitere Signale herangezogen werden, und daß dem Block Koeffizienteneinstellung nicht ein skalares Maß F, sondern ein vektorielles Maß $\vec{E}$ zugeführt wird. Naheliegend ist beispielsweise, daß die Signalauswertung statt der skalaren Größe F gleich den Gradientenvektor grad $F = \vec{E}$ bildet, wodurch der Block Koeffizienteneinstellung sehr einfach wird. Da die Komponente $\partial F/\partial c_i$ des Gradientenvektors in der Regel vom Teilsignal am Koeffizientensteller c_i abhängt, werden u.U. auch diese Teilsignale für die Signalauswertung benützt. Dieser Fall führt auf die Schaltungsstruktur in Bild 5.7, für welche in Abschn. 5.7 ein Beispiel gebracht wird. Eine darüber hinausgehende Erweiterung kann darin bestehen, daß z.B. die Filterstruktur in Bild 2.5 als einstellbares Empfangsfilter benutzt wird, die über zusätzliche Einstellglieder für die Koeffizienten w_{ik} verfügt. Mit den Koeffizienten w_{ik} kann erreicht werden, daß die Teilsignale $r_i(t)$ an den Koeffizientenstellern c_i orthogonal sind. Die Einstellung der Koeffizienten w_{ik} kann durch spezielle Komponenten des Vektors $\vec{E}$ erfolgen. Eine andere Erweiterung kann in der Verwendung des Filters mit Brückenstruktur, Bild 1.10, bestehen [SAP 81].

Die Grenzen zwischen den Blöcken "Signalauswertung", "Koeffizienteneinstellung" und weiteren Funktionsblöcken sind manchmal nicht scharf zu ziehen und willkürlich. Die gesamte Wirkungsweise eines adaptiven Entzerrers mit seinen verschiedenen Funktionsblöcken wird deshalb häufig als Entzerrungsalgorithmus (spezieller Art) bezeichnet.

5.2 Das Empfangsfilter und einige Signalkenngrößen

Für die folgenden Betrachtungen wird als Empfangsfilter ein lineares zeitinvariantes Filter der allgemeinen Verzweigungsstruktur von Bild 2.1 zugrundegelegt. Dieses ist in Bild 5.8 noch einmal dargestellt, wobei nun zusätzlich einige hier interessierende Signale eingetragen sind. $k(t)$ ist die Impulsantwort, die ein einzeln gesendeter Grundimpuls $g(t)$ der Datenquelle am Filtereingang hervorruft. $n(t)$ bezeichnet die dort anliegenden Störungen. Mit $x_i(t)$ bzw. $n_i(t)$ werden Impulsantworten bzw. Störungen an den Koeffizientenstellern c_i und mit $y(t)$ bzw. $n_y(t)$ die Impulsantwort bzw.

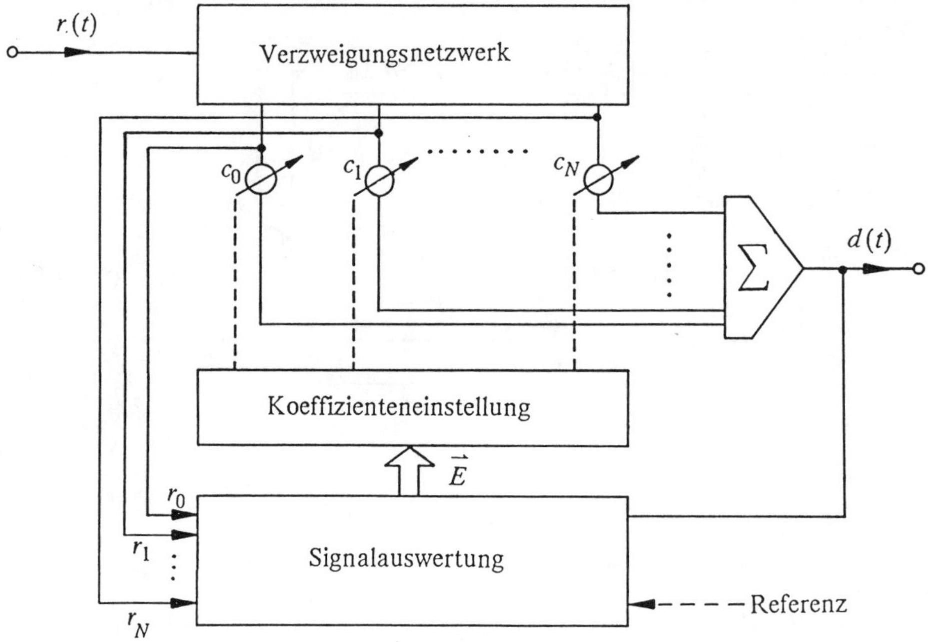

Bild 5.7 Erweiterung der adaptiven Entzererschaltung von Bild 5.3

Störung am Entzerrerausgang bezeichnet. Das allgemeine Filter in Bild 5.8 übernimmt hier zugleich die Rollen des Eingangsfilters und des Entzerrers von Bild 4.1.

Wenn die Datenquelle in Bild 5.2 nicht einen einzelnen Grundimpuls $g(t)$, sondern ein Datensignal gemäß (4.6)

$$s(t) = \sum_{\nu=-\infty}^{+\infty} a_\nu g(t - \nu T) \tag{5.12}$$

sendet, dann entstehen wegen der vorausgesetzten Linearität und Zeitinvarianz an den Koeffizientenstellern c_i die verzerrten Signale

$$v_i(t) = \sum_{\nu=-\infty}^{+\infty} a_\nu x_i(t - \nu T) + n_i(t) \quad ; \quad i = 0, 1, \ldots, N \tag{5.13}$$

und am Entzerrerausgang das Signal, vergl. (4.9),

$$d(t) = \sum_{\nu=-\infty}^{+\infty} a_\nu y(t - \nu T) + n_y(t) \ . \tag{5.14}$$

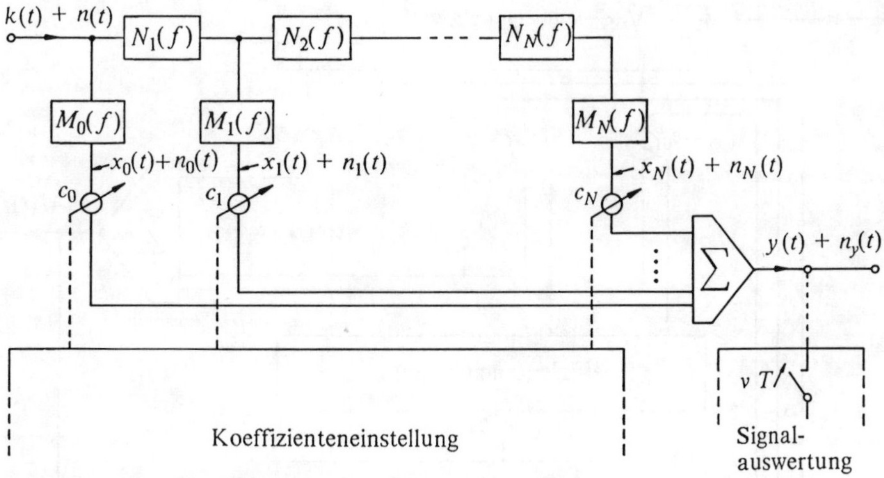

Bild 5.8 Allgemeine Struktur des Empfangsfilters in Bild 5.2

Hierbei gelten wegen Bild 5.8

$$y(t) = \sum_{i=0}^{N} c_i x_i(t), \tag{5.15}$$

$$n_y(t) = \sum_{i=0}^{N} c_i n_i(t). \tag{5.16}$$

Wie bereits erwähnt, kann die Signalauswertung zeitkontinuierlich oder zeitdiskret erfolgen. Wird die Auswertung zeitdiskret zu Zeitpunkten μT, μ = ganzzahlig, durchgeführt, was oft der Fall ist und was zu einfacheren mathematischen Zusammenhängen führt, dann folgt aus (5.15)

$$y(\mu T) = \sum_{i=0}^{N} c_i x_i(\mu T) \;;\; \mu = \text{ganzzahlig} \quad . \tag{5.17}$$

Man erhält eine bequemere Schreibweise, wenn man den Zeitpunkt μT durch den Index μ ausdrückt:

$$y_\mu = \sum_{i=0}^{N} c_i x_{i\mu} \quad . \tag{5.18}$$

Diese Schreibweise, auf (5.14) angewendet, liefert

$$d_\mu = \sum_{\nu=-\infty}^{+\infty} a_\nu y_{\mu-\nu} + n_{y\mu} = \sum_{\kappa=-\infty}^{+\infty} a_{\mu-\kappa} y_\kappa + n_{y\mu} \quad . \tag{5.19}$$

Die Summe auf der rechten Seite folgt mit der Substitution $\mu - \nu = \kappa$. Für kausale Impulsantworten endlicher Dauer gilt

$$y_\kappa = 0 \text{ für} \begin{cases} \kappa < 0 \text{ und} \\ \kappa > L \, . \end{cases} \tag{5.20}$$

Damit geht (5.19) über in

$$d_\mu = \sum_{\kappa=0}^{L} a_{\mu-\kappa} y_\kappa + n_{y\mu} \quad . \tag{5.21}$$

Der Spitzenwert $\hat{S}$, den d_μ annehmen kann, wenn keine Störungen vorhanden sind, $n_{y\mu} \equiv 0$, tritt bei binärer bipolarer Übertragung mit $a_\nu = \pm 1$ genau dann auf, wenn für alle κ im Intervall $0 \leq \kappa \leq L$ die Vorzeichen von $a_{\mu-\kappa}$ und y_κ gleich sind. Das ergibt

$$\hat{S} = \max_{-\infty<\mu<\infty} |d_\mu| = \max_{-\infty<\mu<\infty} \left| \sum_{\kappa=0}^{L} a_{\mu-\kappa} y_\kappa \right| = \sum_{\kappa=0}^{L} |y_\kappa| \quad . \tag{5.22}$$

Ist $\operatorname{sgn} a_{\mu-\kappa} = \operatorname{sgn} y_\kappa$ nicht für alle κ in $0 \leq \kappa \leq L$ möglich, was bei gewissen Leitungscodes der Fall ist, dann ist der Spitzenwert kleiner als der Wert, der sich aus (5.22) ergibt.

Man bezeichnet denjenigen Funktionswert y_h in $0 \leq h \leq L$, der den größten Betrag hat, als *Hauptwert*. Wenn dieser Hauptwert zusammen mit dem Koeffizienten $a_{\mu-h}$ die Binärinformation des Ausgangssignals $d(t)$ zum Zeitpunkt hT repräsentiert, dann bewirken die übrigen Funktionswerte $y_{\kappa \neq h}$ Nachbarsymbolinterferenz, deren Ausmaß von den Koeffizienten $a_{\mu-\kappa}$ mit $\kappa \neq h$ abhängt. Die (nicht normierte) Maximalinterferenz entsteht bei $\operatorname{sgn} a_{\mu-\kappa} = \operatorname{sgn} y_\kappa$ für $\kappa \neq h$. Sie ist

$$I = \sum_{\substack{\kappa=0 \\ \neq h}}^{L} |y_\kappa| \quad . \tag{5.23}$$

Die Differenz

$$A = |y_h| - I = |y_h| - \sum_{\substack{\kappa=0 \\ \neq h}}^{L} |y_\kappa| \tag{5.24}$$

ist die (nicht normierte) Augenöffnung. (5.23) und (5.24) entsprechen den Ausdrükken (4.14) und (4.16) bzw. (4.17) und (4.18). Dort wurde der Hauptwert in den Zeitpunkt t_0 gelegt, was aber nicht von Belang ist. Viele adaptive Entzerrungsverfahren basieren auf einer Minimierung der Maximalinterferenz I oder einer Maximierung der Augenöffnung A, so u.a. die Verfahren in den Abschnitten 5.3, 5.4 und 5.5.

5.3 Automatische Entzerrung mit isolierten Testimpulsen

Die gedanklich einfachste Methode zur automatischen Filtereinstellung besteht in der Verwendung von isolierten Testimpulsen (engl. preset equalization), die eigens zum Zweck des Filterabgleichs zeitlich vor der Nutzinformation übertragen werden. Die isolierten Testimpulse haben einen so großen zeitlichen Abstand, daß ihre Antworten weder am Ausgang des Übertragungskanals noch am Ausgang des Empfangs- bzw. Entzerrerfilters interferieren. Durch Abtastung der Antworten im Abstand T läßt sich dann die nichtnormierte oder normierte Maximalinterferenz I nach (5.23) oder (4.14) bzw. (4.17) bestimmen. Überdies läßt sich mit jedem einzelnen Testimpuls im empfangsseitigen Entzerrer ein Iterationsschritt auslösen, mit welchem jeweils ein neuer Wertesatz für die Filterkoeffizienten eingestellt wird. Das geschieht genügend oft, so daß am Ende der Testimpulsserie die Maximalinterferenz am Entzerrerausgang ein Minimum erreicht hat. Nach Beendigung der Testimpulsfolge werden die Filterkoeffizienten nicht mehr geändert und die Nutzinformation übertragen.

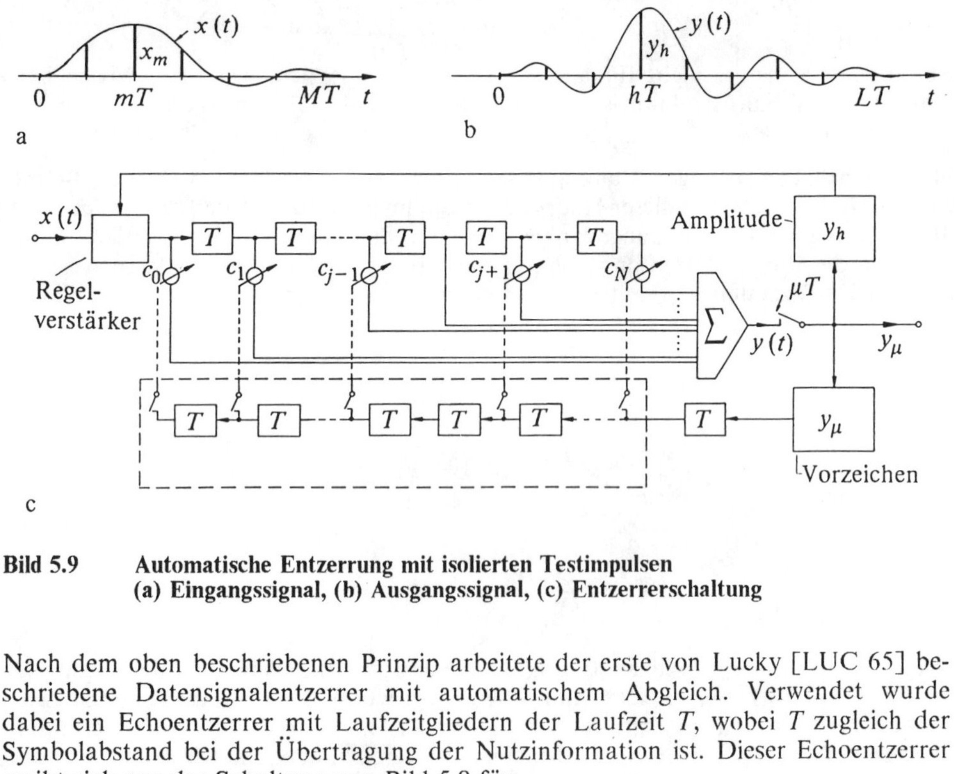

Bild 5.9 **Automatische Entzerrung mit isolierten Testimpulsen (a) Eingangssignal, (b) Ausgangssignal, (c) Entzerrerschaltung**

Nach dem oben beschriebenen Prinzip arbeitete der erste von Lucky [LUC 65] beschriebene Datensignalentzerrer mit automatischem Abgleich. Verwendet wurde dabei ein Echoentzerrer mit Laufzeitgliedern der Laufzeit T, wobei T zugleich der Symbolabstand bei der Übertragung der Nutzinformation ist. Dieser Echoentzerrer ergibt sich aus der Schaltung von Bild 5.8 für

$$N_1(f) = N_2(f) = \ldots = N_N(f) = e^{-j2\pi fT}, \tag{5.25}$$

$$M_0(f) = M_1(f) = \ldots = M_N(f) = 1. \tag{5.26}$$

Der Einfachheit halber wird jetzt vorausgesetzt, daß das empfangene Signal lediglich verzerrt, nicht aber gestört ist. In Bild 5.8 und in den Gln. (5.13) bis (5.21) seien alle Störterme identisch null.

$$n(t) \equiv n_i(t) \equiv n_y(t) \equiv 0 \tag{5.27}$$

Die Signale an den Koeffizientenstellern sind nun zeitverschobene Versionen des Eingangssignals $x_0(t) = x(t)$

$$x_i(t) = x(t - iT) \,,$$
$$x_{i\mu} = x_{\mu - i} \,. \tag{5.28}$$

Läßt man den Einfluß des Regelverstärkers in Bild 5.9 zunächst außer acht, dann ergeben sich mit (5.28) und (5.15) die Abtastwerte am Ausgang des Echoentzerrers zu

$$y_\mu = \sum_{i=0}^{N} c_i x_{\mu - i} \,. \tag{5.29}$$

Mit diesen Abtastwerten berechnet sich, wenn y_h der Hauptwert ist, die nichtnormierte Maximalinterferenz nach (5.23) zu

$$I = \sum_{\substack{\mu=0 \\ \neq h}}^{L} |y_\mu| = \sum_{\substack{\mu=0 \\ \neq h}}^{L} \left| \sum_{i=0}^{N} c_i x_{\mu - i} \right| \,. \tag{5.30}$$

Nachfolgend sei $L > N$ vorausgesetzt. Die Maximalinterferenz I stellt nach (5.30) eine stückweis lineare Funktion der Filterkoeffizienten c_i dar. Insbesondere gilt für die Abhängigkeit vom speziellen Koeffizienten c_n bei konstantgehaltenen Koeffizienten $c_{i \neq n}$

$$I(c_n) = \sum_{\substack{\mu=0 \\ \neq h}}^{L} |c_n x_{\mu - n} + b_n(\mu)| \quad \text{mit} \quad b_n(\mu) = \sum_{\substack{i=0 \\ \neq n}}^{N} c_i x_{\mu - i} \,. \tag{5.31}$$

Für $x_{\mu - n} \neq 0$ beschreibt jeder Betragsausdruck unter dem Summenzeichen eine Knickgerade. In Bild 5.10a sind zwei derartige Knickgeraden für zwei verschiedene Werte von μ gezeichnet. Die Überlagerung von L Knickgeraden führt auf den prinzipiellen stückweis linearen Verlauf in Bild 5.10b.

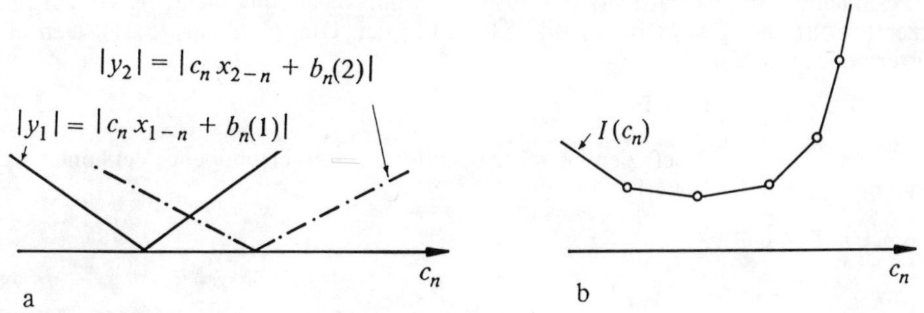

Bild 5.10 (a) Verlauf zweier Knickgeraden (b) Stückweis linearer Funktionsverlauf

Die Maximalinterferenz I beschreibt nach allen Richtungen c_i eine stückweis lineare Funktion. Das Minimum bezüglich jeder Richtung kann jeweils nur in einem Knickpunkt liegen, wenn man den seltenen Fall ausschließt, daß die stückweis lineare Funktion $I(c_i)$ einen zur c_i-Achse parallelen Abschnitt besitzt. Das absolute Minimum der Maximalinterferenz ergibt sich nach (5.30) für den Fall, daß sämtliche $N + 1$ Filterkoeffizienten $c_i = 0$ sind. In diesem Fall würde aber auch der Hauptwert

$$y_h = \sum_{i=0}^{N} c_i x_{h-i} = 0 \tag{5.32}$$

sein, was nicht sinnvoll ist.

Zur Vermeidung der unbrauchbaren Triviallösung $c_i = 0$ für alle i wird ein Koeffizient konstant gehalten,

$$c_j = 1 \ . \tag{5.33}$$

Das ergibt für die Maximalinterferenz I und für den Hauptwert y_h

$$I = \sum_{\substack{\mu=0 \\ \neq h}}^{L} \left| x_{\mu-j} + \sum_{\substack{i=0 \\ \neq j}}^{N} c_i x_{\mu-i} \right| , \tag{5.34}$$

$$y_h = x_{h-j} + \sum_{\substack{i=0 \\ \neq j}}^{N} c_i x_{h-i} \, . \tag{5.35}$$

Wie weiter unten ab (5.41) gezeigt wird, ist die Maximalinterferenz I eine konvexe Funktion der Koeffizienten c_i. Die Art der Abhängigkeit von den Koeffizienten läßt sich in einem $(N + 1)$-dimensionalen kartesischen Koordinatensystem beschreiben. Darin spannen die Koeffizienten $c_0, c_1, \ldots, c_{j-1}, c_{j+1}, \ldots, c_N$ eine N-dimensionale Hyperebene auf, über welcher der Funktionswert I senkrecht aufgetragen ist. Das absolute Minimum von I liege über dem Punkt

$$\left(c_0^{(m)},\ c_1^{(m)},\ \ldots,\ c_{j-1}^{(m)},\ c_{j+1}^{(m)},\ \ldots,\ c_N^{(m)}\right) \tag{5.36}$$

der N-dimensionalen Ebene.

Im Fall $N = 2$ beispielsweise mögen c_0 und c_2 eine gewöhnliche Ebene aufspannen, während $c_1 = c_j = 1$ konstant ist. Über jeden Punkt (c_0, c_2) der Ebene ist senkrecht die Maximalinterferenz $I(c_0, c_2)$ aufgetragen. Jeder Abtastwertbetrag $|y_\mu(c_0, c_2)|$ beschreibt jetzt eine zweidimensionale geknickte Ebene (Knickebene) im dreidimensionalen Raum, deren Knicklinie eine Gerade ist, die in der (c_0, c_2)-Ebene liegt. Die Überlagerung zweier Knickebenen $|y_\mu(c_0, c_2)|$ und $|y_\nu(c_0, c_2)|$ ergibt einen Trichter, der sein Minimum im Schnittpunkt der Knicklinien von $|y_\mu|$ und $|y_\nu|$ hat. In diesem Schnittpunkt $(c_0^{(m)}, c_2^{(m)})$ sind beide Werte $|y_\mu|$ und $|y_\nu|$ gleich null. Die Überlagerung von mehr als zwei zweidimensionalen Knickebenen $|y_\mu|$ ergibt einen Trichter mit facettenartigen Wänden. Schneidet man den Trichter mit einer senkrecht zur (c_0, c_2)-Ebene stehenden Ebene, dann ergibt sich eine Schnittlinie gemäß Bild 5.10b. Schneidet man den Trichter mit einer parallel zur (c_0, c_2)-Ebene liegenden Ebene, dann ergibt sich eine Höhenlinie gemäß Bild 5.5c. Gleichgültig, wie viele Knickebenen überlagert werden, stets müssen im Minimum des Trichters mindestens zwei Abtastwertbeträge $|y_\mu|$ den Wert Null haben. Es werden genau zwei Abtastwertbeträge null, wenn alle Knickebenen linear unabhängig sind.

Im allgemeinen Fall von N variablen Koeffizienten bildet jeder Abtastwertbetrag $|y_\mu|$ eine N-dimensionale geknickte Hyperebene im $(N + 1)$-dimensionalen Raum. Die Überlagerung von L geknickten Hyperebenen mit $L > N$ ergibt entsprechend einen Trichter mit facettenartigen Wänden im $(N + 1)$-dimensionalen Raum. Im Minimum dieses Trichters, der im Punkt (5.36) liege, sind bei linear unabhängigen geknickten Ebenen genau N Abtastwertbeträge $|y_\mu| = 0$. Die übrigen $L - N$ Abtastwerte y_μ bleiben im allgemeinen verschieden von null. Die Minimierung der maximalen Nachbarsymbolinterferenz bezeichnet man deswegen auch als *Nullstellenerzwingung* (englisch zero forcing).

Bei der Minimierung von I durch die Koeffizienten c_i wird aber auch der Hauptwert y_h gemäß (5.35) verändert. Dadurch ist nicht sichergestellt, daß im absoluten Minimum von I auch die Augenöffnung, (5.24),

$$A = |y_h| - I \tag{5.37}$$

maximal ist, weil es sein kann, daß im absoluten Minimum von I der Hauptwert y_h besonders klein wird.

Damit der Einfluß der Minimierung von I auf die Änderung von y_h klein bleibt, sollte der Index $h - j$ so gewählt sein, daß man den betragsmäßig größten Abtastwert von $x(t)$ als x_{h-j} in (5.35) abspaltet. In Bild 5.9a wäre

$$x_{h-j} = x_m \; . \tag{5.38}$$

Der Einfluß der Änderung der Koeffizienten c_i auf die Größe des Hauptwerts läßt sich noch weiter vermindern, indem ein Regelverstärker dem Eingang des Echoentzerrers vorgeschaltet wird, siehe Bild 5.9c. Dieser Regelverstärker verstärkt oder dämpft das Eingangssignal in der Weise, daß der Betrag des Hauptwerts $|y_h|$ am Entzerrerausgang konstant bleibt. Da der Regelverstärker die Signalpegel $x_{\mu-i}$ an allen Koeffizientenstellern um den gleichen Faktor ändert, könnte man denselben Effekt auch durch eine Multiplikation sämtlicher Filterkoeffizienten einschließlich c_j mit dem Verstärkungsfaktor des Regelverstärkers erzielen. Durch eine solche Multiplikation wird nur der Betrag des Koeffizientenvektors

$$\vec{c} = (c_0, c_1, \ldots, c_N) \; , \tag{5.39}$$

nicht aber seine Richtung geändert.

Da die Änderung des Betrags des Koeffizientenvektors die Werte der Maximalinterferenz I nach (5.30) und des Hauptwerts y_h nach (5.31) um den gleichen Faktor ändert, bleibt das Verhältnis

$$\frac{I}{|y_h|} \tag{5.40}$$

unbeeinflußt. Es läßt sich nur durch Änderung der Richtung des Koeffizientenvektors beeinflussen. Bei der Maximierung der normierten Augenöffnung (4.16) bzw. (4.18) spielt ebenfalls nur die Richtung des Koeffizientenvektors $\vec{c}$ eine Rolle.

Eine Minimierung der Maximalinterferenz I nach (5.34) unter Berücksichtigung des Regelverstärkers in Bild 5.9c zur Konstanthaltung des Hauptwerts y_h ist im Prinzip ein nichtlineares Problem. Dieses Problem wird nun in zwei Stufen diskutiert.

Zunächst kann man feststellen, daß (5.34) ohne Regelung des Signalpegels x_μ eine konvexe stückweis lineare Funktion der Koeffizienten ist. Zum Nachweis der Konvexität wird in (5.34) der wegen $c_j = 1$ auf N Komponenten reduzierte Koeffizientensatz c_i bzw. Vektor $\vec{c}$ ersetzt durch Argumente von (5.4). Das liefert für die linke Seite von (5.4) für $0 \leq \lambda \leq 1$

$$\begin{aligned} F[\lambda\vec{c}^{(1)} + (1-\lambda)\vec{c}^{(2)}] &= I[\lambda\vec{c}^{(1)} + (1-\lambda)\vec{c}^{(2)}] = \\ &= \sum_{\substack{\mu=0\\ \neq h}}^{L} \left| x_{\mu-j} + \sum_{\substack{i=0\\ \neq j}}^{N} [\lambda c_i^{(1)} + (1-\lambda)c_i^{(2)}]x_{\mu-i} \right| = \\ &= \sum_{\substack{\mu=0\\ \neq h}}^{L} \left| \lambda x_{\mu-j} + (1-\lambda)x_{\mu-j} + \lambda\sum_{\substack{i=0\\ \neq j}}^{N} c_i^{(1)}x_{\mu-i} + (1-\lambda)\sum_{\substack{i=0\\ \neq j}}^{N} c_i^{(2)}x_{\mu-i} \right| . \end{aligned} \tag{5.41}$$

Mit der Dreiecksungleichung

$$|a+b| \leq |a| + |b| \tag{5.42}$$

folgt daraus

$$\begin{aligned} I[\lambda\vec{c}^{(1)} + (1-\lambda)\vec{c}^{(2)}] &\leq \\ &\leq \lambda\sum_{\substack{\mu=0\\ \neq h}}^{L} \left| x_{\mu-j} + \sum_{\substack{i=0\\ \neq j}}^{N} c_i^{(1)}x_{\mu-i} \right| + (1-\lambda)\sum_{\substack{\mu=0\\ \neq h}}^{L} \left| x_{\mu-j} + \sum_{\substack{i=0\\ \neq j}}^{N} c_i^{(2)}x_{\mu-i} \right| \\ &= \lambda I(\vec{c}^{(1)}) + (1-\lambda)I(\vec{c}^{(2)}) . \end{aligned} \tag{5.43}$$

Die Faktoren λ und $(1-\lambda)$ wurden als reelle nichtnegative Größen vor die Betragstriche gezogen. Da mit (5.43) die rechte Seite der Ungleichung (5.4) erfüllt ist, ist der Konvexitätsnachweis für (5.34) erbracht.

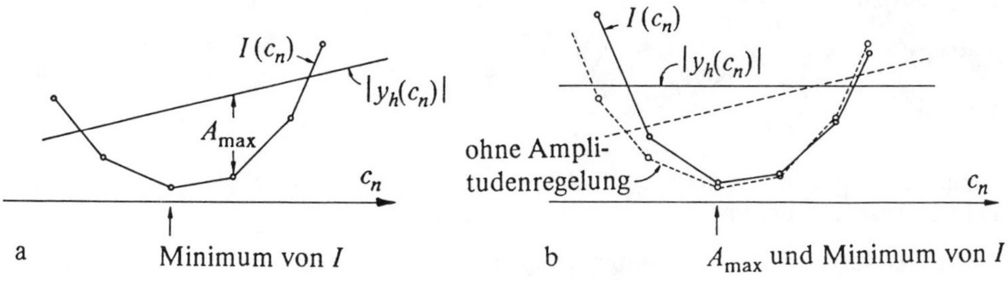

Bild 5.11 Verläufe der Maximalinterferenz $I(c_n)$ und des Hauptwerts $y_h(c_n)$ (a) ohne, (b) mit Amplitudenregelung des Hauptwerts

In Bild 5.11a ist der konvexe stückweis lineare Verlauf von $I(c_n)$ gemäß (5.34) über einem willkürlich gewählten Koeffizienten c_n aufgetragen. Gleichartige Verläufe ergeben sich für sämtliche anderen Koeffizienten c_i . Zugleich ist in Bild 5.11a der Verlauf des Hauptwerts $|y_h(c_n)|$ gemäß (5.35) eingezeichnet, der eine Gerade bildet. Wo $y_h > I$ ist, ist nach (5.37) ein geöffnetes Auge $A > 0$ vorhanden. Wie Bild 5.11a zugleich zeigt, muß die maximale Augenöffnung nicht dort vorhanden sein, wo die Maximalinterferenz minimal ist. Wo $y_h < I$ ist, ist das Auge geschlossen. Im Bereich eines geschlossenen Auges kann die Rolle des Hauptwerts auch auf einen anderen Abtastwert y_μ übergehen.

So viel zur ersten Stufe des Problems. Nun zur zweiten Stufe unter Einbeziehung des Regelverstärkers.

Bild 5.11b zeigt den Verlauf des konstant geregelten Hauptwerts $|y_\mu|$ und den streckenweise angehobenen und streckenweise abgesenkten Verlauf von I. Gestrichelt unterlegt sind die ungeregelten Verläufe. Durch die Regelung geht der stückweis lineare Verlauf der Maximalinterferenz I in näherungsweise gerade Abschnitte mit anderer Steigung über. Streng genommen handelt es sich um Kurvenabschnitte der Form

$$\frac{c_n \alpha + \beta}{c_n a + b} \; . \tag{5.44}$$

Hierin sind α, β, a, b Konstanten. Der Nenner $c_n a + b$ beschreibt eine zu $y_h(c_n)$ parallele Gerade. Für technische Genauigkeiten kann mit guter Näherung wieder Konvexität unterstellt werden, wobei die maximale Augenöffnung jetzt im Minimum von I liegt. Der diskutierte Verlauf von Bild 5.11b gilt für Koeffizientenänderungen nach beliebigen Richtungen.

Als nächstes wird gezeigt, wie der automatische Abgleich der Filterkoeffizienten in einfacher Weise apparativ erfolgen kann. Die partielle Ableitung von I nach $c_{n \neq j}$ berechnet sich wegen

$$|y| = y \operatorname{sgn} y \tag{5.45}$$

mit (5.30) zu

$$\frac{\partial I}{\partial c_n} = \sum_{\substack{\mu=0 \\ \neq h}}^{L} \frac{\partial y_\mu}{\partial c_n} \operatorname{sgn} y_\mu = \sum_{\substack{\mu=0 \\ \neq h}}^{L} x_{\mu-n} \operatorname{sgn} y_\mu \ , \qquad (5.46)$$

wobei aus formalen Gründen die Knickpunkte wegen der Unstetigkeit der Ableitung nicht betrachtet werden.

Wenn das verzerrte Entzerrereingangssignal $x(t)$ bereits ein geöffnetes Auge liefert, dann muß es unter den Abtastwerten $x_{\mu-n}$ des Entzerrereingangssignals $x(t)$ einen betragsgrößten Abtastwert x_m geben, der zusammen mit dem Vorzeichenfaktor $\operatorname{sgn} y_\mu$ das Vorzeichen von $\partial I/\partial c_n$ bereits festlegt. Alle übrigen $x_{\mu-n}$ mit $\mu - n \neq m$ können in der Summe den Wert von x_m nicht übersteigen und damit das Vorzeichen von $\partial I/\partial c_n$ nicht mehr beeinflussen.
Es gilt daher bei offenem Auge

$$\operatorname{sgn} \frac{\partial I}{\partial c_n} = \operatorname{sgn}[x_m \operatorname{sgn} y_\mu] \quad \text{mit} \quad m = \mu - n \ ,$$

also

$$\operatorname{sgn} \frac{\partial I}{\partial c_n} = \operatorname{sgn}\,[x_m \operatorname{sgn} y_{m+n}] = \begin{cases} \operatorname{sgn} y_{m+n} & \text{für } x_m > 0 \\ -\operatorname{sgn} y_{m+n} & \text{für } x_m < 0 \end{cases}$$

$$= \operatorname{sgn} x_m \operatorname{sgn} y_{m+n}$$

$$\text{für } n = 0, 1, \dots, j-1, j+1, \dots, N \, . \qquad (5.47)$$

Der Hauptwert x_m des Eingangssignals soll über $c_j = 1$, also j Zeittakte später, zum Hauptwert y_h des Ausgangssignals beitragen. Beide Hauptwerte müssen deshalb im Vorzeichen übereinstimmen

$$\operatorname{sgn} x_m = \operatorname{sgn} y_h \ . \qquad (5.48)$$

Damit folgt aus (5.47)

$$\operatorname{sgn} \frac{\partial I}{\partial c_n} = \operatorname{sgn} y_h \operatorname{sgn} y_{m+n} \ . \qquad (5.49)$$

Das Vorzeichen des Hauptwerts y_h am Entzerrerausgang hängt von der Polarität des gesendeten Testimpulses ab. Um die weiteren Betrachtungen zu vereinfachen, sei angenommen, daß der Hauptwert y_h ein positives Vorzeichen hat. Das liefert dann die einfache Beziehung

$$\operatorname{sgn} \frac{\partial I}{\partial c_n} = \operatorname{sgn} y_{m+n} \ . \qquad (5.50)$$

Wenn also die Eingangsimpulsantwort den maximalen Abtastwert x_m bei $t = mT$ hat, dann ergibt sich mit (5.50) das Vorzeichen der Steigung von I in Abhängigkeit vom Koeffizienten c_n aus dem Vorzeichen des Abtastwerts von $y(t)$ zum Zeitpunkt $t = (m+n)T$. Zu diesem Zeitpunkt befindet sich der maximale Abtastwert x_m am Koeffizientensteller c_n.

Aus dem Gesagten folgt das in Bild 5.9c gezeigte Koeffizienteneinstellverfahren. Die Antwort $y(t)$ eines Testimpulses wird im Abstand T abgetastet und die Vorzeichen der Abtastwerte y_μ werden für $\mu \geq m$ in ein Schieberegister eingelesen. Wenn $N + 1$ Vorzeichen in das Schieberegister eingelesen sind, werden alle N Koeffizienten gleichzeitig verstellt. Bei positivem Vorzeichen von $\partial I/\partial c_n$ wird c_n um einen Schritt erniedrigt und bei negativem Vorzeichen um einen Schritt erhöht. Mit der Schrittweite α ergeben sich die neuen Koeffizientenwerte $c_n^{(\nu+1)}$ zu, vergl. (5.6) bis (5.8),

$$c_n^{(\nu+1)} = c_n^{(\nu)} - \alpha \operatorname{sgn} y_{m+n}^{(\nu)}; \quad n = 0, 1, \dots, j-1, j+1, \dots, N. \tag{5.51}$$

Mit dem neuen Koeffizientensatz $c_n^{(\nu+1)}$ resultiert neben dem verbesserten Verlauf der Testimpulsantwort $y(t)$ auch ein veränderter Hauptwert $y_h^{(\nu+1)}$. Mit dem nächsten Testimpuls kann dann über den Regelverstärker der Hauptwert $y_h^{(\nu+1)}$ auf seinen Sollwert y_{h0} nachgestellt werden, ohne daß dabei eine Nachstellung der Koeffizienten erfolgt. Verfährt man so, dann wird mit jedem zweiten Testimpuls die diskrete Variable ν um eins erhöht, und es sind mindestens doppelt so viele Testimpulse nötig, wie Schritte gebraucht werden, um die Koeffizienten genügend nah an die optimale Stellung heranzubringen.

Es läßt sich zeigen [LUC 65], daß im absoluten Minimum von I die Abtastwerte $y_{h-j}, y_{h-j+1}, \dots, y_{h-1}, y_{h+1}, y_{h+2}, \dots, y_{h+N-j}$ alle null sind, das sind alle diejenigen dem Hauptwert y_h benachbarten Abtastwerte, die sich zum Abtastzeitpunkt des Hauptwerts im Entzerrer befinden. Die außerhalb des Entzerrers befindlichen Abtastwerte y_μ bilden die verbleibende maximale Nachbarsymbolrestinterferenz.

Die von (5.50) ausgehenden und soweit durchgeführten Betrachtungen setzen voraus, daß der Hauptwert y_h am Entzerrerausgang ein positives Vorzeichen hat. Das Vorzeichen von y_h wird negativ, wenn die Polarität des gesendeten Testimpulses entgegengesetzt gewählt wird. Dann werden aber neben dem Hauptwert y_h auch alle übrigen Abtastwerte $y_{\mu \neq h}$ umgepolt. Eine Koeffizientenänderung nach (5.50) würde dann bei jedem Koeffizienten in die falsche Richtung gehen. Dieser Effekt wird vermieden, wenn in Bild 5.9c die Koeffizientenänderung statt nach der vereinfachten Beziehung (5.50) von der exakten Beziehung (5.49) durchgeführt wird. Das kann dadurch geschehen, daß die in der mittleren Registerzelle stehende Vorzeichinformation sgn y_h dazu benutzt wird, das Vorzeichen der Schrittweite α umzupolen.

5.4 Exakte Entzerrung mit einem (T/2)-Echoentzerrer

Jeweils am Ende der Abschnitte 4.3 und 4.4 wurde bereits diskutiert, daß ein Echoentzerrer mit $N < \infty$ Laufzeitgliedern der Laufzeit T prinzipiell nicht in der Lage ist, die Nachbarsymbolinterferenz I völlig zu beseitigen.

Dieser Sachverhalt läßt sich anhand Bild 5.9 besonders deutlich zeigen: wenn das Entzerrereingangssignal $x(t)$ die zeitliche Länge MT hat, wie das Bild 5.9a zeigt, und der Echoentzerrer wie in Bild 5.9c N Laufzeitglieder der Laufzeit T hat, dann gilt für die zeitliche Länge LT des Entzerrerausgangssignals $y(t)$ von Bild 5.9b

$$LT = (M + N)T\,. \tag{5.52}$$

Der Anfang des Signals $x(t)$ macht sich nämlich über den Koeffizientensteller c_0 sofort am Ausgang bemerkbar, während das um MT später kommende Ende des Signals $x(t)$ sich am Ausgang auch noch um $(M + N)T$ Zeiteinheiten später bemerkbar macht, weil es so lange braucht, um alle N Laufzeitglieder zu durchlaufen. Eventuell kann sogar

$$L = M + N + 1 \tag{5.53}$$

gelten.

Soll das Ausgangssignal $y(t)$ keine Nachbarsymbolinterferenz in den Zeitpunkten $t = \mu T$ aufweisen, dann muß es im Fall von (5.53) an $N + M$ vorgeschriebenen Zeitpunkten Nullstellen erhalten. Diese Forderung läßt sich mit $N + 1$ Filterkoeffizienten c_0 bis c_N nicht erfüllen.

Für

$$MT \leq NT \tag{5.54}$$

läßt sich die Forderung hingegen mit einem Echoentzerrer erfüllen, der $2N$ Laufzeitglieder der Laufzeit $T/2$ und infolgedessen $2N + 1$ Koeffizientensteller besitzt [RUP 68], [UNG 72]. Einen solchen $(T/2)$-Echoentzerrer zeigt Bild 5.12.

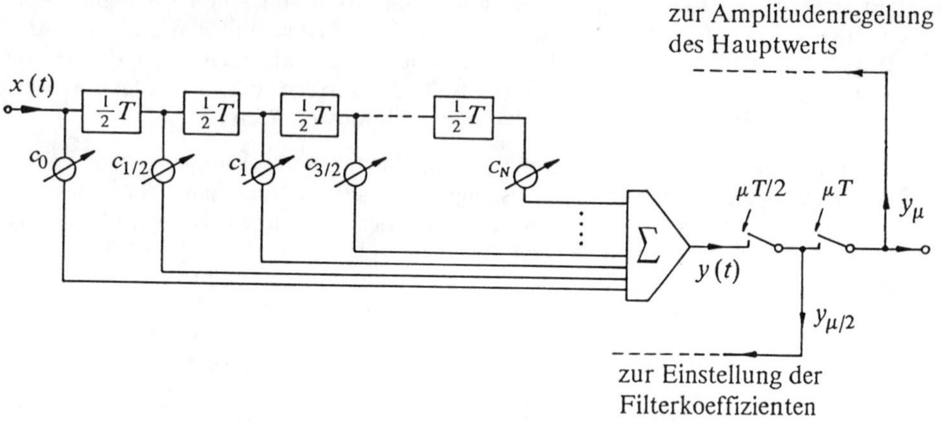

Bild 5.12 (T/2)-Echoentzerrer

Entsprechend der halben Laufzeit ist nun auch bei den Filterkoeffizienten eine Indizierung in Schritten von 1/2 zweckmäßig. Damit berechnet sich das zeitkontinuierliche Ausgangssignal zu

$$y(t) = \sum_{i=0}^{2N} c_{i/2}\, x(t - iT/2) \; . \tag{5.55}$$

Für die punktweise Entzerrung interessiert nur das zeitdiskrete Ausgangssignal mit Funktionswerten im Abstand T

$$y_\mu = \sum_{i=0}^{2N} c_{i/2}\, x_{\mu - i/2} \; ; \quad i, \mu \text{ ganzzahlig} \tag{5.56}$$

Diese Funktionswerte bestimmen die maximale Nachbarsymbolinterferenz I nach (5.23) und den Hauptwert y_h

$$I = \sum_{\substack{\mu=0 \\ \neq h}}^{L} |y_\mu| = \sum_{\substack{\mu=0 \\ \neq h}}^{L} \left| \sum_{i=0}^{2N} c_{i/2}\, x_{\mu - i/2} \right| , \tag{5.57}$$

$$y_h = \sum_{i=0}^{2N} c_{i/2}\, x_{h-i/2} . \tag{5.58}$$

Der Hautwert y_h ist der betragsmäßig größte Abtastwert y_μ bei Abtastung im Abstand T.

Die maximale Nachbarsymbolinterferenz I ist wie bei (5.30) eine stückweis lineare konvexe Funktion, allerdings von jetzt $(2N + 1)$ Variablen $c_{i/2}$, und der Hauptwert y_h beschreibt wieder eine Gerade bzw. Knickgerade, deren Knickpunkt weit außerhalb des Arbeitsbereichs $|c_{i/2}| \leq 1$ liegen soll.

Die Änderung der Nachbarsymbolinterferenz in Abhängigkeit vom Koeffizienten $c_{n/2}$ berechnet sich wie bei (5.46) zu

$$\frac{\partial I}{\partial c_{n/2}} = \sum_{\substack{\mu=0 \\ \neq h}}^{L} x_{\mu - n/2} \operatorname{sgn} y_\mu , \tag{5.59}$$

wobei μ und n ganzzahlig sind.

Mit der gleichen Überlegung wie bei (5.48) errechnet sich

$$\operatorname{sgn} \frac{\partial I}{\partial c_{n/2}} = \operatorname{sgn} y_{m+n/2} \; ; \quad n = 0, 1, 2, \ldots , 2N. \tag{5.60}$$

Hierin kennzeichnet m den festen Zeitpunkt des maximalen Abtastwerts von $x(t)$ bei Abtastung im Abstand T.

Für die automatische Einstellung der Filterkoeffizienten $c_{i/2}$ werden jetzt die Vorzeichen der Abtastwerte von $y(t)$ im Abstand $(T/2)$ benötigt, siehe Bild 5.12. Die weitere Schaltung für den automatischen Abgleich mit isolierten Testimpulsen kann genauso aufgebaut werden wie die in Bild 5.9c, nur daß jetzt für die Koeffizienteneinstellung ein Schieberegister mit $2N + 1$ Zellen benötigt wird, bei dem die Vorzeicheninformation im $(T/2)$-Takt nach links geschoben wird. Es werden wieder ein Koeffizient mit ganzzahligem Index $c_j = 1$ gesetzt und die Amplitude des Hauptwerts y_h mit einem Regelverstärker konstant gehalten.

Wichtig ist die richtige Wahl von j für $c_j = 1$. Zum Zeitpunkt $t = hT$ der Abtastung des Hauptwerts y_h muß der maximale Abtastwert x_m der empfangenen Impulsantwort $x(t)$ am Koeffizientensteller c_j anliegen und die Impulsantwort $x(t)$ sich vollständig im Entzerrer befinden.

5.5 Adaptive Entzerrung durch Minimierung der Betragsmittelwertüberhöhung

Von adaptiver Entzerrung im eigentlichen Sinn spricht man dann, wenn die Entzerrung während der laufenden Nutzdatenübertragung stattfindet, ohne daß gesonderte Testimpulse übertragen werden. Das gedanklich wohl einfachste Prinzip für eine derartige adaptive Entzerrung besteht darin, daß das verzerrt empfangene Datensignal laufend mit einem geschätzten Referenzsignal verglichen wird. Dieses Prinzip läßt sowohl stückweis lineare Verzerungsmaße F als auch quadratische Verzerrungsmaße F zu. Beide Fälle werden in Abschn. 5.7 behandelt.

In diesem Abschnitt wird nachfolgend ein adaptives Entzerrungsverfahren beschrieben, das ohne Referenzsignal auskommt und dem ein stückweis lineares Verzerrungsmaß F zugrundeliegt. Die Theorie des Verfahrens ist allgemein und läßt sich auf beliebige lineare Verzweigungsfilter der allgemeinen Struktur von Bild 5.8 anwenden, also insbesondere auch auf den $(T/2)$-Echoentzerrer. Der Einfachheit halber wird zunächst wieder vorausgesetzt, daß das empfangene Datensignal lediglich verzerrt, aber nicht gestört ist, vergl. (5.27).

Zwar setzt das Adaptionsverfahren binäre bipolare Datensignale voraus; das nach diesem Verfahren entzerrte Übertragungssystem ist aber wegen der zugrundegelegten Linearität und Zeitinvarianz auch für nichtbinäre Signale entzerrt.

Als Verzerrungsmaß wird die Betragsmittelwertüberhöhung verwendet, die aus Kenngrößen des Signals am Ausgang des Empfangsfilters bzw. Entzerrers gebildet wird und kein Referenzsignal benötigt [RUP 85,1].

Unter der zeitkontinuierlichen Betragsmittelwertüberhöhung eines Datensignals $s(t)$ sei der Ausdruck

$$F = \hat{S} - \overline{|s(t)|} \tag{5.61}$$

verstanden. Hierbei sind $\hat{S}$ der absolute Spitzenwert des Signals und

$$\overline{|s(t)|} = \lim_{\vartheta \to \infty} \frac{1}{2\vartheta} \int_{-\vartheta}^{\vartheta} |s(t)| \, dt \tag{5.62}$$

der mittlere Betrag.

Das Kriterium der zeitkontinuierlichen Betragsmittelwertüberhöhung sei nun anhand von Bild 5.13 näher erläutert. Beim unverzerrten binären bipolaren Datensignal in Bild 5.13a ist

$$\overline{|s(t)|} = \hat{S}, \quad \text{das heißt } F = 0. \tag{5.63}$$

Beim zugehörigen verzerrten Datensignal in Bild 5.13b ist hingegen

$$\overline{|s(t)|} < \hat{S}, \quad \text{das heißt } F > 0. \tag{5.64}$$

Werden die Koeffizienten c_i eines Entzerrerfilters so gesteuert, daß die Betragsmittelwertüberhöhung F des Entzerrerausgangssignals minimiert wird, dann wird dadurch das Datensignal rechteckförmiger, also entzerrt. Wenn nach Beendigung des Entzerrungsvorgangs die Filterkoeffizienten konstant gehalten werden, ist das ganze System linear und zeitinvariant. Das rechteckförmiger gewordene Datensignal am Entzerrer-

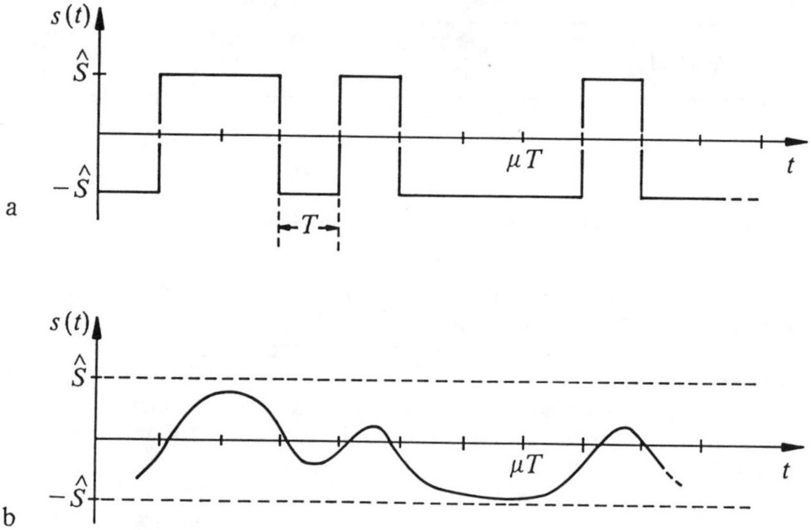

Bild 5.13 Zur Illustration der zeitkontinuierlichen Betragsmittelwertüberhöhung (a) unverzerrtes, (b) verzerrtes NRZ-Datensignal

ausgang muß dann wegen der Linearität und Zeitinvarianz die richtige Bitfolge wiedergeben, abgesehen von einer eventuellen zeitlichen Verschiebung und einer eventuellen Vorzeichenumkehr. Letztere bleibt ohne Auswirkung, wenn eine Differenzcodierung [STR 82] verwendet wird.

Die zeitdiskrete Betragsmittelwertüberhöhung erhält man durch Betrachtung der Abtastwerte $s(\mu T) = s_\mu$ im Abstand T.

$$F = \hat{S}' - \overline{|s_\mu|} \, . \tag{5.65}$$

Hierbei kennzeichnet jetzt

$$\hat{S}' = \max_{-\infty < \mu < \infty} |s_\mu| \tag{5.66}$$

den absoluten Spitzenwert des zeitdiskreten Signals s_μ und

$$\overline{|s_\mu|} = \lim_{K \to \infty} \frac{1}{2K+1} \sum_{\mu=-K}^{K} |s_\mu| \tag{5.67}$$

den mittleren Absolutwert des zeitdiskreten Signals s_μ.

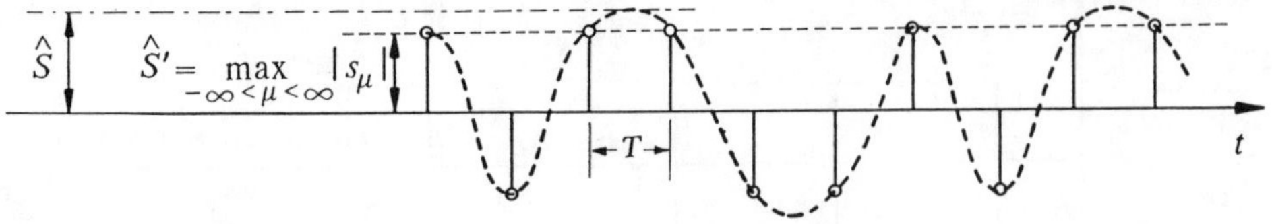

Bild 5.14 Minimale zeitdiskrete Betragsmittelwertüberhöhung

Ein erreichbares Ergebnis der Minimierung der zeitdiskreten Betragsmittelwertüberhöhung zeigt Bild 5.14. Daraus geht hervor, daß die zeitdiskrete Betragsmittelwertüberhöhung null sein kann, ohne daß die zugehörige zeitkontinuierliche Betragsmittelwertüberhöhung zugleich null ist. Bei verschwindender zeitdiskreter Betragsmittelwertüberhöhung muß das zugehörige zeitkontinuierliche Signal nicht wie bei (5.63) rechteckförmig sein. Es darf eine stetige Funktion mit mäßiger Flankensteilheit sein, wie das in Bild 5.14 dargestellt ist. Das erlaubt eine geringere Signalbandbreite, was vorteilhaft ist. Andererseits ist eine verschwindende zeitdiskrete Betragsmittelwertüberhöhung gleichbedeutend mit einer verschwindenden Nachbarsymbolinterferenz in den Abtastzeitpunkten. Dies wird nachfolgend im einzelnen nachgewiesen.

Das Datensignal $d(t)$ am Entzerrerausgang hat den zeitdiskreten mittleren Absolutwert

$$\overline{|d_\mu|} = \lim_{K\to\infty} \frac{1}{2K+1} \sum_{\mu=-K}^{K} |d_\mu| = \lim_{K\to\infty} \frac{1}{2K+1} \sum_{\mu=-K}^{K} \left| \sum_{\kappa=0}^{L} a_{\mu-\kappa} y_\kappa \right| . \quad (5.68)$$

Der rechts stehende Ausdruck folgt durch Einsetzen von (5.21) und unter der Voraussetzung, daß keine Störungen vorhanden sind, $n_{y\mu} = 0$. Mit den Binärkoeffizienten $a_\nu = \pm 1$ gibt es für den zwischen den Betragsstrichen stehenden Ausdruck

$$\left| \sum_{\kappa=0}^{L} a_{\mu-\kappa} y_\kappa \right| \mathrel{\hat{=}} | \pm y_0 \pm y_1 \pm \cdots \pm y_j \pm \cdots \pm y_L | \quad (5.69)$$

bei Berücksichtigung aller Vorzeichenkombinationen

$$2M = 2^{L+1} \quad (5.70)$$

Möglichkeiten.

Setzt man voraus, daß die Binärwerte bzw. Vorzeichen gleichwahrscheinlich sind und aufeinanderfolgende Werte statistisch unabhängig sind, dann tritt jede der $2M$ Möglichkeiten gleich häufig auf.

Der mittlere Absolutwert berechnet sich daher als Mittelwert aller Kombinationen zu

$$\overline{|d_\mu|} = \frac{1}{2M} \sum_{\substack{alle\\Komb.}} | \pm y_0 \pm y_1 \pm \cdots \pm y_j \pm \cdots \pm y_L | \quad . \quad (5.71)$$

Weil jede Vorzeichenkombination einmal vorkommt und weil wegen der Betragstriche je zwei Vorzeichenkombinationen den gleichen Wert bilden, kann man auch

$$\overline{|d_\mu|} = \frac{1}{M} \sum_{\substack{alle \\ Komb.}} | \pm y_0 \pm y_1 \pm \cdots + y_h \pm \cdots \pm y_L | \tag{5.72}$$

schreiben. Hierbei wird die Anzahl der Kombinationen dadurch halbiert, daß beim Hauptwert y_h nur das positive Vorzeichen berücksichtigt wird.

Zu jeder Kombination

$$| \pm y_0 \pm y_1 \pm \cdots + y_h \pm \cdots \pm y_L | = |y_h + a| \tag{5.73}$$

gibt es eine entgegengesetzte Kombination

$$| \mp y_0 \mp y_1 \mp \ \ldots \ + y_h \mp \ \ldots \ \mp y_L | = |y_h - a| \ . \tag{5.74}$$

Für jedes Kombinationspaar, von denen es $M/2$ gibt, gilt

$$|y_h + a| + |y_h - a| = \begin{cases} 2|y_h| & \text{für } |y_h| \geq |a| \\ 2|a| & \text{für } |y_h| \leq |a| \ . \end{cases} \tag{5.75}$$

Bei geöffnetem Auge $A > 0$ ist nach (5.24) die Summe aller Beträge $|y_\mu|$ kleiner als $|y_h|$. In diesem Fall gilt in (5.75) für alle a die obere Alternative. Infolgedessen reduziert sich (5.72) zu

$$\overline{|d_\mu|} = |y_h| \quad \text{für } A > 0 \ . \tag{5.76}$$

Für ein offenes Auge erhält man also das besonders einfache Resultat, daß der mittlere Absolutwert des zeitdiskreten binären bipolaren Datensignals d_μ gleich dem Betrag des Hauptwerts ist.

Der Spitzenwert des zeitdiskreten bipolaren Datensignals d_μ am Entzerrerausgang berechnet sich nach (5.22) zu

$$\hat{S}' = \sum_{\mu=0}^{L} |y_\mu| \ . \tag{5.77}$$

Aus (5.77) und (5.76) erhält man nun für die zeitdiskrete Betragsmittelwertüberhöhung des zeitdiskreten Datensignals am Entzerrerausgang

$$F = \hat{S}' - \overline{|d_\mu|} = \sum_{\substack{\mu=0 \\ \neq h}}^{L} |y_\mu| = I \ , \tag{5.78}$$

also mit (5.23) die nichtnormierte Maximalinterferenz I . Die Minimierung der zeitdiskreten Betragsmittelwertüberhöhung ist damit gleichbedeutend mit der Minimierung der maximalen Nachbarsymbolinterferenz in den Abtastzeitpunkten.

Genau dieser Fall der Minimierung der maximalen Nachbarsymbolinterferenz I ist bereits in Abschnitt 5.3 diskutiert worden, siehe (5.30)ff. Während aber dort die Minimierung von I anhand der Messung von Antworten isoliert gesendeter Testimpulse erfolgte, kann hier die Minimierung von I während der laufenden Nutzdatenübertragung erfolgen. Statt der bloßen Auswertung der Vorzeichen von y_μ zur Einstellung der Filterkoeffizienten und der Amplitude von y_μ zur Steuerung des Regelverstärkers in Bild 5.9, müssen jetzt in Bild 5.15 der Spitzenwert $\hat{S}$ und mittlere Absolutwert $|d_\mu|$ des zeitdiskreten Datensignals d_μ gemessen werden. Wird mit dem mittleren Absolutwert $|d_\mu|$, der gleich dem Betrag des Hauptwerts $|y_h|$ ist, der Regelverstärker so gesteuert, daß der mittlere Absolutwert am Entzerrerausgang konstant bleibt, dann erhält man wieder die Situation von Bild 5.11b. Die maximale Augenöffnung ergibt sich dann wieder im Minimum von $F = I$.

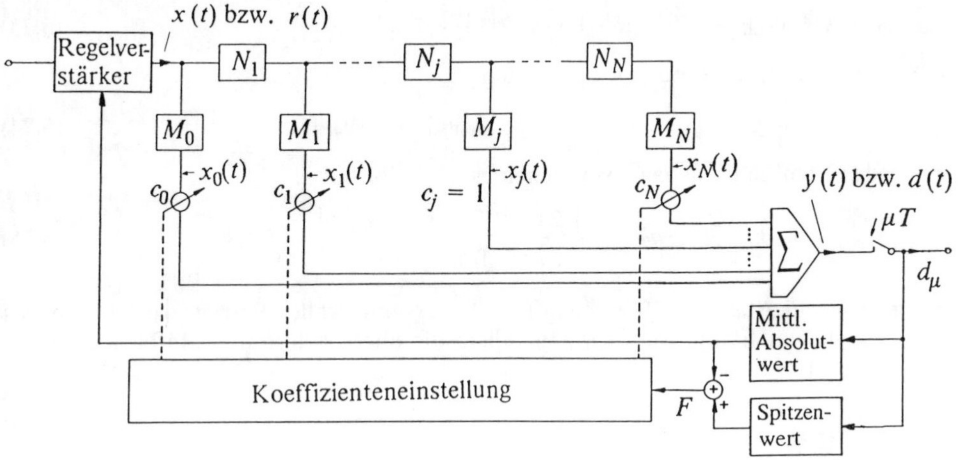

Bild 5.15 **Entzerrerschaltung unter Verwendung der zeitdiskreten Betragsmittelwertüberhöhung.** $x(t)$ **und** $y(t)$ **sind Impulsantworten,** $r(t)$ **und** $d(t)$ **sind Datensignale**

So wie die Methode mit den isolierten Testimpulsen von Abschnitt 5.3 führt auch das adaptive Verfahren mit der Minimierung der Betragsmittelwertüberhöhung bei der Einzelimpulsantwort $y(t)$ zur Nullstellenerzwingung in den Abtastzeitpunkten, mit anderen Worten, zu einer punktweisen Entzerrung.

Die periodische Messung des mittleren Absolutwerts und des Spitzenwerts in Bild 5.15 erfolgt in periodisch auftretenden Beobachtungsintervallen. Die Dauer T_B einer Beobachtungsperiode muß dabei so groß sein, daß in ihr der Spitzenwert $\hat{S}$ garantiert auftritt, und daß der über die Dauer T_B gemittelte Absolutwert hinreichend gut mit dem exakten mittleren Absolutwert gemäß (5.68) übereinstimmt. Am Ende einer Beobachtungsperiode werden die Filterkoeffizienten gezielt verstellt. In der darauffolgenden nächsten Beobachtungsperiode wird der mittlere Absolutwert gemessen und anschließend über den Regelverstärker ausgeregelt. Danach werden erneut der Spitzenwert gemessen und der mittlere Absolutwert kontrolliert, woraufhin die Filterkoeffizienten erneut gezielt eingestellt werden usw., siehe Bild 5.6, ferner (5.51) und den auf (5.51) folgenden Absatz.

Abschließend sei noch der Einfluß von Rauschen kurz diskutiert, welches dem verzerrt empfangenen Datensignal $d(t)$ überlagert ist, vergl. Abschn. 4.8. Ist das Beobachtungsintervall hinreichend lang, dann kann überlagertes Rauschen nur zu einer Vergrößerung des beobachteten Spitzenwerts $\hat{S}'$ führen, während der mittlere Absolutwert $|d_\mu|$ vom Rauschen weitgehend unbeeinflußt bleibt, da die beobachteten

Abtastwerte d_μ vom Rauschen teils vergrößert und teils verkleinert werden. Insgesamt führt damit überlagertes Rauschen zu einer Vergrößerung der Betragsmittelwertüberhöhung F. Ein Empfangsfilter, das adaptiv so eingestellt wird, daß F möglichst klein wird, wird deshalb den Einfluß des Rauschens dann reduzieren, wenn das Rauschen einen wesentlichen Anteil an der Betragsmittelwertüberhöhung des Filtereingangssignals bildet. Ist das nicht der Fall, dann kann durch das Filter sehr wohl eine Rauschanhebung, bezogen auf das Signal, bewirkt werden, die aber dadurch beschränkt bleibt, daß F insgesamt kleiner wird.

Nachdem die Verwendung der zeitdiskreten Betragsmittelwertüberhöhung diskutiert wurde, sei jetzt noch die Verwendung der zeitkontinuierlichen Betragsmittelwertüberhöhung für die adaptive Entzerrung binärer bipolarer NRZ-Datensignale untersucht.

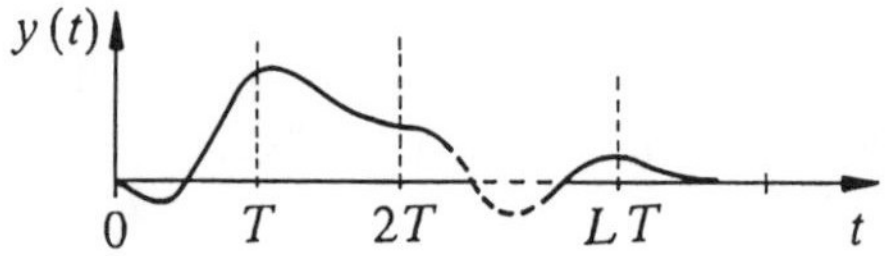

Bild 5.16 Beispiel einer zeitkontinuierlichen Einzelimpulsantwort

Der Spitzenwert $\hat{S}$ ergibt sich bei binärer Übertragung $a_\nu = \pm 1$ aus der Einzelimpulsantwort $y(t)$ als Maximalwert der Funktion

$$m(t) = \sum_{\mu=0}^{L} |y(t - \mu T)| \quad ; \quad 0 \leq t < T \quad . \tag{5.79}$$

Dieses Maximum liege bei $t = t_m$, das heißt

$$m(t_m) = \sum_{\mu=0}^{L} |y(t_m - \mu T)| = \hat{S} \; . \tag{5.80}$$

(5.80) erhält man durch Überlagerung der Beträge aller Abschnitte $y(t - \mu T)$ der Länge T, siehe Bild 5.16. Die Beziehung (5.80) ist vergleichbar mit (5.77).

Den mittleren Absolutwert des zeitkontinuierlichen Signals erhält man in Analogie zu (5.71) aus

$$\overline{|d(t)|} = \frac{1}{T} \int_0^T \frac{1}{2M} \sum_{\substack{alle \\ Komb.}} | \pm y(t) \pm y(t - T) \pm y(t - 2T) \pm \cdots \pm y(t - LT)| \, dt. \tag{5.81}$$

Für verschwindende Betragsmittelwertüberhöhung $F = 0$ muß

$$m(t) = \overline{|d(t)|} = \hat{S} = konst \;\; \text{für} \;\; 0 \leq t < T \tag{5.82}$$

sein.

Zur Untersuchung der Konsequenz von (5.82) wird zur Abkürzung

$$y(t - \nu T) = y_{\bar{\nu}}(t) \tag{5.83}$$

gesetzt. Nun wird ein beliebiges Teilintervall $\Delta_0 \leq t < \Delta_1$ betrachtet, das vollständig im Intervall $0 \leq t < T$ gelegen sei, und in welchem überall $y_{\bar{\nu}}(t) \neq 0$ ist. Für $\hat{S} \neq 0$ wird (5.82) sicher dann erfüllt, wenn

$$|y_{\bar{\nu}}(t)| \equiv \hat{S} \text{ und } y_{\bar{\mu}}(t) \equiv 0 \text{ für } \Delta_0 \leq t < \Delta_1 \quad \text{und alle } \mu \neq \nu\,. \tag{5.84}$$

Es zeigt sich nun, daß (5.82) *nur* durch (5.84) erfüllt wird, wenn man davon ausgeht, daß im Teilintervall $\Delta_0 \leq t < \Delta_1$ die Funktion $y_{\bar{\nu}}(t)$ einen größeren Betrag hat als alle übrigen, d.h. wenn

$$|y_{\bar{\nu}}(t)| > y_{\bar{\mu}}(t) \text{ für alle } \mu \neq \nu\,.$$

Dies läßt sich am leichtesten für den Fall nachweisen, daß nur zwei verschiedene Funktionen $y_{\bar{\nu}}$ und $y_{\bar{\mu}}$ betrachtet werden, die im Intervall $\Delta_0 \leq t < \Delta_1$ konstant sind. Diese ergeben einerseits mit (5.79)

$$m = |y_{\bar{\nu}}| + |y_{\bar{\mu}}| \tag{5.85}$$

und andererseits in Analogie zu (5.81) und mit (5.75)

$$\overline{|d|} = \frac{1}{\Delta_1 - \Delta_0} \int_{\Delta_0}^{\Delta_1} \frac{1}{4} \Big\{ |y_{\bar{\nu}} + y_{\bar{\mu}}| + |y_{\bar{\nu}} - y_{\bar{\mu}}| + $$

$$+ |-y_{\bar{\nu}} + y_{\bar{\mu}}| + |-y_{\bar{\nu}} - y_{\bar{\mu}}| \Big\}\, dt =$$

$$= \frac{1}{2} \Big\{ |y_{\bar{\nu}} + y_{\bar{\mu}}| + |y_{\bar{\nu}} - y_{\bar{\mu}}| \Big\} = |y_{\bar{\nu}}| \text{ wegen } |y_{\bar{\nu}}| > |y_{\bar{\mu}}|\,. \tag{5.86}$$

Die Gleichheit $m = \overline{|d|} \neq 0$ erfordert also $|y_{\bar{\nu}}| = \hat{S}$ und $|y_{\bar{\mu}}| = 0$. Dasselbe Ergebnis errechnet sich auch für zwei nichtkonstante Funktionen $y_{\bar{\nu}}(t)$ und $y_{\bar{\mu}}(t)$. Dazu zerlegt man das Teilintervall $\Delta_0 \leq t < \Delta_1$ in noch kleinere Intervalle der Breite Δt, die so klein ist, daß $y_{\bar{\nu}}(t)$ und $y_{\bar{\mu}}(t)$ innerhalb der Breite Δt als konstant angesehen werden können. Dann muß in allen Intervallen der Breite Δt und damit im gesamten Teilintervall $\Delta_0 \leq t < \Delta_1$ die Funktion mit dem kleineren Betrag verschwinden, d.h. $y_{\bar{\mu}}(t) \equiv 0$ sein. Die betragsmäßig größere Funktion $y_{\bar{\nu}}(t)$ muß hingegen im gleichen Teilintervall konstant sein, wenn ihr mittlerer Absolutwert und ihr Maximalwert im Teilintervall gleich sein sollen.

Betrachtet man mehr als zwei verschiedene konstante Funktionen $y_{\bar{\kappa}}(t)$, dann können Maximalwert gemäß (5.79) und mittlerer Absolutwert gemäß (5.81) nur dann übereinstimmen, wenn sämtliche Funktionen bis auf eine identisch null sind. Auch für mehr als zwei nichtkonstante Funktionen resultiert hiernach die Aussage von (5.84) und (5.85).

In Bild 5.17 sind drei spezielle Lösungen gemäß (5.84) dargestellt. Diese Impulsantworten liefern alle eine verschwindende zeitkontinuierliche Betragsmittelwertüberhöhung. In den Bildern a und b ist die Impulsantwort auf das Intervall $0 \leq t < T$ beschränkt, in Bild c verteilt sie sich auf drei Sendesymbolintervalle. Für einen beliebi-

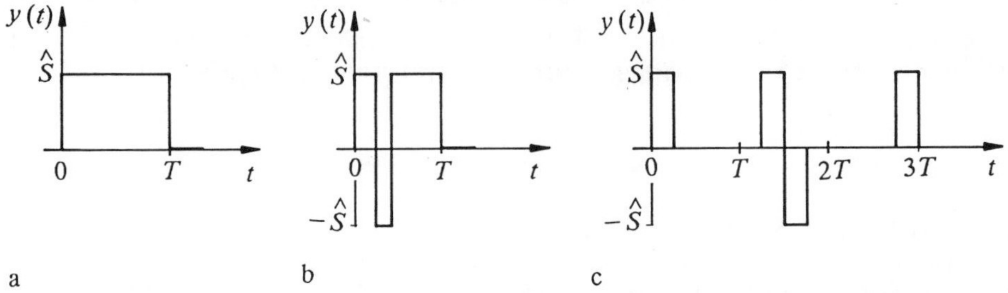

Bild 5.17 **Einige Lösungsbeispiele für die nicht bandbegrenzte Impulsantwort $y(t)$ bei verschwindender zeitkontinuierlicher Betragsmittelwertüberhöhung**

gen Zeitpunkt t_0 in $0 \leq t_0 < T$ gilt, daß jeweils nur einer der Werte $|y_{\bar{0}}(t_0)|$, $|y_{\bar{1}}(t_0)|$, $|y_{\bar{2}}(t_0)|$ gleich $\hat{S}$ ist, während die übrigen null sind.

Die Lösungen von Bild 5.17 bzw. (5.84) stellen Idealfälle mit unstetigen Impulsflanken dar, welche mit realen Entzerrersystemen wegen der stets vorhandenen spektralen Bandbegrenzung nicht verwirklichbar sind. Bei spektraler Bandbegrenzung sind im Zeitbereich nur Impulse mit endlicher Flankensteilheit möglich, was eine Betragsmittelwertüberhöhung $F > 0$ bedingt. Dabei ist F um so größer, je größer die Anzahl der Flanken pro Zeiteinheit ist. Die Minimierung der zeitkontinuierlichen Betragsmittelwertüberhöhung bei Bandbegrenzung führt deshalb bei der Einzelimpulsantwort $y(t)$ auf einen rechteckähnlichen Verlauf von der Dauer des Symbolabstands T, siehe Bild 5.18. Für das Datensignal ergibt sich dabei eine intervallweise Entzerrung, die in Hinblick auf überlagertes Rauschen besonders günstig ist. Bezüglich Rauschen gelten im übrigen die gleichen Überlegungen wie bei der Minimierung der zeitdiskreten Betragsmittelwertüberhöhung.

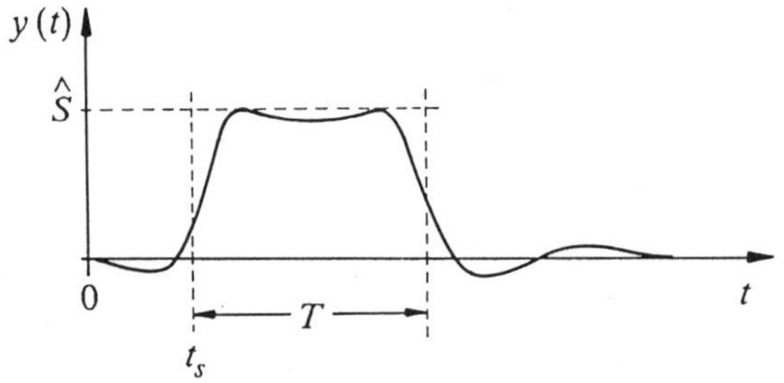

Bild 5.18 **Typische Einzelimpulsantwort bei adaptiver Entzerrung durch Minimierung der zeikontinuierlichen Betragsmittelwertüberhöhung bei bandbegrenzten Datensignalen**

Die Verwendung des Kriteriums der zeitkontinuierlichen Betragsmittelwertüberhöhung führt auf eine Entzerrerschaltung ähnlich derjenigen in Bild 5.15. Der Abtaster am Ausgang und damit eine gesonderte Synchronisation fallen jetzt weg. Spitzenwert und mittlerer Absolutwert sind nun zeitkontinuierlich in einem Beobachtungsintervall geeigneter fester Länge zu messen. Über einen Regelverstärker ist der mittlere Absolutwert konstant zu halten. Das bedeutet letztendlich eine Minimierung des Spitzenwerts $\hat{S}$ unter der Nebenbedingung eines konstanten mittleren Absolutwerts. Im nächsten Abschnitt wird die Spitzenwertminimierung noch gesondert diskutiert.

5.6 Adaptive Entzerrung durch Spitzenwertminimierung

Die in Abschnitt 5.5 behandelte Minimierung der Betragsmittelwertüberhöhung erwies sich als gleichbedeutend mit der Minimierung der nichtnormierten Maximalinterferenz. Wie mit Bild 5.11a gezeigt wurde, muß das Minimum der nichtnormierten Maximalinterferenz I nicht notwendigerweise mit der maximalen Augenöffnung A zusammenfallen. Weil das so ist, wurde die Amplitudenregelung des Hauptwertbetrags $|y_h|$ eingeführt, deren Auswirkung in Bild 5.11b veranschaulicht ist.

Die Minimierung der Betragsmittelwertüberhöhung bei konstant geregeltem Hauptwertbetrag bzw. konstant geregeltem mittleren Absolutwert liefert aber dasselbe wie eine Minimierung des Spitzenwerts bei konstant geregeltem Hauptwertbetrag, siehe auch Bild 5.15. Deshalb liegt es nahe, die Auswirkung der Minimierung allein des Spitzenwerts $\hat{S}$ zu untersuchen, ohne daß dabei die Nebenbedingung des konstant gehaltenen Hauptwertbetrags $|y_h|$ eingehalten wird [RUP 85,2].

Der Hauptwertbetrag $|y_h|$ hat die nachteilige Eigenschaft, daß er nicht in jedem Fall direkt gemessen werden kann, sondern nur im Fall des geöffneten Auges über den Betragsmittelwert $\overline{|d_\mu|}$, siehe (5.76). Zudem ist nur im Bereich des geöffneten Auges die Betragsmittelwertüberhöhung F eine konvexe Funktion, siehe (5.78), (5.30) und (5.41)f, während sie ansonsten im allgemeinen nicht konvex ist [RUP 85,3].

Der Spitzenwert $\hat{S}'$ ist hingegen stets der Messung zugänglich, egal welche Werte die Filterkoeffizienten c_i haben und egal, ob das Auge geöffnet ist oder nicht. Bei zeitdiskreter Betrachtung berechnet sich der Spitzenwert $\hat{S}'$ nach (5.76) bis (5.78) als Summe von Hauptwertbetrag $|y_h|$ und nichtnormierter Maximalinterferenz I

$$\hat{S}' = |y_h| + I = \sum_{\mu=0}^{L} |y_\mu| \quad . \tag{5.87}$$

Setzt man in die rechte Seite von (5.87) die Beziehung (5.18) ein, dann erhält man den Spitzenwert $\hat{S}'$ als Funktion der Filterkoeffizienten c_i. Diese Funktion erfüllt die Konvexitätsbedingung (5.4) für alle Koeffizientensätze, also auch in Bereichen, in denen das Auge geschlossen ist.

Mögliche Verläufe der Größen I, $|y_h|$ und $\hat{S}'$ sind in Bild 5.19 über einen willkürlich gewählten Koeffizientenwert c_n graphisch dargestellt. Der Spitzenwert ist wieder eine stückweis lineare Funktion der Filterkoeffizienten c_i. Wie bereits mit Bild 5.10 verdeutlicht wurde, kann $\hat{S}'$ kein Minimum dort haben, wo alle $|y_h|$ von Null verschieden sind. Im Minimum von $\hat{S}'$ müssen maximal viele Glieder $|y_\mu|$ zugleich verschwinden. Das bedeutet, daß die Impulsantwort $y(t)$ dort Nullstellen aufweist. Wie Bild 5.19 weiter zeigt, muß das Minimum von $\hat{S}'$ etwa dort liegen, wo auch die Betragsmittelwertüberhöhung F ihr Minimum hat, sofern das Datensignal gut entzerr-

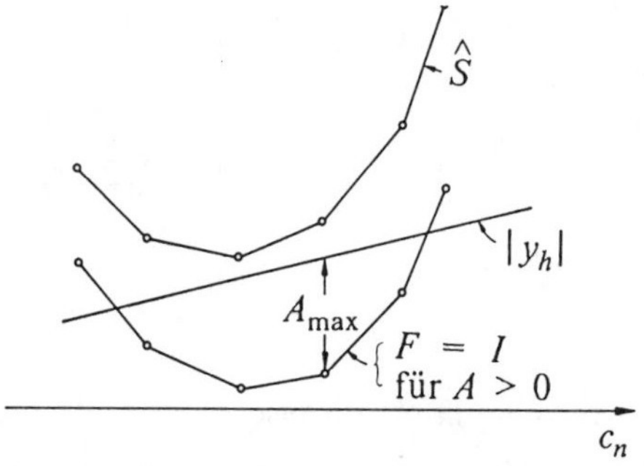

Bild 5.19 **Minimierung des Spitzenwerts $\hat{S}$. Der Betrag des Hauptwerts $|y_h|$ und die Maximalinterferenz I sind nur im Bereich eines offenen Auges $A > 0$ meßbar, und zwar letztere über F**

bar ist. Ein gut entzerrbares Signal sei dadurch definiert, daß im Minimum von $\hat{S}'$ das Auge geöffnet ist. Im Minimum von $\hat{S}'$ kann der Hauptwertbetrag $|y_h|$ dann über den Betragsmittelwert $|d_\mu|$ gemessen und konstant geregelt werden. Die weitere Minimierung von $\hat{S}'$ ist dann dasselbe wie die Minimierung der Maximalinterferenz I und die Maximierung der Augenöffnung A .

Es ist bemerkenswert, daß auch der Spitzenwert $\hat{S}$ des zeitkontinuierlichen Datensignals $|d(t)|$ am Ausgang des Entzerrers eine konvexe Funktion der Filterkoeffizienten ist. Nach (5.79) gilt nämlich

$$\hat{S} = \max_{0 \leq t < T} \sum_{\mu=0}^{L} |y(t - \mu T)| = \max_{0 \leq t < T} \sum_{\mu=0}^{L} \left| \sum_{i=0}^{N} c_i x_i (t - \mu T) \right| = F(\vec{c}) \ . \quad (5.88)$$

Das ergibt für die linke Seite der Konvexitätsbedingung (5.4)

$$\begin{aligned} F[\lambda \vec{c}^{(1)} + (1-\lambda)\vec{c}^{(2)}] &= \\ &= \max_{0 \leq t < T} \sum_{\mu=0}^{L} \left| \sum_{i=0}^{N} \{\lambda c_i^{(1)} + (1-\lambda) c_i^{(2)}\} x_i (t - \mu T) \right| = \\ &= \max_{0 \leq t < T} \sum_{\mu=0}^{L} \left| \lambda \sum_{i=0}^{N} c_i^{(1)} x_i (t - \mu T) + (1-\lambda) \sum_{i=0}^{N} c_i^{(2)} x_i (t - \mu T) \right| \ . \end{aligned} \quad (5.89)$$

Der letzte Ausdruck läßt sich mit Hilfe folgender Beziehung behandeln

$$\begin{aligned} \max_{0 \leq t < T} |a(t) + b(t)| &\leq \max_{0 \leq t < T} \big| |a(t)| + |b(t)| \big| \leq \\ &\leq \max_{0 \leq t < T} |a(t)| + \max_{0 \leq t < T} |b(t)| \ , \end{aligned} \quad (5.90)$$

bei welcher die Maxima der Einzelausdrücke bei verschiedenen Werten von t auftreten können. Mit (5.90) folgt aus (5.89)

$$F[\lambda\vec{c}^{(1)} + (1-\lambda)\vec{c}^{(2)}] \leq$$

$$\leq \lambda \max_{0 \leq t < T} \sum_{\mu=0}^{L} \left| \sum_{i=0}^{N} c_i^{(1)} x_i(t-\mu T) \right| + (1-\lambda) \max_{0 \leq t < T} \sum_{\mu=0}^{L} \left| \sum_{i=0}^{N} c_i^{(2)} x_i(t-\mu T) \right|$$

$$= \lambda F(\vec{c}^{(1)}) + (1-\lambda) F(\vec{c}^{(2)}) \;, \qquad (5.91)$$

also Konvexität.

Wenn bei geschlossenem Auge eine intervallweise Entzerrung möglich ist, dann läßt sich diese dadurch erreichen, daß zunächst der Spitzenwert $\hat{S}$ des zeitkontinuierlichen Datensignals $d(t)$ am Entzerrerausgang minimiert wird. Anschließend kann dann der mittlere Absolutwert $|d(t)|$ konstant geregelt werden und dabei zugleich erneut der Spitzenwert $\hat{S}$ oder die Betragsmittelwertüberhöhung weiter minimiert werden, was schließlich zur maximalen Augenöffnung im gesamten Symbolintervall führt.

5.7 Adaptive Minimierung quadratischer Fehler, Korrelationsverfahren

In den Abschnitten 5.3 bis 5.6 wurden bei zeitdiskreten Betrachtungen ausschließlich stückweis lineare Verzerrungsmaße oder Fehlerfunktionale minimiert. Die Minimierung jedes dieser Maße erzwingt diskrete Nullstellen (zero forcing) der Einzelimpulsantwort am Entzerrerausgang. Mit den erzwungenen Nullstellen wird punktweise die Nachbarsymbolinterferenz minimiert. Die Minimierung derselben Maße bei zeitkontinuierlicher Betrachtung erzwingt bei der Einzelimpulsantwort ein Quasi-Nullintervall längs der kontinuierlichen Zeitachse. Das ergibt dann eine intervallweise Minimierung der Nachbarsymbolinterferenz.

Es ist naheliegend, statt des stückweis linearen Verzerrungsmaßes

$$I = \sum_{\substack{\mu=0 \\ \neq h}}^{L} |y_\mu| \;, \qquad (5.92)$$

vgl. (5.30), (5.57), (5.78), das quadratische Verzerrungsmaß

$$I' = \sum_{\substack{\mu=0 \\ \neq h}}^{L} y_\mu^2 \qquad (5.93)$$

zu minimieren.

Während die Minimierung der stückweis linearen Funktion mit N variablen Koeffizienten c_k zu dem Ergebnis führt, daß genau N Abtastwerte y_μ null werden (siehe die durch Pfeile markierten Zeitpunkte in Bild 5.20a) , während die übrigen Abtastwerte y_μ unter Umständen beträchtliche Werte behalten können, führt die Minimierung der quadratischen Funktion mit N variablen Koeffizienten zu dem Ergebnis, daß alle $L > N$ Abtastwerte $y_{\mu \neq h}$ zugleich möglichst kleine Beträge bekommen (siehe Bild 5.20b). Letzteres kann im Einzelfall günstiger sein.

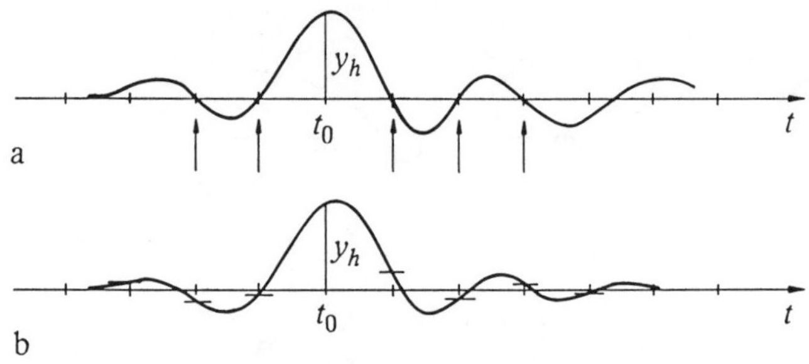

Bild 5.20 Qualitativer Verlauf der entzerrten Impulsantwort $y(t)$ bei Minimierung eines
(a) stückweis linearen Verzerrungsmaßes (Nullstellenerzwingung)
(b) quadratischen Verzerrungsmaßes

Bei einer laufenden Datenübertragung ist die Einzelimpulsantwort $y(t)$ nicht direkt beobachtbar, wohl aber das Datensignal $d(t)$. Deshalb werden in (5.93) y_μ^2 und $y_h^2 = |y_h|^2$ durch d_μ ausgedrückt. Für binäre bipolare Übertragungen mit statistisch unabhängigen Bits gilt nach [RUP 85,1] im ungestörten Fall

$$\sum_{\mu=0}^{L} y_\mu^2 = \lim_{N\to\infty} \frac{1}{2N+1} \sum_{\mu=-N}^{N} d_\mu^2 = \overline{d_\mu^2} \tag{5.94}$$

und nach (5.76) bei geöffnetem Auge

$$|y_h|^2 = y_h^2 = \left(\overline{|d_\mu|}\right)^2 . \tag{5.95}$$

Das ergibt für die quadratische Funktion (5.93)

$$I' = \sum_{\mu=0}^{L} y_\mu^2 - y_h^2 = \overline{d_\mu^2} - \left(\overline{|d_\mu|}\right)^2 = F . \tag{5.96}$$

Die Mittelwerte $\overline{d_\mu^2}$ und $\overline{|d_\mu|}$ lassen sich meßtechnisch bestimmen und damit auch das Verzerrungsmaß I'. Die Schaltung ist aber recht aufwendig.

Zu einer einfacheren Schaltung gelangt man bei Verwendung eines geschätzten Referenzsignals $\hat{s}_{ref}(t)$. Dabei läßt sich wahlweise entweder ein stückweis lineares Verzerrungsmaß oder ein quadratisches Verzerrungsmaß zugrundelegen. Die nachfolgend dargestellte Theorie wird zunächst ausführlich für den Fall eines quadratischen Verzerrungsmaßes erläutert. Sie führt schließlich auf die weiter unten in Bild 5.23 dargestellte einfache adaptive Entzerrerschaltung. Ergänzend wird am Ende dieses Abschnitts noch kurz auf den Fall eines stückweis linearen Verzerrungsmaßes eingegangen. Beide Fälle haben eine große technische Bedeutung erlangt.

Der Einfachheit halber wird ein binäres bipolares Datensignal zugrundegelegt. Das Verfahren läßt sich aber unschwer so modifizieren, daß es z.B. auf quaternäre oder auf andere Signale paßt. Ferner wird zunächst wieder vorausgesetzt, daß das empfangene Datensignal lediglich verzerrt, nicht aber gestört ist.

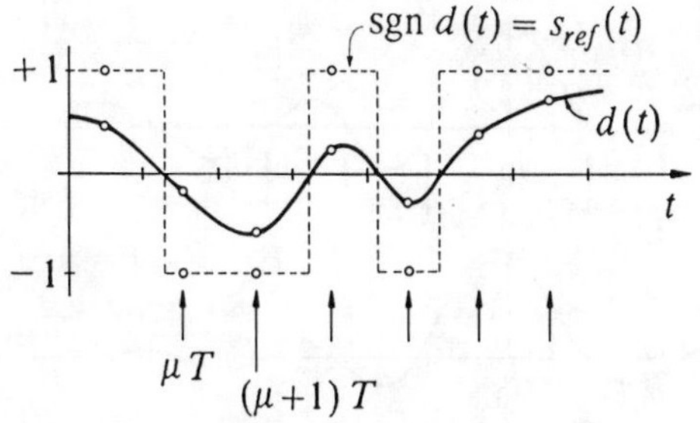

Bild 5.21 Bildung eines geschätzten Referenzsignals

Wie Bild 5.21 verdeutlicht, liefert bei nicht extrem starken Verzerrungen die zum entzerrten Datensignal

$$d(t) = \sum_{\nu=-\infty}^{+\infty} a_\nu y(t - \nu T) \quad ; \quad a_\nu \in \{+1, -1\} \tag{5.97}$$

gehörige Signumfunktion

$$\hat{s}_{ref}(t) = \operatorname{sgn} d(t) = \begin{cases} 1 & \text{für } d(t) > 0 \\ 0 & \text{für } d(t) = 0 \\ -1 & \text{für } d(t) < 0 \end{cases} \tag{5.98}$$

zu den Zeitpunkten $t = \mu T$; $\mu = 0, \pm 1, \pm 2, \ldots$ gute Schätzwerte $\hat{a}_\mu$ für die gesendeten und letztlich interessierenden Bits a_μ

$$\hat{a}_\mu = \hat{s}_{ref}(\mu T) = \operatorname{sgn} d(\mu T) = \operatorname{sgn} d_\mu \quad . \tag{5.99}$$

Es darf hierbei auch $|d(t)| > 1$ werden.

Als quadratisches Verzerrungsmaß wird nun der Mittelwert der quadrierten Differenz zwischen Schätzwert $\hat{a}_\mu$ und Abtastwert d_μ über K Abtastzeitpunkte benutzt

$$F = \frac{1}{K}\sum_{\mu=0}^{K-1} (\hat{a}_\mu - d_\mu)^2 = \frac{1}{K}\sum_{\mu=0}^{K-1} e_\mu^2 = \overline{e_\mu^2} \; . \tag{5.100}$$

Hierin bezeichnet

$$e_\mu = \hat{a}_\mu - d_\mu = \operatorname{sgn} d_\mu - d_\mu \tag{5.101}$$

den momentanen Fehler, der auch negativ sein kann.

Bei Verwendung eines Echoentzerrers mit Laufzeitgliedern der Laufzeit T ergibt sich das Ausgangssignal $d(t)$ durch gewichtete Summierung von zeitverschobenen Eingangssignalen $r(t - iT)$, vergl. (5.28) und (5.29). Durch Einsetzen der aus $d(t)$ gebildeten Abtastwerte

$$d(\mu T) = d_\mu = \sum_{i=0}^{N} c_i r_{\mu-i} \tag{5.102}$$

in (5.100) erhält man das vom Koeffizientenvektor $\vec{c} = (c_0, c_1, \dots, c_N)'$ abhängige quadratische Funktional

$$F(\vec{c}) = \frac{1}{K}\sum_{\mu=0}^{K-1}\left[\hat{a}_\mu - \sum_{i=0}^{N} c_i r_{\mu-i}\right]^2 = \overline{e_\mu^2}\,. \tag{5.103}$$

Dieses Verzerrungsmaß wird als entscheidungsgerichteter (engl. decision directed), oder auch als entscheidungsgestützter zeitdiskreter mittlerer quadratischer Fehler bezeichnet. Die Minimierung dieses Fehlers bei einem Echoentzerrer führt unmittelbar auf die adaptive Entzerrerschaltung von Bild 5.22.

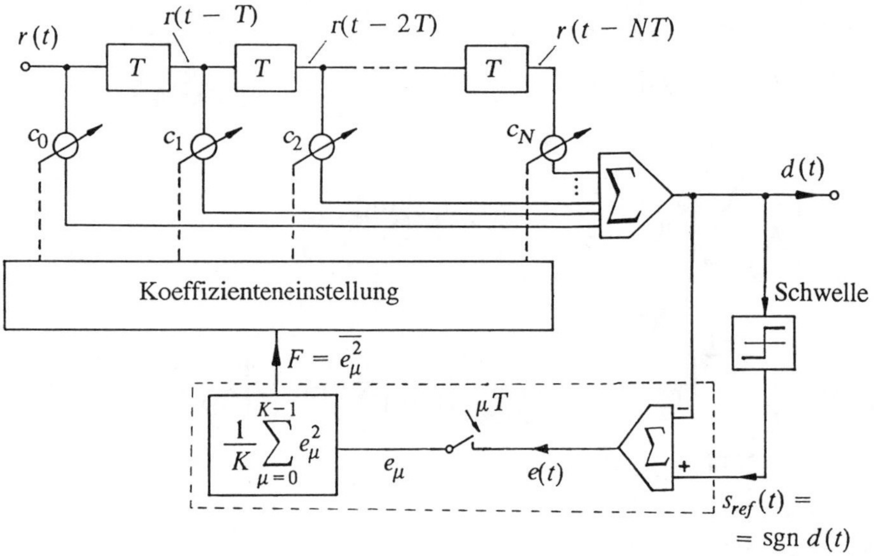

Bild 5.22 **Adaptive Entzerrerschaltung für den entscheidungsgerichteten zeitdiskreten mittleren quadratischen Fehler**

Bei festgehaltenen Koeffizientenwerten c_i wird der Wert von F über eine zeitliche Mittelwertbildung bestimmt, welche eine Zeitspanne von K Abtastwerten umfaßt. Ist die Statistik der gesendeten Bits stationär, dann bleibt der zeitliche Mittelwert praktisch konstant. Das heißt, es ergibt sich praktisch kein Unterschied, ob F über eine Summation von $\mu = 0$ bis $K-1$ gebildet wird oder über eine Summation von $\mu = K$ bis $2K - 1$, solange die Koeffizienten fest bleiben.

Der im Beobachtungsintervall (ν) ermittelte Fehler, vergl. Bild 5.6, der mit

$$F(\vec{c})^{(\nu)} = \frac{1}{K} \sum_{\mu=\nu K}^{(\nu+1)K-1} \left[\hat{a}_\mu - \sum_{i=0}^{N} c_i r_{\mu-i} \right]^2 = \overline{e_\mu^2}^{(\nu)} \tag{5.104}$$

bezeichnet sei, hängt bei stationärer Statistik nur noch von den Filterkoeffizienten c_i ab, nicht von ν und auch nicht von K, sofern K nur genügend groß ist.

Der quadratische, von c_i abhängige Fehler F bildet zudem eine konvexe Funktion. Obwohl bei einer quadratischen Funktion die Konvexität als selbstverständlich erscheint, wird sicherheitshalber nachfolgend gezeigt, daß (5.103) und damit (5.104) die Ungleichungsbedingung (5.4) erfüllt.

Mit (5.103) lautet die linke Seite der Ungleichung (5.4)

$$F[\lambda \vec{c}^{(1)} + (1-\lambda)\vec{c}^{(2)}] =$$

$$= \frac{1}{K} \sum_{\mu=0}^{K-1} \left[\hat{a}_\mu - \sum_{i=0}^{N} \{\lambda c_i^{(1)} + (1-\lambda) c_i^{(2)}\} r_{\mu-i} \right]^2 =$$

$$= \frac{1}{K} \sum_{\mu=0}^{K-1} \left[\hat{a}_\mu - \lambda \sum_{i=0}^{N} c_i^{(1)} r_{\mu-i} - (1-\lambda) \sum_{i=0}^{N} c_i^{(2)} r_{\mu-i} \right]^2 =$$

$$= \frac{1}{K} \sum_{\mu=0}^{K-1} \left[\hat{a}_\mu^2 + \lambda^2 \left\{ \sum_{i=0}^{N} c_i^{(1)} r_{\mu-i} \right\}^2 + (1-\lambda)^2 \left\{ \sum_{i=0}^{N} c_i^{(2)} r_{\mu-i} \right\}^2 - \right.$$

$$\left. - 2\hat{a}_\mu \lambda \sum_{i=0}^{N} c_i^{(1)} r_{\mu-i} - 2\hat{a}_\mu (1-\lambda) \sum_{i=0}^{N} c_i^{(2)} r_{\mu-i} + 2\lambda(1-\lambda) \sum_{i=0}^{N} c_i^{(1)} r_{\mu-i} \sum_{j=0}^{N} c_j^{(2)} r_{\mu-j} \right]$$

Für die rechte Seite der Ungleichung (5.4) folgt mit (5.103)

$$\lambda F(\vec{c}^{(1)}) + (1-\lambda) F(\vec{c}^{(2)}) =$$

$$= \lambda \frac{1}{K} \sum_{\mu=0}^{K-1} \left[\hat{a}_\mu - \sum_{i=0}^{N} c_i^{(1)} r_{\mu-i} \right]^2 + (1-\lambda) \frac{1}{K} \sum_{\mu=0}^{K-1} \left[\hat{a}_\mu - \sum_{i=0}^{N} c_i^{(2)} r_{\mu-i} \right]^2 =$$

$$= \frac{1}{K} \sum_{\mu=0}^{K-1} \left[\lambda \hat{a}_\mu^2 - 2\lambda \hat{a}_\mu \sum_{i=0}^{N} c_i^{(1)} r_{\mu-i} + \lambda \left\{ \sum_{i=0}^{N} c_i^{(1)} r_{\mu-i} \right\}^2 + \right.$$

$$\left. + (1-\lambda) \hat{a}_\mu^2 - 2(1-\lambda) \hat{a}_\mu \sum_{i=0}^{N} c_i^{(2)} r_{\mu-i} + (1-\lambda) \left\{ \sum_{i=0}^{N} c_i^{(2)} r_{\mu-i} \right\}^2 \right] .$$

Die Differenz der rechten und linken Seite liefert

$$\lambda F(\vec{c}^{(1)}) + (1-\lambda) F(\vec{c}^{(2)}) - F[\lambda \vec{c}^{(1)} + (1-\lambda) \vec{c}^{(2)}] =$$

$$= \frac{1}{K} \sum_{\mu=0}^{K-1} \left[\lambda(1-\lambda) \left\{ \sum_{i=0}^{N} c_i^{(1)} r_{\mu-i} \right\}^2 + \lambda(1-\lambda) \left\{ \sum_{i=0}^{N} c_i^{(2)} r_{\mu-i} \right\}^2 - \right.$$

$$\left. - 2\lambda(1-\lambda) \sum_{i=0}^{N} c_i^{(1)} r_{\mu-i} \sum_{i=0}^{N} c_i^{(2)} r_{\mu-i} \right] =$$

$$= \lambda(1-\lambda) \frac{1}{K} \sum_{\mu=0}^{K-1} \left[\sum_{i=0}^{N} c_i^{(1)} r_{\mu-i} - \sum_{i=0}^{N} c_i^{(2)} r_{\mu-i} \right]^2 \geq 0 , \qquad (5.105)$$

also einen nichtnegativen Ausdruck für alle Koeffizientensätze $c_i^{(1)}$ und $c_i^{(2)}$ und alle λ in $0 \leq \lambda \leq 1$. Damit ist die behauptete Konvexität nachgewiesen.

Wegen der Konvexität von F lassen sich in Bild 5.22 die Koeffizienteneinstellung und damit die adaptive Entzerrung relativ einfach durchführen. Dazu wird nach K Abtastwerten der Fehler $F^{(\nu)}$ gemäß (5.104) bestimmt. Abängig von $F^{(\nu)}$ werden unmittelbar anschließend irgendwelche Koeffizientenwerte c_i geändert, wonach der Fehler $F^{(\nu+1)}$ durch Auswertung der nächsten K Abtastwerte erneut bestimmt wird usw.

Besonders zweckmäßig ist die Verwendung des Gradientenverfahrens, vergl. Abschn. 5.1. Die n-te Komponente des Gradientenvektors $F^{(\nu)}$ ist nach (5.5) gleich der partiellen Ableitung von (5.104) nach c_n. Sie ergibt sich zu

$$\left(\frac{\partial F}{\partial c_n}\right)^{(\nu)} = \frac{1}{K} \sum_{\mu=\nu K}^{(\nu+1)K-1} 2\left[\hat{a}_\mu - \sum_{i=0}^{N} c_i r_{\mu-i}\right] \cdot [-r_{\mu-n}] \quad . \tag{5.106}$$

Mit (5.102) und (5.101) entsteht hieraus das einfache Ergebnis

$$\frac{\partial F^{(\nu)}}{\partial c_n} = -\frac{2}{K} \sum_{\mu=\nu K}^{(\nu+1)K-1} e_\mu r_{\mu-n} = -2\overline{e_\mu r_{\mu-n}}^{(\nu)}; \quad n = 0, 1, 2, \dots, N \,. \tag{5.107}$$

Dieses Ergebnis führt direkt auf die Schaltung in Bild 5.23, welche funktionell derjenigen in Bild 5.22 äquivalent ist. Die Schaltung in Bild 5.23 besitzt jetzt die allgemeinere Struktur der Schaltung in Bild 5.7. Die Blöcke M führen je eine zeitliche Mittelwertbildung der Produkte $e_\mu r_{\mu-n}$ über K Abtastzeitpunkte durch.

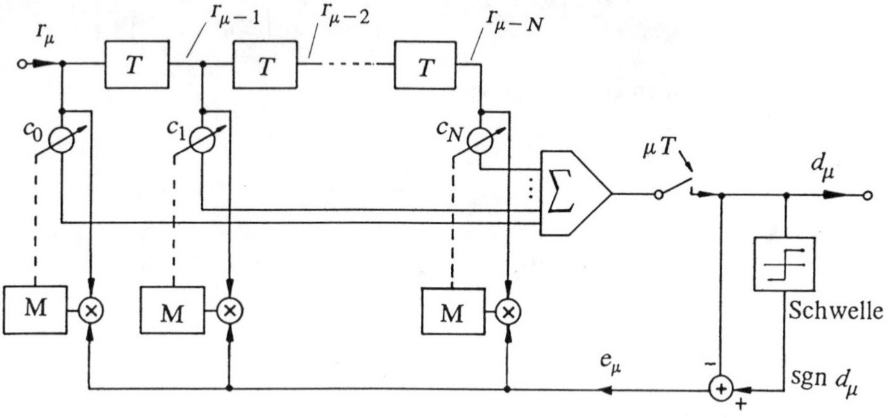

Bild 5.23 Zur Schaltung in Bild 5.22 äquivalente adaptive Entzerrerschaltung

Faßt man die Abtastwerte $r_\mu, r_{\mu-1}, \dots, r_{\mu-N}$ an den Koeffizientenstellern zu einem Spaltenvektor

$$\vec{r}_\mu = \begin{bmatrix} r_\mu \\ r_{\mu-1} \\ \vdots \\ r_{\mu-N} \end{bmatrix} \tag{5.108}$$

zusammen, dann bestimmt sich mit (5.5), (5.99) und (5.108) der Gradientenvektor zu

$$\text{grad}\, F^{(\nu)} = \left(\frac{\partial F}{\partial \vec{c}}\right)^{(\nu)} = \frac{2}{K} \sum_{\mu=\nu K}^{(\nu+1)K-1} (d_\mu - \text{sgn}\, d_\mu)\vec{r}_\mu = 2\overline{e_\mu \vec{r}_\mu}^{(\nu)} \,. \tag{5.109}$$

Nach (5.7) und (5.109) kann jetzt der Koeffizientenvektor in diskreten Zeitschritten (ν) gemäß der Differenzengleichung

$$\vec{c}^{(\nu+1)} = \vec{c}^{(\nu)} - \alpha(\text{grad } F)^{(\nu)} \tag{5.110}$$

jeweils neu eingestellt werden, wobei die Schrittweite α konstant gelassen werden kann.

Der zeitliche Abstand zwischen zwei aufeinanderfolgenden Zeitschritten (ν) und $(\nu + 1)$, siehe auch Bild 5.6, kann beim obigen Gradientenverfahren verschieden gewählt werden. Im einfachsten Fall beträgt der zeitliche Abstand genau KT. Nach Summation von K Produkten $c_\mu\, r_{\mu-n}$ wird der Koeffizient c_n proportional zur Summe geändert und das Summenregister unmittelbar darauf gelöscht. Anschließend werden die nächsten K Produkte aufsummiert usw. Wenn jeder der K Abtastwerte gespeichert wird, kann der zeitliche Abstand zwischen zwei Zeitschritten (ν) und $(\nu + 1)$ auch gleich dem einfachen Symbolabstand T gewählt werden. Es wird mit jeder Abtastung ein neuer Mittelwert gebildet, wobei jeweils der neueste Fehlerwert e_μ berücksichtigt und der älteste Fehlerwert $e_{\mu-K}$ vergessen wird.

Der obige Gradientenalgorithmus (5.110) zur Minimierung des mittleren quadratischen Fehlers (5.100) wird oft auch als LMS-Algorithmus (engl. Least-Mean-Squares) bezeichnet. Er geht auf Widrow und Hoff [WIH 60] zurück. Für den LMS-Algorithmus läßt sich eine optimale Schrittweite α_{opt} angeben. Wie in Abschnitt 5.10 näher ausgeführt wird, berechnet sie sich zu

$$\alpha_{opt} = \frac{1}{\lambda_{\min} + \lambda_{\max}}. \tag{5.111}$$

$\lambda_{\min}$ und $\lambda_{\max}$ sind der minimale und der maximale Eigenwert der Kovarianzmatrix $[\underline{R}]$, die sich aus dem gemittelten dyadischen Produkt des Spaltenvektors $\vec{r}_\mu$ gemäß (5.108) und dem dazugehörigen (transponierten) Zeilenvektor $\vec{r}_\mu^{\,t}$ ergibt:

$$[\underline{R}] = \frac{1}{K} \sum_{\mu=0}^{K-1} \vec{r}_\mu\, \vec{r}_\mu^{\,t}. \tag{5.112}$$

Gradientenverfahren sind zwar relativ sichere, aber selbst bei optimaler Schrittweite nicht immer sehr rasch konvergierende Verfahren. Schnellere Konvergenz liefern Parabelverfahren, von denen es zahlreiche Varianten gibt, siehe Abschnitt 5.10. Ein ebenfalls schnelleres und sehr robustes Verfahren ist der RLS-Algorithmus (engl. Recursive-Least-Squares). Der RLS-Algorithmus löst rekursiv das in (5.103) enthaltene überbestimmte Gleichungssystem

$$\begin{aligned}
e_0 &= \hat{a}_0 - \sum_{i=0}^{N} c_i\, r_{-i} \\
e_1 &= \hat{a}_1 - \sum_{i=0}^{N} c_i\, r_{1-i} \\
&\vdots \\
e_{K-1} &= \hat{a}_{K-1} - \sum_{i=0}^{N} c_i\, r_{K-1-i}
\end{aligned} \tag{5.113}$$

mit unbekannten linken Seiten in der Weise, daß die Fehlerquadratsumme

$$\sum_{\mu=0}^{K-1} e_\mu^2 \rightarrow \min \tag{5.114}$$

minimal wird. Normalerweise ist für ein solches Problem eine Matrizeninversion nötig. Der RLS-Algorithmus, siehe [UNB 85], [COG 85], [HOM 84], löst das Problem rekursiv ohne Matrizeninversion. Er ist aber dennoch viel aufwendiger als der LMS-Algorithmus. Während beim LMS-Algorithmus die Anzahl der je Iterationsschritt auszuführenden Rechenoperationen proportional N ist, ist sie beim RLS-Algorithmus proportional N^2. Simulationsergebnisse für die Anwendung des RLS-Algorithmus im Zusammenhang mit dem Lattice-Filter, siehe Abschnitt 1.7, findet man bei [SAP 81], [COG 85].

Nachdem soweit der Fall des quadratischen Verzerrungsmaßes ausführlich dargestellt wurde, sei noch ergänzend auf den Fall des stückweis linearen Verzerrungsmaßes kurz eingegangen. Statt (5.100) wird nun der Mittelwert der Differenzbeträge betrachtet und unter Verwendung von (5.45) weiter ausgerechnet.

$$\begin{aligned} F &= \overline{|e_\mu|} = \frac{1}{K}\sum_{\mu=0}^{K-1} |\hat{a}_\mu - d_\mu| = \frac{1}{K}\sum_{\mu=0}^{K-1} \left| \hat{a}_\mu - \sum_{i=0}^{N} c_i r_{\mu-i} \right| = \\ &= \frac{1}{K}\sum_{\mu=0}^{K-1} \left[\hat{a}_\mu - \sum_{i=0}^{N} c_i r_{\mu-i} \right] \operatorname{sgn}\left[\hat{a}_\mu - \sum_{i=0}^{K-1} c_i r_{\mu-i} \right]. \end{aligned} \tag{5.115}$$

Die Art der Abhängigkeit des Fehlers F von Koeffizienten c_i ist die gleiche wie in (5.34), weshalb auch (5.115) eine konvexe Funktion der c_i darstellt. Bei stationärer Statistik ist (5.115) wie (5.100) nur von den c_i abhängig, nicht mehr von der Datenfolge.

Ähnlich wie bei (5.30) und (5.46) bestimmt sich bei (5.115) die Änderung des Fehlers F in Abhängigkeit des Koeffizienten c_n zu

$$\begin{aligned} \frac{\partial F}{\partial c_n} &= \frac{1}{K}\sum_{\mu=0}^{K-1} (-r_{\mu-n}) \operatorname{sgn}\left[\hat{a}_\mu - \sum_{i=0}^{N} c_i r_{\mu-i} \right] = \\ &= -\frac{1}{K}\sum_{\mu=0}^{K-1} r_{\mu-n} \operatorname{sgn} e_\mu = -\overline{r_{\mu-n} \operatorname{sgn} e_\mu}. \end{aligned} \tag{5.116}$$

Abgesehen vom Faktor 2 unterscheidet sich (5.116) von (5.107) im wesentlichen nur darin, daß statt des momentanen Fehlers e_μ nun in (5.116) nur dessen Vorzeichen sgn e_μ auftritt. Die zugehörige Schaltung ergibt sich aus derjenigen in Bild 5.23 durch Einfügen einer zusätzlichen Schwelle zwischen den Multiplizierern der Mittelwertbildner M und dem vorausgehenden Subtrahierglied.

Das Einfügen der Schwelle hat eine Nullstellenerzwingung bei der Impulsantwort gemäß Bild 5.20a zur Folge, weil das minimierte Verzerrungsmaß (5.115) stückweis linear ist. Ohne diese zusätzlich eingeführte Schwelle liefert die Entzerrerschaltung von Bild 5.23 eine Impulsantwort gemäß 5.20b. In beiden Fällen spricht man von einer Entzerrung mittels Korrelation.

5.8 Verallgemeinerte Minimierung des quadratischen Fehlers

Die in Abschnitt 5.7 dargestellte Theorie läßt sich unschwer in dreierlei Hinsicht erweitern, nämlich

1. auf Verwendung eines allgemeinen Verzweigungsfilters nach Bild 5.8,
2. unter Einbeziehung von Störungen,
3. auf Verwendung des zeitkontinuierlichen mittleren quadratischen Fehlers als Verzerrungsmaß.

Der mittlere quadratische Fehler F wird gemäß Bild 5.24 mit Hilfe eines Referenzsignals $s_{ref}(t)$ gebildet. Als Referenzsignal kann eine dem Empfänger bekannte Pseudozufallsfolge verwendet werden, die von der Datenquelle als Präambel vor der Nutzdatenübertragung gesendet wird. Das Referenzsignal kann aber auch von Schätzwerten ähnlich wie in Bild 5.21 abgeleitet werden, indem im zeitlichen Abstand T das Vorzeichen sgn $d(\mu T)$ des Datensignals am Entzerrerausgang bestimmt wird. Die abgetastete Vorzeichenfolge erzeugt eine entsprechende zeitkontinuierliche Grundimpulsfolge als Referenzsignal, mit welcher das zeitkontinuierliche Ausgangssignal $d(t)$ zeitkontinuierlich verglichen wird. Das Problem, welches dadurch entsteht, daß der aktuelle Abtastwert zeitlich erst nach dem aktuellen Grundimpuls des Referenzsignals gebildet wird, läßt sich durch Vorhaltung alternativer Grundimpulsfolgen lösen, von denen im Nachhinein diejenige ausgewählt wird, welche den kleinsten Fehler ergibt. Das Problem läßt sich aber auch durch Verwendung von Verzögerungsgliedern oder Analogspeichern lösen. Beobachtet wird in periodischen Zeitintervallen der Beobachtungsdauer T_B, beginnend zum Zeitpunkt $t^{(i)}$ [MUE 82], [GER 69]. Bezogen auf Bild 5.6 ist $t^{(i)} \geq t^{(\nu)}$ und $t^{(i)} + T_B \leq t^{(\nu+1)}$.

Die Analyse der Schaltung in Bild 5.24 erfolgt nun unter Benutzung der darin eingetragenen Zeitfunktionen für Nutzsignale und Störungen. Alle Zeitfunktionen werden als mittelwertfreie Zufallsfunktionen vorausgesetzt. Nutzsignale und Störungen seien zudem statistisch unabhängig voneinander. Das gesendete Datensignal $s(t)$ rufe am Entzerrereingang das verzerrte und gestörte Empfangssignal $r(t)$ hervor. Der in $r(t)$ enthaltene Störanteil sei $n(t)$.
Das Empfangssignal $r(t)$ rufe nun seinerseits an den Koeffizientenstellern c_i die Signal-Stör-Gemische $r_i(t) = u_i(t) + n_i(t)$ hervor, die man zum Signal-Stör-Vektor $\vec{r}(t)$ zusammenfassen kann:

$$\vec{r}(t) = \vec{u}(t) + \vec{n}(t) \quad \text{mit } \vec{u}(t) = \begin{bmatrix} u_0(t) \\ u_1(t) \\ \vdots \\ u_N(t) \end{bmatrix}; \quad \vec{n}(t) = \begin{bmatrix} n_0(t) \\ n_1(t) \\ \vdots \\ n_N(t) \end{bmatrix}. \tag{5.117}$$

Der Vektor $\vec{u}(t)$ repräsentiert dabei den in $\vec{r}(t)$ enthaltenen ungestörten Nutzsignalanteil und $\vec{n}(t)$ den Störanteil.

Das Signal am Ausgang des Entzerrers läßt sich nun als Skalarprodukt des Koeffizientenvektors $\vec{c}$ und des Signal-Stör-Vektors $\vec{r}(t)$ ausdrücken, wobei $\vec{c}^{\,t}$ die Transponierung des Spaltenvektors $\vec{c}$, siehe (5.1), bedeutet.

$$d(t) = \sum_{i=0}^{N} c_i r_i(t) = \vec{c}^{\,t}\vec{r}(t) \quad . \tag{5.118}$$

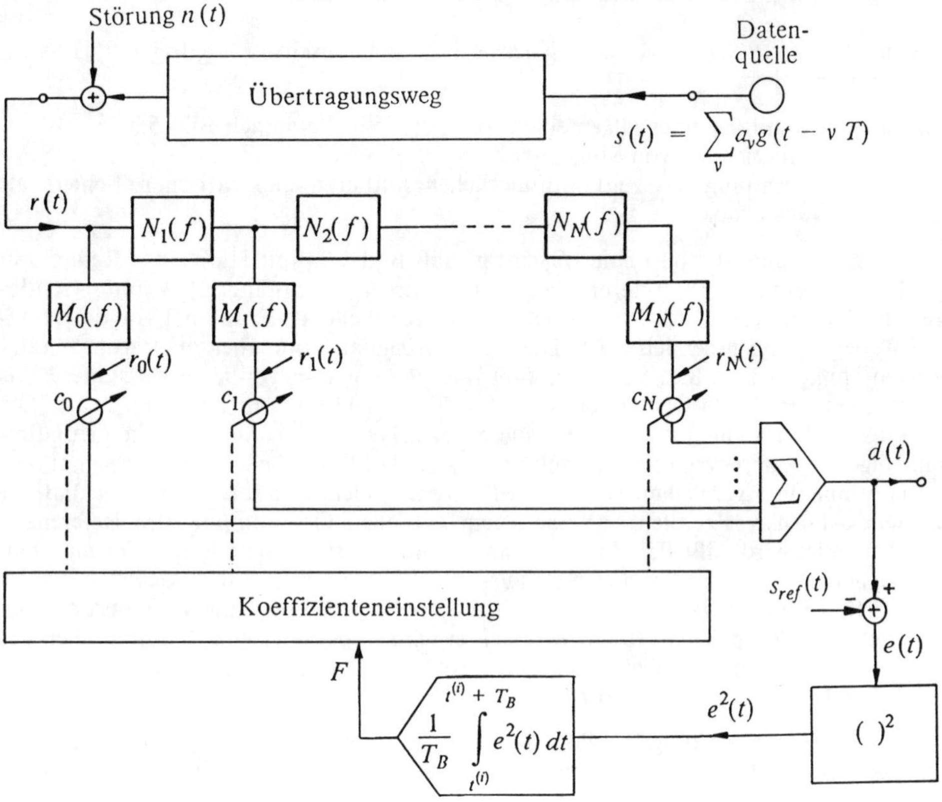

Bild 5.24 Adaptive Entzerrerschaltung für den zeitkontinuierlichen mittleren quadratischen Fehler

Mit der Differenz

$$e(t) = d(t) - s_{ref}(t) = \vec{c}^{\,t}\vec{r}(t) - s_{ref}(t) \tag{5.119}$$

bestimmt sich der mittlere quadratische Fehler, gebildet über die Beobachtungsdauer $T_B \gg T$ und beginnend ab dem willkürlichen Zeitpunkt $t^{(i)}$, zu

$$F = \frac{1}{T_B} \int_{t^{(i)}}^{t^{(i)} + T_B} e^2(t)\,dt = \frac{1}{T_B} \int_{t^{(i)}}^{t^{(i)} + T_B} [\vec{c}^{\,t}\vec{r}(t) - s_{ref}(t)]^2\,dt \geq 0. \tag{5.120}$$

Die Ausmultiplikation des Integranden liefert drei Ausdrücke, einen quadratischen, einen linearen und einen vom Koeffizientenvektor unabhängigen.

Der quadratische Ausdruck berechnet sich mit den Regeln der Vektorrechnung zu

$$[\vec{c}^{\,t}\vec{r}(t)]^2 = \vec{c}^{\,t}\vec{r}(t)\,\vec{c}^{\,t}\vec{r}(t) = \vec{c}^{\,t}\vec{r}(t)\,\vec{r}^{\,t}(t)\vec{c} = \vec{c}^{\,t}\,[\xi]\,\vec{c} \quad . \tag{5.121}$$

Die hierbei entstehende Matrix $[\xi]$ (dyadisches Produkt) lautet ausführlich

$$\vec{r}(t)\vec{r}^{\,t}(t) = \begin{bmatrix} r_0(t)r_0(t) & r_0(t)r_1(t) & \dots & r_0(t)r_N(t) \\ r_1(t)r_0(t) & r_1(t)r_1(t) & \dots & r_1(t)r_N(t) \\ \vdots & \vdots & & \vdots \\ r_N(t)r_0(t) & r_N(t)r_1(t) & \dots & r_N(t)r_N(t) \end{bmatrix} = [\xi]. \tag{5.122}$$

Sie ist symmetrisch und wegen des vollständigen Quadrats (5.121) offensichtlich positiv definit, was ja nichts anderes bedeutet, als daß die quadratische Form von (5.121) für jeden Koeffizientenvektor $\vec{c}$ positiv ist.

Die Integration der beobachteten Zeitfunktion über das Intervall der Dauer T_B gemäß (5.120) liefert für den quadratischen Ausdruck (5.121)

$$\begin{aligned} F_1 &= \frac{1}{T_B} \int_{t^{(i)}}^{t^{(i)}+T_B} \vec{c}^{\,t}\,[\xi]\,\vec{c}\,dt = \\ &= \vec{c}^{\,t} \left[\frac{1}{T_B} \int_{t^{(i)}}^{t^{(i)}+T_B} \vec{r}(t)\vec{r}^{\,t}(t)\,dt \right] \vec{c} = \vec{c}^{\,t}\,[R]\,\vec{c} \ . \end{aligned} \tag{5.123}$$

Die Matrix $[R]$ ist das zeitkontinuierliche und störbehaftete Gegenstück zur Matrix $[\underline{R}]$ in (5.112). Die Elemente der Matrix $[R]$, die ebenfalls positiv definit ist, lauten

$$R_{nm} = \frac{1}{T_B} \int_{t^{(i)}}^{t^{(i)}+T_B} r_n(t)r_m(t)\,dt = R_{mn} \ . \tag{5.124}$$

Der linear vom Koeffizientenvektor abhängige Ausdruck in (5.120) ist

$$-\,2s_{ref}(t)\,\vec{c}^{\,t}\vec{r}(t) \ . \tag{5.125}$$

Seine Integration über die Dauer T_B des Beobachtungsintervalls liefert

$$F_2 = \frac{-1}{T_B} \int_{t^{(i)}}^{t^{(i)}+T_B} 2s_{ref}(t)\,\vec{c}^{\,t}\vec{r}(t)\,dt = -\,2\vec{c}^{\,t}\vec{v} \ . \tag{5.126}$$

Die Komponenten des Vektors $\vec{v}$ sind dabei die mittleren Kreuzleistungen

$$v_k = \frac{1}{T_B} \int_{t_i}^{t^{(i)}+T_B} s_{ref}(t)\,r_k(t)\,dt \ ; \quad k = 0, 1, \dots, N. \tag{5.127}$$

Der konstante Ausdruck in (5.120) bestimmt sich schließlich nach Integration zu

$$F_3 = \frac{1}{T_B} \int_{t^{(i)}}^{t^{(i)}+T_B} s_{ref}^2(t)\,dt = K \ . \tag{5.128}$$

Zusammengefaßt folgt für den mittleren quadratischen Fehler (5.120) mit den Ausdrücken (5.123), (5.126) und (5.128)

$$F = F_1 + F_2 + F_3 = \vec{c}^{\,t}\,[R]\,\vec{c} - 2\vec{c}^{\,t}\,\vec{v} + K \,. \tag{5.129}$$

Durch Ausmultiplikation folgt die Summenschreibweise

$$F = \sum_{m=0}^{N} \sum_{n=0}^{N} c_n c_m R_{nm} - 2\sum_{i=0}^{N} c_i v_i + K \,. \tag{5.130}$$

Der mittlere quadratische Fehler ist eine konvexe Funktion der Filterkoeffizienten. Über jeden Koeffizienten c_n beschreibt F eine nach oben geöffnete Parabel. Überprüft man (5.129) mit der Konvexitätsbedingung (5.4), dann erhält man nach Zwischenrechnung schließlich

$$\begin{aligned} &\lambda F(\vec{c}^{\,(1)}) + (1-\lambda)F(\vec{c}^{\,(2)}) - F[\lambda\vec{c}^{\,(1)} + (1-\lambda)\vec{c}^{\,(2)}] = \dots \\ &= \dots = \lambda(1-\lambda)[\vec{c}^{\,(1)} - \vec{c}^{\,(2)}]^t\,[R]\,[\vec{c}^{\,(1)} - \vec{c}^{\,(2)}] \geq 0 \,. \end{aligned} \tag{5.131}$$

Weil die Matrix $[R]$ positiv definit ist, kann die rechte Seite nicht negativ werden.

Setzt man voraus, daß die integrierten Zeitfunktionen Musterfunktionen eines stationären stochastischen Prozesses sind und macht man die Beobachtungsdauer T_B hinreichend groß, dann sind die Matrixelemente R_{nm} und die Vektorkomponenten v_k, die ja zeitliche Mittelwerte darstellen, in aufeinanderfolgenden Beobachtungsintervallen praktisch gleich.

Das Fehlermaß F läßt sich infolgedessen iterativ z.B. mit dem Gradientenverfahren minimieren, vgl. Abschnitte 5.1 und 5.7. Wie weiter unten noch näher gezeigt wird, folgt aus (5.129) für den Gradienten

$$\text{grad}\, F = \frac{\partial F}{\partial \vec{c}} = \text{grad}\, F_1 + \text{grad}\, F_2 + \text{grad}\, F_3 = 2\{[R]\,\vec{c} - \vec{v}\} \,. \tag{5.132}$$

Im Minimum von F ist $\text{grad} F = \vec{0}$. Damit folgt aus (5.132) der optimale Koeffizientenvektor zu

$$\vec{c}_{opt} = [R]^{-1}\,\vec{v} \,. \tag{5.133}$$

Der optimale Koeffizientenvektor läßt sich also im Prinzip in einem Schritt berechnen, wenn alle Elemente R_{nm} gemäß (5.124) und alle Komponenten v_k gemäß (5.127) apparativ bestimmt werden. Da das aber zu aufwendig ist, kommen in der Praxis nur iterative Methoden in Betracht. Wie sich zeigen wird, gibt es hierfür ein einfaches Verfahren, das dem im Bild 5.23 gezeigten Korrelationsverfahren entspricht.

Zuvor sei aber erst die detailliertere Herleitung von (5.132) eingeschoben. Der quadratische Ausdruck (5.123)

$$F_1 = \vec{c}^{\,t}\,[R]\,\vec{c} = \sum_{m=0}^{N} \sum_{n=0}^{N} c_n c_m R_{nm} \tag{5.134}$$

enthält einen Term mit $n = m = i$ und je N Terme mit $n = i$, $m \neq i$ und $n \neq i$, $m = i$. Damit folgt für die partielle Ableitung nach dem i-ten Koeffizienten

$$\frac{\partial}{\partial c_i}\sum_{n=0}^{N}\sum_{m=0}^{N} c_n c_m R_{nm} = 2c_i R_{ii} + \sum_{\substack{m=0\\ \neq i}}^{N} c_m R_{im} + \sum_{\substack{n=0\\ \neq i}}^{N} c_n R_{ni}$$

$$= \sum_{m=0}^{N} c_m R_{im} + \sum_{n=0}^{N} c_n R_{ni} = 2\sum_{n=0}^{N} c_n R_{in} \, ,$$

$$i = 0, 1, \ldots, N \, . \tag{5.135}$$

Hierbei ist die Symmetrieeigenschaft $R_{im} = R_{mi}$, (5.124), berücksichtigt.

Der Ausdruck (5.135) beschreibt nur eine Komponente des Gradientenvektors grad F_1. Die Berücksichtigung aller Komponenten liefert

$$\operatorname{grad} F_1 = \begin{bmatrix} \dfrac{\partial F_1}{\partial c_0} \\ \dfrac{\partial F_1}{\partial c_1} \\ \vdots \\ \dfrac{\partial F_1}{\partial c_N} \end{bmatrix} = \begin{bmatrix} 2\sum\limits_{n=0}^{N} R_{0n} c_n \\ 2\sum\limits_{n=0}^{N} R_{1n} c_n \\ \vdots \\ 2\sum\limits_{n=0}^{N} R_{Nn} c_n \end{bmatrix} = 2 \left[\begin{bmatrix} R_{00} & R_{01} & \ldots & R_{0N} \\ R_{10} & R_{11} & \ldots & R_{1N} \\ \vdots & \vdots & & \vdots \\ R_{N0} & R_{N1} & \ldots & R_{NN} \end{bmatrix} \begin{matrix} c_0 \\ c_1 \\ \vdots \\ c_N \end{matrix} \right] = 2[R]\,\vec{c} \, . \tag{5.136}$$

Der lineare Ausdruck (5.126)

$$F_2 = -2\vec{c}^{\,t}\vec{v} = -2\sum_{k=0}^{N} c_k v_k \tag{5.137}$$

partiell nach c_i abgeleitet, ergibt

$$\frac{\partial F_2}{\partial c_i} = -2v_i \, . \tag{5.138}$$

Damit folgt für alle Komponenten

$$\operatorname{grad} F_2 = -2\vec{v} \, . \tag{5.139}$$

Weil der vom Koeffizientenvektor $\vec{c}$ unabhängige Ausdruck F_3 bei der Differentiation nach c_i verschwindet, folgt mit (5.136) und (5.139) die allgemeine Beziehung von (5.132).

Im folgenden wird nun gezeigt, daß sich der Gradientenvektor grad F von (5.132) relativ leicht auf apparative Weise bilden läßt.

Aus (5.123) folgt

$$[R]\,\vec{c} = \frac{1}{T_B}\int_{t^{(i)}}^{t^{(i)}+T_B} \vec{r}(t)\,\vec{r}^{\,t}(t)\,dt\,\vec{c} = \frac{1}{T_B}\int_{t^{(i)}}^{t^{(i)}+T_B} \vec{r}(t)\,\vec{c}^{\,t}\,\vec{r}(t)\,dt\;. \tag{5.140}$$

Für den Vektor $\vec{v}$ gilt nach (5.127)

$$\vec{v} = \frac{1}{T_B}\int_{t^{(i)}}^{t^{(i)}+T_B} s_{ref}(t)\,\vec{r}(t)\,dt\;. \tag{5.141}$$

Mit (5.140) und (5.141) schreibt sich nun der Gradientenvektor von (5.132) als

$$\text{grad}\,F = 2\{[R]\,\vec{c} - \vec{v}\,\} = \frac{2}{T_B}\int_{t^{(i)}}^{t^{(i)}+T_B} \vec{r}(t)\,[\vec{c}^{\,t}\,\vec{r}(t) - s_{ref}(t)]\,dt =$$

$$= \frac{2}{T_B}\int_{t^{(i)}}^{t^{(i)}+T_B} \vec{r}(t)\,e(t)\,dt. \tag{5.142}$$

Hierbei bedeutet $e(t)$ wieder das Differenzsignal von (5.119). Die n-te Komponente des Gradientenvektors lautet damit

$$\begin{aligned}\frac{\partial F}{\partial c_n} &= \frac{2}{T_B}\int_{t^{(i)}}^{t^{(i)}+T_B} r_n(t)\,e(t)\,dt = \\ &= \frac{2}{T_B}\int_{t^{(i)}}^{t^{(i)}+T_B} \{u_n(t) + n_n(t)\}\,e(t)\,dt = 2\varphi_n(0)\;.\end{aligned} \tag{5.143}$$

Dieses Integral ist proportional der Kurzzeitkreuzkorrelationsfunktion

$$\varphi_n(\tau) = \frac{1}{T_B}\int_{t^{(i)}}^{t^{(i)}+T_B} r_n(t)\,e(t+\tau)\,dt \tag{5.144}$$

der Signale $r_n(t)$ und $e(t)$ für $\tau = 0$. Weil die Signale $r_n(t)$ und $e(t)$ als mittelwertfrei vorausgesetzt werden, handelt es sich genauer genommen um die Kreuzkovarianzfunktion.

Mit (5.143) und der Korrelatorschaltung von Bild 5.25a erhält man die in Bild 5.25b dargestellte adaptive Entzerrerschaltung, die in ihrer Funktionsweise äquivalent derjenigen in Bild 5.24 ist.

Entsprechend (5.8) wird nun jede Komponente c_n des Koeffizientenvektors $\vec{c}$ in diskreten Schritten (ν) mit (5.143) wie folgt nachgestellt:

$$c_n^{(\nu+1)} = c_n^{(\nu)} - \alpha\left(\frac{\partial F}{\partial c_n}\right)^{(\nu)} = c_n^{(\nu)} - 2\alpha[\varphi_n(0)]^{(\nu)}. \tag{5.145}$$

Die einzelnen Schritte (ν) haben jetzt einen zeitlichen Abstand, der mindestens gleich dem Beobachtungsintervall T_B ist, wobei $T_B \gg T$. Analog zum Fall von (5.110) bestimmt sich für (5.145) die optimale Schrittweite α_{opt} wieder mit (5.111), worin jetzt $\lambda_{\min}$ und $\lambda_{\max}$ der minimale und maximale Eigenwert der Matrix $[R]$ mit den Elementen (5.124) ist. Weil diese Elemente Mittelwerte von Zufallsgrößen sind, bezeichnet man den LMS-Algorithmus (5.145) auch als SG-Algorithmus (engl. Stochastic Gradient). Der die Matrix $[R]$ bestimmende Vektor $\vec{r}(t)$ hängt vom Empfangssignal $r(t)$ und vom Orthogonalfilter ab. Unter den verschiedenen Orthogonalfiltern von Kapitel 3 kann also das für das empfangene Signal $r(t)$ beste gewählt werden, vergl. Abschn. 5.10.

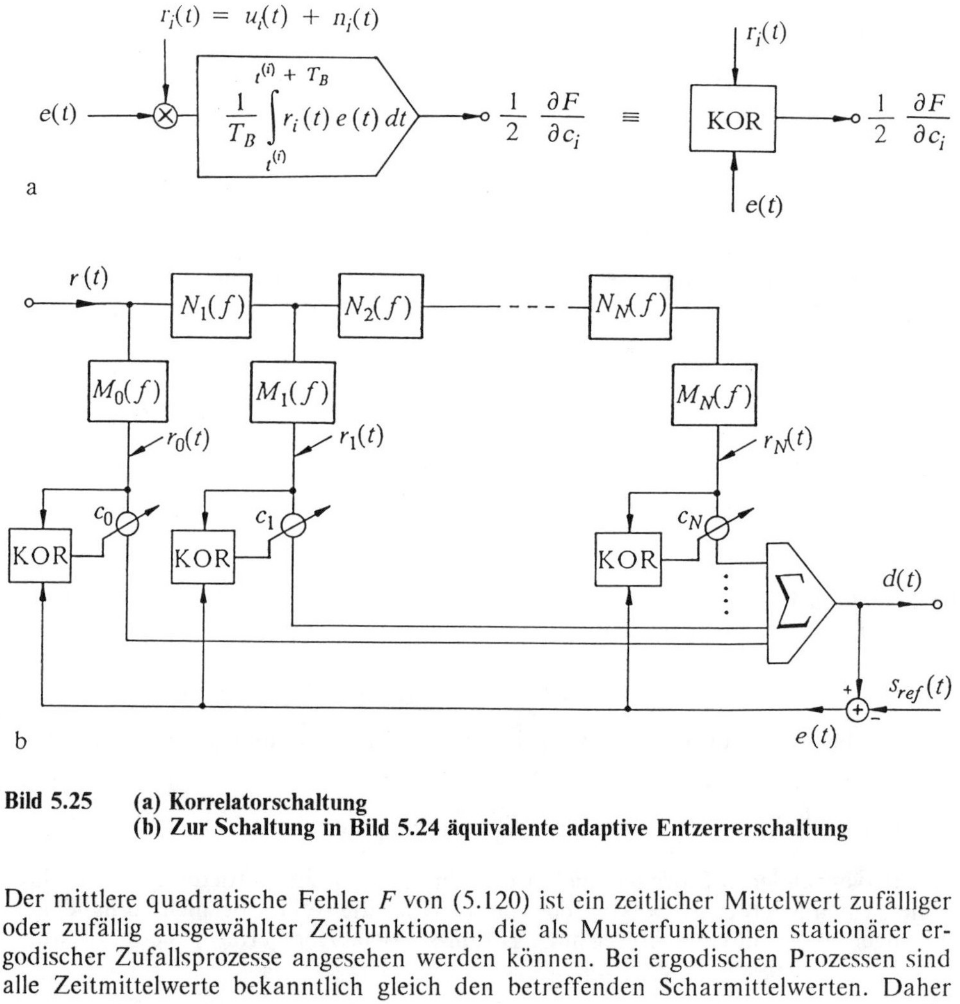

Bild 5.25 **(a) Korrelatorschaltung**
(b) Zur Schaltung in Bild 5.24 äquivalente adaptive Entzerrerschaltung

Der mittlere quadratische Fehler F von (5.120) ist ein zeitlicher Mittelwert zufälliger oder zufällig ausgewählter Zeitfunktionen, die als Musterfunktionen stationärer ergodischer Zufallsprozesse angesehen werden können. Bei ergodischen Prozessen sind alle Zeitmittelwerte bekanntlich gleich den betreffenden Scharmittelwerten. Daher kann der mittlere quadratische Fehler F auch als Erwartungswert der Zufallsvariablen e^2 aufgefaßt werden.

$$F = E\{e^2\} . \tag{5.146}$$

Bei statistischer Unabhängigkeit der Teilsignale u_i und der Teilstörungen n_i an den Koeffizientenstellern gilt für den Erwartungswert des dyadischen Produkts von (5.122).

$$\begin{aligned}[R] &= E\{\vec{r}(t)\vec{r}^{\,t}(t)\} = E\{(\vec{u} + \vec{n})(\vec{u}^{\,t} + \vec{n}^{\,t})\} = \\ &= E\{\vec{u}\vec{u}^{\,t}\} + E\{\vec{n}\,\vec{n}^{\,t}\} = [U] + [N] ,\end{aligned} \tag{5.147}$$

wobei

$$[U] = E\{\vec{u}\,\vec{u}^{\,t}\} \tag{5.148}$$

und

$$[N] = E\{\vec{n}\,\vec{n}^{\,t}\} \tag{5.149}$$

Kovarianzmatrizen heißen.

Dementsprechend ist auch der Vektor $\vec{v}$ ein Erwartungswert, vergl. (5.127),

$$\begin{aligned}\vec{v} &= E\{s_{ref}(t)\cdot\vec{r}(t)\} = E\{s_{ref}(t)\cdot\vec{u}(t) + s_{ref}(t)\vec{n}(t)\} = \\ &= E\{s_{ref}(t)\cdot\vec{u}(t)\} ,\end{aligned} \tag{5.150}$$

da alle Teilstörungen $n_i(t)$ vom Referenzsignal $s_{ref}(t)$ statistisch unabhängig sind und den Mittelwert Null haben.

Der mittlere quadratische Fehler bestimmt sich nun gemäß (5.129) zu

$$F = E\{e^2\} = \vec{c}^{\,t}\big(E\{\vec{u}\,\vec{u}^{\,t}\} + E\{\vec{n}\,\vec{n}^{\,t}\}\big)\vec{c} - 2\vec{c}^{\,t}E\{s_{ref}(t)\vec{u}(t)\} + K \tag{5.151}$$

und der Gradient entsprechend (5.132) zu

$$\operatorname{grad} F = \frac{\partial F}{\partial \vec{c}} = 2E\{\vec{u}\,\vec{u}^{\,t}\}\vec{c} + 2E\{\vec{n}\,\vec{n}^{\,t}\}\vec{c} - 2E\{s_{ref}(t)\vec{u}(t)\} . \tag{5.152}$$

Im Minimum ist grad $F = \vec{0}$. Bei nicht vorhandenen Störungen $\vec{n} = \vec{0}$ ergibt sich für den optimalen Koeffizientenvektor

$$\vec{c}_{opt} = \big[E\{\vec{u}\,\vec{u}^{\,t}\}\big]^{-1} E\{s_{ref}(t)\vec{u}(t)\} , \tag{5.153}$$

während bei vorhandenen Störungen der optimale Koeffizientenvektor den anderen Wert

$$\vec{c}_{opt} = \big[E\{\vec{u}\,\vec{u}^{\,t}\} + E\{\vec{n}\,\vec{n}^{\,t}\}\big]^{-1} E\{s_{ref}(t)\vec{u}(t)\} \tag{5.154}$$

hat. Bei vorhandenen Störungen liefert die Minimierung des mittleren quadratischen Fehlers einen Koeffizientenvektor, der vom Koeffizientenvektor bei nichtvorhandenen Störungen abweicht. Die Abweichung ist um so kleiner, je geringer die Störleistung ist. Der quantitative Einfluß der Störungen ist aus (5.154) wesentlich deutlicher abzulesen als aus (5.133).

5.9 Adaptive Entzerrung bei quantisierter Rückkopplung

In Abschnitt 5.4 wurde gezeigt, daß ein Echoentzerrer mit endlich vielen Laufzeitgliedern der Laufzeit T die Nachbarsymbolinterferenz nicht exakt beseitigen kann. Es wurde anhand von (4.23) ausgeführt, daß ein Entzerrer die Nachbarsymbolinterferenz dann exakt beseitigen kann, wenn seine Wirkungsfunktion

$$H(z) = \frac{P(z)}{Q(z)} \tag{5.155}$$

eine gebrochen rationale Funktion ist mit einem Nennerpolynom $Q(z) \neq konst$. Auf eine derartige Wirkungsfunktion führt die rückgekoppelte Schaltungsstruktur von Bild 5.26.

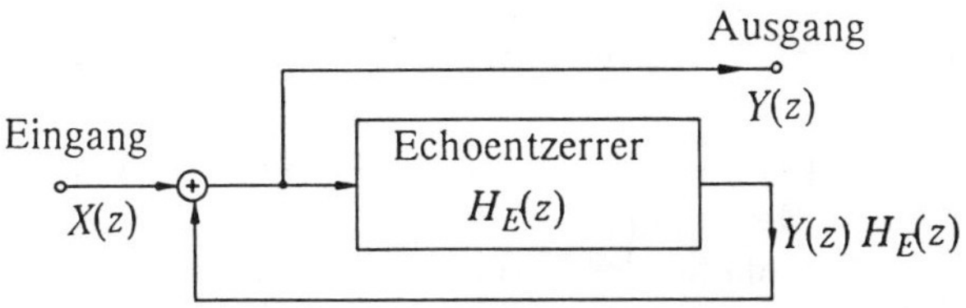

Bild 5.26 Rückgekoppelter Echoentzerrer

Bezeichnet

$$H_E(z) = \sum_{i=0}^{N} c_i z^{-i} \tag{5.156}$$

die Wirkungsfunktion allein des Echoentzerrers in Bild 5.26, vergleiche (1.20), dann ist $Y(z)H_E(z)$ die z-Transformierte des Echoentzerrerausgangssignals. Für die z-Transformierte des Ausgangssignals der Gesamtschaltung gilt

$$Y(z) = X(z) + Y(z)H_E(z). \tag{5.157}$$

Daraus folgt die Wirkungsfunktion der rückgekoppelten Gesamtschaltung zu

$$H(z) = \frac{Y(z)}{X(z)} = \frac{1}{1 - H_E(z)} = \frac{1}{1 - \sum_{i=0}^{N} c_i z^{-i}} . \tag{5.158}$$

Hiermit ist z.B. die Impulsantwort $x(t)$ von Bild 1.4a, siehe auch (4.21), mit der z-Transformierten

$$X(z) = 1 + \frac{1}{2} z^{-1} \tag{5.159}$$

ideal entzerrbar. Fordert man wie in (4.22) $Y(z) = 1$, dann folgt aus

$$Y(z) \stackrel{!}{=} 1 = H(z)X(z) = \frac{1 + \frac{1}{2}z^{-1}}{1 - \sum_{i=0}^{N} c_i z^{-i}} \tag{5.160}$$

für die Filterkoeffizienten

$$c_1 = -1/2 \; ; \; c_0 = c_2 = c_3 = \cdots = c_N = 0 \,. \tag{5.161}$$

Die damit sich ergebende, zu $X(z)$ reziproke Wirkungsfunktion

$$H(z) = \frac{1}{1 + \frac{1}{2}z^{-1}} = 1 - \frac{1}{2}z^{-1} + \frac{1}{4}z^{-2} - \frac{1}{8}z^{-3} + \ldots$$

$$= \sum_{n=0}^{\infty} \left(-\frac{1}{2}z^{-1} \right)^n \tag{5.162}$$

hat auf $X(z) = 1$ eine unendlich lang andauernde, aber zeitlich abklingende Impulsantwort.

Aufschlußreich ist der Mechanismus des Entzerrungsvorgangs. Von (5.159) erzeugt der erste Summand, die 1, die abklingende Folge der durch (5.162) beschriebenen Abtastwerte. Der zweite Summand, der Term $(1/2)z^{-1}$, erzeugt um einen Takt zeitverschoben dieselbe Folge von Abtastwerten bei halber Amplitude. Abgesehen vom ersten Glied kompensiert die zweite Folge die erste.

Auch die z-Transformierte

$$X(z) = -\frac{1}{2} + z^{-1} \,, \tag{5.163}$$

deren zugehörige Zeitfunktion $x(t)$ bei $t = T$ den maximalen Abtastwert oder Hauptwert $x(T) = 1$ und bei $t = 0$ den betragsmäßig kleineren Vorschwinger $x(0) = -1/2$ hat, läßt sich mit (5.158) ideal entzerren. Die Vorschrift für die z-Transformierte am Entzerrerausgang

$$Y(z) \stackrel{!}{=} 1 = H(z)X(z) = \frac{-1/2 + z^{-1}}{1 - \sum_{i=0}^{N} c_i z^{-i}} \tag{5.164}$$

wird nun für

$$c_0 = 3/2 \; ; \; c_1 = -1 \; ; \; c_2 = c_3 = \cdots = c_N = 0 \tag{5.165}$$

erfüllt. Die damit sich ergebende, zu $X(z)$ reziproke Wirkungsfunktion

$$H(z) = \frac{1}{-1/2 + z^{-1}} = \frac{-2}{1 - 2z^{-1}}$$

$$= -2[1 + 2z^{-1} + 4z^{-2} + 8z^{-3} + \cdots] \tag{5.166}$$

hat aber eine unbeschränkt anklingende Impulsantwort, ist also instabil. Der Entzerrungsvorgang beruht jetzt auf einer Kompensation zweier zeitlich anklingender Impulsantworten, was physikalisch eine unsichere Angelegenheit ist.

Diese Beispiele zeigen, daß sich mit dem rückgekoppelten Echoentzerrer in Bild 5.26 nur die Nachschwinger einer interferenzerzeugenden Impulsantwort $x(t)$, wie sie Bild 5.27 zeigt, stabil entzerren lassen, nicht aber die Vorschwinger. Die Entzerrung von Vorschwingern ist auf nichtrückgekoppelte Verzweigungsfilter angewiesen.

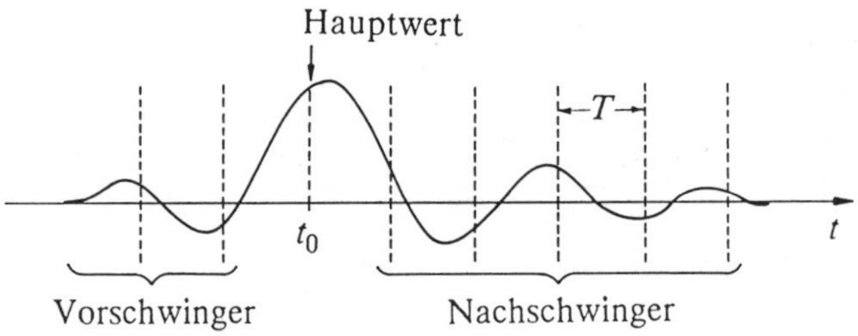

Bild 5.27 Einzelimpulsantwort mit Vor- und Nachschwingern

Für die Entzerrung eines Datensignals

$$r(t) = \sum_{\nu} a_{\nu} x(t - \nu T) \ , \tag{5.167}$$

bestehend aus Einzelimpulsantworten $x(t)$ mit Vor- und Nachschwingern, ist die kombinierte Struktur von Bild 5.28 geeignet. Sie enthält einen nichtrückgekoppelten Echoentzerrer und einen rückgekoppelten Echoentzerrer. Der nichtrückgekoppelte Echoentzerrer dient zur Entzerrung der Vorschwinger einer jeden Einzelimpulsantwort. Das Ausgangssignal $f(t)$ des nichtrückgekoppelten Echoentzerrers besteht damit aus Einzelimpulsanworten, die lediglich noch Nachschwinger aufweisen. Diese Nachschwinger einer jeden Einzelimpulsantwort werden durch den rückgekoppelten Echoentzerrer nachgebildet und im rund gezeichneten Addierglied vom Datensignal $f(t)$ subtrahiert. Das entzerrte Datensignal $d(t)$ am Ausgang des Addierglieds setzt sich damit aus Einzelimpulsantworten zusammen, die weder Vor- noch Nachschwinger enthalten.

Am Ausgang des Addierglieds vor dem rückgekoppelten Echoentzerrer befindet sich ein Quantisierer. Bei binären Signalen ist das eine begrenzende Schwelle, die dafür sorgt, daß zum Zeitpunkt μT der Schätzwert $\hat{d}_{\mu}$ den definierten Wert $+1$ oder -1 hat. Schwellenhöhe und Signalpegel müssen einigermaßen zueinanderpassen, das heißt, es soll weder $|r_{\mu}| \ll 1$ noch $|r_{\mu}| \gg 1$ sein. Wegen des Quantisierers spricht man von *quantisierter Rückkopplung* (engl. decision feedback equalizer, DFE). Jeder Schätzwert $\hat{d}_{\mu}$ erzeugt nach Verzögerung um KT und Multiplikation mit den Filterkoeffizienten b_k des rückgekoppelten Echoentzerrers eine Folge von Nachschwingerabtastwerten, welche die in f_{μ} enthaltenen Nachschwingeranteile kompensieren. Außerdem erzwingt die begrenzende Schwelle eine Stabilität insoweit, als daß sie verhindert, daß der Signalpegel am Eingang des rückgekoppelten Echoentzerrers aufgrund der Rückkopplung beliebig anwachsen kann, was wegen der Summation

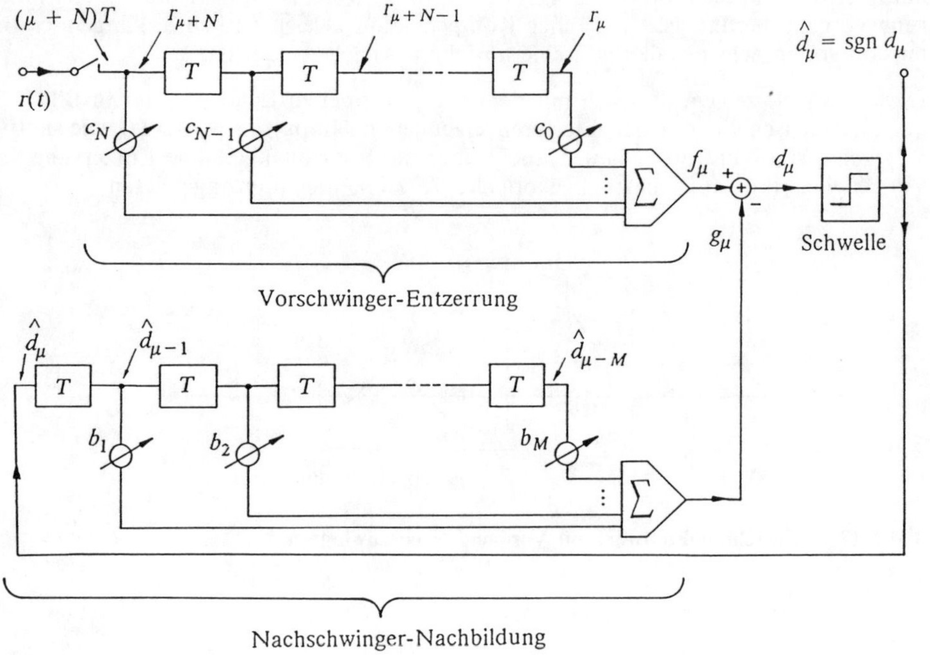

Bild 5.28 **Kombinierte Struktur aus nichtrückgekoppeltem Echoentzerrer zur Vorschwingerentzerrung und rückgekoppeltem Entzerrer zur Nachschwingerkompensation**

der Teilsignale auch bei Koeffizientenwerten $|b_k| \leq 1$ möglich wäre. Weil $\hat{d}_\mu$ wertdiskret ist, kann der rückgekoppelte Echoentzerrer ohne weiteres als digitales Schieberegister realisiert werden. Für den nichtrückgekoppelten Echoentzerrer zur Vorschwinger-Entzerrung gilt das nicht, weil die Abtastwerte r_μ im allgemeinen wertkontinuierlich sind.

Wegen des Quantisierers ist die Schaltung in Bild 5.28 ein nichtlineares Filter. Zur Beschreibung der Auswirkung der Nichtlinearität sei angenommen, daß die Filterkoeffizienten b_k derart eingestellt sind, daß die Nachschwingerabtastwerte der aktuell empfangenen Impulsantwort exakt kompensiert werden. Wird nun das Filtereingangssignal z.B. um den Faktor 2 vergrößert, dann werden die Nachschwingerabtastwerte nicht mehr exakt kompensiert. Das bei einem linearen Filter gültige Proportionalitätsprinzip wird also verletzt, das empfangene Signal ist nicht mehr entzerrt. Die Koeffizienten b_k müssen nachgeregelt werden. Von den in den Abschnitten 5.3 bis 5.8 beschriebenen linearen Entzerrerschaltungen unterscheidet sich die hier behandelte nichtlineare Entzerrerschaltung in markanter Weise. Während lineare Schaltungen auch nichtbinäre Signale entzerren, wenn sie binäre Signale entzerren, entzerrt die nichtlineare Schaltung von Bild 5.28 nur binäre Signale, keine nichtbinären Signale.

Nun zum Ablauf der adaptiven Entzerrung:

Wie in Bild 5.21 dient der Schätzwert $\hat{d}_\mu$ als Referenz. Als Fehlermaß wird der mittlere quadratische Fehler

$$F = \frac{1}{K} \sum_{\mu=0}^{K-1} (d_\mu - \hat{d}_\mu)^2 \tag{5.168}$$

gewählt. Dabei ist nach Bild 5.28

$$d_\mu = f_\mu - g_\mu \,. \tag{5.169}$$

Der Abtastwert f_μ des durch den nichtrückgekoppelten Entzerrer vorentzerrten Signals berechnet sich zu

$$f_\mu = \sum_{k=0}^{N} c_k r_{\mu+k} \tag{5.170}$$

und der Abtastwert g_μ der Nachschwinger-Nachbildung zu

$$g_\mu = \sum_{i=1}^{M} b_i \hat{d}_{\mu-i} \,. \tag{5.171}$$

Durch Einsetzen der Gleichungen (5.169) bis (5.171) in (5.168) erhält man den Fehler in Abhängigkeit von den Filterkoeffizienten c_k und b_i zu

$$F = \frac{1}{K} \sum_{\mu=0}^{K-1} \left(\sum_{k=0}^{N} c_k r_{\mu+k} - \sum_{i=1}^{M} b_i \hat{d}_{\mu-i} - \hat{d}_\mu \right)^2 . \tag{5.172}$$

Der Fehler ist wieder eine nichtnegative differenzierbare quadratische Funktion der Filterkoeffizienten c_k und b_i und demgemäß konvex.

Die partielle Ableitung nach dem Koeffizienten c_n liefert ähnlich wie bei (5.106)

$$\frac{\partial F}{\partial c_n} = \frac{2}{K} \sum_{\mu=0}^{K-1} (d_\mu - \hat{d}_\mu)\, r_{\mu+n} \quad ; \quad n = 0,\ 1,\ 2, \dots , N \,. \tag{5.173}$$

Die partielle Ableitung nach dem Koeffizienten b_m ergibt entsprechend

$$\frac{\partial F}{\partial b_m} = \frac{2}{K} \sum_{\mu=0}^{K-1} (d_\mu - \hat{d}_\mu)(-\hat{d}_{\mu-m}) \quad ; \quad m = 1,\ 2, \dots , M \,. \tag{5.174}$$

Die weiteren Überlegungen sind die gleichen wie bei (5.106)f. Die Koeffizienten c_n und b_m können wie in Bild 5.23 von Mittelwertbildnern eingestellt werden, welche jetzt die Mittelwerte der Produkte aus dem Fehler $(d_\mu - \hat{d}_\mu)$ und dem Signalwert $r_{\mu+n}$ bzw. $-\hat{d}_{\mu-m}$ am betreffenden Koeffizientensteller bilden. Auf die Darstellung der zugehörigen Schaltung wird deshalb verzichtet.

Die Minimierung des Fehlermaßes F bewirkt automatisch, daß der nichtrückgekoppelte Echoentzerrer die Abtastwerte der Vorschwinger der im Empfangssignal $r(t)$ enthaltenen Einzelimpulsantworten $x(t - \mu T)$ minimiert, während der rückgekoppelte Echoentzerrer eine Folge von Abtastwerten g_μ erzeugt, welche die Abtastwerte der Nachschwinger der im vorentzerrten Datensignal $f(t)$ enthaltenen Einzelimpulsantworten kompensiert. Dies sei mit der nachfolgenden Betrachtung noch näher erläutert:

Bei vorhandener Nachbarsymbolinterferenz setzt sich der Abtastwert r_μ bzw. f_μ aus Abtastwerten aufeinanderfolgender Einzelimpulsantworten zusammen. Bei nicht extrem starker Verzerrung, bei welcher das Auge wenigstens leicht geöffnet ist, wird bei Abwesenheit von Rauschen der Schätzwert $\hat{d}_\mu$ nur vom Hauptwert einer Einzelimpulsantwort bestimmt. Die Vorschwingerabtastwerte nachfolgender Einzelimpulsantworten und die Nachschwingerabtastwerte vorausgegangener Einzelimpulsantworten haben bei geöffnetem Auge keinen Einfluß auf den Schätzwert $\hat{d}_\mu$. Der vom Hauptwert gebildete quantisierte Abtastwert $\hat{d}_\mu$ kann über die Laufzeitglieder und Koeffizientensteller b_k des rückgekoppelten Echoentzerrers infolgedessen nur Abtastwerte von Nachschwingern der im vorentzerrten Datensignal $f(t)$ enthaltenen Einzelimpulsantworten kompensieren. Diese Nachschwinger werden vom nichtrückgekoppelten Echoentzerrer zwar beeinflußt, danach aber letztlich vom rückgekoppelten Echoentzerrer nachgebildet und beseitigt. Da der rückgekoppelte Echoentzerrer keinen Einfluß auf die Vorschwinger haben kann, obliegt deren Entzerrung ausschließlich dem nichtrückgekoppelten Echoentzerrer. Letzterer nutzt maximal viele Koeffizienten zur Vorschwingerentzerrung dann, wenn der den Schätzwert $\hat{d}_\mu$ bestimmende Hauptwert am Koeffizientensteller c_0 anliegt.

Bei geschlossenem Auge und bei überlagertem Rauschen wird der Entzerrungsvorgang in gleichartiger Weise ablaufen wie bei geöffnetem Auge und abwesendem Rauschen, wenn die Schätzwerte $\hat{d}_\mu$, wenn auch nicht ausschließlich so aber doch überwiegend, von den Hauptwerten der betreffenden Einzelimpulsantwort bestimmt werden.

Statt des mittleren quadratischen Fehlers (5.168) kann auch der mittlere absolute Fehler entsprechend (5.115) für die adaptive Koeffizienteneinstellung zugrundegelegt werden, was eine Nullstellenerzwingung bei den Vorschwingern zur Folge hat.

Abschließend sei noch erwähnt, daß sich der Aufwand für die Schaltungsstruktur in Bild 5.28 manchmal reduzieren läßt, indem man die gleichen Laufzeitglieder sowohl für den nichtrückgekoppelten als auch für den rückgekoppelten Echoentzerrer benutzt [MOE 70]. Das führt auf die Schaltung in Bild 5.29.

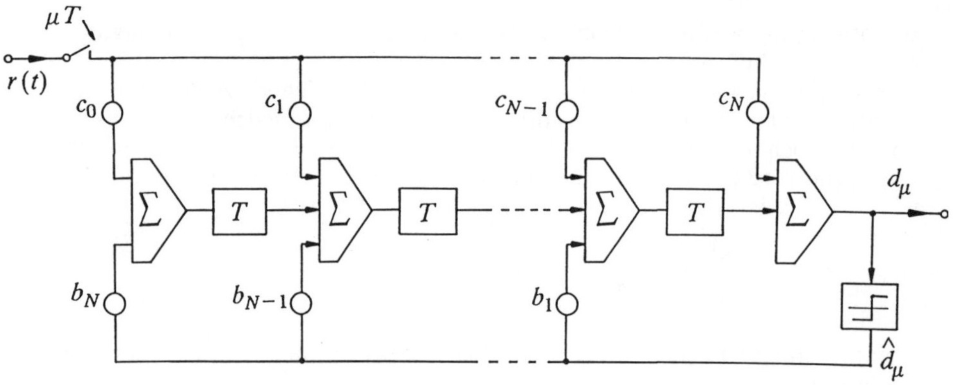

Bild 5.29 Zur Schaltung in Bild 5.28 äquivalente Schaltung mit quantisierter Rückführung

Die Schaltung in Bild 5.29 ist mit derjenigen von Bild 5.28 äquivalent, weil die Laufzeitglieder lineare Übertragungsglieder sind, in denen eine ungestörte Superposition des Eingangssignals und des rückgeführten quantisierten Signals stattfindet.

5.10 Weitere Fehlermaße und Optimierungsverfahren

In diesem Abschnitt werden kurze Hinweise auf weitere Fehlermaße und einige Ergänzungen zur Minimierung von Fehlergrößen gebracht.

Bei binären NRZ-Basisband-Datensignalen läßt sich eine blinde Entzerrung ohne Referenzsignal auch dadurch realisieren, daß als Fehlermaß F der sogenannte Verteilungsfehler oder der Crestfaktor verwendet wird [RUP 82,1]. Beide Maße zeichnen sich überdies darin aus, daß sie bei einer zeitkontinuierlichen Entzerrung keine vorherige Synchronisation auf der Empfangsseite benötigen. Während der Verteilungsfehler sich von der Wahrscheinlichkeitsverteilung des unverzerrten Datensignals ableitet, ist der damit verwandte Crestfaktor das ins Quadrat erhobene Verhältnis von Spitzenwert zu Effektivwert des Datensignals. Wie die Computersimulation zeigt, ist der Crestfaktor keine konvexe Funktion des Filterkoeffizienten, wenn ein Orthogonalfilter nach Abschn. 3.2 zugrundegelegt wird. Dafür liefert aber die Minimierung des Crestfaktors des zeitkontinuierlichen Signals zugleich eine Entzerrung und eine Verbesserung des Störabstands [RUP 82,2]. Ein weiteres Verfahren, bei dem die Adaption eines Entzerrers über die Maximierung einer Wahrscheinlichkeitsdichte vorgenommen wird, wurde von Hetzheim [HET 76] beschrieben.

Für die schnelle adaptive Entzerrung ist es günstig, wenn die an den Koeffizientenstellern des Entzerrers anstehenden Teilsignale zueinander orthogonal oder annähernd orthogonal sind. Das kann mit der Schaltung in Bild 2.5 erreicht werden. Bei orthogonalen Teilsignalen kann die optimale Koeffizienteneinstellung im Prinzip in einem einzigen Schritt erfolgen. Ein System dieser Art hat R.W. Chang [CHA 71] beschrieben.

Wie u.a. im Anschluß an (5.145) diskutiert wurde, bilden verzerrt und gestört empfangenes Datensignal, Entzerrerfilter, Fehlermaß und Optimierungsverfahren einen zusammenhängenden Komplex. Sind die Verzerrungen und Störungen vorgegeben, dann gibt es sicher Lösungen für die günstigste Wahl von Entzerrerfilter, Fehlermaß und Optimierungsverfahren, wobei diese Lösungen noch von Nebenbedingungen wie z.B. zulässiger Aufwand und maximal zulässige Bitfehlerwahrscheinlichkeit abhängen. Hat man sich beispielsweise willkürlich für den Echoentzerrer, den mittleren quadratischen Fehler und das Gradientenverfahren entschieden, siehe Abschn. 5.7, dann kann noch die Schrittweite α des Gradientenverfahrens optimal gewählt werden. Nachfolgend wird gezeigt, daß dies auf die bereits genannte Beziehung (5.111) führt. Nach (5.109) ergab sich der Gradientenvektor zu

$$\mathrm{grad}F = \frac{2}{K}\sum_{\mu=0}^{K-1}\left(d_\mu - \mathrm{sgn}\, d_\mu\right)\vec{r}_\mu \; . \tag{5.175}$$

Der einfacheren Darstellung wegen wird hier die Schrittnummer (ν) weggelassen bzw. $\nu = 0$ gesetzt.

Drückt man den Abtastwert d_μ gemäß Bild 5.23 durch das Skalarprodukt des Koeffizientenvektors $\vec{c}$ und des Vektors $\vec{r}_\mu$ aus,

$$d_\mu = \sum_{i=0}^{N} c_i\, r_{\mu-i} = \vec{c}^{\,t}\,\vec{r}_\mu = \vec{r}_\mu^{\,t}\,\vec{c} \quad , \tag{5.176}$$

wobei der hochgestellte Index t die Transponierung bedeutet, dann folgt mit (5.175)

$$\begin{aligned}\mathrm{grad}F &= \frac{2}{K}\sum_{\mu=0}^{K-1}\left(\vec{r}_\mu\,\vec{c}^{\,t}\,\vec{r}_\mu - \vec{r}_\mu\,\mathrm{sgn}\, d_\mu\right) = \\ &= 2\left[\frac{1}{K}\sum_{\mu=0}^{K-1}\vec{r}_\mu\,\vec{r}_\mu^{\,t}\right]\vec{c} - 2\left[\frac{1}{K}\sum_{\mu=0}^{K-1}\vec{r}_\mu\,\mathrm{sgn}\, d_\mu\right] \\ &= 2\{[\,\underline{R}\,]\,\vec{c} - \vec{\underline{v}}\} \; .\end{aligned} \tag{5.177}$$

Die Matrix $[\,\underline{R}\,]$ ist eine Kovarianzmatrix. Ihre Elemente ergeben sich aus dem dyadischen Produkt des Spaltenvektors $\vec{r}_\mu$ mit dem Zeilenvektor $\vec{r}_\mu^{\,t}$ und anschließender Mittelwertbildung über K Werte für μ.

$$[\,\underline{R}\,] = \frac{1}{K}\sum_{\mu=0}^{K-1}\vec{r}_\mu\,\vec{r}_\mu^{\,t} \; . \tag{5.178}$$

Die Matrix $[\,\underline{R}\,]$ ist symmetrisch und positiv definit, da (5.178) eine Summe von Quadraten darstellt.

Der Vektor $\vec{\underline{v}}$ ist der Vektor der Kreuzkorrelation zwischen dem Vektor $\vec{r}_\mu$ und den Schätzwerten $\hat{d}_\mu = \mathrm{sgn}\, d_\mu$,

$$\vec{\underline{v}} = \frac{1}{K}\sum_{\mu=0}^{K-1}\vec{r}_\mu\,\mathrm{sgn}\, d_\mu \; . \tag{5.179}$$

Die Beziehungen (5.177), (5.178) und (5.179) sind eng verwandt mit den in Abschn. 5.8 hergeleiteten Beziehungen (5.132), (5.124) und (5.127).

Der optimale Koeffizientenvektor $\vec{c}_{opt}$, für den der Gradientenvektor (5.177) zum Nullvektor wird, und der mittlere quadratische Fehler F infolgedessen sein Minimum annimmt, muß der Beziehung

$$[\underline{R}]\,\vec{c}_{opt} = \vec{\underline{v}} \tag{5.180}$$

genügen.

Durch Einsetzen von (5.177) in (5.110) und anschließende Elimination von $\vec{\underline{v}}$ mit (5.180) folgt

$$\vec{c}^{\,(\nu+1)} = \vec{c}^{\,(\nu)} - 2\alpha\left\{[\,\underline{R}\,]\vec{c}^{\,(\nu)} - \vec{\underline{v}}\right\} = \vec{c}^{\,(\nu)} - 2\alpha[\,\underline{R}\,]\left[\vec{c}^{\,(\nu)} - \vec{c}_{opt}\right] . \tag{5.181}$$

Ist die übertragene Datenfolge stationär, dann können die Kovarianzmatrix und der optimale Koeffizientenvektor als zeitunabhängig angesehen werden. Durch Subtraktion von $\vec{c}_{opt}$ auf beiden Seiten der Gleichung (5.181) und Einführung des Differenzvektors

$$\vec{c}_d = \vec{c} - \vec{c}_{opt} \tag{5.182}$$

erhält man

$$\vec{c}_d^{\,(\nu+1)} = \vec{c}_d^{\,(\nu)} - 2\alpha[\,\underline{R}\,]\,\vec{c}_d^{\,(\nu)} = \{[I] - 2\alpha[\,\underline{R}\,]\}\,\vec{c}_d^{\,(\nu)} . \tag{5.183}$$

Hierin bezeichnet $[I]$ die Einheitsmatrix.

Bei Konvergenz muß der Differenzvektor $\vec{c}_d$ mit wachsender Schrittzahl (ν) gegen den Nullvektor $\vec{0}$ streben.

Da $[\,\underline{R}\,]$ symmetrisch und positiv definit ist, kann nach Sätzen der Matrizenrechnung [ZUF 84] folgende Zerlegung gebildet werden

$$[\,\underline{R}\,] = [Q]\,[D]\,[Q]^t . \tag{5.184}$$

Hierin ist $[D]$ eine Diagonalmatrix mit den (positiven) Eigenwerten von $[\,\underline{R}\,]$,

$$[D] = diag\{\lambda_0, \lambda_1, \dots, \lambda_N\} , \tag{5.185}$$

und $[Q]$ eine orthonormale Matrix mit der Eigenschaft

$$[Q]\,[Q]^t = [I] = [Q]^t[Q] . \tag{5.186}$$

Setzt man (5.184) in (5.183) ein und multipliziert man anschließend beide Seiten der Gleichung von links mit $[Q]^t$, dann erhält man unter Berücksichtigung von (5.186)

$$[Q]^t\,\vec{c}_d^{\,(\nu+1)} = \{[I] - 2\alpha[D]\}\,[Q]^t\,\vec{c}_d^{\,(\nu)} . \tag{5.187}$$

Der mit $[Q]^t$ transformierte Differenzvektor $\vec{c}_d$ wird nun mit $\vec{x}$ bezeichnet.

$$[Q]^t\,\vec{c}_d^{\,(\nu)} = \vec{x}^{\,(\nu)} = \begin{bmatrix} x_0 \\ x_1 \\ \vdots \\ x_N \end{bmatrix}^{(\nu)} . \tag{5.188}$$

Seine i-te Komponente lautet

$$x_i^{(\nu+1)} = \{1 - 2\alpha\lambda_i\} x_i^{(\nu)} \quad ; \quad i = 0, 1, \dots, N \quad . \tag{5.189}$$

Damit jede Komponente gegen Null konvergiert, muß

$$|1 - 2\alpha\lambda_i| < 1 \quad \text{für alle } i \tag{5.190}$$

sein, denn ausgehend von $x_i^{(0)}$ errechnet sich durch iteriertes Einsetzen

$$x_i^{(\nu)} = (1 - 2\alpha\lambda_i)^\nu \, x_i^{(0)} \quad . \tag{5.191}$$

Je kleiner der Betrag $|1 - 2\alpha\lambda_i|$ ist, desto rascher ist die Konvergenz.

Ist $\lambda_{\min}$ der kleinste Eigenwert und wählt man α so, daß der Ausdruck $(1 - 2\alpha\lambda_{\min})$ einen kleinen positiven Wert Δ annimmt, dann wird für den größten Eigenwert $\lambda_{\max}$ der Ausdruck negativ. Der Betrag $|1 - 2\alpha\lambda_{\max}|$ wird dabei um so größer und damit die Konvergenz der Komponente mit $\lambda_{\max}$ um so schlechter, je dichter der Wert Δ an den Wert Null heranrückt. Beide, $\lambda_{\min}$ und $\lambda_{\max}$, ergeben die gleiche Konvergenzrate, wenn

$$(1 - 2\alpha\lambda_{\max}) = -(1 - 2\alpha\lambda_{\min}) \quad . \tag{5.192}$$

Alle übrigen Eigenwerte λ_i mit $\lambda_{\min} < \lambda_i < \lambda_{\max}$ ergeben dann eine raschere Konvergenz als $\lambda_{\min}$ und $\lambda_{\max}$. Damit folgt aus (5.192) die optimale Schrittweite zu

$$\alpha_{opt} = \frac{1}{\lambda_{\min} + \lambda_{\max}} \quad . \tag{5.193}$$

Die obige Betrachtung zeigt, daß eine rasche Konvergenz um so schlechter erreicht wird, je unterschiedlicher die Eigenwerte λ_i ausfallen. Eine rasche Konvergenz ist dann erreichbar, wenn alle Eigenwerte λ_i der Kovarianzmatrix $[\underline{R}]$ dicht beieinander liegen. Die Kovarianzmatrix $[\underline{R}]$ wird nach (5.178) aus den Teilsignalen r_μ an den Koeffizientenstellern c_i eines Verzweigungsfilters gebildet. Diese Teilsignale hängen einerseits vom Empfangssignal am Eingang des Verzweigungsfilters und andererseits vom Verzweigungsfilter selbst ab. Bei gegebenem Empfangssignal besteht also die Möglichkeit, aus der Vielzahl der verschiedenen Verzweigungsfilter, siehe Kapitel 3, dasjenige auszuwählen, welches zusammen mit dem Empfangssignal eine Kovarianzmatrix $[\underline{R}]$ liefert, deren Eigenwerte die geringste Streuung aufweisen. Statt dieser Bestimmung des günstigsten Filters kann auch die Filterstruktur von Bild 2.5 benutzt werden, in welcher die Gewichtsfaktoren w_{ik} so eingestellt werden, daß die Kovarianzmatrix $[\underline{R}]$ Eigenwerte mit geringster Streuung erhält.

Für ein gegebenes Filter kann trotz optimal gewählter Schrittweite die Konvergenz beim Gradientenverfahren bisweilen zu langsam sein. Für eine raschere Konvergenz muß dann auf ein anderes Minimierungsverfahren zurückgegriffen werden. Minimierungsverfahren mit rascherer Konvergenz erfordern aber durchweg einen höheren Rechenaufwand. Das gilt z.B. für den in Abschn. 5.7 erwähnten RLS-Algorithmus.

Ein mit geringerem Aufwand zu implementierendes Minimierungsverfahren, das sich bei adaptiven Entzerrern bewährt hat, ist das Parabelverfahren von W. Schmidt [SCH 78]. Es ist ein zweistufiges Verfahren und arbeitet wie folgt:

Bei festgehaltenen Koeffizientenwerten $c_{n \neq i}$ werden folgende Fehlerwerte in Koordinatenrichtung c_i bestimmt:

$$\begin{aligned} m &= F(c_i^{(\nu)}) \ , \\ n &= F(c_i^{(\nu)} - a) \ , \\ p &= F(c_i^{(\nu)} + a) \ . \end{aligned} \tag{5.194}$$

a ist eine feste Schrittweite, für $|c_i| \leq 1$ kann $a = 0{,}2$ gesetzt werden. Die durch die Punkte m, n, p gehende Interpolationsparabel hat ihr Minimum bei der Koeffizienteneinstellung

$$c_i^{(\nu+1)} = c_i^{(\nu)} + \frac{a}{2} \cdot \frac{n - p}{n + p - 2m} \ . \tag{5.195}$$

Dieser neue Koeffizientenwert $c^{(\nu+1)}$ wird eingestellt und der Differenzwert

$$\Delta c_i^{(\nu+1)} = c_i^{(\nu+1)} - c_i^{(\nu)} \tag{5.196}$$

gespeichert. Die Schritte (5.194) bis (5.196) werden nacheinander für alle Koeffizienten $i = 0, 1, \dots, N$ gebildet, womit die erste Stufe des Verfahrens abgeschlossen ist.

In der zweiten Stufe werden mit dem Differenzvektor

$$\Delta \vec{c}^{(\nu+1)} = \left(\Delta c_0^{(\nu+1)}, \Delta c_1^{(\nu+1)}, \dots, \Delta c_N^{(\nu+1)}\right)^t \ , \tag{5.197}$$

folgende Fehlerwerte in Richtung des Differenzvektors gebildet

$$\begin{aligned} m &= F\left(\vec{c}^{(\nu+1)}\right) \ , \\ n &= F\left(\vec{c}^{(\nu+1)} - \Delta \vec{c}^{(\nu+1)}\right) \ , \\ p &= F\left(\vec{c}^{(\nu+1)} + \Delta \vec{c}^{(\nu+1)}\right) \end{aligned} \tag{5.198}$$

und damit der Koeffizientenvektor wie folgt neu eingestellt

$$\vec{c}^{(\nu+2)} = \vec{c}^{(\nu+1)} + \frac{1}{2} \cdot \frac{n - p}{n + p - 2m} \Delta \vec{c}^{(\nu+1)} \ . \tag{5.199}$$

Außerdem wird der Differenzvektor

$$\Delta \vec{c}^{(\nu+2)} = \vec{c}^{(\nu+2)} - \vec{c}^{(\nu+1)} = \frac{1}{2} \cdot \frac{n - p}{n + p - 2m} \Delta \vec{c}^{(\nu+1)} \tag{5.200}$$

gespeichert. Mit diesen Schritten ist ein Iterationsschritt des Optimierungsverfahrens im wesentlichen beschrieben.

Der nächste Iterationsschritt beginnt wieder mit der Minimierung in den einzelnen Koordinatenrichtungen (5.194), wobei mit den entstehenden Differenzwerten Δc_i der zuletzt abgespeicherte Differenzvektor (5.200) aktualisiert wird, der dann zur Bildung der Fehlerwerte (5.198) benutzt wird.

Das Parabelverfahren läßt sich mit einem relativ einfachen Mikroprozessor abwickeln. Es ist dennoch recht leistungsfähig und zur Optimierung auch komplexer Fehlerfunktionale verwendbar. Varianten und Ergänzungen des Verfahrens benutzen modifizierte Suchrichtungen bei der zweiten Stufe, eine Normierung des neuen Differenzvektors (5.200) und eine automatische Anpassung der Schrittweite a, siehe [SCH 80].

Bei der Minimierung von Fehlerfunktionalen ist die Anzahl der erforderlichen Iterationszyklen im allgemeinen umso geringer, je mehr Kenntnisse über die Natur des Fehlermaßes und über die darin eingehenden Systemdaten bei einem Iterationsschritt ausgenutzt werden. Einer der in dieser Hinsicht wohl leistungsfähigsten Algorithmen ist der Kalman-Filter-Algorithmus [HAE 85], der auch Korrelationen zwischen den Abtastwerten quantitativ auswertet und bei der Minimierung berücksichtigt. Das Signal am Entzerrerausgang $d(t)$ wird im Symbolabstand T abgetastet. Zu jedem Zeitpunkt νT wird anhand der letzten M Abtastwerte ein neuer Koeffizientenwert

$$c^{(\nu+1)} = c^{(\nu)} + g(\nu T)\, e(\nu T) \tag{5.201}$$

gebildet. Hierin bezeichnen $e(\nu T) = d(\nu T) - s_{ref}(\nu T)$ den momentanen Fehler und $g(\nu T)$ die momentane sogenannte Kalman-Verstärkung. Letztere berechnet sich über die Invertierung einer $M \times M$-Matrix, die für jedes Symbolintervall rekursiv neu durchzuführen ist. Zwar gibt es eine Vereinfachung des Algorithmus, den sogenannten schnellen Kalman-Algorithmus, der verbleibende Rechenaufwand ist aber immer noch so groß, daß dieses Verfahren nur bei langsamer Datenübertragung anwendbar ist. Simulationsergebnisse hierüber findet man bei [MUE 81], [GOD 74], [LAK 71].

Neben den Verfahren der adaptiven Entzerrung von Datensignalen mit dem Ziel der Verminderung von Nachbarsymbolinterferenz gibt es auch Verfahren, durch welche Nachbarsymbolinterferenz vermittels adaptiver Kompensation beseitigt oder gemindert wird [GEL 81], [WES 87].

5.11 Literatur

[CHA 71] Chang, R.W.: A New Equalizer Structure for Fast Start-Up Digital Communications; Bell System Techn. J. 50 (1971), p. 1969 - 2014

[COG 85] Cowan, C.F.N.; Grant, P.M.: Adaptive Filters; Prentice-Hall Inc., Englewood Cliffs, New Jersey, 1985

[GEL 81] Gersho, A.; Lim, T.L.: Adaptive Cancellation of Intersymbol Interference for Data Transmission: Bell Syst. Techn. J. Vol. 60 (1981), p. 1097 - 2021

[GER 69] Gersho, A.: Adaptive Equalization of Highly Dispersive Channels for Data Transmission; Bell Syst. Techn. J. 48 (1969), S. 55 - 70

[GOD 74] Godard, D.: Channel Equalization Using a Kalman Filter for Fast Data Transmission; IBM J. Res. Develop. 18 (1974), p. 267 - 273

[HAE 83] Hänsler, E.: Grundlagen der Theorie statistischer Signale; Springer-Verlag, Berlin Heidelberg New York, 1983

[HAY 86] Haykin, S.: Adaptive Filter Theory; Prentice-Hall, Englewood Cliffs N.J., 1986

[HET 76] Hetzheim, H.: Entzerrung eines durch den Kanal verzerrten Bitstromes mit einem adaptiv gesteuerten Filter; Nachrichtentechnik-Elektronik (1976), S. 336 - 338

[HOM 84] Honig, M.L.; Messerschmitt, D.G.: Adaptive Filters, Structures Algorithms, and Applications; Kluwer Academic Publishers, Boston, The Hague, London, Lancaster, 1984

[KET 64] Kettel, E.: Ein automatischer Optimisator für den Abgleich des Impulsentzerrers in einer Datenübertragung; Archiv der elektr. Übertr. Bd. 18 (1964); S. 271 - 278

[LAK 71] Lawrence, R.E; Kaufman, H.: The Kalman Filter for the Equalization of a Digital Communications Channel; IEEE Trans. Com. Techn. COM-19 (1971), p. 1137 - 1141

[LUC 65] Lucky, R.W.: Automatic Equalisation for Digital Communication; Bell Syst. Techn. J. 44 (1965), S 546 - 588

[LUC 66] Lucky, R.W.: Techniques for Adaptive Equalization of Digital Communication Systems, Bell Syst. Techn. J. 45 (1966), S. 255-286.

[MOE 70] Möhrmann, K.H.: Aufwandgünstige Realisierung eines adaptiven Entzerrers für schnelle Datenübertragung ; Nachrichtentechn. Z. 23 (1970); S. 36 - 42

[MOE 71] Möhrmann, K.H.: Einige Verfahren zur adaptiven Einstellung von Entzerrern für die schnelle Datenübertragung; Nachrichtentechn. Z. 24 (1971), S. 18 - 24

[MUE 81] Mueller, M.S.: Least-Squares Algorithms for Adaptive Equalizers; Bell Syst. Techn.J. 60 (1981), S. 1905 - 1925

[MUE 82] Münch, Ch.: Adaptive Entzerrung von Datenübertragungskanälen durch verallgemeinerte Fouriernetzwerke; Dissertation Univ. Kaiserslautern, Elektrotechnik, 1982

[OHV 87] Ohne Verfasser: Artikel in IEEE-Zeitung "The Institute", May 1987, S.12

[RUP 68] Rupprecht, W.: Verallgemeinerte Verzweigungsnetzwerke zur Entzerrung von Kanälen für die digitale Datenübertragung; Nachrichtentechn. Z. 1968), S. 316 - 322

[RUP 82,1] Rupprecht, W.: Zwei Invariantenkriterien für die adaptive Entzerrung binärer NRZ-Datensignale; ntz Archiv 4 (1982), S. 267 - 273

[RUP 82,2] Adaptive Equalization of Binary Signals and Reduction of Superimposed Noise by Crestfactor-Minimization; Proc. SSCT82, Prague, p. 585 - 589

[RUP 85,1] Rupprecht, W.: Zeitdiskrete Berechnung von Verzerrungsmaßen als Funktionen der Filterkoeffizienten adaptiver Datenleitungsentzerrer; ntz Archiv 7 (1985), S. 251 - 258

[RUP 85,2] Rupprecht, W.: Adaptive Equalization of Binary NRZ-Signals by Means of Peak-Value Minimization; Proc. 7th Europ. Conf. on Circuit Theory and Design; Prague 1985

[RUP 85,3] Rupprecht, W.: Analysis of the Mean-Absolute-Deviation-Error for Adaptive Equalizers in Data Transmission Systems; IASTED Int. Symp. Applied Signal Processing and Digital Filtering; Paris, 1985

[SAP 81] Satorius, E.H.; Pack, J.D.: Application of Least Squares Lattice Algorithms to Adaptive Equalization; IEEE Trans. Comm. COM-29 (1981), p. 136 - 142

[SCH 78] Schmidt, W.: Automatic Adaptive Equalizer for Digital Data Transmission; 1978 IEEE Int. Symp. on Circuits and Systems Proc. New York, 1978, S. 436 - 440

[SCH 80] Schmidt, W.: ADOPT - An efficient microcomputer-oriented adaptive optimization algorithm. Proc. IEEE Int.Conf. Circuits Comput. New York, 1980

[STR 82] Steinbuch, K.; Rupprecht, W.: Nachrichtentechnik Band II; 3. Auflage; Berlin, Heidelberg, New York: Springer, 1982

[UNB 85] Unbehauen, H.: Regelungstechnik III, Identifikation, Adaption, Optimierung; Braunschweig: Vieweg-Verlag, 1985

[UNG 72] Ungerboeck, G.: Theory on the Speed of Convergence in Adaptive Equalizers for Digital Communication. IBM J. Res. Devel. 16; (1972), S 546 - 555

[WES 87] Wesolowski, K. An efficient DFE & ML Suboptimum Receiver for Data Transmission over Dispersive Channel Using Two Dimensional Signal Constellations. IEEE Trans. Communications COM 35 (1987), S. 336-339

[WIH 60] Widrow, B.; Hoff, M.Jr.: Adaptive Switching Circuits; IRE WESCON Convention Report, Pt. 4, p. 96 - 104, 1960

[ZUF 85] Zurmühl, R.; Falk, S.: Matrizen und ihre Anwendung für angewandte Mathematiker, Physiker und Ingenieure. 5. überarbeitete und erweiterte Auflage, Berlin: Springer-Verlag 1984

6. Adaptive Entzerrung frequenzversetzter Datensignale

Basisband- oder Tiefpaßkanäle sind in der Lage, Signalkomponenten der Frequenz Null zu übertragen. Kanäle oder Übertragungswege, die nicht in der Lage sind, Signalkomponenten der Frequenz Null zu übertragen, heißen Bandpaßkanäle oder Bandpaßübertragungswege. Bekannte Beispiele für Bandpaßkanäle sind der analoge Standard-Fernsprechkanal, dessen Übertragungsbereich sich von 300Hz bis 3,4kHz erstreckt, und Richtfunkkanäle, die typischerweise Signale im Gigahertz-Bereich übertragen.

Bandpaßkanäle sind nicht oder nur wenig gut für die Basisband-Datenübertragung geeignet. Bei Bandpaßkanälen ist es notwendig oder zumindest zweckmäßig, zur frequenzversetzten Übertragung von Datensignalen überzugehen. Die übertragenen Datensignale haben dann ein Spektrum im Bereich höherer Frequenz und heißen Bandpaßsignale.

Bandpaß-Datensignale erhält man durch Modulation eines Sinus-Trägers mit Basisband-Datensignalen. Im Prinzip können dabei alle bekannten Modulationsarten angewendet werden. Wenn aber solche Übertragungswege benutzt werden sollen, die eine adaptive Entzerrung erfordern, weil z.B. die Übertragungseigenschaften zeitlich schwanken, dann bieten die linearen Modulationsverfahren besondere Vorteile. Bei linearer Modulation (und zugehöriger linearer Demodulation) können alle adaptiven Entzerrungsverfahren für die Basisband-Datenübertragung sinngemäß auf die Bandpaß-Datenübertragung angewendet werden. Auch ist es bei linearer Modulation möglich, die Entzerrung wahlweise entweder im Übertragungsband, d.h. im Bandpaßkanal, oder im Basisband vorzunehmen. Vorausgesetzt wird natürlich stets, daß auch die Verzerrungen des Übertragungswegs linear sind, was meistens der Fall ist.

Bei nichtlinearer Demodulation entstehen aus linearen Verzerrungen im Übertragungsband nichtlineare Verzerrungen im Basisband, die sich mit einem linearen Entzerrer nicht beseitigen lassen. Im Prinzip lassen sich aber alle Modulationsarten, die einen Sinus-Träger verwenden, als Überlagerung zweier linear modulierter Schwingungen darstellen. Dazu muß jedoch bei nichtlinearer Modulationsart das primäre Basisband-Datensignal erst in bestimmter Weise nichtlinear verformt werden, ehe es linear moduliert wird. Im Anschluß an die lineare Demodulation muß dann die anfangs am Basisband-Datensignal vorgenommene nichtlineare Verformung durch eine inverse nichtlineare Rückformung wieder rückgängig gemacht werden.

6.1 Einige Grundlagen aus der Modulationstheorie

Durch Modulation wird das modulierende Basisband-Signal $s(t)$ in die modulierte Schwingung $m(t)$ überführt. Dies werde ausgedrückt durch die Schreibweise

$$m(t) = \mathbf{Mod}\{s(t)\} \quad . \tag{6.1}$$

Durch Demodulation der modulierten Schwingung $m(t)$ entsteht wieder ein Basisband-Signal $s_T(t)$, das im Idealfall mit dem ursprünglichen Basisband-Signal $s(t)$ übereinstimmt.

$$\mathbf{Demod}\{m(t)\} = s_T(t) \tag{6.2}$$

Die Modulationsart wird als *linear* bezeichnet, wenn für alle beliebigen Zeitfunktionen $s(t)$, $s_1(t)$ und $s_2(t)$ und für jede beliebige Konstante a die folgenden zwei Beziehungen zutreffen

$$\mathbf{Mod}\{s_1(t) + s_2(t)\} = \mathbf{Mod}\{s_1(t)\} + \mathbf{Mod}\{s_2(t)\} \quad , \tag{6.3}$$

$$\mathbf{Mod}\{a\, s(t)\} = a\, \mathbf{Mod}\{s(t)\} \quad . \tag{6.4}$$

Treffen eine oder beide Beziehungen nicht zu, dann ist die Modulationsart *nichtlinear.*

Entsprechend bezeichnet man eine Demodulationsart als linear, wenn

$$\mathbf{Demod}\{m_1(t) + m_2(t)\} = \mathbf{Demod}\{m_1(t)\} + \mathbf{Demod}\{m_2(t)\} \quad , \tag{6.5}$$

$$\mathbf{Demod}\{a\, m(t)\} = a\, \mathbf{Demod}\{m(t)\} \tag{6.6}$$

für beliebige modulierte Schwingungen $m(t)$, $m_1(t)$ und $m_2(t)$ und für jede beliebige Konstante a zutreffen.

Mod und **Demod** kennzeichnen Operationen auf Signale. Die Kettenschaltung zweier linearer Operationen ergibt wieder eine lineare Operation. Bei linearer Modulation und linearer Demodulation sind das modulierende Signal $s(t)$ und das demodulierte Signal $s_T(t)$ über eine lineare Operation miteinander verknüpft.

Im folgenden werden Modulationsverfahren betrachtet, die einen Sinus-Träger

$$A \cos[2\pi f_0 t + \Phi] \tag{6.7}$$

verwenden. f_0 ist die feste Trägerfrequenz. Durch zeitliche Änderung der Amplitude $A \mapsto a(t)$ oder/und der Nullphase $\Phi \mapsto \varphi(t)$ durch das modulierende Basisband-Signal $s(t)$ entsteht aus (6.7) die modulierte Schwingung

$$m(t) = a(t) \cos[2\pi f_0 t + \varphi(t)] = a(t) \cos \psi(t) \quad . \tag{6.8}$$

Man erhält die elementaren Modulationsarten, wenn durch das Signal $s(t)$ entweder nur die Amplitude $a(t)$ oder nur das Argument $\varphi(t)$ beeinflußt wird. Die vier elementaren Modulationsarten sind:

1. Gewöhnliche Amplitudenmodulation (AM). Sie ist gekennzeichnet durch

$$a(t) = A_0 + k\, s(t) \textit{ mit } \varphi(t) \equiv \Phi \textit{ und } a(t) \geq 0. \tag{6.9}$$

2. Elementare lineare Modulation (LM). Sie ist gekennzeichnet durch

$$a(t) = k\, s(t) \textit{ und } \varphi(t) \equiv \Phi \quad . \tag{6.10}$$

3. Phasenmodulation (PM). Sie ist gekennzeichnet durch

$$a(t) \equiv A_0 \textit{ und } \varphi(t) = k\, s(t) \tag{6.11}$$

$$\textit{d.h. } \psi(t) = 2\pi f_0 t + k\, s(t) \tag{6.12}$$

4. Frequenzmodulation (FM). Sie ist gekennzeichnet durch

$$a(t) \equiv A_0 \textit{ und } \frac{d\psi}{dt} = 2\pi f_0 + k\, s(t) \tag{6.13}$$

$$d.h.\ \psi(t) = 2\pi f_0 t + k \int_{-\infty}^{t} s(\tau)d\tau \quad . \tag{6.14}$$

In (6.9) bis (6.14) sind k und A_0 Konstanten. Man erhält nichtelementare Modulationsarten, wenn durch das Signal $s(t)$ zugleich sowohl die Amplitude $a(t)$ als auch das Argument $\psi(t)$ beeinflußt werden [STR 82].

Von den elementaren Modulationsarten genügt nur die elementare lineare Modulation [2] der Linearitätsdefinition (6.3) und (6.4). Die übrigen drei elementaren Modulationsarten sind nichtlinear.

Alle Modulationsarten, elementare und nichtelementare, sind aber durch die Überlagerung zweier elementarer linear modulierter Schwingungen beschreibbar. Durch Umformung von (6.8) folgt nämlich

$$\begin{aligned} m(t) &= a(t)\ \cos\varphi(t)\ \cos 2\pi f_0 t - a(t)\ \sin\varphi(t)\ \sin 2\pi f_0 t \\ &= a^{(r)}(t)\ \cos 2\pi f_0 t - a^{(i)}(t)\ \sin 2\pi f_0 t \\ &= a^{(r)}(t)\ \cos[2\pi f_0 t + \Phi^{(r)}] + a^{(i)}(t)\ \cos[2\pi f_0 t + \Phi^{(i)}] \end{aligned} \tag{6.15}$$

mit

$$\begin{aligned} a^{(r)}(t) &= a(t)\ \cos\varphi(t)\ ;\ \Phi^{(r)} = 0, \\ a^{(i)}(t) &= a(t)\ \sin\varphi(t)\ ;\ \Phi^{(i)} = \frac{\pi}{2}\ . \end{aligned} \tag{6.16}$$

Ist die als Inphase- oder Kophasalkomponente bezeichnete Funktion $a^{(r)}(t)$ proportional einem modulierenden Ersatzsignal $s^{(r)}(t)$, dann ist der Ausdruck

$$a^{(r)}(t)\ \cos[2\pi f_0 t + \Phi^{(r)}] = k_1 s^{(r)}(t)\ \cos 2\pi f_0 t \tag{6.17}$$

die eine linear modulierte Schwingung.

Ist die als Quadraturkomponente bezeichnete Funktion $a^{(i)}(t)$ proportional einem modulierenden Ersatzsignal $s^{(i)}(t)$, dann ist der Ausdruck

$$a^{(i)}(t)\ \cos[2\pi f_0 t + \Phi^{(i)}] = -k_1 s^{(i)}(t)\ \sin 2\pi f_0 t \tag{6.18}$$

die andere linear modulierte Schwingung.

Somit läßt sich beispielsweise Phasenmodulation dadurch erzeugen, daß man (6.11) in die Beziehungen (6.16) einsetzt.

$$\begin{aligned} a^{(r)}(t) &= A_0\ \cos[k\,s(t)] = k_1 s^{(r)}(t)\ , \\ a^{(i)}(t) &= A_0\ \sin[k\,s(t)] = k_1 s^{(i)}(t)\ . \end{aligned} \tag{6.19}$$

Die modulierenden Ersatzsignale $s^{(r)}(t)$ und $s^{(i)}(t)$ der linear modulierten Schwingungen (6.17) und (6.18) ergeben sich also durch die nichtlineare Verformung gemäß (6.19) aus dem primären Signal $s(t)$.

Auch die übrigen elementaren Modulationsverfahren, die gewöhnliche Amplitudenmodulation und die Frequenzmodulation, und auch die nichtelementaren Modulationsverfahren, lassen sich in ähnlicher Weise durch Überlagerung zweier linear modulierter Schwingungen gemäß (6.15) darstellen, indem das primäre Signal $s(t)$ durch eine geeignete statische (gedächtnisfreie) nichtlineare Verformung in die Ersatzsignale $s^{(r)}(t)$ und $s^{(i)}(t)$ überführt werden. Infolgedessen gilt für sämtliche Modulationsverfahren das allgemeine Modell in Bild 6.1.

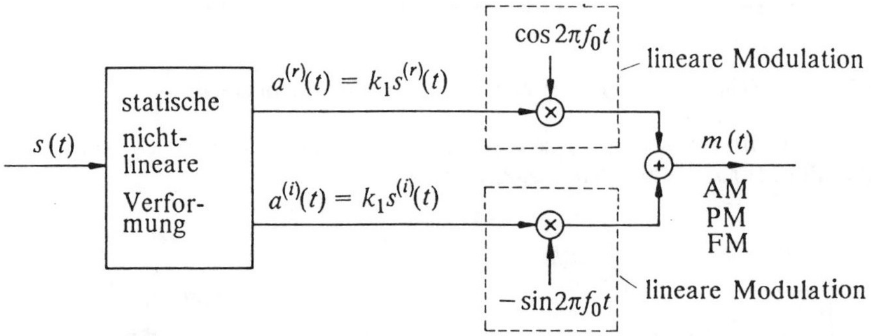

Bild 6.1 **Realisierung beliebiger Modulationsarten (AM, PM, FM und andere) durch Überlagerung zweier linear modulierter Schwingungen und entsprechende nichtlineare Verformung des primären Signals** $s(t)$

Die Rückgewinnung des primären Signals $s(t)$ aus der modulierten Schwingung $m(t)$ erfolgt bei linearer Modulation, d.h. für

$$m(t) = k\, s(t) \cos[2\pi f_0 t + \Phi_0] \quad , \tag{6.20}$$

zweckmäßigerweise durch *kohärente* Demodulation. Diese besteht in einer Multiplikation der modulierten Schwingung mit einer Sinusschwingung der Trägerfrequenz f_0 und einer Nullphase $\Phi_E \approx \Phi_0$.

$$\begin{aligned} m(t) \cos[2\pi f_0 t + \Phi_E] &= k\, s(t) \cos[2\pi f_0 t + \Phi_0] \cos[2\pi f_0 t + \Phi_E] \\ &= \frac{1}{2} k\, s(t) \cos[\Phi_0 - \Phi_E] \\ &\quad + \frac{1}{2} k\, s(t) \cos[2\pi 2 f_0 t + \Phi_0 + \Phi_E] \quad . \end{aligned} \tag{6.21}$$

Der hochfrequente Term mit der Frequenz $2f_0$ ist mit einem Tiefpaßfilter der Wirkungsfunktion $T(f)$ leicht abtrennbar, wenn die Frequenz f_0 größer ist als die höchste in $s(t)$ enthaltene Spektralfrequenz. Bei Phasengleichheit $\Phi_E = \Phi_0$ erhält man dann am Tiefpaßausgang

$$s_T(t) = \frac{1}{2} k\, s(t) \quad . \tag{6.22}$$

Die zugehörige Demodulatorschaltung zeigt Bild 6.2.

Das soweit beschriebene Verfahren der kohärenten Demodulation ist linear im Sinne von (6.5) und (6.6). Wendet man es auf die Überlagerung der zwei linear modulierten Schwingungen von (6.15) an, dann erhält man am Tiefpaßausgang nur einen Beitrag der Kophasalkomponente $a^{(r)}(t)$, wenn $\Phi_E = 0$ ist, und nur einen Beitrag der Quadraturkomponente $a^{(i)}(t)$, wenn $\Phi_E = \pi/2$ ist. Modulation und Demodulation lassen sich also bei sämtlichen Modulationsarten durch das allgemeine Modell in Bild 6.3

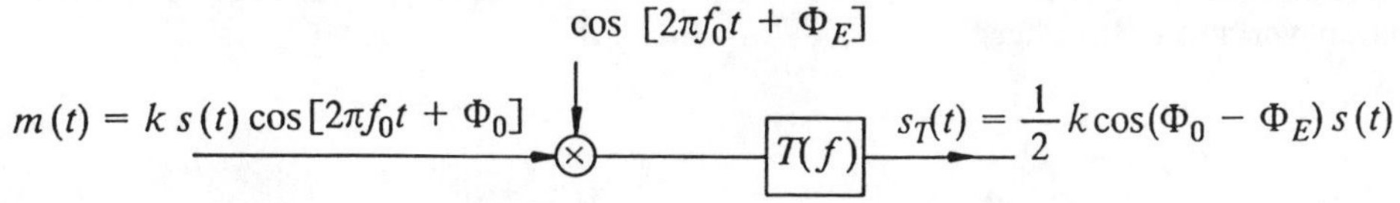

Bild 6.2 **Kohärente Demodulation bei linearer Modulation (LM)**

darstellen. In diesem Modell bezeichnet man den Pfad für $a^{(r)}(t)$ als *Kophasalzweig* und den Pfad für $a^{(i)}(t)$ als *Quadraturzweig.*

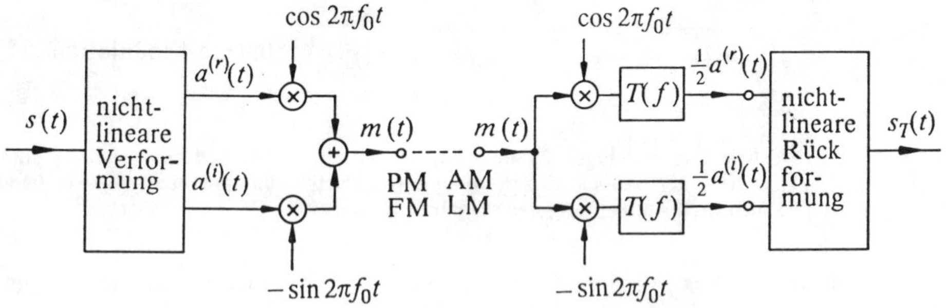

Bild 6.3 **Allgemeines Modell für Modulation und Demodulation bei frequenzversetzter Signalübertragung. Der Pfad für $a^{(r)}(t)$ heißt Kophasalzweig, der Pfad für $a^{(i)}(t)$ Quadraturzweig**

Die nichtlineare Rückformung ist invers zur anfänglichen nichtlinearen Verformung. Im Fall von PM gelten für die Verformung die Beziehungen (6.19). Aus ihnen folgt umgekehrt mit gegebener Kophasal- und Quadraturkomponente, $a^{(r)}(t)$ und $a^{(i)}(t)$,

$$s_T(t) = \arctan \frac{a^{(i)}(t)}{a^{(r)}(t)} = k\, s(t) \quad , \tag{6.23}$$

also das primäre Signal $s(t)$. Die Rückgewinnung von $s(t)$ ist theoretisch problemlos, solange

$$|k\, s(t)| \leq \frac{\pi}{2} \quad . \tag{6.24}$$

Aber auch für $|k\, s(t)| > \pi/2$ ist eine Rückgewinnung von $s(t)$ möglich, wenn $s(t)$ eine stetige Funktion ist, und der Anfangswert $s(0)$ bekannt ist. In diesem Fall kann aus der Anzahl und Richtung der Vorzeichenwechsel, welche die Kophasalkomponente $a^{(r)}(t)$ bis zur momentanen Zeit t erfahren hat, eindeutig geschlossen werden, welcher Funktionswert des mehrdeutigen Arcustangens für $s(t)$ zu wählen ist, sofern $k\, s(t)$ bei ungeradzahligen Vielfachen von $\pi/2$ keine Extrema oder Wendepunkte besitzt.

Auch für die übrigen elementaren Modulationsarten gibt es Verfahren der nichtlinearen Rückformung zur eindeutigen Rückgewinnung stetiger $s(t)$. Nach (6.14) und (6.12) ist FM nichts anderes als PM mit dem integrierten Signal. Im Fall von AM sind Kophasal- und Quadraturkomponente zueinander proportional. Da sich LM selbstverständlich auch durch Überlagerung zweier LM-Schwingungen darstellen läßt, gilt das Schema in Bild 6.3 auch für LM. In diesem Fall entarten die nichtlineare Verformung und die nichtlineare Rückformung zu Multiplikationen mit konstanten Faktoren. Kophasal- und Quadraturkomponente sind auch bei LM zueinander proportional.

Man gelangt zu einer für viele Zwecke sehr praktischen Darstellung der allgemeinen modulierten Schwingung (6.15), wenn man die Kophasalkomponente $a^{(r)}(t)$ und die Quadraturkomponente $a^{(i)}(t)$ als Realteil und Imaginärteil einer komplexwertigen Hüllkurvenfunktion $\underline{a}(t)$ auffaßt. Aus (6.16) folgt dann

$$\underline{a}(t) = a^{(r)}(t) + \mathrm{j}a^{(i)}(t) = a(t)\,\mathrm{e}^{\mathrm{j}\varphi(t)} \quad . \tag{6.25}$$

Die reellwertige modulierte Schwingung $m(t)$ von (6.15) läßt sich damit wie folgt schreiben

$$\begin{aligned} m(t) &= a^{(r)}(t)\,\cos 2\pi f_0 t - a^{(i)}(t)\,\sin 2\pi f_0 t \\ &= \mathrm{Re}\{\underline{a}(t)\,\mathrm{e}^{\mathrm{j}2\pi f_0 t}\} \\ &= \mathrm{Re}\ \underline{m}(t) \quad . \end{aligned} \tag{6.26}$$

Hierin stellt

$$\underline{m}(t) = \underline{a}(t)\,\mathrm{e}^{\mathrm{j}2\pi f_0 t} \tag{6.27}$$

die komplexwertige modulierte Schwingung dar. Sie ist durch die Trägerfrequenz f_0 und die Kophasal- und Quadraturkomponente $a^{(r)}(t)$ und $a^{(i)}(t)$ eindeutig festgelegt.

Interpretiert man die komplexe Hüllkurve $\underline{a}(t)$ als modulierende Schwingung, dann hängt die komplexe modulierte Schwingung $\underline{m}(t)$ mit $\underline{a}(t)$ über eine lineare Modulation zusammen, denn (6.27) erfüllt die Linearitätsdefinition, wenn in (6.3) und (6.4) die reellen Größen durch komplexe Größen ersetzt werden.

Umgekehrt folgt aus (6.27)

$$\underline{a}(t) = \underline{m}(t)\,\mathrm{e}^{-\mathrm{j}2\pi f_0 t} \quad . \tag{6.28}$$

Diese Beziehung beschreibt eine Demodulation, nämlich die Rückgewinnung der modulierenden Hüllkurvenschwingung $\underline{a}(t)$ aus der modulierten Schwingung $\underline{m}(t)$. Diese Demodulation ist ebenfalls linear, wenn in (6.5) und (6.6) die reellen Größen durch komplexe ersetzt werden.

Die Besonderheit von (6.28) liegt darin, daß zur Rückgewinnung der niederfrequenten Hüllkurvenschwingung $\underline{a}(t)$ kein Tiefpaß benötigt wird, der eine gleichzeitig entstehende hochfrequente Komponente abtrennt, wie das in den Bildern 6.2 und 6.3 der Fall ist.

Die Beziehungen (6.27) und (6.28) lassen sich direkt in eine Schaltung umsetzen, wobei für die Realteile und die Imaginärteile von $\underline{a}(t)$ und $\underline{m}(t)$ je eine Leitung verwendet werden muß, da es physikalisch nur reellwertige Signale gibt. Aus (6.27) folgt mit (6.25)

$$\begin{aligned} \operatorname{Re} \underline{m}(t) &= a^{(r)}(t) \cos 2\pi f_0 t - a^{(i)}(t) \sin 2\pi f_0 t = m(t) \\ \operatorname{Im} \underline{m}(t) &= a^{(r)}(t) \sin 2\pi f_0 t + a^{(i)}(t) \cos 2\pi f_0 t \ . \end{aligned} \tag{6.29}$$

Umgekehrt folgt aus (6.28)

$$\begin{aligned} \operatorname{Re} \underline{a}(t) &= \operatorname{Re} \underline{m}(t) \cos 2\pi f_0 t + \operatorname{Im} \underline{m}(t) \sin 2\pi f_0 t = a^{(r)}(t) \ , \\ \operatorname{Im} \underline{a}(t) &= -\operatorname{Re} \underline{m}(t) \sin 2\pi f_0 t + \operatorname{Im} \underline{m}(t) \cos 2\pi f_0 t = a^{(i)}(t) \ . \end{aligned} \tag{6.30}$$

Berücksichtigt man noch die nichtlineare Verformung und die nichtlineare Rückformung, dann resultiert aus (6.29) und (6.30) die Schaltung in Bild 6.4.

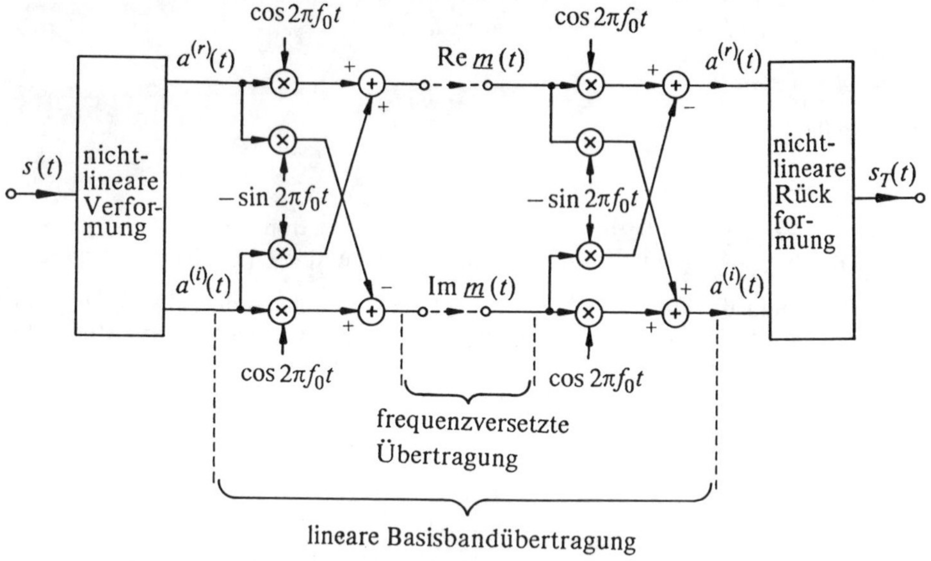

Bild 6.4 **Allgemeines Modell für Modulation und Demodulation ohne Tiefpässe**

Bemerkt sei noch, daß in (6.30) und Bild 6.4 die Anteile $\operatorname{Re} \underline{m}(t) \cos 2\pi f_0 t$ und $\operatorname{Im} \underline{m}(t) \sin 2\pi f_0 t$ in gleicher Höhe zu $a^{(r)}(t)$ beitragen, denn aus Bild 6.3 bzw. aus der Multiplikation von (6.15) mit $\cos 2\pi f_0 t$ folgt, daß $m(t) \cos 2\pi f_0 t$ allein nur den Beitrag $(1/2)\, a^{(r)}(t)$ liefert. Entsprechendes gilt für die Beiträge zu $a^{(i)}(t)$.

In (6.28) und damit in (6.30) werden Realteil $\operatorname{Re} \underline{m}(t)$ und Imaginärteil $\operatorname{Im} \underline{m}(t)$ zur Rückgewinnung von $\underline{a}(t)$, d.h. von $a^{(r)}(t)$ und $a^{(i)}(t)$ verwendet. Wenn $a^{(r)}(t)$ und $a^{(i)}(t)$ bandbegrenzt sind, und zwar derart, daß die darin enthaltenen höchsten Spektralfrequenzen kleiner sind als f_0, dann ist $\underline{m}(t)$ ein *analytisches Signal*. Da bei analytischen Signalen Real- und Imaginärteil über die Hilbert-Transformation miteinander fest verknüpft sind, genügt die Übertragung entweder nur des Realteils oder nur des Imaginärteils von $\underline{m}(t)$. In Bild 6.5a wird nur der Realteil $\operatorname{Re} \underline{m}(t) = m(t)$ übertragen wie übrigens auch in Bild 6.3. Der für eine tiefpaßfreie Demodulation erforderliche Imaginärteil Im $\underline{m}(t)$ wird mittels eines Hilbert-Transformators der Wirkungsfunktion $H_H(f)$, vgl. Abschnitte 1.5 und 2.1, aus dem Realteil Re $\underline{m}(t)$ gebildet.

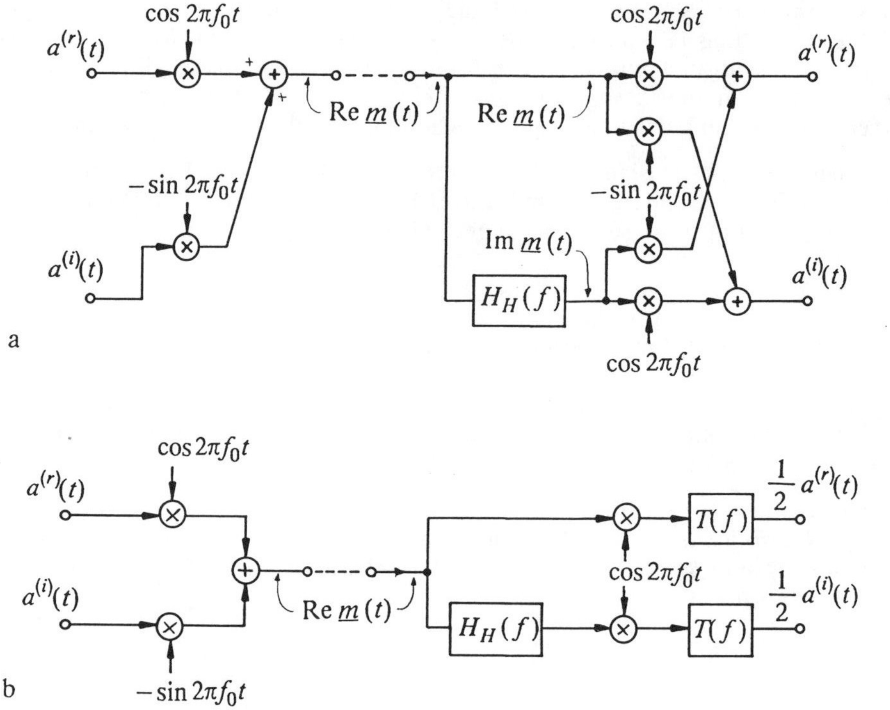

Bild 6.5 **Übertragung nur des Realteils** Re $\underline{m}(t)$.
(a) Äquivalenz zum linearen Schaltungsteil in Bild 6.4
(b) Äquivalenz zum linearen Schaltungsteil in Bild 6.3

Bei der Demodulation lassen sich ebenfalls zwei Multiplizierer einsparen, was allerdings zwei zusätzliche Tiefpässe erfordert. Durch Multiplikation der beiden Beziehungen in (6.29) mit $\cos 2\pi f_0 t$ erhält man neben $a^{(r)}(t)$ und $a^{(i)}(t)$ je zwei hochfrequente Komponenten der Trägerfrequenz $2f_0$, die durch Tiefpässe weggefiltert werden. Das führt dann auf die Schaltung in Bild 6.5b, die mit dem linearen Schaltungsteil in Bild 6.3 übereinstimmt, da, wie oben bemerkt, Im $\underline{m}(t)$ $\cos 2\pi f_0 t$ denselben Beitrag zu $a^{(i)}(t)$ liefert wie $-$Re $\underline{m}(t)$ $\sin 2\pi f_0 t$.

Zusammenfassend läßt sich sagen:

Bei jeder Modulationsart läßt sich die Überführung eines Basisbandsignals $s(t)$ in ein Bandpaßsignal in zwei Stufen zerlegen. In der ersten Stufe werden durch eine im allgemeinen nichtlineare Verformung des primären Basisbandsignals zwei sekundäre Basisbandsignale $a^{(r)}(t)$ und $a^{(i)}(t)$ erzeugt, die als Real- und Imaginärteil eines komplexen Basisbandsignals $\underline{a}(t)$ interpretiert werden. In der zweiten Stufe wird durch eine lineare Modulation das komplexe Basisbandsignal $\underline{a}(t)$ in eine komplexe modulierte Schwingung $\underline{m}(t)$ überführt. Ist die Trägerfrequenz f_0 größer als die Bandbreite von $\underline{a}(t)$, dann genügt es, wenn nur der Realteil $m(t)$ der komplexen modulierten Schwingung $\underline{m}(t)$ übertragen wird.

Die zugehörige Demodulation läßt sich ebenfalls in zwei Stufen zerlegen. In der ersten Stufe wird mittels einer linearen Demodulation aus der komplexen modulierten Schwingung $\underline{m}(t)$ das komplexe Basisbandsignal $\underline{a}(t)$ erzeugt. Dabei ist der Imaginärteil Im $\underline{m}(t)$ notfalls erst durch Hilbert-Transformation aus dem Realteil Re $\underline{m}(t)$ zu bilden. Aus Real- und Imaginärteil $a^{(r)}(t)$ und $a^{(i)}(t)$ des komplexen Basisbandsignals $\underline{a}(t)$ wird dann in einer zweiten Stufe mittels einer im allgemeinen nichtlinearen inversen Rückformung das ursprüngliche Basisbandsignal $s(t)$ zurückgewonnen.

Bei einem analytischen Signal $\underline{m}(t)$ gemäß (6.27) muß $\underline{a}(t)$ lediglich bandbegrenzt sein. Real- und Imaginärteil von $\underline{a}(t)$ müssen nicht über die Hilbert-Transformation miteinander verknüpft sein, sondern können (abgesehen von der Bandbegrenztheit) beliebig sein.

6.2 Besonderheiten bei modulierten Digitalsignalen

Digitale Bandpaß-Datensignale werden häufig dadurch gebildet, daß bei einem Sinus-Träger die Amplitude oder die Nullphase oder die Frequenz zwischen endlich vielen Werten hart umgetastet wird.

Man bezeichnet diese Verfahren als *Amplitudenumtastung* (ASK = amplitude shift keying), *Phasenumtastung* (PSK = phase shift keying) und *Frequenzumtastung* (FSK = frequency shift keying). Bild 6.6 zeigt typische Signalformen bei einer harten binären Umtastung.

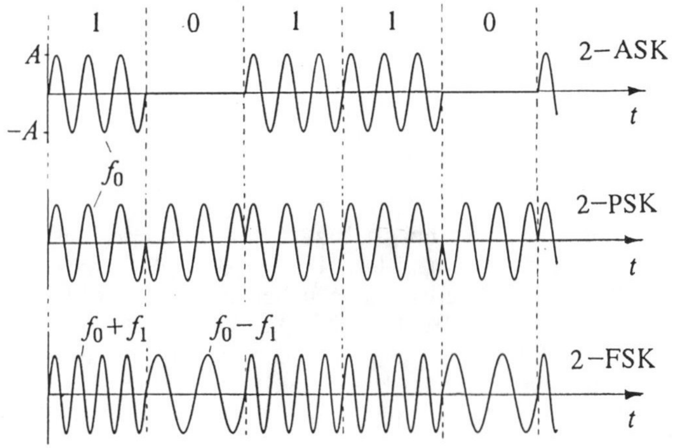

Bild 6.6 **Typische Signalformen modulierter Schwingungen bei binärer Umtastung**

Die Umtastung kann man sich entstanden denken durch Modulation eines Sinus-Trägers mit einem Basisband-Datensignal $s(t)$, dessen Grundimpulsform $g(t)$ rechteckig ist, siehe Bilder 6.7 und 4.2a.

$$s(t) = \sum_{\nu} a_\nu g(t - \nu T) \ , \tag{6.31}$$

$$g(t) = \mathrm{rect}\left(\frac{t}{T}\right) \ . \tag{6.32}$$

Die Symboldauer T wird durchweg so gewählt, daß durch die unstetige Umtastung keine Unstetigkeiten bei der modulierten Schwingung entstehen. Es wird also an Nullstellen des Sinus-Trägers umgetastet.

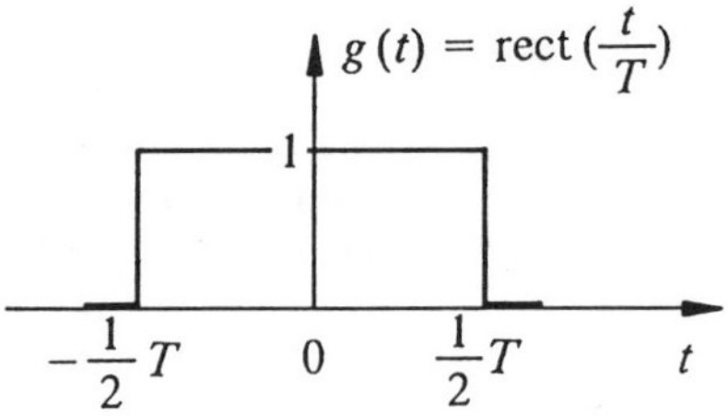

Bild 6.7 **Grundimpulsform bei unstetiger (harter) Umtastung**

Die unstetige Umtastung hat den Vorzug, daß die bei stetigen Signalen $s(t)$ in Bild 6.1, Bild 6.3 und Bild 6.4 zu bildende nichtlineare Verformung oft zu einer simplen Wertezuordnung degeneriert.

Das sei zunächst am Fall der Ein-Kanal-Übertragung dargestellt. Diese benutzt nur den Kophasalzweig des Modells in Bild 6.3. Das bedeutet, daß die Quadraturkomponente $a^{(i)}(t)$ identisch null gesetzt wird, während als Kophasalkomponente $a^{(r)}(t)$ das Basisband-Datensignal $s(t)$ von (6.31) und (6.32) genommen wird:

$$m(t) = \sum_{\nu} a_\nu \,\mathrm{rect}\left(\frac{t}{T} - \nu\right) \cos 2\pi f_0 t \quad ; \quad f_0 = \frac{K}{T} \tag{6.33}$$

K ist eine ganze Zahl.

Ist jeder Koeffizient a_ν Element einer endlichen Menge von Zahlen, dann spricht man allgemein von Amplitudenumtastung (ASK). Wählt man a_ν beispielsweise aus der Menge $\{0, +1\}$, dann erhält man die in Bild 6.6 dargestellte 2-ASK-Schwingung, die in diesem speziellen Fall auch OOK-Schwingung (on-off keying) genannt wird. Wählt man a_ν hingegen aus der Menge $\{-1, +1\}$, dann erhält man die in Bild 6.6 gezeigte 2-PSK-Schwingung, weil die Vorzeichenumpolung gleichbedeutend ist mit einer Umtastung des Nullphasenwinkels zwischen 0 und π. Im Gegensatz zur kontinuierlichen Phasenmodulation (PM), die eine nichtlineare Verformung gemäß (6.19) erfordert, benötigt die binäre Phasenumtastung 2-PSK keine nichtlineare Verformung, wenn das Modell von Bild 6.3 (oder Bild 6.4) zugrundegelegt wird.

Eine einfache Wertezuordnung ergibt sich oft auch im Fall der Zwei-Kanal-Übertragung. Diese benutzt sowohl den Kophasalzweig als auch den Quadraturzweig des Modells in Bild 6.3. Kophasalkomponente $a^{(r)}(t)$ und Quadraturkomponente $a^{(r)}(t)$ werden jetzt von zwei Basisband-Datensignalen gemäß (6.31) und (6.32) gebildet,

$$m(t) = \sum_\nu a_\nu^{(r)} \operatorname{rect}(\frac{t}{T} - \nu) \cos 2\pi f_0 t - \sum_\nu a_\nu^{(i)} \operatorname{rect}(\frac{t}{T} - \nu) \sin 2\pi f_0 t \ . \tag{6.34}$$

Eine bequeme Darstellungsform ergibt sich hieraus durch Benutzung der komplexen Schreibweise (6.26):

$$m(t) = \operatorname{Re}\left\{ \sum_\nu \underline{a}_\nu \operatorname{rect}(\frac{t}{T} - \nu)\, e^{j2\pi f_0 t} \right\} , \tag{6.35}$$

mit den komplexen Koeffizienten

$$\underline{a}_\nu = a_\nu^{(r)} + j a_\nu^{(i)} \ . \tag{6.36}$$

Die Menge der komplexen Elemente, aus denen der komplexe Koeffizientenwert $\underline{a}_\nu$ zum Zeitpunkt νT gewählt wird, läßt sich anschaulich durch Punkte in der komplexen $\underline{a}_\nu$-Ebene darstellen, siehe Bild 6.8.

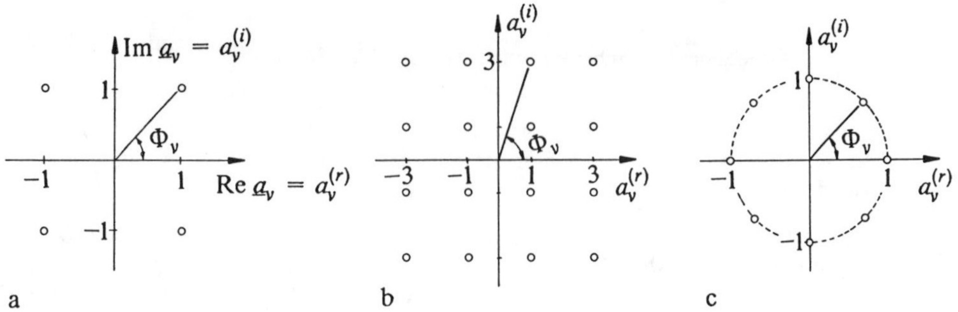

Bild 6.8 **Menge der komplexen Koeffizientenwerte für**
(a) 4-QAM oder 4-PSK
(b) 16-QAM
(c) 8-PSK

Werden die komplexen Koeffizientenwerte $\underline{a}_\nu$ gemäß Bild 6.8a gewählt, dann erhält man ein 4-QAM-Signal. QAM steht für *Quadratur-Amplitudenmodulation*, d.h. es werden zwei um $\pi/2$ phasengedrehte (in Quadratur stehende) gleichfrequente Sinus-Träger in der Amplitude moduliert bzw. umgetastet. 4-QAM ist dasselbe wie 4-PSK, weil die gleiche resultierende modulierte Schwingung $m(t)$ auch dadurch erzeugt werden kann, daß der Nullphasenwinkel einer einzigen Cosinusschwingung um $(2\mu - 1)\pi/4$ mit $\mu = 0, 1, 2, 3$ umgetastet wird:

$$\begin{aligned} m(t) &= \sqrt{2}\, \cos[2\pi f_0 t + (2\mu - 1)\frac{\pi}{4}] \\ &= \sqrt{2}\, \cos[(2\mu - 1)\frac{\pi}{4}] \cos 2\pi f_0 t - \sqrt{2}\, \sin[(2\mu - 1)\frac{\pi}{4}] \sin 2\pi f_0 t \\ &= a_\mu^{(r)} \cos 2\pi f_0 t - a_\mu^{(i)} \sin 2\pi f_0 t \\ &\quad \text{für } \left(\mu - \frac{1}{2}\right)T \le t < \left(\mu + \frac{1}{2}\right)T \ . \end{aligned} \tag{6.37}$$

Die vorletzte Zeile hat die Form von (6.34). In ihr ist

$$a_\mu^{(r)} = \sqrt{2}\ \cos[(2\mu - 1)\frac{\pi}{4}] = \begin{cases} +1 & \text{für } \mu = 0,\ 1 \\ -1 & \text{für } \mu = 2,\ 3\ , \end{cases}$$

$$a_\mu^{(i)} = \sqrt{2}\ \sin[(2\mu - 1)\frac{\pi}{4}] = \begin{cases} +1 & \text{für } \mu = 1,\ 2 \\ -1 & \text{für } \mu = 0,\ 3\ . \end{cases} \tag{6.38}$$

Die Gleichheit von 4-QAM mit 4-PSK entspricht der Gleichheit von 2-ASK bei $a_\nu \in \{-1, +1\}$ mit 2-PSK.

Werden die komplexen Koeffizienten $\underline{a}_\nu$ gemäß Bild 6.8b gewählt, dann erhält man eine 16-QAM. Bei dieser weist die modulierte Schwingung $m(t)$ in den verschiedenen Symbolintervallen im allgemeinen unterschiedliche Werte sowohl der Amplitude als auch des Nullphasenwinkels auf. Die Amplitudenwerte sind

$$b_\nu = \sqrt{(a_\nu^{(r)})^2 + (a_\nu^{(i)})^2} \tag{6.39}$$

und die Nullphasenwinkel sind

$$\Phi_\nu = \arctan \frac{a_\nu^{(i)}}{a_\nu^{(r)}}\ . \tag{6.40}$$

Werden die komplexen Koeffizienten $\underline{a}_\nu$ gemäß Bild 6.8c gewählt, d.h. zu

$$a_\nu^{(r)} = \cos\Phi_\nu\ , \quad a_\nu^{(i)} = \sin\Phi_\nu\ , \tag{6.41}$$

mit

$$\Phi_\nu = n\frac{\pi}{4}\ ;\ n \in \{0, 1, 2, \dots, 7\}\ , \tag{6.42}$$

dann erhält man eine 8-PSK. Bei dieser ist die Amplitude b_ν in allen Symbolintervallen gleich, was aus (6.41) und (6.39) ersichtlich ist. Nur die Nullphasen sind für die acht möglichen Symbole verschieden.

Diese Beispiele zeigen, daß bei modulierten Datensignalen viele Modulationsarten dadurch realisiert werden können, daß die Kophasalkomponente $a^{(r)}(t)$ und die Quadraturkomponente $a^{(i)}(t)$ während der Symboldauer bestimmte konstante Werte annehmen. Diese Aussage gilt dann, wenn jede modulierende Basisband-Schwingung eine Folge von gewichteten Rechteckimpulsen ist (NRZ-Schwingung). Das hängt damit zusammen, daß durch eine statische nichtlineare Verformung aus einer NRZ-Schwingung wieder eine NRZ-Schwingung entsteht, bei welcher lediglich die Amplitudenwerte jedes Symbols, nicht aber die Symbolform, verändert sind.

Es sei noch vermerkt, daß die 2-FSK-Schwingung

$$m(t) = \sum_\nu \mathrm{rect}\,(\frac{t}{T} - \nu)\ \cos[2\pi(f_0 + a_\nu f_1)t]\ ;\quad a_\nu \in \{-1, +1\} \tag{6.43}$$

mit harter Umtastung zwischen den Frequenzen $f_0 + f_1$ und $f_0 - f_1$ dadurch verwirklicht werden kann, daß Kophasal- und Quadraturkomponente wie folgt gewählt werden:

$$a^{(r)}(t) = \cos 2\pi f_1 t \ ,$$
$$a^{(i)}(t) = \sum_\nu a_\nu \mathrm{rect}\,(\frac{t}{T} - \nu)\ \sin 2\pi f_1 t \ . \tag{6.44}$$

2-FSK ist damit eine QAM, gebildet mit der Cosinusschwingung der Frequenz f_1 als Kophasalkomponente und einer 2-PSK-Schwingung der Trägerfrequenz f_1 als Quadraturkomponente.

Werden Amplitude, Nullphase oder Frequenz nicht hart, sondern weich umgetastet, was bedeutet, daß der Grundimpuls des modulierenden Basisband-Datensignals nicht unstetig ist wie in (6.32) oder in Bild 4.2a, sondern stetig wie in Bild 4.2c, dann ergeben sich bisweilen recht komplizierte Zusammenhänge bei der nichtlinearen Verformung und nichtlinearen Rückformung in Bild 6.3. Eine weiche Umtastung ist dann von Interesse, wenn im Frequenzbereich ein rasch abfallendes bandbegrenztes Signalspektrum gefordert wird. Beispiele hierfür sind das Verfahren der tamed-FSK und das Verfahren der CPSK (continuous PSK). Aber auch bei QAM, z.B. bei 16-QAM, verwendet man anstelle eines rechteckförmigen Grundimpulses gemäß Bild 6.7 oft einen stetigen Grundimpuls. In diesem Fall nimmt die Hüllkurve der komplexen modulierten Schwingung $\underline{m}(t)$ nur zu den Abfragezeitpunkten νT die in Bild 6.8b gezeigten Amplitudenwerte an. Nähere Einzelheiten hierzu folgen im Abschnitt 6.7.

Modelle für die frequenzversetzte Übertragung digitaler Datensignale über verzerrende lineare zeitinvariante Übertragungswege erhält man dadurch, daß man in den Modellen von Bild 6.3 oder Bild 6.4 zwischen Ausgang des Modulators und Eingang des Demodulators das Modell des Bandpaß-Übertragungswegs einfügt. Das hat zur Folge, daß das rückgewonnene Basisband-Datensignal $s_T(t)$ gegenüber dem primären Basisband-Datensignal $s(t)$ im allgemeinen nichtlinear verzerrt ist.

Unabhängig davon aber, welches Modulationsverfahren im einzelnen auch verwendet wird, ergibt sich stets ein linearer Zusammenhang zwischen den wesentlichen Stufen der frequenzversetzten Übertragung, wenn die Modelle von Bild 6.3 oder Bild 6.4 für die praktische Realisierung zugrundegelegt werden. Bei Einfügung eines verzerrenden linearen zeitinvarianten Übertragungswegs zwischen Modulatorausgang und Demodulatoreingang ergeben sich zwar Abweichungen der komplexen Hüllkurve $\underline{a}_r(t)$ auf der Empfangsseite von der komplexen Hüllkurve $\underline{a}_s(t)$ auf der Sendeseite. Diese Abweichungen stellen aber lineare Verzerrungen dar, die durch einen linearen Entzerrer beseitigt werden können, der an beliebiger Stelle zwischen Ausgang der nichtlinearen Verformung und Eingang der nichtlinearen Rückformung eingefügt werden kann.

6.3 Adaptive Entzerrung bei Ein-Kanal-Übertragung

Wie im vorigen Abschnitt bereits gesagt wurde, besteht eine Ein-Kanal-Übertragung darin, daß vom Modell in Bild 6.3 oder Bild 6.4 nur der Kophasalzweig benutzt wird. Als modulierende Kophasalkomponente $a^{(r)}(t)$ kann unmittelbar ein Basisband-Datensignal $s(t)$ gemäß (6.31) benutzt werden, das nicht erst einer nichtlinearen Verformung unterworfen werden muß. Das führt auf die modulierte Schwingung

$$m(t) = \sum_{\nu} a_\nu g(t - \nu T) \cos(2\pi f_0 t + \Phi_0) \quad , \tag{6.45}$$

wenn verallgemeinernd ein Nullphasenwinkel Φ_0 zugelassen wird.

Gleichung (6.45) stellt z.B. eine 2-PSK-Schwingung mit harter Umtastung an Nulldurchgängen gemäß Bild 6.6 dar, wenn

$$a_\nu \in \{+1, -1\} \quad ; \quad g(t) = \mathrm{rect}\left(\frac{t}{T}\right) \quad ; \quad f_0 = \frac{K}{T} \quad ; \quad \Phi_0 = -\frac{\pi}{2} \quad , \tag{6.46}$$

und K eine ganze Zahl ist.

Für die nachfolgenden Betrachtungen wird eine nahezu beliebige Grundimpulsform $g(t)$ zugelassen. Verlangt wird lediglich, daß das zugehörige Spektrum $G(f)$ bandbegrenzt ist und Frequenzkomponenten nur unterhalb von f_0 besitzt. Berechnet werden zunächst die Übertragung der Schwingung $m(t)$ von (6.45) über einen linearen zeitinvarianten Übertragungsweg der Wirkungsfunktion $H_ü(f)$, die dabei auftretenden Verzerrungen und die kohärente Demodulation der verzerrt empfangenen Schwingung. Danach werden die Möglichkeiten der Entzerrung besprochen. Wegen der Linearität und Zeitinvarianz genügt für die Berechnungen die Betrachtung eines einzelnen Symbols, beispielsweise desjenigen zum Zeitpunkt $\nu T = 0$,

$$a_0\, g(t) \cos(2\pi f_0 t + \Phi_0) = a_0\, g_m(t) \quad . \tag{6.47}$$

$g_m(t)$ bezeichnet einen einzelnen modulierten Grundimpuls. Die Berechnung der Übertragung dieses einzelnen modulierten Grundimpulses und seiner anschließenden Demodulation werden zweckmäßigerweise im Frequenzbereich durchgeführt. Dazu werden das Spektrum $G_m(f)$ ○—● $g_m(t)$ mit der Wirkungsfunktion $H_ü(f)$ des Übertragungswegs multipliziert und das Produkt $G_m(f) H_ü(f)$ mit dem Spektrum der demodulierenden Cosinusschwingung $\cos(2\pi f_0 t + \Phi_E)$ gefaltet. Es folgen nun die einzelnen Berechnungsschritte.

Mit

$$g(t) \;\circ\!\!-\!\!\bullet\; G(f) \tag{6.48}$$

und

$$\cos(2\pi f_0 t + \Phi_0) = \frac{1}{2}\, e^{j\Phi_0} e^{j2\pi f_0 t} + \frac{1}{2}\, e^{-j\Phi_0} e^{-j2\pi f_0 t} \tag{6.49}$$

folgt für die Fourier-Transformierte von $g_m(t)$ in (6.47)

$$G_m(f) = \frac{1}{2} e^{j\Phi_0} \int_{-\infty}^{+\infty} g(t) e^{-j2\pi(f-f_0)t} dt + \frac{1}{2} e^{-j\Phi_0} \int_{-\infty}^{+\infty} g(t) e^{-j2\pi(f+f_0)t} dt$$

$$= \frac{1}{2} [e^{j\Phi_0} G(f-f_0) + e^{-j\Phi_0} G(f+f_0)] \ . \tag{6.50}$$

Das Spektum am Ausgang des Übertragungswegs lautet damit

$$G_m(f) H_{ü}(f) = \frac{1}{2} [e^{j\Phi_0} G(f-f_0) + e^{-j\Phi_0} G(f+f_0)] H_{ü}(f) \ . \tag{6.51}$$

Für die demodulierende Schwingung gilt

$$\cos(2\pi f_0 t + \Phi_E) \circ\!\!-\!\!\bullet \ \frac{1}{2} e^{j\Phi_E} \delta(f-f_0) + \frac{1}{2} e^{-j\Phi_E} \delta(f+f_0) \ . \tag{6.52}$$

Mit der allgemeinen Faltungsbeziehung

$$X(f) * \delta(f-f_0) = \int_{-\infty}^{+\infty} X(u)\, \delta(f - f_0 - u)\, du = X(f - f_0) \tag{6.53}$$

folgt für die Faltung der Spektren (6.51) und (6.52)

$$\frac{1}{2} [e^{j\Phi_0} G(f-f_0) + e^{-j\Phi_0} G(f+f_0)] H_{ü}(f) \ *$$

$$* \frac{1}{2} [e^{j\Phi_E} \delta(f-f_0) + e^{-j\Phi_E} \delta(f+f_0)]$$

$$= \frac{1}{4} \Big[[e^{j(\Phi_0 + \Phi_E)} G(f - 2f_0) + e^{-j(\Phi_0 - \Phi_E)} G(f)] H_{ü}(f - f_0) + \tag{6.54}$$

$$+ [e^{j(\Phi_0 - \Phi_E)} G(f) + e^{-j(\Phi_0 + \Phi_E)} G(f + 2f_0)] H_{ü}(f + f_0) \Big] \ .$$

Die Terme $G(f - 2f_0)$ und $G(f + 2f_0)$ sind hochfrequente Spektralanteile bei den Frequenzen $2f_0$ und $-2f_0$. Sie lassen sich mit einem Tiefpaß der Wirkungsfunktion $T(f)$ und Grenzfrequenz f_0 wegfiltern. Am Tiefpaß-Ausgang erhält man

$$\frac{1}{4} G(f) [e^{-j(\Phi_0 - \Phi_E)} H_{ü}(f - f_0) \ + \ e^{j(\Phi_0 - \Phi_E)} H_{ü}(f + f_0)] T(f) \ = \ K(f). \tag{6.55}$$

Hierbei ist berücksichtigt, daß der Tiefpaß auch im Durchlaßbereich noch eine spektrale Formung gemäß $T(f)$ bewirkt.

Der Ausdruck (6.55) repräsentiert das Spektrum am Tiefpaß-Ausgang, wenn auf den Eingang des Sendefilters der Wirkungsfunktion $G(f)$ ein Dirac-Impuls $\delta(t)$ gegeben wird. Die zu (6.55) gehörende Zeitfunktion $k(t)$ ist also eine Impulsantwort. Sie ruft keine Nachbarsymbolinterferenz hervor, wenn $K(f)$ die Nyquist-Bedingung (4.32) erfüllt. Dies wird normalerweise nicht von vornherein der Fall sein, kann aber durch Nachschalten eines Entzerrers geeigneter Wirkungsfunktion $E_T(f)$ beim Ausgangssignal $y(t)$ erreicht werden, siehe Bild 6.9a.

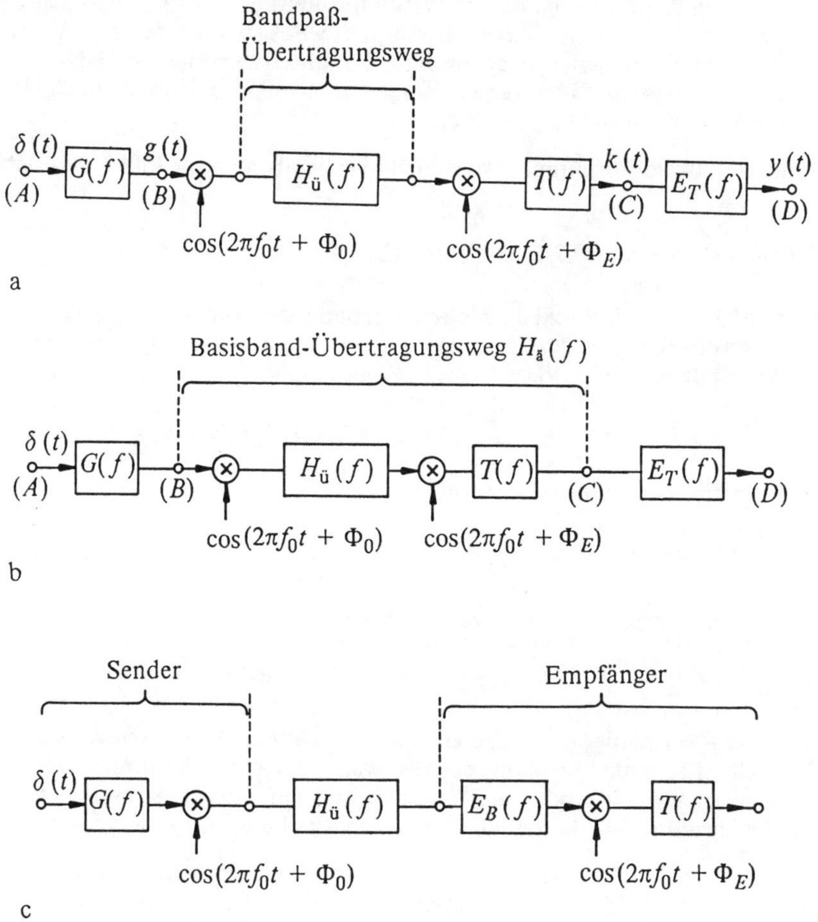

Bild 6.9 **Ein-Kanal-Übertragung**
(a) Grundschaltung mit Entzerrung im Basisband
(b) zu (a) äquivalente Basisbandübertragung
(c) Grundschaltung mit Entzerrung im Übertragungsband

Die Schaltung in Bild 6.9a ist vergleichbar mit dem Basisband-Übertragungssystem von Bild 4.1 und Bild 4.10, nur daß jetzt aus Gründen der Einfachheit zunächst noch keine Störquelle berücksichtigt wird. An die Stelle, wo in Bild 4.10 die Basisband-Wirkungsfunktion $H_ü(f)$ steht, tritt nun die "äquivalente Basisband-Wirkungsfunktion"

$$\frac{1}{4}[e^{-j(\Phi_0 - \Phi_E)}H_ü(f - f_0) + e^{j(\Phi_0 - \Phi_E)}H_ü(f + f_0)]T(f) = H_ä(f) , \quad (6.56)$$

welche die spektrale Übertragung zwischen dem Sendefilter-Ausgang (B) und Entzerrer-Eingang (C) beschreibt. Dies wird mit Bild 6.9b verdeutlicht.

Der nachgeschaltete Entzerrer mit der Wirkungsfunktion $E_T(f)$ kann auch adaptiv ausgelegt werden. Weil der in Bild 6.9b markierte Basisband-Übertragungsweg von außen nicht vom Übertragungsweg in Bild 5.2 unterscheidbar ist, läßt sich ohne Ausnahme jede adaptive Entzerrerschaltung von Kapitel 5 einschließlich der dort verwendeten Verzerrungsmaße verwenden.

Die gesamte spektrale Formung sowohl in Bild 6.9a als auch in Bild 6.9b ergibt sich für $\Phi_E = \Phi_0$ zu

$$G(f)\frac{1}{4}[H_{ü}(f-f_0)+H_{ü}(f+f_0)]T(f)E_T(f) = Y(f) \quad . \tag{6.57}$$

Der Entzerrer kann auch direkt in Kette zum Bandpaß-Übertragungsweg geschaltet werden, wie das in Bild 6.9c gezeigt ist. In diesem Fall lautet für $\Phi_E = \Phi_0$ die gesamte spektrale Formung

$$G(f)\frac{1}{4}[H_{ü}(f-f_0)E_B(f-f_0)+H_{ü}(f+f_0)E_B(f+f_0)]T(f) = Y(f) \quad . \tag{6.58}$$

Wird als Entzerrer ein Echoentzerrer mit Laufzeitgliedern der Laufzeit

$$T = \frac{K}{f_0} \quad ; \quad K = \text{ganzzahlig} \quad , \tag{6.59}$$

benutzt, dann gilt wegen der Periodizität seines Frequenzgangs (1.30)

$$E(f) = E(f+\frac{1}{T}) = E(f+\frac{K}{T}) = E(f+f_0) = E(f-f_0) \quad . \tag{6.60}$$

$E(f-f_0) = E(f+f_0)$ läßt sich in diesem Fall in (6.58) ausklammern, was auf (6.57) führt. Der selbe Echoentzerrer kann deshalb wahlweise entweder direkt in Kette zum Bandpaß-Übertragungsweg oder in Kette zum Tiefpaß-Ausgang geschaltet werden. In beiden Fällen führt die gleiche Koeffizienteneinstellung zum gleichen Ergebnis.

Verwendet man ein anderes Orthogonalfilter als Entzerrer, dann wird das gleiche Ergebnis mit unterschiedlichen Koeffizientenvektoren erreicht, wenn man dasselbe Filter direkt in Kette zum Bandpaß-Übertragsweg oder in Kette zum Tiefpaß-Ausgang schaltet. Zwischen dem Koeffizientenvektor der Wirkungsfunktion $E_B(t)$ des Filters im Bandpaß-Kanal und dem Koeffizientenvektor der Wirkungsfunktion $E_T(f)$ im Tiefpaß-Kanal besteht bei gleichem Ergebnis ein fester Zusammenhang, der oft durch eine einfache Beziehung beschreibbar ist. So gilt z.B. beim Orthogonalfilter nach Lee-Wiener mit identischen Allpässen 1. Ordnung, siehe Abschnitt 3.2, daß bei passender Wahl der Eckfrequenz f_0 lediglich die Vorzeichen bestimmter Koeffizientenwerte nach einer einfachen Regel abgeändert werden müssen, um aus der Wirkungsfunktion $E_T(f)$ die korrespondierende Wirkungsfunktion $E_B(f)$ zu erhalten [SCH 79].

Abschließend sei noch der Einfluß von überlagertem Bandpaß-Rauschen näher diskutiert. Dazu wird der störfreie Übertragsweg in Bild 6.9 durch einen Übertragungsweg mit additiver Störung ersetzt, siehe Bild 6.10. Bandpaß-Rauschen läßt sich darstellen durch [LUE 85], [SCH 70]

$$n_B(t) = n_T^{(r)}(t)\cos 2\pi f_0 t - n_T^{(i)}(t)\sin 2\pi f_0 t \quad . \tag{6.61}$$

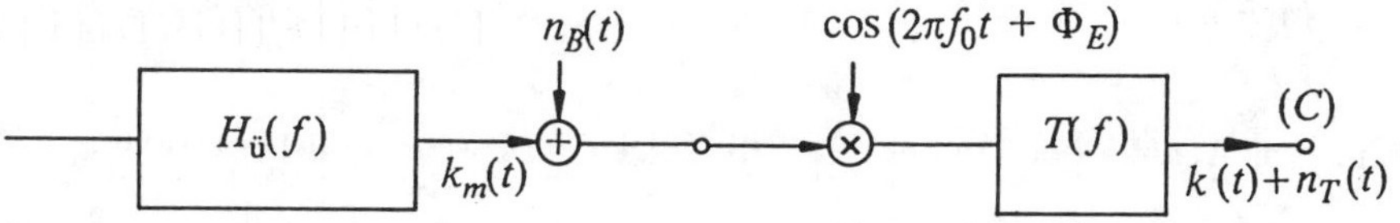

Bild 6.10 **Zur Berechnung des Einflusses von Bandpaß-Rauschen**

Hierin stellen die Kophasalkomponente $n_T^{(r)}(t)$ und die Quadraturkomponente $n_T^{(i)}(t)$ jeweils mittelwertfreies niederfrequentes Gauß-Rauschen gleicher mittlerer Leistung dar. Beide Komponenten sind voneinander statistisch unabhängig.

Die Quadrierung beider Seiten von (6.61) und die anschließende Mittelwertbildung zeigen, daß die mittlere Leistung, d.h. der Mittelwert des Quadrats des Bandpaß-Rauschens, gleich der mittleren Leistung seiner Kophasalkomponente und damit gleich der mittleren Leistung seiner Quadraturkomponente ist.

$$\lim_{T\to\infty} \frac{1}{2T} \int_{-T}^{T} n_B^2(t)dt = \overline{n_B^2(t)} = \overline{[n_T^{(r)}(t)]^2} = \overline{[n_T^{(i)}(t)]^2} \ . \qquad (6.62)$$

Bei der Mittelwertbildung des Quadrats bewirken die multiplizierenden Funktionen $\cos 2\pi f_0 t$ und $\sin 2\pi f_0 t$ nämlich jeweils den Faktor 1/2.

Die Demodulation des Bandpaß-Rauschens $n_B(t)$, siehe Bild 6.10, liefert bei Wegfilterung der Spektralanteile bei $\pm 2f_0$ am Tiefpaß-Ausgang niederfrequentes Gauß-Rauschen $n_T(t)$.

$$n_B(t)\cos(2\pi f_0 t + \Phi_E)|_{TP} = \frac{1}{2} n_T^{(r)}(t) \cos\Phi_E + \frac{1}{2} n_T^{(i)}(t) \sin\Phi_E = n_T(t) \, . \qquad (6.63)$$

Wegen der statistischen Unabhängigkeit von $n_T^{(r)}(t)$ und $n_T^{(i)}(t)$ und wegen (6.62) folgt für die mittlere Leistung der Störung am Tiefpaß-Ausgang

$$\overline{n_T^2(t)} = \frac{1}{4}\cos^2\Phi_E \, \overline{[n_T^{(r)}(t)]^2} + \frac{1}{4}\sin^2\Phi_E \, \overline{[n_T^{(i)}(t)]^2} = \frac{1}{4}\overline{n_B^2(t)} \ . \qquad (6.64)$$

Unabhängig vom Phasenwinkel Φ_E ist also die mittlere Störleistung am Tiefpaß-Ausgang stets gleich ein Viertel der mittleren Leistung des Bandpaßrauschens, wenn $T(f)$ einen idealen Rechtecktiefpaß repräsentiert. Im Unterschied dazu ist am Tiefpaß-Ausgang die Nutzsignalamplitude nach (6.56) von Φ_E abhängig und maximal für $\Phi_E = \Phi_0$, siehe (6.57).

Für einen gegebenen Wert von Φ_E gilt zwischen den Punkten (B) und (C) im Bild 6.9a die äquivalente Basisband-Übertragung auch hinsichtlich der Auswirkung des überlagerten Bandpaß-Rauschens in vollem Umfang. Alle Betrachtungen der Abschnitte 4.6 bis 4.8 sind damit auf die hier behandelte Ein-Kanal-Übertragung direkt anwendbar. Sind der Übertragungsweg $H_ü(f)$, der Tiefpaß $T(f)$ und das Bandpaß-Rauschen $n_B(t)$ breitbandig im Vergleich zu den Durchlaßcharakteristiken des Sendefilters $G(f)$ und des Entzerrers $E_T(f)$, dann ist also nach Abschnitt 4.6 der Einfluß des Rauschens minimal, wenn die gesamte Impulsformung gleichmäßig auf das Sendefilter und auf den Entzerrer aufgeteilt wird, vergl. das Beispiel zu (4.62) mit dem Ergebnis (4.70).

6.4 Eigenschaften der überlagerten Signalspektren bei Zwei-Kanal-Übertragung

Gegenüber Ein-Kanal-Übertragung tritt bei Zwei-Kanal-Übertragung als zusätzliches Problem das mögliche *Übersprechen* auf. Dieses besteht darin, daß Signalanteile vom Kophasalzweig infolge von Verzerrungen in den Quadraturzweig gelangen und umgekehrt. An beiden Demodulator-Ausgängen erscheinen dann jeweils Überlagerungen von Signalen beider Kanäle. Die Einzelheiten lassen sich anhand der Spektren beider Signale gut studieren.

Betrachtet wird zunächst ein einzelnes reelles Basisband- oder Tiefpaßsignal $a(t)$. Sein Fourier-Spektrum $A(f)$ liegt im Bereich der Frequenz Null und sei überdies auf $|f| < f_g$ bandbegrenzt, siehe Bild 6.11a.

$$A(f) = \int_{-\infty}^{+\infty} a(t)\,e^{-j2\pi ft}dt = \int_{-\infty}^{+\infty} a(t)\cos 2\pi ft\,dt - j\int_{-\infty}^{+\infty} a(t)\sin 2\pi ft\,dt \ . \qquad (6.65)$$

Wie jedes reelle Signal hat das reelle Basisbandsignal ein Spektrum mit einem geraden Realteil und einem ungeraden Imaginärteil

$$\begin{aligned} \mathrm{Re}\,A(f) &= \mathrm{Re}\,A(-f) \\ \mathrm{Im}\,A(f) &= -\,\mathrm{Im}\,A(-f) \ . \end{aligned} \qquad (6.66)$$

Beide Beziehungen lassen sich zusammenfassen zu

$$A(f) = A^*(-f) \ , \qquad (6.67)$$

wobei der Stern * den konjugiert komplexen Wert bezeichnet.

Durch eine Multiplikation des Basisbandsignals $s(t)$ mit einer Cosinusschwingung der höheren Frequenz $f_0 > f_g$ entsteht das Bandpaßsignal $m(t)$. Sein Spektrum liegt im Bereich der Frequenzen $+f_0$ und $-f_0$, siehe Bild 6.11b und Bild 6.11c.

$$m(t) = a(t)\cos(2\pi f_0 t + \Phi_0) = a(t)\frac{1}{2}\{e^{j\Phi_0}e^{j2\pi f_0 t} + e^{-j\Phi_0}e^{-j2\pi f_0 t}\} \ . \qquad (6.68)$$

Die Fourier-Transformierte von $m(t)$ berechnet sich entsprechend (6.50) zu

$$m(t) \circ\!\!-\!\!\bullet\ M(f) = \frac{1}{2}e^{j\Phi_0}A(f-f_0) + \frac{1}{2}e^{-j\Phi_0}A(f+f_0) \ . \qquad (6.69)$$

Abgesehen vom Faktor 1/2 ergibt sich das Spektrum $M(f)$ durch eine Verschiebung des Basisbandspektrums $A(f)$ nach $+f_0$ und nach $-f_0$ und einer Multiplikation mit dem komplexen Faktor $e^{j\Phi_0}$ bzw. $e^{-j\Phi_0}$. Wegen des komplexen Faktors kann sich die Form des verschobenen Basisbandspektrums erheblich verändern. Bild 6.11b und c zeigen die Sonderfälle für $\Phi_0 = 0$ und $\Phi_0 = \pi/2$. Während für $\Phi_0 = 0$ nur eine Verschiebung stattfindet, passiert für $\Phi_0 = \pi/2$ noch eine zusätzliche Vertauschung der Rollen von Real- und Imaginärteil. Da aber $m(t)$ für jedes Φ_0 reell bleibt, behält $M(f)$ in jedem Fall einen geraden Realteil und einen ungeraden Imaginärteil.

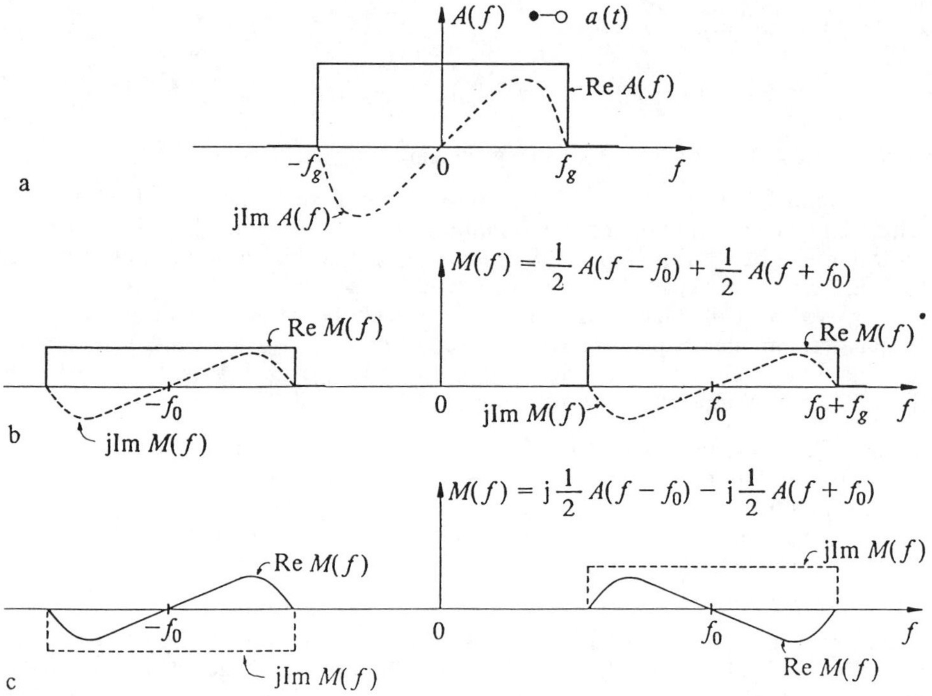

Bild 6.11 (a) Spektrum eines reellen Basisbandsignals
(b) Spektrum des daraus durch lineare Modulation entstandenen Bandpaßsignals für $\Phi_0 = 0$
(c) wie in (b), aber für $\Phi_0 = +\pi/2$

Die dargestellten beiden Sonderfälle erlauben einen tieferen Einblick in die Funktionsweise des Modells in Bild 6.3. Wählt man $a(t) = a^{(r)}(t)$ für $\Phi_0 = 0$ und $a(t) = a^{(i)}(t)$ für $\Phi_0 = \pi/2$, dann entstehen aus (6.68)

$$m^{(r)}(t) = a^{(r)}(t) \cos 2\pi f_0 t \tag{6.70}$$

und

$$m^{(i)}(t) = a^{(i)}(t) \cos(2\pi f_0 t + \frac{\pi}{2}) = -a^{(i)}(t) \sin 2\pi f_0 t \ , \tag{6.71}$$

also genau die beiden Teilschwingungen, die in Bild 6.3 zur Bildung der modulierten Schwingung $m(t)$ überlagert werden

$$m(t) = m^{(r)}(t) + m^{(i)}(t) = a^{(r)}(t) \cos 2\pi f_0 t - a^{(i)}(t) \sin 2\pi f_0 t \ . \tag{6.72}$$

Das zugehörige Spektrum lautet mit (6.69)

$$M(f) = M^{(r)}(f) + M^{(i)}(f) \tag{6.73}$$

$$= \frac{1}{2}[A^{(r)}(f - f_0) + A^{(r)}(f + f_0)] + \frac{1}{2}[\mathrm{j}A^{(i)}(f - f_0) - \mathrm{j}A^{(i)}(f + f_0)] ,$$

wobei $A^{(r)}(f) \circ\!\!-\!\!\bullet\; a^{(r)}(t)$ und $A^{(i)}(f) \circ\!\!-\!\!\bullet\; a^{(i)}(t)$ gelten.

Die kohärente Demodulation auf der Empfangsseite stellt nichts anderes als eine nochmalige lineare Modulation des empfangenen Signals dar. Dabei werden die Spektralanteile bei $+ f_0$ hälftig zur Frequenz $+ 2f_0$ und hälftig in die Basisbandlage zur Frequenz $f = 0$ verschoben. Entsprechendes geschieht mit den Spektralanteilen bei $- f_0$. Während die nach $+ 2f_0$ und $- 2f_0$ verschobenen Anteile weggefiltert werden, passiert im Basisband eine Überlagerung der von $+ f_0$ und $- f_0$ stammenden Spektralanteile. Bei dieser Überlagerung löschen sich gewisse Anteile aus, während sich andere zum doppelten Wert aufaddieren.

Wie man sich anhand von Bild 6.11b klarmachen kann, löschen sich bei der kohärenten Demodulation mit $\cos 2\pi f_0 t$ im Kophasalzweig alle bezüglich f_0 ungeraden Realteilkomponenten und alle bezüglich f_0 geraden Imaginärteilkomponenten des empfangenen Spektrums aus, während sich alle bezüglich f_0 geraden Realteilkomponenten und alle bezüglich f_0 ungeraden Imaginärteilkomponenten zum jeweils doppelten Wert aufaddieren.

Bei der kohärenten Demodulation mit $- \sin 2\pi f_0 t$ im Quadraturzweig verhält es sich umgekehrt. Aus Bild 6.11c folgt, daß sich nun alle bezüglich f_0 geraden Realteilkomponenten und alle bezüglich f_0 ungeraden Imaginärteilkomponenten auslöschen, während sich alle bezüglich f_0 ungeraden Realteilkomponenten und alle bezüglich f_0 geraden Imaginärteilkomponenten zum jeweils doppelten Wert aufaddieren.

Mit (6.66) folgt für reellwertige Signale $a^{(r)}(t)$ und $a^{(i)}(t)$, daß in (6.73) alle bezüglich f_0 geraden Realteilkomponenten und alle bezüglich f_0 ungeraden Imaginärteilkomponenten nur von $A^{(r)}(f - f_0)$ bzw. $M^{(r)}(f)$ und daß alle bezüglich f_0 ungeraden Realteilkomponenten und alle bezüglich f_0 geraden Imaginärteilkomponenten nur von $A^{(i)}(f - f_0)$ bzw. $M^{(i)}(f)$ stammen, wenn bei der Übertragung keine Verzerrungen auftreten.

Wenn jedoch bei der Übertragung Verzerrungen derart eintreten, daß die bezüglich f_0 gerade Realteilfunktion $\mathrm{Re}\,\{A^{(r)}(f - f_0)\}$ zu einer Funktion verformt wird, die auch eine bezüglich f_0 ungerade Komponente besitzt, dann wird diese ungerade Komponente ein Übersprechen im Quadraturzweig hervorrufen. Entsprechendes bewirken Verzerrungen der übrigen Spektralkomponenten von $M(f)$.

Die quantitativen Zusammenhänge werden nun anhand von Bild 6.12 berechnet, wobei der Index 1 das Spektrum am Eingang und der Index 2 das Spektrum am Ausgang des Übertragungswegs der Wirkungsfunktion $H_{ü}(f)$ kennzeichnen. Mit (6.73) folgt

$$M_2(f) = M_1(f)H_{ü}(f) \tag{6.74}$$

$$= \frac{1}{2}[A^{(r)}(f - f_0) + A^{(r)}(f + f_0) + \mathrm{j}A^{(i)}(f - f_0) - \mathrm{j}A^{(i)}(f + f_0)]H_{ü}(f) \ .$$

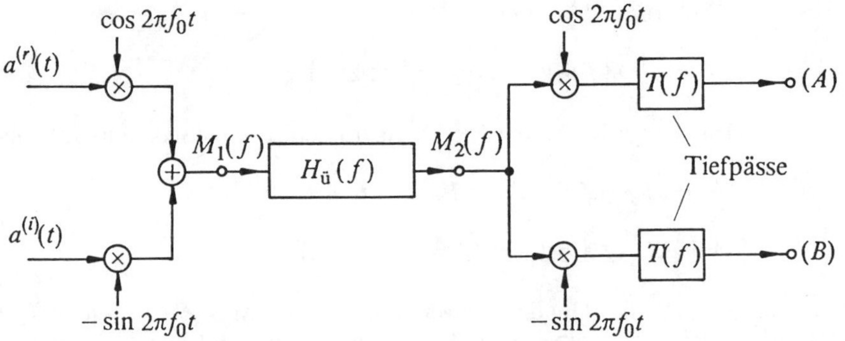

Bild 6.12 Zur Berechnung des Einflusses von Verzerrungen durch den Übertragungsweg

Der Multiplikation der zugehörigen Zeitfunktion mit $\cos 2\pi f_0 t$ im Kophasalzweig entspricht die Faltung von $M_2(f)$ mit

$$\frac{1}{2}\delta(f-f_0)+\frac{1}{2}\delta(f+f_0) \quad \circ\!-\!\bullet \quad \cos 2\pi f_0 t\,. \tag{6.75}$$

Unter Verwendung der allgemeinen Faltungsbeziehung (6.53) entsteht

$$\begin{aligned}&\frac{1}{4}[A^{(r)}(f-2f_0)+A^{(r)}(f)+\mathrm{j}A^{(i)}(f-2f_0)-\mathrm{j}A^{(i)}(f)]H_{\ddot u}(f-f_0)+\\ &\quad\frac{1}{4}[A^{(r)}(f)+A^{(r)}(f+2f_0)+\mathrm{j}A^{(i)}(f)-\mathrm{j}A^{(i)}(f+2f_0)]H_{\ddot u}(f+f_0)\;.\end{aligned} \tag{6.76}$$

Durch Wegfiltern der hochfrequenten Spektralanteile bei $\pm\,2f_0$ verbleibt am Ausgang (A) von Bild 6.12

$$\begin{aligned}A_A(f)&=\frac{1}{4}A^{(r)}(f)[H_{\ddot u}(f-f_0)+H_{\ddot u}(f+f_0)]-\\ &\quad-\mathrm{j}\frac{1}{4}A^{(i)}(f)[H_{\ddot u}(f-f_0)-H_{\ddot u}(f+f_0)]\,.\end{aligned} \tag{6.77}$$

Am Ausgang (A) des Kophasalzweigs entsteht also ein Mischspektrum, das sowohl von $A^{(r)}(f)$ als auch von $A^{(i)}(f)$ abhängt. Die Abhängigkeit von $A^{(i)}(f)$, die das Übersprechen beschreibt, verschwindet, wenn

$$H_{\ddot u}(f-f_0)=H_{\ddot u}(f+f_0)\;. \tag{6.78}$$

Die Wirkungsfunktion $H_{\ddot u}(f)$ eines Übertragungswegs mit reeller Impulsantwort muß die Beziehung (6.67) erfüllen. Das bedeutet

$$H_{\ddot u}(f-f_0)=H^*_{\ddot u}[-(f-f_0)]=H^*_{\ddot u}(f_0-f) \tag{6.79}$$

oder mit (6.78)

$$H_{\ddot u}(f_0+f)=H^*_{\ddot u}(f_0-f)\;. \tag{6.80}$$

Das Übersprechen verschwindet also, wenn der Übertragungsweg eine Wirkungsfunktion $H_{\ddot u}(f)$ hat mit einem bezüglich f_0 geraden Realteil und einen bezüglich f_0 ungeraden Imaginärteil.

Als nächstes wird das Spektrum am Ausgang (B) des Quadraturzweigs berechnet. Dazu wird das Spektrum $M_2(f)$ mit

$$\mathrm{j}\frac{1}{2}\,\delta(f-f_0)-\mathrm{j}\frac{1}{2}\,\delta(f+f_0) \quad \circ\!\!-\!\!\bullet \quad -\sin 2\pi f_0 t \tag{6.81}$$

gefaltet. Eine gleichartige Rechnung wie bei (6.76) liefert schließlich am Ausgang (B)

$$\begin{aligned} A_B(f) = {} & \frac{1}{4}A^{(i)}(f)[H_{\ddot{u}}(f-f_0)+H_{\ddot{u}}(f+f_0)] + \\ & + \mathrm{j}\frac{1}{4}A^{(r)}(f)[H_{\ddot{u}}(f-f_0)-H_{\ddot{u}}(f+f_0)] \ . \end{aligned} \tag{6.82}$$

Auch am Ausgang (B) des Quadraturzweigs entsteht ein von $A^{(r)}(f)$ und $A^{(i)}(f)$ abhängiges Mischspektrum, wobei jetzt der Summand mit $A^{(r)}(f)$ das Übersprechen beschreibt. Letzteres verschwindet, wenn wieder (6.78) bzw. (6.80) erfüllt wird.

Eine zweite theoretische Möglichkeit zur Verhinderung von Übersprechen besteht darin, daß $H_{\ddot{u}}(f)$ einen bezüglich f_0 ungeraden Realteil und einen bezüglich f_0 geraden Imaginärteil besitzt,

$$H_{\ddot{u}}(f_0-f) = -\,H^*_{\ddot{u}}(f_0+f) \ . \tag{6.83}$$

In diesem Fall erscheint am Ausgang (A) ein nur von der Quadraturkomponente $a^{(i)}(t)$ abhängiges und am Ausgang (B) ein nur von der Kophasalkomponente $a^{(r)}(t)$ abhängiges Signal. Diese Möglichkeit wird hier aber nicht weiter verfolgt.

Auch bei Zutreffen von (6.78), d.h. bei nicht vorhandenem Übersprechen, können die Ausgangssignale an (A) und (B) noch erheblich verzerrt sein. Ein im Bild 6.12 den Ausgängen (A) und (B) nachzuschaltender Entzerrer hat also die doppelte Aufgabe, nämlich erstens die Unterdrückung des Übersprechens vom jeweiligen Nachbarkanal und zweitens die Signalentzerrung im eigenen Kanal zu bewerkstelligen.

6.5 Idealer Entzerrer für Zwei-Kanal-Übertragung

Mit der im Bild 6.13 gezeigten Anordnung aus vier über Kreuz gekoppelten Einzelentzerrern mit den Wirkungsfunktionen $E_1(f)$ bis $E_4(f)$ lassen sich sowohl das Übersprechen als auch die Verzerrungen der Einzelkanäle beseitigen, wenn die Einzelentzerrer passend ausgelegt werden.

Mit den Abkürzungen

$$H_S(f) = \frac{1}{4}[H_{\ddot{u}}(f-f_0)+H_{\ddot{u}}(f+f_0)] \tag{6.84}$$

$$H_D(f) = \frac{1}{4}[H_{\ddot{u}}(f-f_0)-H_{\ddot{u}}(f+f_0)] \tag{6.85}$$

lauten die Signalspektren am Entzerrer-Eingang nach (6.77) und (6.82) folgendermaßen

$$A_A(f) = A^{(r)}(f)H_S(f) - \mathrm{j}A^{(i)}(f)H_D(f) \tag{6.86}$$

$$A_B(f) = A^{(i)}(f)H_S(f) + \mathrm{j}A^{(r)}(f)H_D(f) \, . \tag{6.87}$$

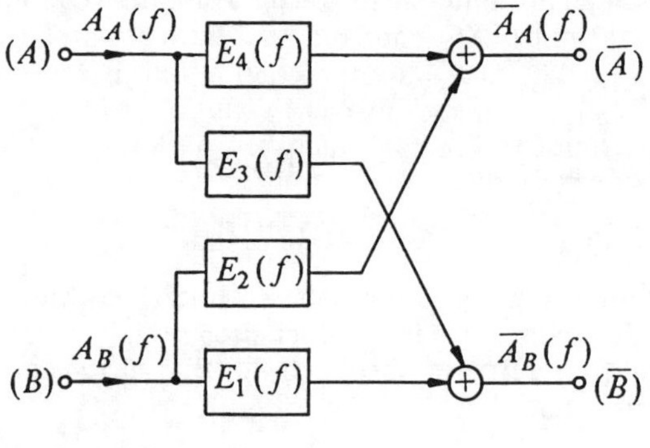

Bild 6.13 Kreuzgekoppelter Entzerrer

Damit errechnet sich das Signalspektrum $\overline{A}_A(f)$ am oberen Entzerrer-Ausgang (Kophasalzweig) zu

$$\begin{aligned}\overline{A}_A(f) &= A_A(f)E_4(f) + A_B(f)E_2(f)\\ &= [A^{(r)}(f)H_S(f) - \mathrm{j}A^{(i)}(f)H_D(f)]E_4(f) + \\ &+ [A^{(i)}(f)H_S(f) + \mathrm{j}A^{(r)}(f)H_D(f)]E_2(f)\,. \end{aligned} \tag{6.88}$$

Dieses Spektrum $\overline{A}_A(f)$ wird unabhängig vom Spektrum $A^{(i)}(f)$ am Quadraturzweig-Eingang, wenn

$$\mathrm{j}A^{(i)}(f)H_D(f)E_4(f) = A^{(i)}(f)H_S(f)E_2(f) \ , \tag{6.89}$$

das heißt

$$E_2(f) = \mathrm{j}\frac{H_D(f)}{H_S(f)}E_4(f) \ . \tag{6.90}$$

Bei Unabhängigkeit von $A^{(i)}(f)$ folgt mit (6.90) für $\overline{A}_A(f)$ in (6.88)

$$\begin{aligned}\overline{A}_A(f) &= A^{(r)}(f)H_S(f)E_4(f) + \mathrm{j}A^{(r)}(f)H_D(f)E_2(f)\\ &= A^{(r)}(f)E_4(f)\frac{H_S^2(f) - H_D^2(f)}{H_S(f)} \ . \end{aligned} \tag{6.91}$$

Am oberen Entzerrer-Ausgang erscheint das übersprechfreie unverzerrte Signal (1/2) $a^{(r)}(t)$ ○—● (1/2) $A^{(r)}(f)$, das auch in Bild 6.3 und Bild 6.12 am Ausgang (A) bei $H_ü(f) \equiv 1$ auftritt, wenn zugleich

$$E_4(f) = \frac{H_S(f)}{2[H_S^2(f) - H_D^2(f)]} \quad \text{und} \quad E_2(f) = \frac{\mathrm{j}H_D(f)}{2[H_S^2(f) - H_D^2(f)]} \ . \tag{6.92}$$

Das Signalspektrum $\overline{A}_B(f)$ am unteren Entzerrer-Ausgang (Quadraturzweig) errechnet sich anhand Bild 6.13 mit (6.86) und (6.87) zu

$$\overline{A}_B(f) = A_B(f)E_1(f) + A_A(f)E_3(f)$$
$$= [A^{(i)}(f)H_S(f) + jA^{(r)}(f)H_D(f)]E_1(f) +$$
$$+ [A^{(r)}(f)H_S(f) - jA^{(i)}(f)H_D(f)]E_3(f). \qquad (6.93)$$

Eine gleichartige Rechnung wie die für den oberen Entzerrer-Ausgang liefert, daß am unteren Entzerrer-Ausgang das übersprechfreie unverzerrte Signal $(1/2)\,a^{(i)}(t)$ ○—● $(1/2)\,A^{(i)}(f)$ auftritt, das auch in Bild 6.12 am Ausgang (B) bei $H_ü(f) \equiv 1$ auftritt, wenn zugleich

$$E_1(f) = \frac{H_S(f)}{2[H_S^2(f) - H_D^2(f)]} \quad \text{und} \quad E_3(f) = \frac{-jH_D(f)}{2[H_S^2(f) - H_D^2(f)]}. \qquad (6.94)$$

Bei idealer Entzerrung gilt also das einfache Ergebnis

$$E_4(f) = E_1(f) \;;\; E_2(f) = -E_3(f). \qquad (6.95)$$

Wenn der Übertragungsweg die Symmetriebedingung (6.78) erfüllt, also von vornherein kein Übersprechen erzeugt, dann ist nach (6.85) $H_D(f) = 0$. In diesem Fall können die in den Diagonalzweigen liegenden Einzelentzerrer weggelassen werden. Die Beziehungen (6.94) und (6.95) liefern dann

$$E_3(f) = E_2(f) = 0\,,$$
$$E_4(f) = E_1(f) = \frac{1}{2H_S(f)} = \frac{1}{H_ü(f-f_0)} = \frac{1}{H_ü(f+f_0)}. \qquad (6.96)$$

Im allgemeinen Fall, wenn der Übertragungsweg die Symmetriebedingung (6.78) nicht erfüllt, errechnen sich mit (6.84) und (6.85) zunächst

$$H_S^2(f) - H_D^2(f) = \frac{1}{4}H_ü(f-f_0)H_ü(f+f_0)$$

und damit aus (6.92) und (6.95)

$$E_1(f) = E_4(f) = \frac{1}{2H_ü(f+f_0)} + \frac{1}{2H_ü(f-f_0)}\,, \qquad (6.97)$$

$$E_2(f) = -E_3(f) = \frac{j}{2H_ü(f+f_0)} - \frac{j}{2H_ü(f-f_0)}. \qquad (6.98)$$

Die Einzelentzerrer haben Wirkungsfunktionen, die aus der um $\pm f_0$ verschobenen reziproken Wirkungsfunktion $H_ü(f)$ in einfacher Weise gebildet werden. Der Faktor j in (6.98) bedeutet, daß sich die Rollen von Realteil und Imaginärteil der komplexwertigen Funktionen $1/H_ü(f-f_0)$ und $-1/H_ü(f+f_0)$ vertauschen. Dieser Punkt wurde bereits anhand von Bild 6.11b und c erläutert.

Die Ergebnisse (6.94) bis (6.97) resultieren aus der harten Forderung, daß an den Ausgangsklemmen $(\overline{A})$ und $(\overline{B})$ des Entzerrers, siehe Bild 6.13, die gleichen Verhältnisse herrschen, die sich für $H_ü(f) \equiv 1$ an den Ausgangsklemmen (A) und (B) des Übertragungssystems in Bild 6.12 ergeben würden. Es ist bereits völlig ausreichend, wenn man die mildere Forderung aufstellt, daß in (6.88) der frequenzabhängige Faktor von $A^{(r)}(f)$, ergänzt um die Sendefilterwirkungsfunktion $G(f)$, also

$$G(f)\left[H_S(f)E_4(f) + \mathrm{j}H_D(f)E_2(f)\right] = H(f) \ , \qquad (6.99)$$

die erste Nyquistbedingung (4.33) erfüllt, und daß ferner der um $G(f)$ ergänzte Faktor von $A^{(i)}(f)$, also

$$G(f)\left[H_S(f)E_2(f) - \mathrm{j}H_D(f)E_4(f)\right] = H_K(f) \ , \qquad (6.100)$$

die Bedingung (4.36) für verschwindendes Übersprechen erfüllt. Diese Bedingungen zusammen mit der sinngemäß gleichen Forderung an (6.93) führen ebenfalls auf das Resultat in (6.95). Viele Überlegungen gestalten sich aber einfacher, wenn man die Beziehungen (6.97) und (6.98) betrachtet.

Die soweit durchgeführte Berechnung der Wirkungsfunktionen $E_4(f)$ bis $E_1(f)$ für eine ideale Entzerrung ging davon aus, daß die kreuzgekoppelte Anordnung in Bild 6.13 in Kette zur Schaltung in Bild 6.12 gelegt wird, d.h. daß die Ausgänge (A) und (B) in Bild 6.12 mit den Eingängen (A) und (B) in Bild 6.13 verbunden werden.

Ergänzend dazu sei jetzt noch der Fall betrachtet, daß die Demodulatorschaltung von Bild 6.5a verwendet wird, die einen Hilbert-Transformator benötigt, aber dafür ohne Tiefpässe auskommt, siehe Bild 6.14.

Das Spektrum $M_2(f)$ am Ausgang des Übertragungswegs ist nach (6.74)

$$\begin{aligned} M_2(f) = \frac{1}{2}\Big[&A^{(r)}(f-f_0) + A^{(r)}(f+f_0) + \\ &+ \mathrm{j}A^{(i)}(f-f_0) - \mathrm{j}A^{(i)}(f+f_0)\Big]H_{\ddot{u}}(f) \ . \end{aligned} \qquad (6.101)$$

Unter der Voraussetzung der Bandbegrenztheit in der Weise, daß $A(f-f_0)$ Spektralanteile nur bei positiven Frequenzen besitzt, folgt mit Bild 6.14b für die zugehörige Hilbert-Transformierte

$$\begin{aligned} \hat{M}_2(f) = M_2(f)\,H_H(f) = \frac{1}{2}\Big[&-\mathrm{j}A^{(r)}(f-f_0) + \mathrm{j}A^{(r)}(f+f_0) + \\ &+ A^{(i)}(f-f_0) + A^{(i)}(f+f_0)\Big]H_{\ddot{u}}(f) \ . \end{aligned}$$

Die Faltung dieser Spektren $M_2(f)$ und $\hat{M}_2(f)$ mit den Spektren der Cosinusschwingung und der negativen Sinusschwingung von (6.75) bzw. (6.81) liefert unter Beachtung der Signalüberlagerung in Bild 6.14a nach einer etwas längeren Rechnung das folgende Spektrum am Punkt (A′)

$$\begin{aligned} A_A(f) &= \frac{1}{2}A^{(r)}(f)[H_{\ddot{u}}(f-f_0) + H_{\ddot{u}}(f+f_0)] - \\ &\quad - \mathrm{j}\frac{1}{2}A^{(i)}(f)[H_{\ddot{u}}(f-f_0) - H_{\ddot{u}}(f+f_0)] \\ &= 2A^{(r)}(f)H_S(f) - \mathrm{j}2A^{(i)}(f)H_D(f) \ . \end{aligned} \qquad (6.102)$$

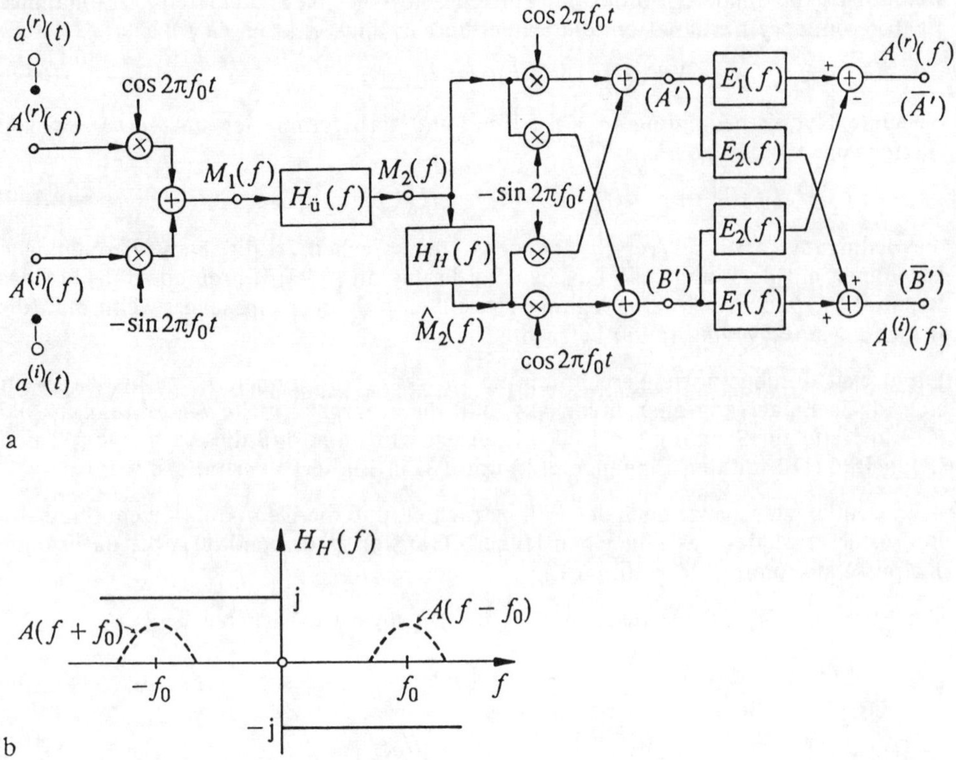

Bild 6.14 **(a) Signalentzerrung bei Verwendung der Demodulatorschaltung ohne Tiefpässe nach Bild 6.5a**
(b) Verlauf der Wirkungsfunktion des Hilbert-Transformators

Am Punkt (B′) ergibt sich

$$\begin{aligned} A_B(f) &= \frac{1}{2}A^{(i)}(f)[H_{ü}(f-f_0) + H_{ü}(f+f_0)] + \\ &\quad + j\frac{1}{2}A^{(r)}(f)[H_{ü}(f-f_0) - H_{ü}(f+f_0)] \\ &= 2A^{(i)}(f)H_S(f) + j2A^{(r)}(f)H_D(f) \ . \end{aligned} \qquad (6.103)$$

Hierin sind $H_S(f)$ und $H_D(f)$ wieder Abkürzungen gemäß (6.84) und (6.85). Es ergeben sich, abgesehen vom Faktor 2, dieselben Beziehungen wie in (6.86) und (6.87). Infolgedessen gelten die gleichen Resultate (6.97) und (6.98), die ausgehend von (6.86) und (6.87) hergeleitet wurden.

Statt der bisher betrachteten Entzerrung im Basisband kann eine Entzerrung auch im Übertragungsband durchgeführt werden, also vor der Demodulation. In diesem Fall wird eine ideale Entzerrung mit der Bandpaß-Entzerrerwirkungsfunktion

$$E_B(f) = \frac{1}{H_{ü}(f)} \tag{6.104}$$

erreicht.

Die Wirkungsfunktionen $E_1(f)$ und $E_2(f)$ der Einzelentzerrer im Basisband (6.97) und (6.98) ergeben sich durch Faltung von $1/H_{ü}(f)$ mit den Spektren der Cosinusschwingung und negativen Sinusschwingung von (6.75) und (6.81). Das entspricht einer Bandpaß-Tiefpaß-Transformation, auf die in den nächsten drei Abschnitten näher eingegangen wird.

Da eine Signalverzögerung im allgemeinen zulässig ist, können die Beziehungen (6.97), (6.98) und (6.104) noch mit einem Laufzeitterm multipliziert werden. Für (6.104) heißt das

$$E_B(f) = \frac{e^{j2\pi f\vartheta}}{H_{ü}(f)} , \tag{6.105}$$

wobei ϑ die Signalverzögerung kennzeichnet.

Die Entzerrerwirkungsfunktionen (6.97), (6.98), (6.104) bzw. (6.105) lassen sich im allgemeinen nicht exakt, sondern nur approximativ verwirklichen, und zwar um so genauer, je größer die zugelassene Signalverzögerung ϑ ist, siehe z.B. Abschnitt 1.5. Bei adaptiver Entzerrung sind deshalb solche Adaptionsverfahren günstig, die beliebige Signalverzögerungen zulassen. Dazu gehören die Invariantenkriterien, vgl. Abschnitt 5.1. Zusätzliche Erleichterungen ergeben die milderen Forderungen an (6.99) und (6.100).

6.6 Allgemeines Bandpaßsystem und äquivalentes Tiefpaßsystem

Bei der einkanaligen Übertragung von modulierten Datensignalen erwies sich die Betrachtung der äquivalenten Basisbandübertragung als sehr praktisch. Wie Bild 6.9 verdeutlichte, ließ sich dadurch die Theorie der Basisband-Entzerrer auf die Entzerrung des Bandpaßsystems übertragen.

Bei der zweikanaligen Übertragung von modulierten Datensignalen läßt sich ebenfalls eine äquivalente Basisbandübertragung mit Vorteil verwenden, wobei aber jetzt im äquivalenten Basisband mit komplexwertigen Zeitfunktionen gearbeitet wird. Der Realteil der komplexen Basisband-Zeitfunktion gilt für den Kophasalzweig, der Imaginärteil für den Quadraturzweig, siehe Bild 6.3 und Bild 6.4.

Ein einfacher Zugang zu komplexen Basisband-Zeitfunktionen ergibt sich aus der Betrachtung der Wirkungsfunktion $H_B(f)$ eines allgemeinen Bandpaßsystems. Das allgemeine Bandpaßsystem sei dabei dadurch definiert, daß es nicht in der Lage ist, Signalkomponenten der Frequenz Null zu übertragen, und daß es eine endliche Bandbreite hat. Ansonsten aber soll $H_B(f)$ einen geraden Realteil und einen ungeraden Imaginärteil bezüglich $f = 0$ besitzen. Ein Beispiel für eine Wirkungsfunktion $H_B(f)$ zeigt Bild 6.15a.

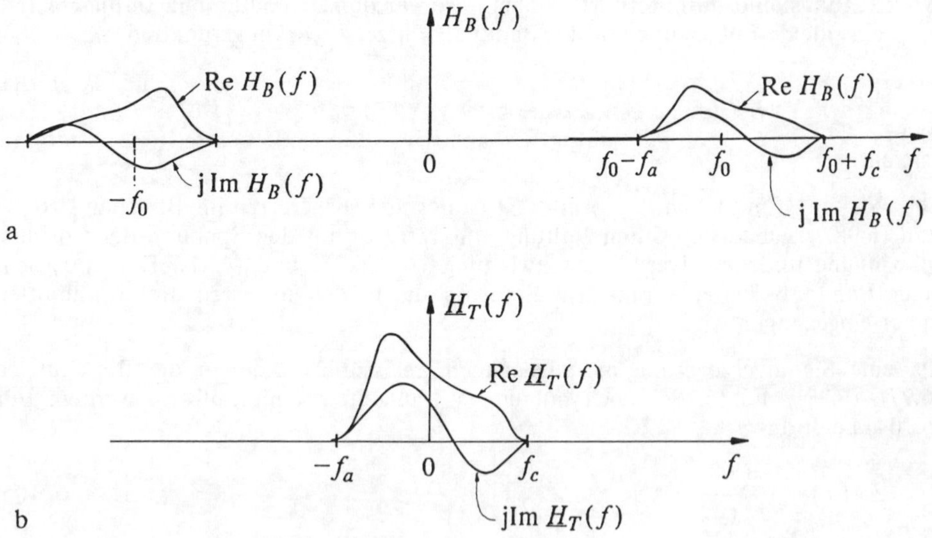

Bild 6.15 **Wirkungsfunktion**
(a) eines physikalischen Bandpaßsystems
(b) eines nichtphysikalischen äquivalenten Tiefpaßsystems

Wählt man im Übertragungsbereich des Bandpaßsystems willkürlich eine Frequenz f_0 aus, dann sei mit f_0 und der gegebenen Bandpaßwirkungsfunktion $H_B(f)$ eine äquivalente Tiefpaßfunktion $\underline{H}_T(f)$ festgelegt. Die Festlegung sei derart vereinbart, daß

$$\begin{aligned} \text{Re } H_B(f) &= \frac{1}{2}\text{Re } \underline{H}_T(f-f_0) + \frac{1}{2}\text{Re } \underline{H}_T(-f-f_0) \\ \text{Im } H_B(f) &= \frac{1}{2}\text{Im } \underline{H}_T(f-f_0) - \frac{1}{2}\text{Im } \underline{H}_T(-f-f_0) \end{aligned} \tag{6.106}$$

gelten soll. Die Gleichungen (6.106) lassen sich auch zusammenfassen zu

$$H_B(f) = \frac{1}{2}\underline{H}_T(f-f_0) + \frac{1}{2}\underline{H}_T^*(-f-f_0) \; . \tag{6.107}$$

Das äquivalente Tiefpaßsystem wird also so gewählt, daß sich aus $\underline{H}_T(f)$ durch Verschiebung um f_0 nach rechts wieder die Bandpaßwirkungsfunktion $2H_B(f)$ bei positiven Frequenzen ergibt. Durch Spiegelung der Funktionswerte von $H_B(f)$ an $f=0$, d.h. durch Ersetzen von f durch $-f$ und anschließende Bildung der konjungiert komplexen Werte erhält man dann $H_B(f)$ bei negativen Frequenzen, denn $H_B(f)$ soll als Funktion eines physikalischen Systems die Bedingung

$$H_B^*(-f) = H_B(f) \circ\!-\!\bullet \; h_B(t) \tag{6.108}$$

erfüllen. Die Impulsantwort $h_B(t)$ des physikalisch gegebenen Bandpaßsystems muß selbstverständlich reell sein.

Die vom gegebenen Bandpaßsystem und der gewählten Frequenz f_0 gebildete äquivalente Tiefpaßwirkungsfunktion $\underline{H}_T(f)$ hat im allgemeinen nicht einen geraden Realteil und auch nicht einen ungeraden Imaginärteil. Um an diesen Unterschied zu erinnern, wird die Unterstreichung benutzt. Der Sonderfall eines physikalischen Tiefpaßsystems mit reeller Impulsantwort

$$\underline{H}_T^*(-f) = \underline{H}_T(f) = H_T(f) \circ\!\!-\!\!\bullet\; h_T(t) \tag{6.109}$$

ergibt sich lediglich für die symmetrische Bandpaßfunktion

$$H_B^*(f_0 - f) = H_B(f_0 + f) \quad , \tag{6.110}$$

welche zugleich auch die Bedingung für verschwindendes Übersprechen zwischen Kopahasalzweig und Quadraturzweig darstellt, siehe (6.80). •

Weil das gemäß (6.107) konstruierte äquivalente Basisbandsystem im allgemeinen nicht die Eigenschaft (6.109) besitzt, wird das äquivalente Basisbandsystem im allgemeinen auch keine reellwertige Impulsantwort $h_T(t)$ besitzen, sondern eine komplexwertige $\underline{h}_T(t)$. Es wird also im allgemeinen

$$\underline{H}_T(f) \circ\!\!-\!\!\bullet\; \underline{h}_T(t) = h_T^{(r)}(t) + \mathrm{j}h_T^{(i)}(t) \tag{6.111}$$

sein, wobei $h_T^{(r)}$ den Realteil und $h_T^{(i)}$ den Imaginärteil von $\underline{h}_T$ bezeichnen.

Mit den folgenden Beziehungen der Fourier-Transformation für komplexe Zeitfunktionen [LUE 85]

$$\underline{S}(f - f_0) \circ\!\!-\!\!\bullet\; \underline{s}(t)\,\mathrm{e}^{\mathrm{j}2\pi f_0 t} \tag{6.112}$$

$$\underline{S}^*(-f) \circ\!\!-\!\!\bullet\; \underline{s}^*(t) \tag{6.113}$$

errechnet sich aus (6.107) die reelle Impulsantwort des Bandpaßsystems zu

$$h_B(t) = \frac{1}{2}\underline{h}_T(t)\,\mathrm{e}^{\mathrm{j}2\pi f_0 t} + \frac{1}{2}\underline{h}_T^*(t)\,\mathrm{e}^{-\mathrm{j}2\pi f_0 t} = \mathrm{Re}\,\{\underline{h}_T(t)\,\mathrm{e}^{\mathrm{j}2\pi f_0 t}\} \quad . \tag{6.114}$$

Mit (6.111) folgt hieraus

$$h_B(t) = h_T^{(r)}(t)\,\cos 2\pi f_0 t - h_T^{(i)}(t)\,\sin 2\pi f_0 t \quad . \tag{6.115}$$

Nachdem soweit die Wirkungsfunktion $H_B(f)$ eines Bandpaßsystems mit reeller Impulsantwort $h_B(t)$ und die dazugehörigen äquivalenten Tiefpaßgrößen $\underline{H}_T(f)$ und $\underline{h}_T(t)$ behandelt wurden, wird jetzt ein reelles Bandpaßsignal $x_B(t)$ betrachtet. Das reelle Bandpaßsignal besitze ein Fourier-Spektrum $X_B(f)$, das keine Spektralkomponenten im Bereich der Frequenz Null habe. In gleicher Weise wie für die Wirkungsfunktion $H_B(f)$ lassen sich auch für das Signalspektrum $X_B(f)$ und das Signal $x_B(t)$ äquivalente Tiefpaßgrößen $\underline{X}_T(f)$ bzw. $\underline{x}_T(t)$ angeben.

$$X_B(f) = \frac{1}{2}\underline{X}_T(f - f_0) + \frac{1}{2}\underline{X}_T^*(-f - f_0) \quad , \tag{6.116}$$

$$\begin{aligned} x_B(t) &= \mathrm{Re}\,\{\underline{x}_T(t)\,\mathrm{e}^{\mathrm{j}2\pi f_0 t}\} \\ &= x_T^{(r)}(t)\,\cos 2\pi f_0 t - x_T^{(i)}(t)\,\sin 2\pi f_0 t \end{aligned} \tag{6.117}$$

mit

$$\underline{x}_T(t) = x_T^{(r)}(t) + \mathrm{j}x_T^{(i)}(t) \circ\!\!-\!\!\bullet\ \underline{X}_T(f). \tag{6.118}$$

Es sei bemerkt, daß man auch umgekehrt zwei beliebige bandbegrenzte Tiefpaßfunktionen $x_T^{(r)}(t)$ und $x_T^{(i)}(t)$ als Real- und Imaginärteil von $\underline{x}_T(t)$ vorgeben kann. Stets ergibt sich daraus mit (6.117) ein reelles Bandpaßsignal $x_B(t)$, dessen Spektrum $X_B(f)$ im Bereich der Frequenz Null keine Spektralkomponenten hat, wenn f_0 größer ist als die höchste obere Bandgrenze der Signale $x_T^{(r)}(t)$ und $x_T^{(i)}(t)$. Dies ist wichtig, wenn das Bandpaßsignal eine modulierte Schwingung $m(t)$ gemäß (6.15) bzw. (6.26) sein soll, dessen Kophasalkomponente $a^{(r)}(t) = x_T^{(r)}(t)$ und dessen Quadraturkomponente $a^{(i)}(t) = x_T^{(i)}(t)$ unabhängig voneinander gebildet werden.

Wird das Bandpaßsignal $x_B(t) \circ\!\!-\!\!\bullet\ X_B(f)$ über das Bandpaßsystem der Wirkungsfunktion $H_B(f) \circ\!\!-\!\!\bullet\ h_B(t)$ übertragen, dann errechnet sich das Ausgangssignal $y_B(t) \circ\!\!-\!\!\bullet\ Y_B(f)$ mit den Beziehungen

$$Y_B(f) = H_B(f)X_B(f) \ , \tag{6.119}$$

$$y_B(t) = h_B(t) * x_B(t) \ . \tag{6.120}$$

Mit (6.107) und (6.116) folgt aus (6.119)

$$Y_B(f) = \frac{1}{4}\underline{H}_T(f-f_0)\underline{X}_T(f-f_0) + \frac{1}{4}\underline{H}_T^*(-f-f_0)\underline{X}_T^*(-f-f_0) \ , \tag{6.121}$$

weil die Produkte $\underline{H}_T(f-f_0)\underline{X}_T^*(-f-f_0)$ und $\underline{H}_T^*(-f-f_0)\underline{X}_T(f-f_0)$ null ergeben, da sich die betreffenden Spektralfunktionen nicht überlappen.

Wird auch das Ausgangsspektrum $Y_B(f)$ durch das äquivalente Tiefpaßspektrum $\underline{Y}_T(f)$ ausgedrückt,

$$Y_B(f) = \frac{1}{2}\underline{Y}_T(f-f_0) + \frac{1}{2}\underline{Y}_T^*(-f-f_0) \ , \tag{6.122}$$

dann resultiert aus dem Vergleich von (6.121) und (6.122)

$$\underline{Y}_T(f) = \frac{1}{2}\underline{H}_T(f)\underline{X}_T(f) \ . \tag{6.123}$$

Für die korrespondierenden Zeitfunktionen des äquivalenten Tiefpaßsystems gilt entsprechend

$$\underline{y}_T(t) = \frac{1}{2}\underline{h}_T(t) * \underline{x}_T(t) \ . \tag{6.124}$$

Aus dem komplexwertigen äquivalenten Tiefpaßsignal $\underline{y}_T(t)$ ergibt sich das reelle Bandpaßsignal $y_B(t)$ entsprechend (6.114) bzw. (6.117) zu

$$\begin{aligned} y_B(t) &= \mathrm{Re}\,\{\underline{y}_T(t)\,e^{\mathrm{j}2\pi f_0 t}\} \\ &= y_T^{(r)}(t)\,\cos 2\pi f_0 t - y_T^{(i)}(t)\,\sin 2\pi f_0 t \ , \end{aligned} \tag{6.125}$$

wobei $y_T^{(r)}(t)$ der Realteil und $y_T^{(i)}(t)$ der Imaginärteil von $\underline{y}_T(t)$ sind.

6.7 Beschreibung der Zwei-Kanal-Übertragung mit komplexen Signalen

Betrachtet wird das Zwei-Kanal-System von Bild 6.16. Ein solches System wurde in einfacherer Form bereits in Bild 6.12 gezeigt und zur Beschreibung der Zwei-Kanal-Übertragung und des möglichen Übersprechens benutzt. Die Schaltung in Bild 6.16 ist gegenüber derjenigen von Bild 6.12 in verschiedenen Punkten ergänzt worden. Den beiden Eingängen sind Sendefilter der reellen Impulsantwort $g(t)$ vorgeschaltet. Diese sollen zum Ausdruck bringen, daß man sich die beiden Basisband-Datensignale am Eingang, nämlich

$$a^{(r)}(t) = \sum_{\nu} a_{\nu}^{(r)} g(t - \nu T) \tag{6.126}$$

$$a^{(i)}(t) = \sum_{\nu} a_{\nu}^{(i)} g(t - \nu T) \tag{6.127}$$

aus zwei Folgen von gewichteten Dirac-Impulsen entstanden denken kann. Die zu übertragende digitale Information steckt in den Gewichtsfaktoren $a_{\nu}^{(r)}$ und $a_{\nu}^{(i)}$. Wählt man diese aus der Menge der Gitterpunkte in Bild 6.8b, dann liegt ein allgemeines 16-QAM-System vor, auch wenn die Grundimpulsform $g(t)$ jetzt nicht mehr rechteckförmig sein muß, wie das in (6.34) vorgegeben war. Eine stetige oder weiche Grundimpulsform ergibt ein schärfer begrenztes Spektrum bei der modulierten Schwingung $m(t)$.

Die Schaltung in Bild 6.16 ist gegenüber derjenigen in Bild 6.12 zudem noch dadurch erweitert, daß Bandpaß-Störungen $n_B(t)$ und Schwankungen des Nullphasenwinkels Θ, die besonders auf Übertragungswegen des Richtfunks hinzutreten können, berücksichtigt werden. Außerdem ist die Empfangsseite durch einen Entzerrer ergänzt. Wenn der Übertragungsweg keine Verzerrungen und keine Schwankungen des Nullphasenwinkels hervorruft, dann kann der Entzerrer entfallen, wenn die Wirkungsfunktion $T(f)$ der Tiefpässe so beschaffen ist, daß das Produkt $G(f)T(f)$ aus Sendefilterfunktion und Tiefpaßfunktion ein Nyquistfilter entsprechend Abschnitt 4.4 ergibt [NDN 86]. Die optimale Wahl der Funktion $G(f)$ für ein vorgeschriebenes Produkt kann gemäß Abschnitt 4.6 erfolgen. Wenn der Übertragungsweg aber Verzerrungen und Phasendrift liefert, die zu Übersprechen zwischen Kophasal- und Quadraturzweig führen, dann werden die Verhältnisse komplizierter.

Im Bild 6.16 ist ferner angegeben, daß man das ganze System auf verschiedene Weise unterteilen kann. Abhängig von der Unterteilung lassen sich die Teile und das ganze System mit unterschiedlichem Aufwand analysieren. In diesem Abschnitt werden die Bandpaß-Datenquelle und der Bandpaß-Übertragungsweg mit der Methode der äquivalenten Basisbandbetrachtung analysiert [FAL 76], weil dabei die Übersprechphänomene besonders deutlich erkennbar werden. Dazu werden die Kophasalkomponente $a^{(r)}(t)$ und die Quadraturkomponente $a^{(i)}(t)$ von (6.126) und (6.127) entsprechend (6.25) als Real- und Imaginärteil einer komplexen Hüllkurve $\underline{a}(t)$ aufgefaßt

$$\underline{a}(t) = a^{(r)}(t) + \mathrm{j}a^{(i)}(t) = \sum_{\nu} \underline{a}_{\nu} g(t - \nu T) \tag{6.128}$$

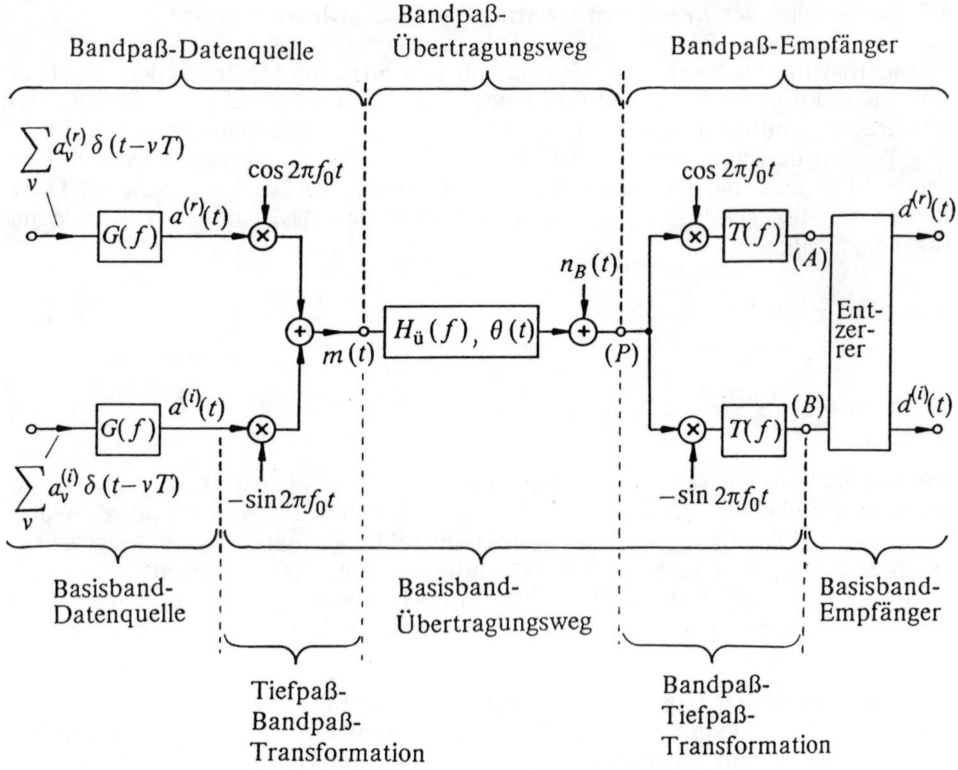

Bild 6.16 Zur Analyse einer verzerrten und gestörten Zwei-Kanal-Übertragung

mit

$$\underline{a}_\nu = a_\nu^{(r)} + \mathrm{j}a_\nu^{(i)} \quad . \tag{6.129}$$

Die reellwertige modulierte Schwingung $m(t)$ am Anfang des Übertragungswegs lautet nun

$$\begin{aligned} m(t) &= a^{(r)}(t)\,\cos 2\pi f_0 t - a^{(i)}(t)\,\sin 2\pi f_0 t \\ &= \mathrm{Re}\,\{\underline{a}(t)\,\mathrm{e}^{\mathrm{j}2\pi f_0 t}\} = \mathrm{Re}\,\underline{m}(t) \quad . \end{aligned} \tag{6.130}$$

Der Vergleich mit (6.117) zeigt, daß $m(t)$ ein Bandpaßsignal ist und $\underline{a}(t)$ das dazugehörige äquivalente Tiefpaßsignal.

Der ungestörte Übertragungsweg ohne Phasendrift habe die Bandpaß-Impulsantwort

$$h_B(t) \circ\!\!-\!\!\bullet\; H_{\ddot{u}}(f) \tag{6.131}$$

mit der zugehörigen äquivalenten Tiefpaß-Impulsantwort

$$\underline{h}_T(t) = h_T^{(r)}(t) + \mathrm{j}h_T^{(i)}(t) \quad , \tag{6.132}$$

welche mit $h_B(t)$ über die Beziehung

$$h_B(t) = \mathrm{Re}\,\{\underline{h}_T(t)\,\mathrm{e}^{\mathrm{j}2\pi f_0 t}\} \tag{6.133}$$

verknüpft ist.

Das äquivalente Tiefpaß-Ausgangssignal $\underline{v}_T(t)$ am Ende des ungestörten Übertragungswegs ohne Phasendrift errechnet sich nun entsprechend (6.124) durch Faltung von $\underline{a}(t)$ und $\underline{h}_T(t)$.

$$\begin{aligned}\underline{v}_T(t) &= \frac{1}{2}\underline{a}(t) * \underline{h}_T(t) = \frac{1}{2}[a^{(r)}(t) + \mathrm{j}a^{(i)}(t)] * [h_T^{(r)}(t) + \mathrm{j}h_T^{(i)}(t)] \\ &= v_T^{(r)}(t) + \mathrm{j}v_T^{(i)}(t)\end{aligned} \tag{6.134}$$

mit

$$v_T^{(r)}(t) = \frac{1}{2}a^{(r)}(t) * h_T^{(r)}(t) - \frac{1}{2}a^{(i)}(t) * h_T^{(i)}(t) \tag{6.135}$$

$$v_T^{(i)}(t) = \frac{1}{2}a^{(r)}(t) * h_T^{(i)}(t) + \frac{1}{2}a^{(i)}(t) * h_T^{(r)}(t)\ . \tag{6.136}$$

Der Realteil $v_T^{(r)}(t)$ von $\underline{v}_T(t)$ hängt also über $h_T^{(i)}(t)$ auch vom Imaginärteil $a^{(i)}(t)$ ab. Ebenso hängt der Imaginärteil $v_T^{(i)}(t)$ über $h_T^{(i)}(t)$ vom Realteil $a^{(r)}(t)$ ab. Diese Abhängigkeit verursacht Übersprechen zwischen Kophasal- und Quadraturzweig. Sie verschwindet für $h_T^{(i)}(t) \equiv 0$, also für eine reellwertige äquivalente Tiefpaß-Impulsantwort $\underline{h}_T(t) = h_T(t)$. Diese Bedingung war schon mit (6.109) als Bedingung für verschwindendes Übersprechen erkannt worden.

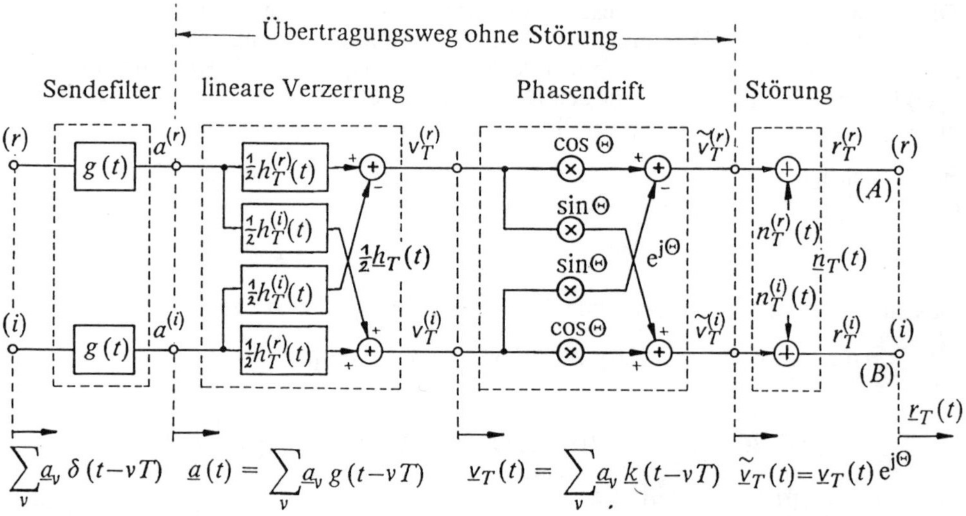

Bild 6.17 **Modell der äquivalenten Basisbandübertragung der Zwei-Kanal-Übertragung von Bild 6.16 ohne Entzerrung und ohne Berücksichtigung der Signalformung durch $T(f)$**

Der Zusammenhang von (6.135) und (6.136) wird in Bild 6.17 durch die Kreuzkopplung im Block "lineare Verzerrung" dargestellt. In Bild 6.17 wird für den Realteil und den Imaginärteil eines komplexen Signals je ein eigener Pfad (r) und (i) verwendet. Das am Anfang des Übertragungswegs anliegende komplexe äquivalente Tiefpaßsignal $\underline{a}(t)$ denkt man sich entstanden als Antwort auf eine mit komplexen Faktoren $\underline{a}_\nu = a_\nu^{(r)} + \mathrm{j}a_\nu^{(i)}$ gewichtete Folge von Dirac-Impulsen. Das heißt: zu jedem Zeitpunkt νT wird auf den Eingang des Sendefilters im Pfad (r) ein mit dem reellen Faktor $a_\nu^{(r)}$ gewichteter Dirac-Impuls gegeben und gleichzeitig auf den Eingang des Sendefilters im Pfad (i) ein mit dem reellen Faktor $a_\nu^{(i)}$ gewichteter Dirac-Impuls.

Unter Berücksichtigung von (6.126) und (6.127) liefert die Ausführung der Faltung (6.134) ein komplexes äquivalentes Tiefpaßsignal der Form

$$\underline{v}_T(t) = \sum_\nu \underline{a}_\nu \, \underline{k}(t - \nu T) \quad . \tag{6.137}$$

Hierbei bedeutet $\underline{k}(t)$ die komplexe Impulsantwort der Teilstrecke, bestehend aus Sendefilter und Übertragungsweg ohne Phasendrift. Der Realteil von $\underline{k}(t)$ ergibt sich als Impulsantwort im Pfad (r), wenn auf die Eingänge (r) und (i) gleichzeitig je ein Dirac-Impuls vom Gewicht 1 gegeben wird. Zugleich ergibt sich der Imaginärteil von $\underline{k}(t)$ als Impulsantwort im Pfad (i).

Das mit (6.134) bzw. (6.137) berechnete äquivalente Tiefpaßsignal ist nur eine Rechengröße. Am Ende des realen ungestörten Bandpaß-Übertragungswegs erscheint in Wirklichkeit das reellwertige Bandpaß-Signal $v_B(t)$, das mit dem äquivalenten Tiefpaß-Signal $\underline{v}_T(t)$ gemäß (6.125) zusammenhängt:

$$v_B(t) = \mathrm{Re}\,\{\underline{v}_T(t)\,\mathrm{e}^{\mathrm{j}2\pi f_0 t}\} = \mathrm{Re}\;\underline{v}_B(t) \quad . \tag{6.138}$$

Die Komponenten des komplexen äquivalenten Tiefpaß-Signals $\underline{v}_T(t)$ würde man durch eine kohärente Demodulation des reellen Bandpaß-Signals $v_B(t)$ erhalten, was mit der Demodulationsschaltung in Bild 6.3 geschehen kann. Die Komponenten von $\underline{v}_T(t)$ könnte man aber auch mit der Demodulationsschaltung in Bild 6.5a gewinnen, in welcher zunächst das komplexe Bandpaß-Signal $\underline{v}_B(t)$ gebildet wird.

Berücksichtigt man die in Bild 6.16 eingetragene Drift des Nullphasenwinkels $\Theta(t)$, dann ergibt sich das Drift-behaftete Bandpaß-Signal

$$\tilde{v}_B(t) = \mathrm{Re}\,\{\underline{v}_T(t)\,\mathrm{e}^{\mathrm{j}(2\pi f_0 t + \Theta)}\} = \mathrm{Re}\,\{\tilde{\underline{v}}_T(t)\,\mathrm{e}^{\mathrm{j}2\pi f_0 t}\} \quad . \tag{6.139}$$

Das zu $\tilde{v}_B(t)$ gehörende äquivalente Tiefpaß-Signal folgt daraus zu

$$\begin{aligned}\tilde{\underline{v}}_T(t) &= \underline{v}_T(t)\,\mathrm{e}^{\mathrm{j}\Theta} = [v_T^{(r)}(t) + \mathrm{j}v_T^{(i)}(t)][\,\cos\Theta + \mathrm{j}\,\sin\Theta]\\ &= [v_T^{(r)}(t)\,\cos\Theta - v_T^{(i)}(t)\,\sin\Theta] + \mathrm{j}[v_T^{(i)}(t)\,\cos\Theta + v_T^{(r)}(t)\,\sin\Theta]\\ &= \tilde{v}_T^{(r)}(t) + \mathrm{j}\tilde{v}_T^{(i)}(t)\end{aligned} \tag{6.140}$$

mit

$$\tilde{v}_T^{(r)}(t) = v_T^{(r)}(t)\,\cos\Theta - v_T^{(i)}(t)\,\sin\Theta \quad , \tag{6.141}$$

$$\tilde{v}_T^{(i)}(t) = v_T^{(i)}(t)\,\cos\Theta + v_T^{(r)}(t)\,\sin\Theta \quad . \tag{6.142}$$

Der Zusammenhang von (6.141) und (6.142) wird in Bild 6.17 durch den Block "Phasendrift" dargestellt. In realen Systemen ist $\Theta = \Theta(t)$ relativ langsam zeitveränderlich und beschreibt Schwankungen um eine Nullage mit einer Auslenkung bis zu 10 Grad [FAL 76], [QUR 85].

Zum Drift-behafteten Bandpaß-Signal $\tilde{v}_B(t)$ ist nach Bild 6.16 schließlich noch das überlagerte reelle Bandpaß-Rauschen $n_B(t)$ zu überlagern. Das liefert am Punkt (P)

$$\tilde{v}_B(t) + n_B(t) = \mathrm{Re}\,\{\tilde{\underline{v}}_T(t)\,\mathrm{e}^{\mathrm{j}2\pi f_0 t}\} + n_B(t) = \mathrm{Re}\,\{\tilde{\underline{v}}_T(t)\,\mathrm{e}^{\mathrm{j}2\pi f_0 t} + \underline{n}_B(t)\}$$

$$= \mathrm{Re}\,\{[\tilde{\underline{v}}_T(t) + \underline{n}_T(t)]\,\mathrm{e}^{\mathrm{j}2\pi f_0 t}\} \quad . \tag{6.143}$$

Hierin stellen $\underline{n}_B(t)$ ein komplexwertiges Bandpaß-Rauschen mit dem Realteil $n_B(t)$ dar und $\underline{n}_T(t)$ das zu $n_B(t)$ gehörige äquivalente Tiefpaß-Rauschen, siehe auch (6.61).

$$n_B(t) = \mathrm{Re}\,\underline{n}_B(t) = \mathrm{Re}\,\{\underline{n}_T(t)\,\mathrm{e}^{\mathrm{j}2\pi f_0 t}\}$$

$$= n_T^{(r)}(t)\cos 2\pi f_0 t - n_T^{(i)}(t)\sin 2\pi f_0 t \quad . \tag{6.144}$$

$$\underline{n}_T(t) = n_T^{(r)}(t) + \mathrm{j}n_T^{(i)}(t) \quad . \tag{6.145}$$

Die Demodulation mit der in Bild 6.16 eingezeichneten Demodulationsschaltung, welche dieselbe ist wie die in Bild 6.3, liefert am Ausgang (A) von Bild 6.16 den halben Realteil der äquivalenten Tiefpaßfunktion in (6.143), nämlich von

$$[\tilde{\underline{v}}_T(t) + \underline{n}_T(t)] = r_T^{(r)}(t) + \mathrm{j}r_T^{(i)}(t) = \underline{r}_T(t) \tag{6.146}$$

und am Ausgang (B) den halben Imaginärteil dieser Funktion. Würde man die Demodulationsschaltung von Bild 6.5 verwenden, dann ergäben sich an den Ausgängen die doppelten Funktionswerte, wovon der Störabstand aber unberührt bleibt.

Setzt man (6.140) und (6.137) in (6.146) ein, dann erhält man

$$\underline{r}_T(t) = \sum_{\nu} \underline{a}_\nu\, \underline{k}(t - \nu T)\,\mathrm{e}^{\mathrm{j}\Theta} + \underline{n}_T(t) \quad . \tag{6.147}$$

Vom gesendeten Basisbandsignal (6.128)

$$\underline{a}(t) = \sum_{\nu} \underline{a}_\nu g(t - \nu T) \tag{6.148}$$

weicht $\underline{r}_T(t)$ in dreierlei Weise ab. Der Einfluß der Verzerrungen hat in (6.147) zur Folge, daß $\underline{k}(t)$ statt $g(t)$ erscheint. Wegen des komplexen Charakters ist $\underline{k}(t)$ auch für Übersprechen verantwortlich. Der Einfluß der Drift bewirkt den multiplikativen Faktor $\mathrm{e}^{\mathrm{j}\Theta}$, der die Signalamplituden im Kophasalzweig und im Quadraturzweig verändert und darüberhinaus auch Übersprechen hervorruft. In dem Rechenmodell von Bild 6.17 kommen die durch lineare Verzerrung und die Phasendrift hervorgerufenen Übersprechphänomene durch die Diagonalpfade zum Ausdruck. Bei verschwindendem Übersprechen verschwinden auch die Diagonalpfade. Die dritte Abweichung besteht im additiven Rauschen $\underline{n}_T(t)$.

Der Einfluß der Drift läßt sich eliminieren, indem die kohärente Demodulation in (6.140) mit

$$e^{-j(2\pi f_0 t + \Theta)} \quad \text{statt mit} \quad e^{-j2\pi f_0 t} \tag{6.149}$$

durchgeführt wird. Das liefert an Stelle von (6.147)

$$\underline{r}_T(t) = \sum_{\nu} \underline{a}_\nu \, \underline{k}(t - \nu T) + \underline{n}_T(t)\, e^{-j\Theta} \quad . \tag{6.150}$$

Hiervon bleiben die mittleren Leistungen der Rauschanteile, die der reellen Signalkomponente und der imaginären Signalkomponente in (6.150) überlagert sind, unbeeinflußt. Dies läßt sich mit der von (6.61) bis (6.64) durchgeführten Betrachtung nachweisen.

Die Minderung der Verzerrungen läßt sich adaptiv durchführen. Im nächsten Abschnitt 6.8 wird die Entzerrung im Basisband, also am komplexen Signal $\underline{r}_T(t)$ vorgenommen.

6.8 Adaptive Entzerrung komplexer Datensignale im Basisband

Die Entzerrung komplexer Zeitfunktionen der Zweikanalübertragung erfordert die kreuzgekoppelte Struktur von Bild (6.13). Bei idealer Entzerrung gilt jedoch nach (6.95)

$$E_1(f) = E_4(f) \quad \text{und} \quad E_2(f) = -E_3(f).$$

Es sind also je zwei Entzerrerfunktionen gleich. Das Minuszeichen bei $E_3(f)$ kann man dadurch berücksichtigen, daß in Bild 6.13 das Addierglied vor dem unteren Ausgang ($\overline{B}$) durch ein Subtrahierglied ersetzt wird.

Der Schaltungsaufwand läßt sich bis zu einem gewissen Grad noch dadurch weiter reduzieren, daß für E_4 und E_3 gleiche Verzweigungsfilter entsprechend Bild 2.1 verwendet werden. Auf diese Weise ergibt sich die Struktur von Bild 6.18. Die Gleichheit der obigen Filterfunktionen ist durch die Gleichheit der betreffenden Filterkoeffizienten berücksichtigt.

Wenn an den Koeffizientenstellern des oberen Pfads die Signale $r_k^{(r)}(t)$ und an den Koeffizientenstellern des unteren Pfads die Signale $r_k^{(i)}(t)$ liegen, dann berechnen sich die Ausgangssignale $d_T^{(r)}(t)$ und $d_T^{(i)}(t)$, welche dem Detektor zugeführt werden, zu

$$d_T^{(r)}(t) = \sum_{k=0}^{N} c_k^{(r)} r_k^{(r)}(t) + \sum_{k=0}^{N} c_k^{(i)} r_k^{(i)}(t), \tag{6.151}$$

$$d_T^{(i)}(t) = \sum_{k=0}^{N} c_k^{(r)} r_k^{(i)}(t) - \sum_{k=0}^{N} c_k^{(i)} r_k^{(r)}(t). \tag{6.152}$$

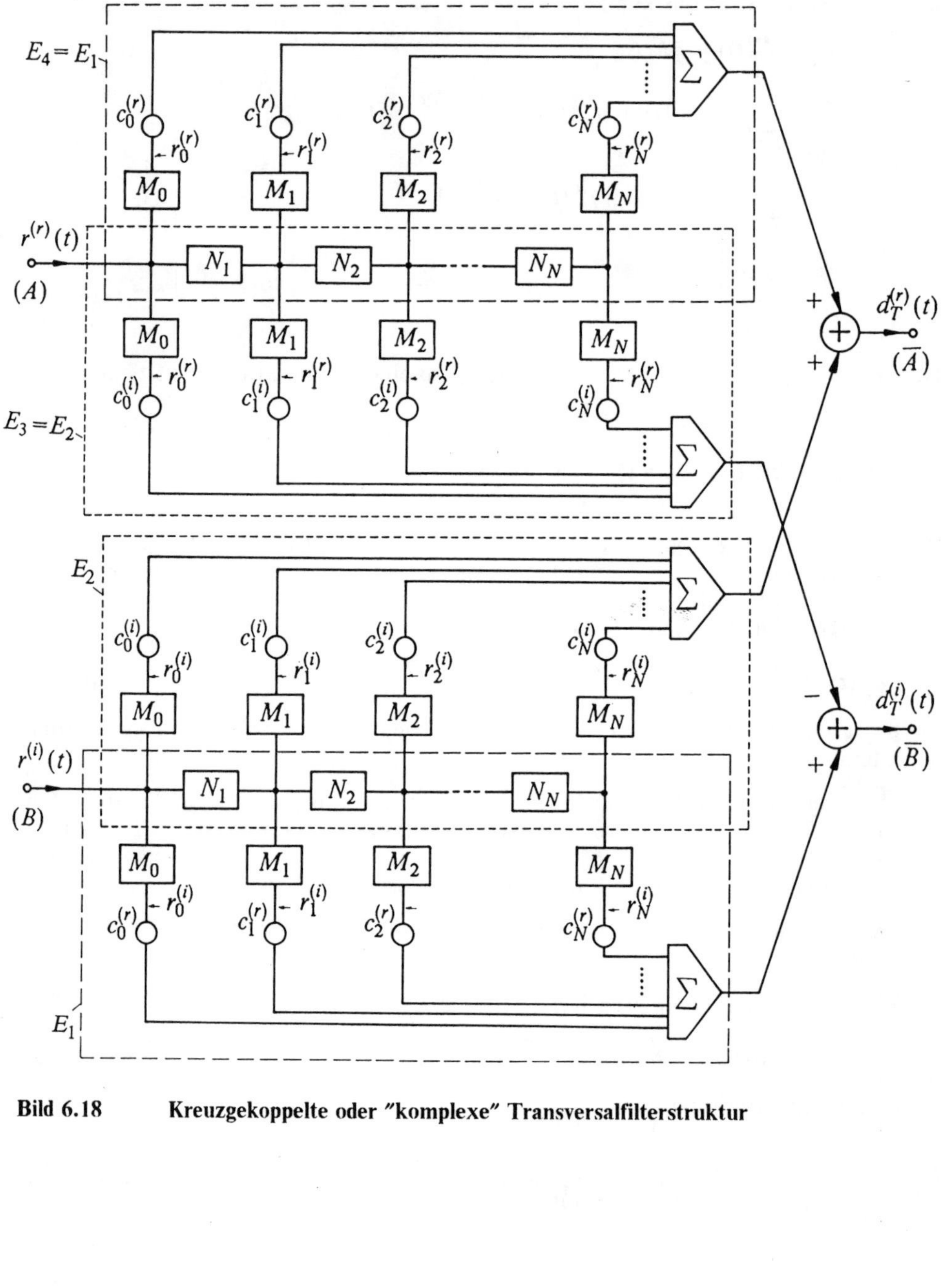

Bild 6.18 **Kreuzgekoppelte oder "komplexe" Transversalfilterstruktur**

Damit erhält man für das komplexe Entzerrerausgangssignal am Detektoreingang

$$\begin{aligned} \underline{d}_T(t) &= d_T^{(r)}(t) + \mathrm{j}d_T^{(i)}(t) = \\ &= \sum_{k=0}^{N} c_k^{(r)}[r_k^{(r)}(t) + \mathrm{j}r_k^{(i)}(t)] - \mathrm{j}\sum_{k=0}^{N} c_k^{(i)}[r_k^{(r)}(t) + \mathrm{j}r_k^{(i)}(t)] \\ &= \sum_{k=0}^{N} [c_k^{(r)} - \mathrm{j}c_k^{(i)}][r_k^{(r)}(t) + \mathrm{j}r_k^{(i)}(t)] \\ &= \sum_{k=0}^{N} \underline{c}_k^{*}\, \underline{r}_k(t) \ . \end{aligned} \tag{6.153}$$

Hierbei sind die Filterkoeffizienten $c_k^{(r)}$ und $c_k^{(i)}$ zu einem komplexen Koeffizienten

$$\underline{c}_k = c_k^{(r)} + \mathrm{j}c_k^{(i)} \tag{6.154}$$

zusammengefaßt. Der Stern (*) drückt wieder aus, daß der konjugiert komplexe Wert gemeint ist.

Wie in Abschnitt 5.8 können die einzelnen komplexen Koeffizienten zu einem komplexen Koeffizientenvektor $\vec{\underline{c}}$ und die Teilsignale an den Koeffizientenstellern zu einem komplexen Signalvektor $\vec{\underline{r}}(t)$ zusammengefaßt werden. Das komplexe Ausgangssignal $\underline{d}_T(t)$ ergibt sich dann als Skalarprodukt

$$\underline{d}_T(t) = \vec{\underline{c}}^{\,t}\, \vec{\underline{r}}(t) \ , \tag{6.155}$$

wobei der hochgestellte Index t diesmal die konjugiert komplexe Transponierung bedeutet.

(6.155) unterscheidet sich von (5.118) in Abschnitt 5.8 einzig und allein dadurch, daß jetzt die Teilsignale und Filterkoeffizienten komplex sind, während sie in (5.118) reell sind. Die Erweiterung ins Komplexe berücksichtigt, daß jetzt zwei Datenkanäle vorliegen, während in Abschnitt 5.8 nur ein Kanal vorgelegen hat.

Die weiteren Berechnungen können nun analog zu denen in Abschnitt 5.8 durchgeführt werden.

So läßt sich mit dem komplexen Referenzsignal

$$\underline{s}_{ref}(t) = s_{ref}^{(r)}(t) + \mathrm{j}s_{ref}^{(i)}(t) \tag{6.156}$$

der mittlere quadratische Fehler

$$F = \frac{1}{T_B}\int_{t^{(i)}}^{t^{(i)}+T_B} \left|\underline{d}_T(t) - \underline{s}_{ref}(t)\right|^2 dt = \frac{1}{T_B}\int_{t^{(i)}}^{t^{(i)}+T_B} \left|\vec{\underline{c}}^{\,t}\,\vec{\underline{r}}_T(t) - \underline{s}_{ref}(t)\right|^2 dt \tag{6.157}$$

bilden, vgl. (5.119).

Dieses Fehlermaß setzt sich zusammen aus dem mittleren quadratischen Fehler der Realteile und dem mittleren quadratischen Fehler der Imaginärteile. Zum Nachweis dieser Aussage wird der Integrand in (6.157) wie folgt entwickelt:

$$\begin{aligned} |\underline{d}_T - \underline{s}_{ref}|^2 &= (\underline{d}_T - \underline{s}_{ref})(\underline{d}_T - \underline{s}_{ref})^* \\ &= (d_T^{(r)} + \mathrm{j}d_T^{(i)} - s_{ref}^{(r)} - \mathrm{j}s_{ref}^{(i)})(d_T^{(r)} - \mathrm{j}d_T^{(i)} - s_{ref}^{(r)} + \mathrm{j}s_{ref}^{(i)}) \\ &= [(d_T^{(r)} - s_{ref}^{(r)}) + \mathrm{j}(d_T^{(i)} - s_{ref}^{(i)})][(d_T^{(r)} - s_{ref}^{(r)}) - \mathrm{j}(d_T^{(i)} - s_{ref}^{(i)})] \\ &= [d_T^{(r)} - s_{ref}^{(r)}]^2 + [d_T^{(i)} - s_{ref}^{(i)}]^2 . \end{aligned} \qquad (6.158)$$

Damit folgt aus (6.157)

$$F(c_k^{(r)}, c_k^{(i)}) = F^{(r)}(c_k^{(r)}, c_k^{(i)}) + F^{(i)}(c_k^{(r)}, c_k^{(i)}) \qquad (6.159)$$

mit

$$F^{(r)}(c_k^{(r)}, c_k^{(i)}) = \frac{1}{T_B} \int_{t^{(i)}}^{t^{(i)} + T_B} (d_T^{(r)} - s_{ref}^{(r)})^2 \, dt , \qquad (6.160)$$

$$F^{(i)}(c_k^{(r)}, c_k^{(i)}) = \frac{1}{T_B} \int_{t^{(i)}}^{t^{(i)} + T_B} (d_T^{(i)} - s_{ref}^{(i)})^2 \, dt . \qquad (6.161)$$

Bei $F = 0$ müssen zugleich auch $F^{(r)} = 0$ und $F^{(i)} = 0$ sein. Beide Fehler $F^{(r)}$ und $F^{(i)}$ hängen von allen Filterkoeffizienten ab. Der mittlere quadratische Fehler einer reellen Signaldifferenz, also $F^{(r)}$ und $F^{(i)}$, ist in Abschnitt 5.8 ausführlich untersucht worden. Der Fehler erwies sich als konvexe Funktion aller Filterkoeffizienten. Also muß auch der Fehler F von (6.157) oder (6.159) als Summe zweier konvexer Funktionen konvex sein.

Die Minima von $F^{(r)}$ und $F^{(i)}$ liegen an den gleichen Stellen, d.h. bei den gleichen Koeffizientenwerten [LIM 81]. Durch Minimierung allein von $F^{(r)}$ wird zugleich auch $F^{(i)}$ minimiert und umgekehrt. Die gleiche Lage der Minima folgt aus der gleichen Beeinflussung der Pfade (r) und (i) in Bild 6.17 und aus der gleichen Wirkung des Entzerrers in Bild 6.18 auf die Pfade (r) und (i) . Auf Grund dieser Überlegungen ist es zweckmäßig, an Stelle von (6.157) die Beziehungen (6.159) bis (6.161) als primär zu betrachten.

Zusammenfassung und Fazit:

Die Zwei-Kanal-Übertragung mit komplexen Datensignalen ist mathematisch völlig gleichartig mit der Ein-Kanal-Übertragung mit reellen Datensignalen. Sie ist aufgrund der äquivalenten Tiefpaß-Übertragung mathematisch auch gleichartig mit der Übertragung reeller Datensignale im Basisband. Deshalb lassen sich alle in Kapitel 5 für die adaptive Entzerrung von Basisband-Datensignalen entwickelten Verfahren auf die adaptive Entzerrung komplexer Datensignale übertragen. Dazu sind die in Kapitel 5 beschriebenen Fehlermaße F der einkanaligen Übertragung durch zwei entsprechende Fehlermaße $F^{(r)}$ und $F^{(i)}$ der zweikanaligen Übertragung zu ersetzen

$$F(c_k) \rightarrow F^{(r)}(c_k^{(r)},\, c_k^{(i)})\,; \quad F^{(i)}(c_k^{(r)},\, c_k^{(i)})\,. \tag{6.162}$$

Hierbei ist $F^{(r)}$ das Fehlermaß für den ersten Kanal, d.h. für den Pfad (r), und $F^{(i)}$ das gleiche Fehlermaß für den zweiten Kanal, d.h. für den Pfad (i).

Bei Fehlermaßen, die kein Referenzsignal benötigen, sondern invariante Eigenschaften unverzerrter Datensignale nutzen, siehe Abschn. 5.1, sollten nicht nur aufeinanderfolgende Symbole im selben Pfad, sondern auch Symbole der verschiedenen Pfade (r) und (i) weitgehend statistisch unabhängig voneinander sein. Es muß sichergestellt sein, daß Übersprechanteile, die vom Pfad (i) in den Pfad (r) gelangen, den Wert des Fehlermaßes $F^{(r)}$ nur vergrößern, nicht verkleinern, und daß umgekehrt Übersprechanteile, die vom Pfad (r) in den Pfad (i) fließen, den Wert von $F^{(i)}$ vergrößern.

Beide Fehlermaße $F^{(r)}$ und $F^{(i)}$ können in geeigneter Weise zu einem einzigen Fehlermaß F zusammengefaßt werden. So ergibt sich beispielsweise aus der Summe von (6.160) und (6.161) das Maß (6.157). Wichtig ist vor allem, daß bei der Zusammenfassung wieder eine nichtnegative Größe entsteht, die ihr Minimum dann annimmt, wenn beide Signale optimal entzerrt sind.

Die Zusammenfassung zweier Fehlermaße $F^{(r)}$ und $F^{(i)}$ erlaubt bisweilen Modifikationen und zusätzliche Möglichkeiten, die beim einzelnen Fehlermaß nicht gegeben sind. Ein Beispiel dafür ist die Betragsmittelwertüberhöhung bei binären Basisbandsignalen (5.65) bzw. (5.78)

$$F = \hat{S}' - \overline{|d_\mu|} = \overline{|\hat{S}' - |d_\mu||}\ . \tag{6.163}$$

Eng verwandt ist damit das von E. Kettel [KET 64] verwendete Fehlermaß

$$F = \overline{||d_\mu^{(r)}| - |d_\mu^{(i)}||} \tag{6.164}$$

zur Entzerrung von 4-PSK-Signalen beim ersten adaptiven Entzerrer. Die Rolle des Spitzenwerts $\hat{S}'$ in (6.163) übernimmt in (6.164) der momentane Abtastwert d_μ vom jeweils anderen Kanal. Kettel hat die Entzerrung übrigens nicht mit einem kreuzgekoppelten Entzerrer im Basisband, sondern mit einem Entzerrer gemäß Bild 1.9 im Übertragungsband durchgeführt, siehe Abschn. 6.9.

Auch die nichtlineare Entzerrung im Basisband läßt sich auf die Entzerrung komplexer Datensignale übertragen. Dazu wird beim Entzerrer mit quantisierter Rückkopplung in Abschn. 5.9 der nichtrückgekoppelte Teil durch einen kreuzgekoppelten Echoentzerrer ersetzt [DEM 85].

6.9 Adaptive Entzerrung von Datensignalen im Bandpaßbereich

Die Entzerrung von modulierten Datensignalen einer Zweikanalübertragung im Bandpaßbereich muß - wie die Entzerrung im Basisband - zwei Aufgaben erfüllen, nämlich erstens die Signale beider Kanäle zu entzerren und zweitens das Übersprechen zwischen beiden Kanälen zu unterbinden. Diese zwei Aufgaben sind leichter zu erfüllen, wenn es möglich ist, beim Entzerrer zwei Koeffiziententypen zu unterscheiden, von denen der eine Typ ausschließlich oder vorwiegend der Signalentzerrung dient und der andere Typ ausschließlich oder vorwiegend der Unterdrückung des Übersprechens dient, wie das beim kreuzgekoppelten Entzerrer für das Basisband der Fall ist.

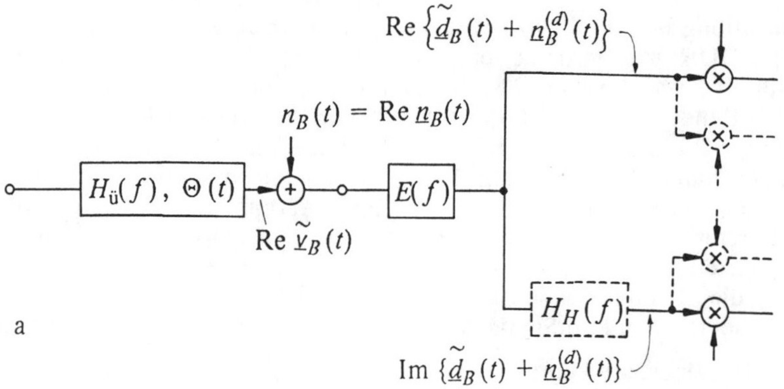

a

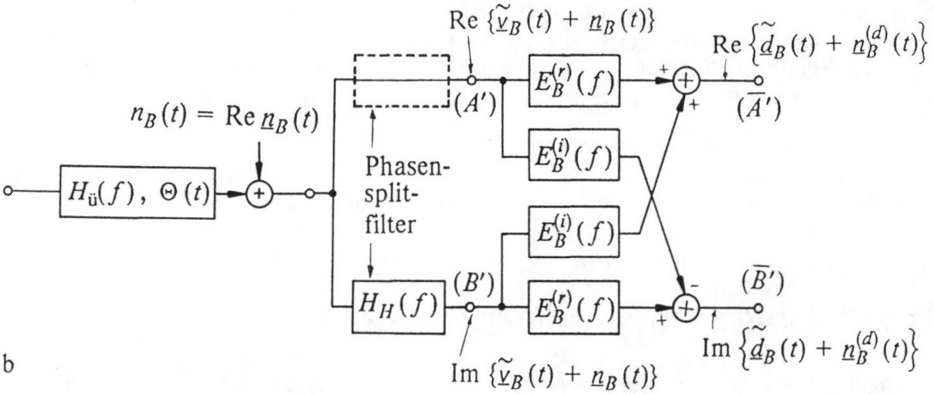

b

Bild 6.19 **Entzerrung im Bandpaßbereich**
(a) des reellen Empfangssignals mittels eines einpfadigen Entzerrers
(b) des komplexen Empfangssignals mittels eines kreuzgekoppelten Entzerrers

Bild 6.19a zeigt den Fall, daß der (einpfadige) Entzerrer der Wirkungsfunktion $\underline{E}(f)$ direkt in Kette zum Übertragungsweg der Wirkungsfunktion $H_{ü}(f)$ geschaltet ist. Hier wird nur der empfangene Realteil des verzerrten und gestörten komplexen Bandpaßsignals $\tilde{\underline{v}}_B(t) + \underline{n}_B(t)$ einer Signalfilterung durch $\underline{E}(f)$ unterzogen. Das Ergebnis der Filterung ist der Realteil des komplexen Bandpaßsignals $\tilde{\underline{d}}_B(t) + \underline{n}_B^{(d)}(t)$ am

Entzerrerausgang. Dieses Entzerrerausgangssignal, das die Störkomponente $\underline{n}_B^{(d)}(t)$ enthält, gelangt nach kohärenter Demodulation mit $e^{-j2\pi f_0 t}$ (oder wenn die Phasendrift berücksichtigt wird, nach kohärenter Demodulation mit $e^{-j(2\pi f_0 t + \Theta)}$) an den Detektoreingang . Die Imaginärteile der Signale am Entzerrereingang und am Entzerrerausgang treten physikalisch nicht in Erscheinung. Sie sind aber über die Hilbert-Transformation mit den zugehörigen Realteilen fest verknüpft. Die anschließende Demodulation kann wahlweise mit der Schaltung in Bild 6.3 erfolgen, die nur den Realteil des Entzerrerausgangssignals verwendet, oder sie kann mit der Schaltung in Bild 6.5a erfolgen, die den Realteil und den über einen Hilbert-Transformator $H_H(f)$ erzeugten zugehörigen Imaginärteil verwendet. Die Entzerrung gemäß Bild 6.19a ist wegen des geringen Entzerreraufwands attraktiv. Sie wurde von E. Kettel beim ersten adaptiven Entzerrer verwendet.

Aber auch die Schaltung in Bild 6.19b hat vielfältiges Interesse gefunden. Üblicherweise [FAL 76], [QUR 85] wird das empfangene Signal-Stör-Gemisch über ein Phasensplitfilter-Paar, siehe Abschn. 3.8, einem kreuzgekoppelten Entzerrer zugeführt. Neben einer Bandbegrenzung des Stör-Spektrums besorgt das Phasensplitfilter-Paar vor allem die Bildung zueinandergehörender Real- und Imaginärteilfunktionen. Der Einfachheit halber werden hier in Bild 6.19b als Phasensplitfilter-Paar eine durchgehende Leitung im oberen Pfad und ein Hilbert-Transformator im unteren Pfad gewählt. Letzterer liefert an seinem Ausgang den zum empfangenen Realteil gehörenden Imaginärteil des komplexen Bandpaßsignals $\underline{\tilde{v}}_B(t) + \underline{n}_B(t)$. Somit liegen beide Funktionen, die Realteilfunktion und die Imaginärteilfunktion, physikalisch vor. Das damit gebildete komplexe Signal wird alsdann mit einem kreuzgekoppelten Entzerrer entzerrt. Das entzerrte komplexe Bandpaßsignal $\underline{\tilde{d}}_B(t) + \underline{n}_B^{(d)}(t)$ gelangt dann nach kohärenter Demodulation an den Detektoreingang. Beim kreuzgekoppelten Bandpaß-Entzerrer haben die Teilentzerrer in den Horizontal- und Diagonalzweigen die gleichen Funktionen wie die betreffenden Teilentzerrer beim kreuzgekoppelten Basisband-Entzerrer. Bei geringem Übersprechen besorgen die Teilentzerrer $E_B^{(i)}(f)$ fast ausschließlich die Kompensation des Übersprechens, während die Teilentzerrer $E_B^{(r)}(f)$ fast ausschließlich der eigentlichen Signalentzerrung dienen.

Im Folgenden wird der Zusammenhang zwischen den kreuzgekoppelten Entzerrern im Bandpaßbereich und im Basisband dargestellt. Um die Darstellung nicht durch komplizierte Ausdrücke zu belasten, werden alle Signale als störfrei und driftfrei angesehen. Es sind also lediglich Verzerrungen vorhanden. Es gelten damit folgende Ersetzungen für die in Bild 6.19b eingetragenen Signale

$$\underline{\tilde{v}}_B(t) + \underline{n}_B(t) \;\rightarrow\; \underline{v}_B(t) = v_B^{(r)}(t) + \mathrm{j}v_B^{(i)}(t) \quad , \tag{6.165}$$

$$\underline{\tilde{d}}_B(t) + \underline{n}_B^{(d)}(t) \;\rightarrow\; \underline{d}_B(t) = d_B^{(r)}(t) + \mathrm{j}d_B^{(i)}(t) \quad . \tag{6.166}$$

Zu den reellwertigen Zeitfunktionen an den Punkten (A′), (B′), ($\overline{\text{A}}$′) und ($\overline{\text{B}}$′) gehören nachfolgende Fourier-Spektren

$$(A'):\; v_B^{(r)}(t) \circ\!\!-\!\!\bullet\; V_B^{(r)}(f) \quad ; \qquad (B'):\; v_B^{(i)}(t) \circ\!\!-\!\!\bullet\; V_B^{(i)}(f) \quad ; \tag{6.167}$$

$$(\overline{A}'):\; d_B^{(r)}(t) \circ\!\!-\!\!\bullet\; D_B^{(r)}(f) \quad ; \qquad (\overline{B}'):\; d_B^{(i)}(t) \circ\!\!-\!\!\bullet\; D_B^{(i)}(f) \quad . \tag{6.168}$$

Für den Zusammenhang der Spektren an den Ausgängen ($\bar{\mathrm{A}}'$) und ($\bar{\mathrm{B}}'$) mit den Spektren an den Eingängen (A′) und (B′) liest man aus Bild 6.19b ab

$$D_B^{(r)}(f) = V_B^{(r)}(f)E_B^{(r)}(f) + V_B^{(i)}(f)E_B^{(i)}(f) \;, \tag{6.169}$$

$$D_B^{(i)}(f) = V_B^{(i)}(f)E_B^{(r)}(f) - V_B^{(r)}(f)E_B^{(i)}(f) \;. \tag{6.170}$$

Faßt man die einzelnen Spektralfunktionen wie folgt zusammen

$$V_B^{(r)}(f) + \mathrm{j}V_B^{(i)}(f) = \underline{V}_B(f) \;, \qquad V_B^{(r)}(f) - \mathrm{j}V_B^{(i)}(f) = \underline{V}_B^{(*)}(f) \;, \tag{6.171}$$

$$D_B^{(r)}(f) + \mathrm{j}D_B^{(i)}(f) = \underline{D}_B(f) \;, \qquad D_B^{(r)}(f) - \mathrm{j}D_B^{(i)}(f) = \underline{D}_B^{(*)}(f) \;, \tag{6.172}$$

$$E_B^{(r)}(f) + \mathrm{j}E_B^{(i)}(f) = \underline{E}_B(f) \;, \qquad E_B^{(r)}(f) - \mathrm{j}E_B^{(i)}(f) = \underline{E}_B^{(*)}(f) \;, \tag{6.173}$$

dann lassen sich die Ergebnisse von (6.169) und (1.170) in der folgenden kompakten Form schreiben

$$\underline{D}_B(f) = \underline{V}_B(f)\underline{E}_B^{(*)}(f) \;. \tag{6.174}$$

Die Spektralfunktion $\underline{E}_B^{(*)}(f)$ ist nicht dasselbe wie die zu $\underline{E}_B(f)$ konjugiert komplexe Spektralfunktion $\underline{E}_B^*(f)$, weil bereits die Anteile $E_B^{(r)}(f)$ und $E_B^{(i)}(f)$ komplex sind. Dennoch sind die Zusammenfassungen (6.171) bis (6.173) und die resultierende Beziehung (6.174) sinnvoll, weil umgekehrt z.B. aus $\underline{V}_B(f)$ auf $V_B^{(r)}(f)$ und $V_B^{(i)}(f)$ geschlossen werden kann. Dazu werden sowohl der Realteil von $\underline{V}_B(f)$ als auch der Imaginärteil von $\underline{V}_B(f)$ in ihre geraden und ungeraden Teile zerlegt. Der gerade Teil des Realteils und der ungerade Teil des Imaginärteils bilden $V_B^{(r)}(f)$, der ungerade Teil des Realteils und der gerade Teil des Imaginärteils bilden $V_B^{(i)}(f)$.

Die Beziehung (6.174) ist das spektrale Gegenstück zur Zeitbereichsbeziehung (6.153). Die Beziehung (6.174) gilt allgemein für beliebige kreuzgekoppelte Entzerrer, also auch für den Basisband-Entzerrer in Bild 6.18. Schreibt man dort

$$r_T^{(r)}(t) + \mathrm{j}r_T^{(i)}(t) = \underline{r}_T(t) \circ\!\!-\!\!\bullet \; \underline{R}_T(f) \;, \tag{6.175}$$

$$d_T^{(r)}(t) + \mathrm{j}d_T^{(i)}(t) = \underline{d}_T(t) \circ\!\!-\!\!\bullet \; \underline{D}_T(f) \;, \tag{6.176}$$

dann gilt äquivalent zu (6.155)

$$\underline{D}_T(f) = \underline{R}_T(f)\underline{E}_T^{(*)}(f) \;. \tag{6.177}$$

Hierin ist, vergl. Bilder 6.18 und 6.13,

$$\underline{E}_T(f) = E_1(f) + \mathrm{j}E_2(f) \;. \tag{6.178}$$

Durch kohärente Demodulation des Bandpaßsignals am Entzerrerausgang, $\underline{d}_B(t) \circ\!\!-\!\!\bullet \; \underline{D}_B(f)$, ergibt sich das Basisbandsignal $\underline{d}_T(t)$ am Detektoreingang,

$$\underline{d}_T(t) = \underline{d}_B(t)\,\mathrm{e}^{-\mathrm{j}2\pi f_0 t} \;. \tag{6.179}$$

Durch Fourier-Transformation folgt daraus mit (6.174)

$$\underline{D}_T(f) = \underline{D}_B(f) \ast \delta(f + f_0) = \underline{D}_B(f + f_0) = \underline{V}_B(f + f_0)\,\underline{E}_B^{(*)}(f + f_0) \;. \tag{6.180}$$

(6.180) beschreibt den Zusammenhang zwischen dem Spektrum $\underline{D}_T(f)$ des komplexen Basisbandsignals am Detektoreingang und dem Spektrum $\underline{V}_B(f)$ des komplexen Bandpaßsignals am Entzerrereingang bei Entzerrung im Bandpaßbereich.

Zum Vergleich wird nun die Beziehung zwischen den gleichen Größen $\underline{D}_T(f)$ und $\underline{V}_B(f)$ hergeleitet für den Fall, daß die Entzerrung im Basisband erfolgt. Im stör- und driftfreien Fall gilt mit (6.146) und (6.143)

$$\underline{v}_B(t)\,\mathrm{e}^{-\mathrm{j}2\pi f_0 t} = \underline{r}_T(t) \ . \tag{6.181}$$

Durch Fourier-Transformation folgt

$$\underline{R}_T(f) = \underline{V}_B(f) \ * \ \delta(f+f_0) = \underline{V}_B(f+f_0) \tag{6.182}$$

und daraus mit (6.177)

$$\underline{D}_T(f) = \underline{V}_B(f+f_0)\,\underline{E}_T^{(*)}(f) \ . \tag{6.183}$$

Der Vergleich von (6.180) und (6.183) liefert als Zusammenhang zwischen den Wirkungsfunktionen kreuzgekoppelter Entzerrer im Bandpaßbereich $\underline{E}_B(f)$ und im Basisband $\underline{E}_T(f)$

$$\underline{E}_B(f+f_0) = \underline{E}_T(f) \ . \tag{6.184}$$

Wird der kreuzgekoppelte Entzerrer aus Echoentzerrern mit Laufzeitgliedern der Laufzeit

$$T = \frac{K}{f_0} \quad ; \quad K = \text{ganzzahlig} \ , \tag{6.185}$$

gebildet, dann gilt wegen der Periodizität seines Frequenzgangs (1.30)

$$\underline{E}_B(f) = \underline{E}_B(f + \frac{K}{T}) = \underline{E}_B(f+f_0) = \underline{E}_T(f) \ . \tag{6.186}$$

Derselbe kreuzgekoppelte Echoentzerrer kann deshalb wahlweise entweder vor der Demodulation im Bandpaßbereich oder nach der Demodulation im Basisband eingesetzt werden. In beiden Fällen führt die gleiche Koeffizienteneinstellung zum gleichen Ergebnis. Dieser Sachverhalt war bereits bei der Einkanalübertragung, siehe (6.57) bis (6.60), festgestellt worden.

Als nächstes wird nun ein Zusammenhang zwischen der Wirkungsfunktion $\underline{E}_T(f)$ des kreuzgekoppelten Entzerrers im Basisband und der Wirkungsfunktion $E(f)$ des einpfadigen Entzerrers im Bandpaßbereich gemäß Bild 6.19a hergeleitet. Dazu seien in beiden Fällen die kohärente Demodulation entsprechend Bild 6.3 und eine ungestörte und driftfreie Übertragung zugrundegelegt. Verglichen werden also die beiden Empfangsschaltungen in Bild 6.20.

Die Multiplikation des reellen Bandpaßsignals $v_B^{(r)}(t)$ mit $\cos 2\pi f_0 t$ bzw. $-\sin 2\pi f_0 t$ liefert am Eingang des oberen bzw. unteren Tiefpaßfilters $T(f)$ von Bild 6.20a das Spektrum

$$V_B^{(r)}(f) * \frac{1}{2}\{\delta(f-f_0) + \delta(f+f_0)\} = \frac{1}{2}V_B^{(r)}(f-f_0) + \frac{1}{2}V_B^{(r)}(f+f_0) \tag{6.187}$$

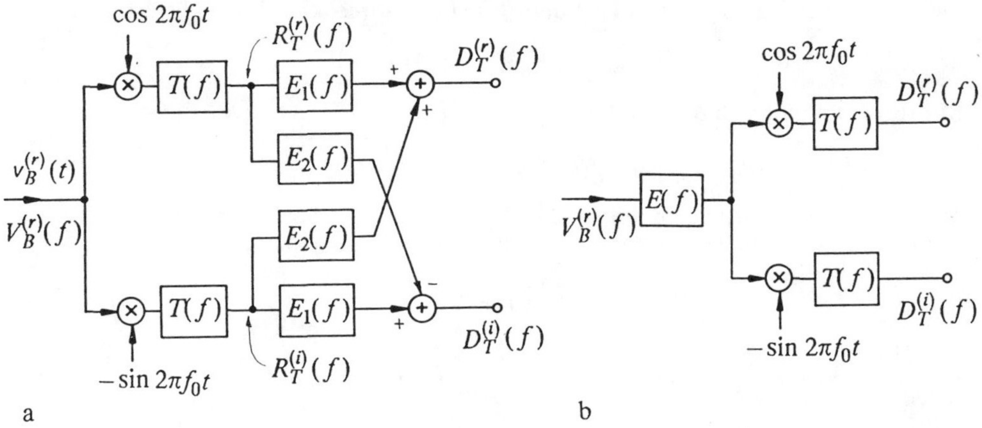

Bild 6.20 **Vergleich der kreuzgekoppelten Entzerrung im Basisband und der einpfadigen Entzerrung im Bandpaßbereich**

bzw.

$$V_B^{(r)}(f) * \mathrm{j}\frac{1}{2}\{\delta(f-f_0) - \delta(f+f_0)\} = \mathrm{j}\frac{1}{2}V_B^{(r)}(f-f_0) - \mathrm{j}\frac{1}{2}V_B^{(r)}(f+f_0)\,. \tag{6.188}$$

Schreibt man für das Bandpaßspektrum

$$V_B^{(r)}(f) = V_{B-}^{(r)}(f) + V_{B+}^{(r)}(f)\ , \tag{6.189}$$

wobei $V_{B-}^{(r)}(f)$ den Teil bei $-f_0$ und $V_{B+}^{(r)}(f)$ den Teil bei $+f_0$ bezeichnet, siehe Bild 6.21, dann folgt für die Spektren an den Tiefpaßausgängen in Bild 6.20a

$$R_T^{(r)}(f) = \frac{1}{2}V_{B+}^{(r)}(f+f_0) + \frac{1}{2}V_{B-}^{(r)}(f-f_0)\ , \tag{6.190}$$

$$R_T^{(i)}(f) = -\mathrm{j}\frac{1}{2}V_{B+}^{(r)}(f+f_0) + \mathrm{j}\frac{1}{2}V_{B-}^{(r)}(f-f_0)\ . \tag{6.191}$$

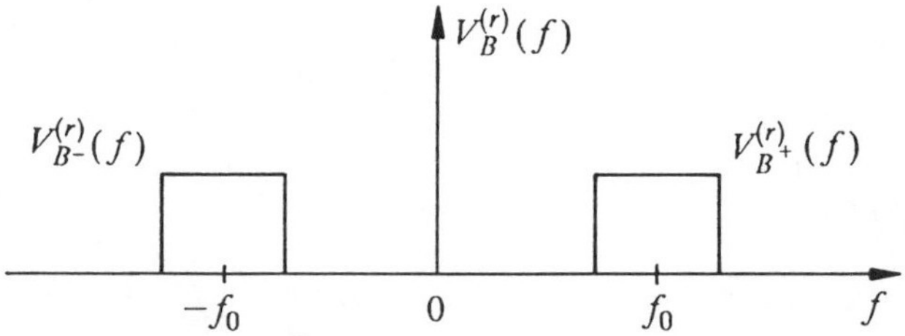

Bild 6.21 **Zur Kennzeichnung der Teile eines Bandpaß-Spektrums bei $+f_0$ und $-f_0$**

Die Zusammenfassung von (6.190) und (6.191) entsprechend (6.171) liefert

$$\underline{R}_T(f) = R_T^{(r)}(f) + jR_T^{(i)}(f) = V_{B+}^{(r)}(f + f_0) \ . \tag{6.192}$$

Mit (6.177) ergibt sich daraus das Ergebnis

$$\underline{D}_T(f) = V_{B+}^{(r)}(f + f_0)\underline{E}_T^{(*)}(f) \ . \tag{6.193}$$

Nun wird die Schaltung in Bild 6.20b betrachtet. Das Spektrum am Eingang des oberen bzw. unteren Tiefpaßfilters $T(f)$ berechnet sich zu

$$V_B^{(r)}(f)E(f) * \frac{1}{2}\{\delta(f - f_0) + \delta(f + f_0)\}$$

$$= \frac{1}{2}V_B^{(r)}(f - f_0)E(f - f_0) + \frac{1}{2}V_B^{(r)}(f + f_0)E(f + f_0) \tag{6.194}$$

bzw.

$$V_B^{(r)}(f)E(f) * j\frac{1}{2}\{\delta(f - f_0) - \delta(f + f_0)\}$$

$$= j\frac{1}{2}V_B^{(r)}(f - f_0)E(f - f_0) - j\frac{1}{2}V_B^{(r)}(f + f_0)E(f + f_0) . \tag{6.195}$$

Drückt man auch das Spektrum $V_B^{(r)}(f)E(f)$ gemäß Bild 6.21 aus, dann folgt für die Spektren an den Tiefpaßausgängen

$$D_T^{(r)}(f) = \frac{1}{2}V_{B+}^{(r)}(f + f_0)E_+(f + f_0) + \frac{1}{2}V_{B-}^{(r)}(f - f_0)E_-(f - f_0) \ , \tag{6.196}$$

$$D_T^{(i)}(f) = -j\frac{1}{2}V_{B+}^{(r)}(f + f_0)E_+(f + f_0) + j\frac{1}{2}V_{B-}^{(r)}(f - f_0)E_-(f - f_0) \ . \tag{6.197}$$

Die Zusammenfassung entsprechend (6.171) ergibt jetzt

$$\underline{D}_T(f) = D_T^{(r)}(f) + jD_T^{(i)}(f) = V_{B+}^{(r)}(f + f_0)E_+(f + f_0) \ . \tag{6.198}$$

Der Vergleich mit (6.193) liefert mit (6.178) und in Analogie zur Schreibweise in (6.171) das Ergebnis

$$E_+(f + f_0) = \underline{E}_T^{(*)}(f) = E_1(f) - jE_2(f) \ . \tag{6.199}$$

Kennt man die Entzerrerfunktionen $E_1(f)$ und $E_2(f)$ des kreuzgekoppelten Entzerrers im Basisband, dann kann man aus diesen mittels (6.199) die ins Basisband verschobene rechte Hälfte $E_+(f + f_0)$ der Bandpaß-Entzerrerfunktion

$$E(f) = E_-(f) + E_+(f) \tag{6.200}$$

bestimmen. Durch Ersetzung $f \to f - f_0$ folgt aus (6.199)

$$E_+(f) = E_1(f - f_0) - jE_2(f - f_0) \ . \tag{6.201}$$

Die linke Hälfte $E_-(f)$, vgl. Bild 6.21, ergibt sich aus der rechten Hälfte $E_+(f)$ mit der Bedingung, daß $E(f)$ als Filter mit reeller Impulsantwort einen geraden Realteil und ungeraden Imaginärteil haben muß.

$$E_-(f) = E_+^*(-f) \ . \tag{6.202}$$

Auch umgekehrt lassen sich aus der Bandpaß-Entzerrerfunktion $E(f)$ mittels (6.199) die Entzerrerfunktionen $E_1(f)$ und $E_2(f)$ des kreuzgekoppelten Entzerrers im Basisband bestimmen, weil $E_1(f)$ und $E_2(f)$ als Filter mit reellen Impulsantworten gerade Realteile und ungerade Imaginärteile haben müssen. Bei idealer Entzerrung muß für $f > 0$ die einpfadige Bandpaß-Entzerrerfunktion

$$E(f) = E_+(f) = \frac{1}{H_{\ddot{u}}(f)} \tag{6.203}$$

sein. Dasselbe Ergebnis folgt durch Einsetzen von (6.97) und (6.98) in (6.201).

Bemerkenswert ist, daß mit dem Echoentzerrer von Bild 1.1 mit Laufzeitgliedern der Laufzeit T gemäß (6.185) in der Schaltung von Bild 6.19a bzw. Bild 6.20b sich eine Entzerrung im Bandpaßbereich allgemein nicht durchführen läßt. Wegen seines periodischen Frequenzgangs, siehe Bild 1.5, hat der Echoentzerrer stets einen bezüglich $f = f_0 = K/T$ geraden Realteil und ungeraden Imaginärteil. Das bedeutet, daß beim äquivalenten kreuzgekoppelten Entzerrer im Basisband stets $E_2(f) = 0$ sein muß, das verzerrte Bandpaßsignal also kein Übersprechen zwischen Kophasal- und Quadraturkanal aufweisen darf. Wohl aber läßt sich mit dem Echoentzerrer mit komplexen Koeffizienten von Bild 1.9 in der Schaltung von Bild 6.19a bzw. Bild 6.20b eine Entzerrung im Bandpaßbereich allgemein durchführen. Die Realteile der komplexen Koeffizienten $\underline{c}_k$ korrespondieren mit den reellen Koeffizienten des Entzerrers $E_1(f)$ und die Imaginärteile von $\underline{c}_k$ mit den reellen Koeffizienten des Entzerrers $E_2(f)$.

6.10 Literatur

[DEM 85] Douverne, E.; Eilts, D.; Mönch, D.; Ruthemann, K.: Modulator und Demodulator; ANT Nachrichtentechn. Berichte, Dez. 85, S. 15 - 22

[FAL 76] Falconer, D.D.: Jointly Adaptive Equalization and Carrier Recovery in Two-Dimensional Digital Communication Systems; Bell Syst. Techn. J. 55 (1976), S. 317 - 334

[KET 64] Kettel, E.: Ein automatischer Optimisator für den Abgleich des Impulsentzerrers in einer Datenübertragung; Archiv der elektr. Übertr. Bd. 18 (1964); S. 271 - 278

[LIM 81] Lim, T.L.; Mueller, M.S.: Adaptive Equalization and Phase Tracking for Simultaneous Analog/Digital Data Transmission; Bell Syst. Techn. J. 60 (1981), S. 2039 - 2063

[LUE 85] Lüke, H.D.: Signalübertragung, 3. Auflage, Berlin, Heidelberg, New York, London, Tokyo: Springer, 1985

[LYO 75] Lyon, D.L.: Timing Recovery in Synchronous Equalized Data Communication; IEEE Trans. on Commun. COM-23 (1975), S. 269 - 274

[NDN 86] Noguchi, T.; Daido, Y.; Nossek, J.A.: Modulation Techniques for Microwave Digital Radio; IEEE Communications Magazine Vol. 24; Oct. 1986, S. 21 - 30

[QUR 85] Qureshi, S.U.: Adaptive Equalization; Proc. IEEE 73 (1985), S. 1349 - 1387

[SCH 70] Schwartz, M.: Information Transmission, Modulation, and Noise, 2nd.ed. New York: Mc Graw Hill 1970

[SCH 79] Schmidt, W.: Grundlagen für die Anwendung des Orthogonalfilters zur Filterung und Formung von Signalen unter besonderer Berücksichtigung der Entzerrung von Datenübertragungskanälen; Dissertation Univ. Kaiserslautern, Elektrotechnik, 1979

[STR 82] Steinbuch, K.; Rupprecht, W.: Nachrichtentechnik Bd II, 3. Aufl., Berlin, Heidelberg, New York: Springer 1982

Sachregister

J

K

L

M

N

O

P

Q

R

S

T

U

V

W

Z